统计探源——统计概念和方法的历史

[美]斯蒂文·M.斯蒂格勒 著

李金昌 等译

鲜祖德 主审

ZHEJIANG GONGSHANG UNIVERSITY PRESS

·杭州·

图书在版编目(CIP)数据

统计探源：统计概念和方法的历史 /（美）斯蒂格勒著；李金昌等译. —杭州：浙江工商大学出版社，2014.4(2022.7 重印)

书名原文：Statistics on the Table：The History of Statistical Concepts and Methods

ISBN 978-7-5178-0169-6

Ⅰ. ①统… Ⅱ. ①斯… ②李… Ⅲ. ①统计学－历史－研究－世界 Ⅳ. ①C8-091

中国版本图书馆 CIP 数据核字(2013)第 307935 号

统计探源——统计概念和方法的历史
TONGJI TANYUAN——TONGJI GAINIAN HE FANGFA DE LISHI

[美]斯蒂格勒 著　李金昌 等译　鲜祖德 主审

出 品 人	鲍观明
责任编辑	张莉娅　姚　媛
封面设计	王妤驰
责任印制	包建辉
出版发行	浙江工商大学出版社
	（杭州市教工路 198 号　邮政编码 310012）
	（E-mail：zjgsupress@163.com）
	（网址：http://www.zjgsupress.com）
	电话：0571 - 88904980,88831806(传真)
排　　版	杭州朝曦图文设计有限公司
印　　刷	浙江全能工艺美术印刷有限公司
开　　本	710mm×1000mm　1/16
印　　张	25.25
字　　数	467 千
版 印 次	2014 年 4 月第 1 版　2022 年 7 月第 5 次印刷
书　　号	ISBN 978-7-5178-0169-6
定　　价	49.80 元

序：研究历史是为了探索未来

鲜祖德

随着社会的发展、时代的进步，特别是在大数据背景下，统计作为以数据为研究对象的科学，其应用越来越广泛，统计理论、方法与技术的发展也越来越快。在这个时候，我们更需要一本关于统计历史的书籍来深入了解统计科学的发展历程，深入了解统计学基础理论、方法的产生过程。研究历史是为了更好地探索未来，借用纪伯伦的名言，"我们已经走得太远，以至于忘记了为什么而出发"。《统计探源——统计概念和方法的历史》是一个恰当的选择。

原书名 *Statistics on the Table*，直译是"桌面上的统计"，意思是将统计产生过程中的问题摆上桌面讨论，以"统计探源"为题则更能确切地体现原书的核心。本书的作者斯蒂文·M. 斯蒂格勒是美国芝加哥大学的教授，著名的统计历史研究专家。这本书汇集了他在过去 25 年中的 22 篇研究成果，涉及统计思维、统计标准与统计检验等诸多方面。全书分为 5 个部分，22 个章节，每一章都是一个相对完整的话题，可以独立存在。同时，斯蒂格勒教授用诙谐的笔法和许多巧妙的例子，以及趣味盎然的故事，比较完整地给我们呈现了丰富多彩的统计历史。

本书的第一部分是"统计和社会科学"。这一部分以卡尔·皮尔逊所做的关于人类进化论的社会调查为起点，详细评述了皮尔逊关于父母酗酒对儿童影响的研究。对此斯蒂格勒教授认为，在 19 世纪，统计应用于社会科学的主要障碍是缺乏统一的统计标准，尤其是测量误差的存在，使许多不明原因影响到了统计观察的结果。在这一部分中，斯蒂格勒教授进一步介绍阿道夫·凯特勒尝试给出的多个单独个体的集合平均值的重大意义，及其所创立的"社会物理学派"，进而列举威廉姆·斯坦利·杰文斯、弗朗西斯·伊西德罗·埃奇沃思、弗朗西斯·高尔顿等著名人物在定量研究、宏观数据建模、概率应用方面所做的巨大贡献。

　　本书的第二部分是"高尔顿的理念"。斯蒂格勒教授通过高尔顿发明的现代天气图和在法医学中创造性地把指纹识别和记录作为工具来使用,重点介绍了高尔顿最重要的贡献——相关性现象,以及均值回归。他认为均值回归作为科学发现应被列为科学史上最伟大的事件之一。

　　本书的第三部分是"17世纪的探索者们"。这一部分以17世纪50年代开始发展起来的概率论与数理统计为主线,以掷骰游戏中产生的概率问题研究为起点,以费马和帕斯卡的通信为标志,论述了从17世纪后半叶开始,概率论和数理统计在医学、哲学、数学等领域的广泛应用。

　　本书的第四部分是"对发现的提问"。讨论科学发现及其命名的问题。斯蒂格勒教授"骄傲"地提出"斯蒂格勒命名法则",即没有什么科学发现是以它最初的发现者命名的。这是一个涉及"科学发现中的优先权"的问题,斯蒂格勒教授甚至设计了一个颇具悬念的"侦探故事":是谁发现了贝叶斯定理?是托马斯·贝叶斯,还是尼古拉斯·桑德森(斯蒂格勒教授认为最有可能的替代者)? 随着故事的展开,人们发现对尼古拉斯·桑德森有利的证据是托马斯·贝叶斯的三倍。事实上,用默顿著名的假说来表述就是"所有的科学发现基本上都是多重的"(默顿,1973,p.356)。而斯蒂格勒教授用统计发展史中的线索和证据,更为鲜明地指出:"一些发现总是会以多重发现者中一个错误的人命名。"

　　本书的第五部分是"对标准的提问"。这是全书的核心,在统计发展早期历史上的每一个重要时刻,发挥决定性作用的都是统计的标准问题。在这部分斯蒂格勒教授通过对标准历史的追溯,让我们看到,统计的发展是一个非常复杂且相互作用的过程。在不同的时期,人们对统计的标准或统计测量的误差标准有着不同的准确性方面的需求。为了实现这一目标,科学家们提出了许多统计方法——抽样、算术平均值、最小偏差和最小二乘法等。斯蒂格勒教授细致讲述了英国皇家铸币厂于1154年至1189年间的货币检验(Pyx),用以表明不确定性、统计测量、统计标准、抽样设计、允许误差和统计检验的历史渊源。由此我们可以清晰地看到,统计标准的进步,与统计方法的发展和统计应用范围的拓展有着极其密切的关系。

　　这本书讨论的内容比较专业,但是斯蒂格勒教授非常清楚历史的每一个节点对统计学的发展具有深远的意义。本书的目的就在于让我们稍稍停下脚步,静心回观,从统计发展的历史中看到这门学科更远的未来。

　　感谢北京大学陈松蹊教授向我推荐这本书。陈教授长期从事统计学理论研究,在高维数据和宏观建模方面颇有建树,同时对统计史也抱有浓厚的兴趣。

感谢李金昌教授和他领导的团队,他们承担了本书大部分的翻译工作。相信李教授在其专著《统计思想研究》中对统计思想史的讨论,以及他严谨的研究与治学态度,为他组织翻译本书提供了很好的帮助。

感谢潘璠及统计科学研究所的同事们,他们为本书的最终付梓做出了贡献。

2014 年 3 月

目　　录

Ⅰ.统计和社会科学

Ⅱ.高尔顿的理念

Ⅲ.17 世纪的探索者们

Ⅳ. 对发现的提问

Ⅴ. 对标准的提问

致　　谢

　　在此,我要向对本书的形式和内容提供宝贵建议的布拉德利・埃夫隆 (Bradley Efron)和弗雷德里克・莫斯特勒(Frederick Mosteller)表示由衷的感谢;同时也要感谢哈佛大学出版社的迈克尔・阿伦森(Michael Aronson),没有他的帮助,本书就不会问世。在准备写作本书的过程中,我从很多人的批评及建议中收获颇丰。时光飞逝,想要回忆起所有这些人的名字,我深感力不从心,唯有在此特别鸣谢乔治・A. 巴纳德(George A. Barnard)、莫里斯・巴特利特(Maurice Bartlett)、加里・S. 贝克尔(Gary S. Becker)、约翰・毕比(John Bibby)、K. R. 毕尔曼(K. R. Biermann)、约翰・博耶(John Boyer)、伯纳德・布鲁(Bernard Bru)、斯蒂芬・科尔(Stephen Cole)、詹姆斯・F. 克劳(James F. Crow)、丘吉尔・艾森哈特(Churchill Eisenhart)、莉拉・艾尔弗巴克(Lila Elveback)、米尔顿・弗里德曼(Milton Friedman)、I. J. 古德(I. J. Good)、里奥・古德曼(Leo Goodman)、艾弗・格拉顿-吉尼斯(Ivor Grattan-Guinness)、彼得・格洛恩维根(Peter Groenewegen)、詹姆斯・古斯塔夫森(James Gustafson)、安德斯・哈尔德(Anders Hald)、何旭明(Xuming He)、罗伯特・卡斯(Robert Kass)、莱斯特・金(Lester King)、E. 诺布罗克(E. Knobloch)、威廉・H. 克鲁斯卡(William H. Kruskal)、艾琳・玛格尼洛(Eileen Magnello)、詹姆斯・梅尔顿(James Melton)、罗伯特・K. 默顿(Robert K. Merton)、尤塔・C. 莫茨巴赫(Uta C. Merzbach)、彼得・梅尔(Peter Meyer)、玛丽・摩根(Mary Morgan)、弗雷德里克・莫斯特勒、E. S. 皮尔逊(E. S. Pearson)、罗宾・L. 普拉基特(Robin L. Plackett)、约翰・普拉特(John Pratt)、舍温・罗森(Sherwin Rosen)、保罗・萨缪尔森(Paul Samuelson)、奥斯卡・B. 悉宁(Oscar B. Sheynin)、苏珊・索特(Susan Shott)、罗伯特・M. 索洛(Robert M. Solow)、迈克尔・斯坦(Michael Stein)、乔治・J. 斯蒂格勒(George J. Stigler)、罗纳德・A. 齐斯泰兹(Ronald A. Thisted)、B. 范德瓦尔登(B. van der Waerden)、大卫・华莱士(David Wallace)、D. T. 怀特塞德(D. T. Whiteside)、约翰・惠特克(John Whitaker)及桑迪・扎贝尔(Sandy Zabell)。感谢提供图 9.1 的米勒・梅

利(Miller Maley)，以及其他对人物传记的撰写提供无私帮助的人，其中有大卫·巴特勒（David Butler）、安东尼·W.F. 爱德华兹（Anthony W. F. Edwards）、艾格尼丝·赫茨伯格（Agnes Herzberg）、伊丽莎白·约翰逊（Elizabeth Johnson）、罗伯特·卡斯（Robert Kass）、奥斯汀·罗宾逊爵士（Sir Austin Robinson）、厄尔·罗尔夫（Earl Rolph），以及哈里特·祖克曼（Harriet Zuckerman）。当然，还有许多图书馆和档案馆的管理员及经销商。非常感谢伊丽莎白·吉尔伯特（Elizabeth Gilbert）对书稿富有建设性的编审。此外，国家科学基金、行为科学研发中心、约翰·西蒙·古根海姆基金会，以及芝加哥大学专项基金的经费支持，是我完成本书的重要保障。

引　言

> 我熟知的情形是,实际数据经常遭遇这样的建议:或许其他数据——如果它们被采集到了——可提供另外一些有价值的东西以作为论据。每当此时,"请把统计摆到桌面上来"就是我唯一的回答。
>
> ——卡尔·皮尔逊(Karl Pearson),1910

统计的概念存在于人类思维的任何领域。它们较为可能出现在科学领域,但同时也是构成历史、文学和宗教的基础思维方式。因此,统计的历史覆盖面广,种类繁多,并偶尔在结构方面富有技术性和复杂性,但从来不会完全覆盖。因此,这一卷将仅仅探索一小部分关于可能性的话题。这不是一个随机的选择。一些章节的主题围绕的是统计思想这个中心,其余的则涉及鲜有提及的和比较特别的主题。

"把统计摆到桌面上来"表达的是所收集素材的共同主线。这个说法来自于卡尔·皮尔逊 1910 年寄给伦敦《泰晤士报》的一封信,这背后完整的故事将在第一章进行介绍。皮尔逊面临一个挑战:如果一个严肃的问题被提出,无论是科学领域还是社会领域,那它不仅仅需要一个答案,而且需要一个伴随着评估可靠性的证据。这个证据不需要是定量的,虽然我们发现量化或者试图将其量化来解释是最清楚的表达方式。如果问题很重要,并且摆出了一个以深思熟虑的证据来支持的姿态,那么批评家们义不容辞的责任就是把"统计摆到桌面上来"。显然,这个测试不仅仅需要简单的数据收集。它涉及对任何数据影响因素的仔细分析,在结论中测定和表达不确定性的方法,以及决定譬如不确定性在何等程度上过大,一个命题在什么情况下应当被拒绝、什么情况下应当被接受等问题的一般规则。

如果我们要全面诠释皮尔逊所面临的挑战,包括概率、数理统计,以及 1910 年他想到的描述统计等问题,那么这是一个统计学家们在这个研究领域开创之初就隐晦地提出来的挑战。然而,把"统计摆到桌面上来"这一特定挑战的框架体系却发展缓慢,而这曾经正是迎接挑战的意图所在。自从 17 世纪以来,现代统计学是从收集数据的专门方法与数学方法的结合演化而来的,这种演化过程是在科学发展需要的情况下自然而然地发展起来的。这个演化过程漫长而有趣,在长达一个世纪的进程中,涌现出了一批杰出的英雄式人物,触摸到了人类社会科学领域中的奥妙问题。即使是这本篇幅有限的书,也囊括了丰富的内容,例如关于地球及光速的测度这样的宏大问题,关于父母酗酒对其子女的影响这样的社会问题,关于血液循环这样的医学问题,关于经济大萧条爆发的原因、加利福尼亚金矿的发现对市场价格水平的影响这样的经济问题,以及各种预测基督第二次到来时间这样的方法问题。

本书特别关注统计学史的两个方面。首要的方面包括了概念性的问题,这些问题出现在社会科学和自然科学领域对数据的解读上,非常艰深难懂。另一方面是数学方法问题,这些具有相当的技术复杂性,出现在对概率模型的建立和运用中。我们需要用这些模型来明确对不确定性的描述,否则无法判断结论及预测的可靠性。这两个方面是同一课题的两个不同角度,而不是两个独立的课题。在现代统计学中,收集数据、建立模型、基于模型对样本数据进行解释等环节是紧密相扣的。它们的发展历程并不简单,而一些现在看来直白甚至浅显的观点也曾经颇为复杂,但人们往往会忽视这种复杂性所导致的结果。

本书的重点之一是社会和行为科学统计方法的发展历程。在我早期的著作(斯蒂格勒,1986a)中,我已撰写了大量有关 1900 年以前的统计方法发展的历史,而近来西奥多·波特(Theodore Porter)(1986)和罗林·达斯顿(Lorraine Daston)(1988)也在他们的优秀著作中阐明了该历史的其他学理难题。这种变化的步调与自然科学变化的步调大不相同,并由此产生了一个问题。统计学的研究方法(包括最小平方法和描述不确定性的概率方法)在 1827 年皮埃尔-西蒙·拉普拉斯(Pierre-Simon marquis de Laplace)去世之前就已经在天文学与测地学中得到了广泛而深入的应用。当代课堂中讲授统计方法时所用到的许多材料与 1830 年可查及的文献在表面上是相似的,但出于不同目的,社会科学家对这些方法的采纳却非常缓慢,其速度无异于重新发明方法。这些问题是概念性的,而不局限于数学学科。当统计学家试图赋予天文学家所使用的数学概念以现实社会意义,并且试图克服在无法控制的条件下得到观察数据的困难时,这些问题就愈加凸显出来。

19 世纪,阿道夫·凯特勒(Adolphe Quetelet)、威廉·斯坦利·杰文斯(William Stanley Jevons)、威廉·莱克西斯(Wilhelm Lexis)、弗朗西斯·高尔顿(Francis Galton)、弗朗西斯·伊西德罗·埃奇沃思(Francis Ysidro Edgeworth)的研究极大地促进了统计学的发展。凯特勒和杰文斯使用不同的方法解释、分析所收集到的数据:当总体中的个体信息都已知时,或者当个体组成的样本可能掩盖总体的信息时,应该怎样去衡量总体的平均水平? 从生铁和胡椒粉的平均价格,甚至是几年内这两种商品价格的平均变化百分比中,我们能获取什么有用信息? 如果阿道夫·凯特勒和威廉·杰文斯的身高分别是 5 英尺 1 英寸和 5 英尺 9 英寸,那么一个 5 英尺 5 英寸的人是谁? 显然不是阿道夫·杰文斯! 凯特勒和杰文斯找到了解决这些问题的方法,但直到今天此类问题仍然存在。

与凯特勒和杰文斯相对应,莱克西斯、高尔顿和埃奇沃思则着眼于关于概率模型的问题:对于行为的模型化,到底应该采用基于个体层面的微观模型还是采取基于群组的宏观模型? 莱克西斯及之后拉迪斯劳斯·博特基威茨(Ladislaus Bortkiewicz)提出的微观二项分布模型将个体的行动类比为独立的硬币投掷实验;高尔顿和埃奇沃思提出的基于群组的模型,是通过抓住群组分布的钟形正态分布模型进行的。微观水平的模型能够捕捉个体的动态信息,并对检测很敏感,比如莱克西斯所介绍的离差微积分。但是他们考虑的数据经常无法通过检测,根本原因是模型很难捕捉个体间的动态信息和关联性。宏观层面的模型以具有更广泛的适用性来弥补其对个体变量的敏感性较小、整合个体特征的能力较差等缺陷。埃奇沃思能够对巨大人口群体的死亡率建模,并以年份或州县分类对死亡率的影响做出估计,却无法研究个体的行为特征。莱克西斯和博特基威茨的模型成功适用于小样本,但是其传递性和相关性导致了微观水平的模型预测与总体水平变动之间的不一致性。现代统计学保留了这两种方法,但是一直延续着它们之间在 19 世纪末就已形成的对抗关系。

社会统计和行为统计在发展初期大多是从科学问题入手的。一些问题是社会政策引发的,比如凯特勒研究了人口特征和司法程序,杰文斯研究了 1848 年的黄金发现对市场价格水平的影响。但是,关于我们在此所关心的话题(包括统计方法)的争论,通常都远离公众视野。这种情况在 20 世纪有所改观。1827 年凯特勒建议应该用全面的普查来有效替代抽样调查,此举得到的是无声的反馈,但现在,相似的提议将会促使国会立法,或引来愤怒政治家们的百般阻挠。在一个更具戏剧性的案例中,1910 年至 1911 年的争议带给了皮尔逊无休止的烦恼。一些顶尖的统计学家、经济学家以及当时的博士,包括卡尔·皮尔逊、阿尔弗雷德·马歇尔(Alfred Marshall)、约翰·梅纳德·凯恩斯(John Maynard Keynes)、阿瑟·塞西尔·庇古(Arthur Cecil Pigou)、维克多·霍斯利(Victor Horsley)等都参加了那次公开的辩论。在接下来几个月中,随着长篇大论的文章在《泰晤士报》、《英国医学期刊》和《柳叶刀》等各个杂志期刊中的出现,这次辩论升级为了一场大规模论战。其中一些文章的言辞相当激烈,但始终围绕着实质性的原则问题。一项优生计划促使皮尔逊反对一场基于父母酗酒对子女产生影响论调的节欲运动,但他的论点和优生学无关,而是关于人们该如何科学地解决社会政策中的问题。统计学问题包含了一些总是经常出现在观察研究中的问题:分类的潜在误差、数据的甄别、样品的充分性,以及能否用对现有数据的有限研究来解读社会。在辩论的过程中,纸媒中惊现了"聚集悖论"的问题,即分散的数据在单独分析时得出的结论与聚集后得出的结论是截然相反的(有一种聚集悖论现在通常被称为辛普森悖论)。皮尔逊和剑桥经济学家之间的辩论在今天的定量社会科学中设下了一些概念性的障碍。

　　本书第一部分讲述的是皮尔逊所受到的挑战(第一章),接着探讨凯特勒在1831年为赋予个体集合的平均值意义而做出的努力(第二章)。他以一种有趣清晰的方式利用了其自然科学研究背景。凯特勒成立了"社会物理学派",但经过检验,他的社会物理学更多的是从拉普拉斯那里学来的随机物理,而不是艾萨克·牛顿(Isaac Newton)的理论。第三章和第四章分析了威廉姆·斯坦利·杰文斯(William Stanley Jevons)在社会数据聚集方面的进一步研究。杰文斯深受科学的熏陶,在科学哲学方面提出很多优秀的观点,同时也开辟了数理经济学和经济学中的指数应用领域,但他没有将他所掌握的统计方法进一步应用到经济问题中。与之相反,弗朗西斯·伊西德罗·埃奇沃思是古典学派出身,教授过希腊语,在他转向统计学与经济学之前,他还取得了律师资格。在不同的教育背景下,尽管杰文斯的教育背景看似更能让他在定量研究方面取得成功,但是当经济统计学受人关注的时候,却是埃奇沃思最终实现了概率论方法的应用。第五章围绕埃奇沃思在统计领域的工作,重点阐述了埃奇沃思在聚集数据的宏观建模方法上取得的进展。当罗纳德·A.费雪(Ronald A. Fisher)在1885年介绍现在被认为是现代分析变量方法基石的统计学方法时,埃奇沃思的这项工作在30多年后得到了延续。

　　第二部分主要介绍高尔顿的观点,以及一些相关观点的进展。高尔顿一生涉足众多领域,他发明了现代气象图,将指纹记录运用于法医鉴定(第六章),发明了一套随机模拟装置(第七章),他还是一位心理测量的先驱,但是他最重要的贡献也许是对相关性现象及均值回归现象的发现。第八章和第九章探讨了均值回归,这是统计学中最棘手的概念。1880年高尔顿对该现象的发现应被列为科学史上最伟大的事件之一,与威廉·哈维(William Harvey)发现血液循环、牛顿发现光的色散齐名。在这三个伟大的事件中,所揭露的现象特征往往是很明显的,它们本可以在至少一千年前就被发现,但事实上并非如此,而发现者在试图使大众信服时遇到的问题喻示着这些事件背后的艰难。上述三项发现都产生了深远的影响。高尔顿的发现甚至在20世纪30年代数理统计学科的建立过程中扮演了神奇的角色(第八章)，直到今天，不论你是否足够机警，均值回归仍然是一个难以察觉却又极具诱惑力的陷阱。

第十章探讨心理学与其他社会科学的重要区别，这一区别使统计学在心理学中的应用大大早于其在社会学和经济学中的应用。以上三个领域都出现了具有物理或数学(包括概率)学科背景的科学家，然而在天文学和测地学中被证明有用的统计技术，只在心理学中被迅速地同化吸收。

第三部分回顾的是更久远的 17 世纪，以及什么是数理概率在科学问题分析中的最早应用。通常，客观来讲，数理概率的开端可以追溯到 17 世纪 50 年代，其间出现了 1654 年皮埃尔·德·费马(Pierrede de Fermat)和帕斯卡(Blaise Pascal)的通信、帕斯卡关于算术三角形的论文，以及 1657 年克里斯蒂安·惠更斯(Christiaan Huygens)出版的《论掷骰游戏中的算术》。表面上看，这些作品仅被认为是理论在概率游戏中的应用，但在接下来的半个世纪里，一些研究者尝试着将这些理论应用到科学和哲学中去，以一种有趣的方式影响着雅各布·伯努利(Jakob Bernoulli)和亚伯拉罕·棣莫弗(Abraham De Moivre)之前人们对概率的理解。第十一章讲述了 17 世纪 90 年代学者基于数学模型对医药科学的努力尝试，及其引起的强烈反响。概率论在科学领域的早期应用中产生的一些问题即使在今天仍然很棘手。这些问题有的旨在确立概率估算的基础，有的则关于科学发现的优先权，它们都出现在备受争议的斯威夫特[①]年代。第十二章介绍概率论在英国哲学和数学中鲜为人知的早期应用。第十三章详述了对数理概率这条主线之外的证据进行定量评估的尝试。约翰·克雷格(John Craig)公式化了人们对《圣经》的信仰沦丧，并且用它预测了(世界末日之前)基督复临的到来。这使得他在接下来的三个世纪里受到了诸多非议，但是在此，我们将以更多认同感来解读他的研究成果。

第四部分关注的是"发现"在两个层面上的问题："发现"作为科学社会学中的一个主旨，以及公众是如何看待一个新发现的。关于科学奖励体系中优先权的角色，以及科学家群体发现优先权的归属的研究，公正地说，应自然地归属于罗伯特·K.默顿的著作。但是，正如任何历史学者都可以指出(很多人也确实这么做了)，这些归属并非总是精确的。第十四章审视了这种情况产生的原因，并提出了科学社会学领域的一项科学定律，即"斯蒂格勒命名定律"："没有科学发现是以其最初的发现者命名的。"第十四章介绍了一些关于这一现象的例子，而第十五章和第十八章也讨论了更多其他相关事例。

---

① 乔纳森·斯威夫特(Jonathan Swift,1667—1745)，英国 18 世纪杰出的政论家和讽刺小说家。

第十六章到第十九章关注的是"发现"及其统计含义,以及我们如何通过审阅对某个命题最早期的研究,来更好地理解一些观点在提出伊始所具有的带欺骗性的激进性质。在现代统计中,最大似然准则被看成一个简单的思想,在一些人看来,它甚至是不证自明的。谁会对这一没有例外的论断提出争议呢?毕竟,"在观测数据的所有解释中,应选择最能使数据站住脚的解释作为最佳解释"。但是如果这个准则真的这么简单,为什么18世纪至今的数学史上有许多伟大的思想指出了它的缺陷?又是为什么在1760年约翰·海因里希·兰伯特(Johann Heinrich Lambert)的著作(历史学家认为最大似然思想初现于此)中,他只举了一个简单的例子,就把这个仅有的例子也搞错了?

与其他学科一样,统计学发现有时也会引发争议。其中有一项争议是关于优先权问题的。最小平方法最早由阿德里安-玛丽·勒让德(Adrien Marie Legendre)于1805年公布于众,然而随后乔安·卡尔·弗里德里希·高斯(Johann Carl Friedrich Gauss)却宣称他早已运用此方法好几年,一场激烈的论战就此触发。历史学家通常相信高斯的说法,因为他师从于当时所有的伟大数学家,没有人会认为他不具备推导出这一简单数学思想的能力。相信高斯在1805年之前就运用了最小平方法,或是否定他先于勒让德发现了此法,这两者不一定是矛盾的。正如阿尔弗雷德·诺思·怀特黑德(Alfred North Whitehead)所说,"重要的发现在明确之前肯定已经被人提及过"(大卫·L. 西尔斯(David L. Sills)、默顿(Merton)引用于1991,p. 252)。第十七章探讨了也许能证明高斯优先提出最小平方法的证据。这些证据显示,在1805年以前,高斯不仅在重要的调查研究中运用了此法,并且在与同事的对话中也强调过它的重要性。

另一种类型的争议则是由对发现的相关性、显著性甚至真实性的否定而引起。其中一个围绕"柯西分布"的案例涉及 I. J. 比安内梅(I. J. Bienaymé)和奥古斯丁·柯西(Augustin Cauchy)(第十八章)。在另一个例子里,罗纳德·费雪(Ronald Fisher)在其早期关于数理统计的研究中批判了卡尔·皮尔逊对相关分析表所做的分析。这次争论的焦点在于,费雪宣告了卡尔·皮尔逊的错误:皮尔逊在将卡方统计用于表值的过程中忽视了对参数估计的补偿。用今天的话来说,就是皮尔逊在他的一些检验当中采用了错误的自由度。第十九章根据皮尔逊一些鲜为人知的著作对这次争论进行了再次探讨,并且发现卡尔·皮尔逊和费雪对这个问题的理解比我们普遍所认识的要高出一个层次。

第五部分探讨的是统计对于标准的作用,以及标准在统计中的角色。在第二十章中讨论了一个非常奇怪的现象——大多数最早(并且最有用)的统计方法,包括抽样法和最小平方法,都与权重标准或测量标准的规定有关,并且人们认为这绝非偶然：这是对科学讨论中一个能被普遍理解并接受的契约的内在需求。此外，本章还研究了统计标准的不同主题，尤其是包含正态分布的主题。第二十一章更为详细地讨论了诺曼底人入侵英国后不久，伦敦造币厂为了监控制品质量而系统采用了抽样方法。铸币厂从 1100 年起便开始采用一种有着奇怪名称的统计监察方法——"铸币检验箱"，该方法包含了某些现代统计思想的雏形，但也难免严重缺乏其余统计思想。

第二十二章解释了无处不在的钟形曲线

$$\phi(x) = \frac{1}{\sqrt{2\pi}} e^{-x^2/2}$$

被冠以"正态曲线"及其他名称的原因，并将这些原因与统计学原理和科学社会学联系了起来（第十四章研究了将这一曲线称为"高斯曲线"的命名法）。对"正态"这一名字的偏好始于 19 世纪中叶，大致也是在这一时间，不论是在统计学科领域还是其他学科领域，"正态"这个名称也开始在其他语境中盛行。

本书的每一部分试图观照统计学历史的角角落落，并通过描述这一主题的各个方面来使读者更好地了解其复杂的整体。在呈现主题各个部分的时候，我并非有意暗示这段历史只是一幅简单的拼图，一幅尽管有难度但却可以一片一片系统地完成的拼图。统计学的发展史类似于石匠对拱门的建筑过程。一旦建成，拱门会非常牢固，但在建造的过程中须有一个构架来支撑它，而抽走任何一块砖石都会使整个拱门坍塌。第一个统计学家，就好比第一位石工建筑师在摸索中前进，仅是凭着一个模糊的目标，对于怎样达成它并没有预设的计划。回顾这段历史，我们可以解构出它的构成元素。有一些元素是醒目的，正如拱门的拱顶石、台柱和扶壁一般；另一些则并不显著，如重力间的平衡，石块间的摩擦力，以及使拱门发挥作用的设计要素。在统计学历史中，也同样有如台柱和拱顶石般的显著的思想，例如钟形的正态分布、最小平方法及极大似然法。还有一些更精细的思想，例如均值回归概念，以及在解释观测数据时对不确定性可接受程度的认定。

尽管这些篇章构成的是一个密不可分的整体，但每一篇章都可以作为一个单独的研读材料。我将它们一一"放上桌面"，以供读者根据自己的需要来阅读。我希望所有对统计学及其历史感到好奇的人都能从中品尝出些许滋味，并且，也许回味无穷。

Ⅰ.统计和社会科学

第一章　卡尔·皮尔逊和剑桥经济学家们

卡尔·皮尔逊漫长的一生充满着争论,这些伴随着他的近乎痴狂的热烈争论,常常由他自己挑起,并且很少被他回避。对于统计学家来说,这些争论中最为著名的就是他与罗纳德·费雪持续了二十多年的论战,尽管它主要围绕怎样使数据与频率曲线一致,以及如何恰当地确定卡方检验的自由度等具体的问题,但是这场论战的根本原因似乎在于两人的个性冲突,而不是任何单一的问题。另一场较著名的具有更纯粹统计学意义的论战,是他与尤尔(G. Udny Yule)就二维分类相关性的度量问题的争论。这个问题应该是像皮尔逊所指出的那样,仅仅局限于潜在的连续变量名义上的相关性,还是如尤尔所认为的那样,单纯强调计数和离散概率。尽管这些争论在言词上颇为激烈,但是相较于涉及皮尔逊的其他争论,它们已属温和并且私密的了。

皮尔逊颇具争议的风格是在 19 世纪 80 年代形成的,那时候他作为思想自由的倡导者,参与了关于性、社会主义、大学管理及其他一些话题的一系列辩论。与此同时,精力旺盛的他还担任了伦敦大学应用数学系的教授,并大量地发表文章——主要是关于力学的学术文章和关于中世纪德国文学的论著。他对优生学的兴趣早于他在 19 世纪 90 年代对高尔顿统计方法的发现。但是在该发现之后,一位激进社会科学家所需的所有素质才得以齐全:无穷的智慧能量、用科学引导社会研究的雄心、清晰有力的写作风格,以及让他承担起具体艰苦的实验调查的耐心。在 1895 年至 1910 年期间,他创建了生物统计学实验室,并将高尔顿优生学档案室改为高尔顿国民优生学实验室,这两个实验室都设立在大学里;他创立了《生物统计》期刊,并广泛发表了一系列关于遗传和进化的数学调查研究报告,很大程度上促进了统计主要方法论的发展。

皮尔逊关注的一个基本问题是遗传与环境、先天和后天在人类进化中的相对重要性问题。在展开具体研究之前,皮尔逊就已相信查尔斯·达尔文(Charles Darwin)思想对社会长期进化发展的重要性,但是在弗朗西斯·伊西德罗·埃奇沃思和 W. F. R. 韦尔登(W. F. R. Weldon)使他理解了高尔顿的统计方法之后,他就开始用定量方法来解决这些问题。1910 年以前,皮尔逊的工作主要集中于方法论，以及上述对立面中的先天性方面。他试图对所有人类身心特征的遗传性进行数量测度。在论证了理想的和非理想的人类特征都具有高度的遗传性之后，他强调了开展国家级优生学项目的重要性。不采取明确而有目的的社会行动而任凭自然力量的塑造，国家和种族会不可避免地退化。高尔顿实验室的工作取得了有限的成就，也获得了高尔顿本人情感上的鼓励，虽然他已八十几岁高龄，但还偶尔接受邀请做公开演讲。尽管人们态度暧昧地承认了遗传的力量（那些中上层人士怎么会质疑后维多利亚时代家族的重要性呢），但是全社会范围的优生学项目并没有得到实施。人们向优生学家的战斗号令致敬，却鲜有人听从；其他的社会运动占据着立法战场，人们并没有把皮尔逊视为一名斗士，更不用说是一个威胁了。

到了1910年，皮尔逊已清楚地认识到关于进化论的科学研究还远远不够。尽管他对遗传的重要性的论证令人信服，但所有的公众行动都压倒性地致力于改善两个因素中更具可塑性的那一个，即环境。大约此时，在某种程度上，高尔顿实验室的工作被重新定位了，而皮尔逊没有放弃抨击。他的抨击是微妙而全然定量的：皮尔逊和他的同事没有去研究自然的力量，而是转向研究自然本身。环境的影响，尤其是在公开辩论中取得优势并且受到议会关注的那些环境特征的影响，将会受到社会科学的深入调查。通过证明那些已经受到极大立法关注的环境力量缺乏影响力，皮尔逊得以为优生学项目的实施铺平道路。而支持以政治行动来影响社会环境的最强有力的活动之一就是禁酒运动。

1910年酗酒报告

打响这场新战斗的主要第一枪，就是在高尔顿实验室支持下出版的46页小册子，题为"初探父母酗酒对后代的体格及能力的影响"。它由艾瑟尔·M.埃尔德顿（Ethel M. Elderton）在卡尔·皮尔逊的帮助下完成。作为皮尔逊能干的长期助理，她毫无疑问地完成了大部分研究中的大量定量分析，并撰写了其中的重要部分。然而，前言、结论及框架都明显地带有皮尔逊风格的痕迹。为了将该研究与高尔顿实验室而不是他个人相联系，他似乎在封面中有意地弱化了自己的作用。皮尔逊肯定预料到该小册子将在倡导通过禁酒和治疗酗酒者来解决酗酒问题的机构中引起反响，这将有助于让这些组织成为一个团体，而不是成为拥有奇怪争论者名声的个体。

父母酗酒对儿童造成的伤害是饮酒的主要危害之一，这是当时（事实上也是现在)关于禁酒运动的一个普遍论点。或许在某些情况下酗酒者需要得到同情,但是就他所受到的伤害而言,他至少是咎由自取。而儿童不仅是无辜的,还是未来和世界的希望。即使整个社会对酗酒者放任不管,也要想办法挽救儿童。当然,父母酗酒使孩子境况恶化的说法也仅仅是基于趣闻性的证据。埃尔德顿和皮尔逊的"初探"就是为了针对这个问题而展开的集中调查,看看"酗酒环境对儿童有害"的假定能否在现代统计分析的检视下站得住脚。皮尔逊写道:"在统计上无法证明的说法由于感性的呼吁而被广泛认同,而之后更多的经验又表明它是不正确的,这是对其良好动机的最大损害。"(埃尔德顿和皮尔逊,1910,p.1)

　　在很多方面,"初探"是社会科学统计研究的范本。所研究的问题经过了仔细的界定,一系列潜在的偏见也得到了探究(它们的程度和方向也通过可获及的资料得到了尽可能的探究),并且结论也是依照这些探究而合理得出的:在同等环境下,嗜酒者的孩子与非嗜酒者的孩子在统计上不具有差异性。而课题名称"初探"的确强调了这极具否定性的结论本身的试探性。对于皮尔逊来说,这个试探性的结论也有着很重要的启示:"如果当初有更多数据来证实这一初步研究的结论,那么当我们领悟到必须找出除了酗酒之外的导致社会问题的其他强力因素时,这一领悟就不会显得那么重要了。"(埃尔德顿和皮尔逊,1910,p.2)

数　据

　　这项研究所需要的数据并不是现成的,其必不可少的基于家庭个体的数据可以通过调查而获得,包括这些被调查家庭的父母饮酒倾向和孩子身心健康特征的数据。数据绝不能受到研究目标变化的影响,数据应该是客观的,而不能被选定来证明一个既定观点。如果这些数据来自于对在医院接受治疗的酗酒者或是弃儿家庭的走访,就属于上述情况。埃尔德顿和皮尔逊收集的数据有两个来源——爱丁堡慈善组织协会的报告和曼彻斯特一所接收"心理障碍"孩子的特殊学校的数据集。这两组数据都有问题,但并非不可克服,并且(对埃尔德顿和皮尔逊来说)这两个来源的数据都有很大的优点,那就是它们都不针对包括酗酒在内的特定问题而收集,因此避免了这种情况之外数据可能出现的偏差。

　　爱丁堡的数据基于社会工作者的调查表,他们走访了每一个就读于爱丁堡最贫困地区某一所学校的孩子的家庭。然而尽管这个地区很贫困,但这些学生都来自于经济条件属于中产阶级的家庭,并且据爱丁堡慈善组织协会的报告描述,这所学校是具有广泛代表性的。这些数据给出了孩子们的身高、体重,对孩子们的智力和健康情况进行了系统的评估,并且对其父母的饮酒习惯进行了充分的描述,使得埃尔德顿和皮尔逊能够将这些父母分为以下五类:(1)绝对禁酒主义者;(2)节制者;(3)疑似饮酒者;(4)饮酒者;(5)嗜酒者。因为数据量很少,所以将(1)和(2)类合并,(3)和(4)类合并。数据包含了 600 多个家庭,但是因为部分家庭有不止一个孩子在这所学校,并且很多表格是不完整的,交叉分类的数目与此大不相同。

曼彻斯特数据所基于的研究有着不同的选择标准,它来自于就读于特殊学校、有心理缺陷的孩子们的家庭。他们对父母饮酒习惯的分类没有这么详细,但却给出了关于这些孩子兄弟姐妹的健康智力情况的信息。这些信息是家庭走访者收集的,但是其中一位调查者(威廉·罗斯·艾什比(William Ross Ashby)博士)与父母亲中至少一位进行了面谈,因此对走访者之间的差异进行了一些控制。与爱丁堡的数据一样,收集的数据超过 600 个家庭,但是这些数据并不是在各方面都很完整。

研究结论

埃尔德顿和皮尔逊研究报告的主体是通过大量图表对以上数据所进行的详细分析。此外,在附录中还有 64 张表,给出了各种各样的交叉列表,比如表 3 呈现的是在父母都是嗜酒者的情况下儿子身高与年龄的关系(爱丁堡数据);表 20 显示的是产妇酗酒与女儿健康的关系(曼彻斯特数据);表 29 显示的是父亲酗酒与儿子智力的关系(爱丁堡数据)。这项分析还包括了酗酒与孩子视力、与孩子们度过业余时间的地点(家中还是街头),以及与孩子存活率和死亡率之间的关系。这些数据是应用皮尔逊最新的技术方法来研究的。的确,他的一些基于分组或名义数据的相关系数估计方法,看来仅仅是以设想中的数据为基础发展而来的。例如,皮尔逊(1909,1910a)的方法(包括他随后称为双列 γ 和双列 η 的系数)就在这一研究中得到了应用。

出人意料的是,研究结论呈现出否定性,即父母的饮酒嗜好似乎与后代的任何可度量的健康和智力指标完全不相关,并且该研究所发现的相关性很可能与禁酒运动所期望的相反,父母饮酒与孩子的身高、体重和智力(由孩子的老师主观评定)之间的估计相关性都很小(在 -0.05 到 0.07 之间)。在给出孩子年龄的情况下,其偏相关性也不高。研究所发现的唯一在统计上具有重要性的关系就是母亲饮酒习惯与女儿体型之间的偏相关,但这一相关性也很弱:对于身高相关性为 0.13,对于体重相关性为 0.14。但是研究没有在儿子身上发现类似相关性的存在。这一事实提示研究者们,女儿体型受母亲酗酒影响的原因不在于酒精的毒性,而可能与家庭环境有关(女儿往往待在家里,而嗜酒的母亲会抛给她们更多的家务,p.7),但是这种影响本身是难以察觉的。

　　研究的其他结果也同样不支持禁酒。父母酗酒的孩子比父母不饮酒的孩子拥有更好的视力。埃尔德顿和皮尔逊引用了早于该研究的一份高尔顿实验室的报告,并对其提出了质疑:"会不会是因为这些家庭状况不好的孩子们总是在大街上游荡,所以他们得以远离相对糟糕的环境,并得以呼吸相对新鲜的空气?"(p.22)的确,他们发现"嗜酒父母总是把孩子赶出家门"(p.24),但是在户外的时间与视力的好坏之间并没有明显而可解释的关系,而且两者之间的相关系数相当小。在详细调查之后,他们发现父母酗酒唯一的负面影响就是,嗜酒父母的婴儿死亡率会轻微高于其他婴儿,多数是在母亲酗酒的情况下,婴儿死亡率会较高。尽管后人认为这是对酒精中毒的致命性的最早发现和证明,但对埃尔德顿和皮尔逊来说,这意味着在某种程度上,婴儿的死亡源自父母对家庭环境的疏忽大意。埃尔德顿和皮尔逊估计酗酒者家庭婴儿死亡率在 10% 到 13% 之间,但他们认为,即使这些家庭对饮酒加以节制,婴儿数量的净增长率也不会高达 10% 到 13%,而是不足 1%,因为饮酒的夫妻比不饮酒的夫妻生育率更高,所以两种夫妻的家庭规模净增长几乎是一样的(p.29)。这一数据与禁酒支持者的论断形成了鲜明的对比,那些论断宣称,如果不是因为酗酒现象的存在,人口的增长率已经超过 25% 了。

　　因此,尽管一些人再三声称酗酒者的罪孽会报应在他们的子女身上,但埃尔德顿和皮尔逊并没有找到支持这一说法的证据。他们在研究中写道:

　　　　在环境与人类的性格特征之间或许存在着某种联系,但是如果用相关性来度量,这种关系又如此微弱,以至于我们无法基于可获得的样本对其进行有效的处理。……似乎我们不得不承认,不是环境的影响微不足道,就是数据完全不可靠。……看似更为合理的解释是,我们的困难不在这里而在别处。当我们试图探究环境的影响时,我们并不是因为记录上的疏忽而没有发现人类发展中的重要因素,而是因为缺乏统计上的细致考察。总而言之,在我们所调查的任何一类对象中,我们没有在酗酒父代和子代的智力、体型与疾病之间发现任何显著的关系。就亲子关系而言,酗酒者和非酗酒者之间的天平并不倾向于任何一方。不用说,我们不将这一事实归咎于酒精,而是将其归因于与酒精嗜好有关的某些生理或者可能的心理特点。或许对其他类型的对象的调查会给出不同的结果,但是我们认为,对于环境的影响我们已经有了相当丰富的经验,以至于我们很难相信较强的相关关系会出现。

如果正如我们所想,父母嗜酒的危险主要在于直接或交叉遗传的生理因素,那么酗酒反对者所面临的就是优生学的基本问题。恐怕那些禁酒改革者们需要花很长时间才能领悟到这一点。他们正在进行着一场伟大的,并且在诸多方面都有益的战斗,在这场战斗中一切都是公平的,甚至对于不合理的统计资料也是如此。然而对于社会改革可行路线的制订,真才实学必须替代积极却未经规范的博爱,这样的时代即将到来。(p.32)

批判预估

在这份研究报告里,有很大一部分内容试着对批判进行了预估和反驳。的确,埃尔德顿和皮尔逊承认,酒精的潜在影响非常复杂,并且他们无法在数据的基础上对它们一一区别。也许对酒精的嗜好具有直接遗传性,因此要等到孩子成年才会显现。也可能它导致的是一个与"基因"("交叉遗传")中的另一遗传缺陷相关的间接后果。再或许,对酒精的嗜好并没有遗传源,而纯粹是环境影响的结果,因此可以把这种影响归咎于家庭环境的恶化(经济上或道德上的)或者毒性(即使父母没有携带遗传上的缺陷,但它也会对孩子的基因产生间接影响)。他们认为酗酒的直接遗传性具有潜在的重要性,但那是优生学家的探讨范围。"初探"并不关注那些等到孩子成年才可在他们身上观察到的父母酗酒的影响,对于这一类影响的处理应交给后面的研究来探讨。至于其他影响——由交叉遗传、毒性或环境因素引起的影响——要在已有数据的基础上对它们一一加以区别确实相当困难,甚至是不可能的。但是,只有"当我们证实在父代酗酒与子代缺陷之间的确存在实质性联系"时,我们才能将它看作一个议题,而显然,我们无法发现这种"实质性联系"。在较早的章节里,研究报告就着重对两个潜在的批评进行了处理:一个涉及埃尔德顿和皮尔逊进行此项研究的资格,另一个关乎他们被数据导致的虚假相关性所欺骗的可能性。首先,他们对可能遭到读者的反对而感到明显不安,因为对禁酒进行研究的职责和优势属于医生,而不是被他们所定义的"社会工作者",即他们本人和那些采集数据的人员。他们对此提出了两条辩护意见:医务人员不像社会工作者那样有机会进入最受影响的家庭并亲自采取判断,并且"目前鲜有医务人员具备这类研究所需的统计素质和直觉"。"我们坚信,要解决重大社会问题,应当有一个实验室得到充分资助,让受过社会学训练、医学训练及统计学训练的人们为提供解决方案而合作成为可能,这样的愿景必将实现。但在这一天到来之前,拖延社会调查直至个体医疗诊断被实现,这是不合理的。”(p.3)

埃尔德顿和皮尔逊担心研究结果可能受到虚假相关性的影响,主要是因为遗传因素之间存在被混淆的可能性。如果他们的确在环境条件与孩子健康状况之间找到相关关系,它会不会是“由父母本身可遗传的生理或心理状况所导致”?（p.3)如此,环境因素和遗传因素会被混淆,而研究的基本目的也会失效。例如,他们提出一种可能,即身体强壮但过量酗酒的社会成员生出了身体强壮的后代,造成了父母酗酒与后代体格良好之间的虚假相关性,还有一种可能是智力偏低而嗜酒的社会成员生出不太聪慧的后代,而导致酒精破坏后代智力的误导性暗示。即使在环境和孩子的缺陷之间找不到关联,也不能消除虚假相关性存在的可能性——例如,如果酗酒父代的生理和心理状况优于不饮酒父代,而子代身心状况却大致相同,那么则可能是“酒精把原本在平均水平之上的孩子拉回到了平均水平”(p.4)。

为了消除以上疑虑,人们需要测度父母的体格和智力,以考察从节制和酗酒父母身上采集的数据之间是否具有可比性。但是人们无法采用这样直接的度量方法。然而,埃尔德顿和皮尔逊找到了一个聪明的替代方法,那就是间接地“通过考察父母的综合状况来推断他们的身材和智力情况”,比如父亲的工资水平。他们认为,一个嗜酒的男人比不饮酒的男人挣的工资少,但是“如果除此之外他还有身体或智力上的缺陷,那他的工资水平会大大低于不饮酒的人”(p.4)。因而他们进行了一次测验:如果酗酒父母的体格状况或智力水平不如常人,那么以上说法则可以通过他们显著少于常人的工资体现出来。爱丁堡数据所提供的关于工资水平的信息使得他们解除了两组父母之间具有差异的假设。如果父母都饮酒,两者的平均周工资是 24s.5d.①(天),如果父母中一人饮酒,是 24s.8d.,如果父母都不饮酒,则是 25s.5d.。如果单从父亲的工资情况来看,他们发现嗜酒男人的平均周工资是 25s.,而不饮酒的男人则是 26s.。这些微小的差异只有 0.6d. 或 1s.。在他们看来,很可能是仅仅由嗜酒本身造成的,而与任何“体格和智力方面存在重大差别”的说法不一致。“总的来说,如果假定嗜酒父母在体格和心智水平上等同于,甚至略微高于不饮酒父母的平均水平,这也是合理的。这种可能存在的细小差异很难显著地影响孩子的健康智力与父母酗酒之间的关系”(p.5)。

---

① 译注:原英国货币计量单位 s 代表先令,d 代表便士,1 先令＝12 便士,1 英镑＝20 先令。下同。

　　对于这份研究报告,公众最初的反响远不如皮尔逊预期的那么激烈。《泰晤士报》于 1910 年 5 月 21 日刊载的一篇报道总体上对它予以认同。的确,报道大部分内容是对皮尔逊研究报告中的方法和结论的原文呈现,只经过了简单的修改。报道者认为这项研究旨在严格审查针对过度饮酒的反复控诉,并引用了 W. B. 卡朋特(W. B. Carpenter)博士写于 60 年以前的话:"能从醉汉的腰中长出无数的病变组织。"

　　读者们最初的反应是温和的。《泰晤士报》于 6 月 2 日刊载了蒙塔古·克拉肯索普(Montague Crackanthorpe)的一封来信。他对于研究报告的结论并不感到惊奇,但他认为研究报告"在生物统计的范围内是有用的,但仍有一定限制,而诸如父母酗酒与子女之间的关系这样的复杂问题已经超出了它的适用范围"。他担心《泰晤士报》的简短报道会被误解为对人们的行为指导,鼓励酗酒,并且支持人们和酗酒的人结婚。尽管如此,克拉肯索普写道:"生物统计学方法的基础是'平均律',平均律的基础是'概率论',而概率论的基础则是对高度抽象秩序的数学计算。因此,在这个具体问题上,生物统计学研究没有给个体提供实质性的指导。"克拉肯索普是高尔顿的朋友,并于 1907 年帮助其创建了优生学教育学会;实际上,他于 1909 年帮助高尔顿成为学会的名誉主席,而他自己则是该学会的首任主席(G. R. 赛尔(G. R. Searle),1976,p. 15;丹尼尔·J. 凯维勒斯(Daniel J. Kevles),1985,p. 59;宝林·M. H. 玛祖达(Pauline M. H. Mazumdar),1992,p. 43)。尽管它享有盛名,接管者也很杰出,但优生学教育学会与皮尔逊却没有太大关系。该学会与当时的禁酒运动组织和其他非科学社会活动组织联系紧密,而皮尔逊不仅拒绝出任该学会主席,更拒绝加入该学会。(玛祖达,1992,p. 43)

　　因此,克拉肯索普的批评存在着闹不团结的风险,而高尔顿在克拉肯索普和皮尔逊之间更倾向于谁,这是毫无争议的。所以这封信使得高尔顿本人迅速做出回应就不足为奇了。他在次日的《泰晤士报》中回应称信中对专业术语的应用令人费解("我不懂'平均法则'指的是什么"),在简短地用自己的话对生物统计学方法做出总结之后,他说:"对于'父母酗酒与子女的关系不在生物统计研究适用范围内'的说法,我表示完全不同意。"一周之后(6 月 10 日),《泰晤士报》刊登了皮尔逊的回应,篇幅比高尔顿的更长,文章严厉地质疑了克拉肯索普的不科学态度,并要求他为在没有阅读整个研究报告的情况下就妄加批评而道歉。之后皮尔逊与克拉肯索普之间又展开了一轮辩论,但除此之外,在 7 月 7 日之前,对研究报告的反驳已经暂时平息了。

剑桥经济学家：马歇尔（Alfred Marshall）

皮尔逊原本预期的是来自禁酒运动家和医学界的激烈反馈，所以，他对于射向他的第一颗来自于一个完全不同领域的子弹，一定感到非常吃惊。7 月 7 日的《泰晤士报》刊载了阿尔弗雷德·马歇尔教授的一封长信，该信批评了"初探"的某一个方面。67 岁的马歇尔是当时世界上最著名的经济学家。但是近 20 年来，他一直回避着公众争议，并且两年前已经从剑桥大学退休。因此，即使他以一种低调的方式介入埃尔德顿与皮尔逊文章所涉及的这样一个有争议的话题，此事还是引起了很大的关注。很显然，他参与这场争论，是由于他不仅时间充裕，而且在道德上感到愤怒，并且他单纯地以为他能够将自己的观点局限在他享有优势的经济学领域之内。

与克拉肯索普不同，马歇尔在写信之前读了完整的研究报告，但他并没有在信中提到该报告的任何优点。他写道："我希望有能力比我更强的人来探究这项研究的统计基础到底是否足够支持庞大的归纳性命题。"马歇尔特别希望"人们对这个结论的理解——在一定程度上它在我的研究范围之内——能提高警惕"。报告中引起马歇尔注意并使他提笔反驳的观点确实属于经济学的范畴，尽管在某种意义上，这个切入点有些奇怪，因为它并不是研究的核心所在。他反驳的观点是关于饮酒男人与不饮酒男人工资的差别仅有 0.6d. 或 1s. 的论断，他担心的是读者从中得到"酗酒不会大幅度降低经济效益"的暗示。

马歇尔认为上述论断仅仅是基于所研究的样本："这是对嗜酒者和非嗜酒者两组样本的直接比较。但是一些颇有影响力的学者认为，这很大程度上普遍适用于一般的嗜酒者和非嗜酒者。因此，我想表达我的看法——这两组样本是经过筛选的，因此研究结论体现的是数据的选择。"马歇尔的论据包括四点。第一，他认为在有些职业中，比如码头工人，工头更倾向于选择那些强壮的酗酒工人，而不是不酗酒但身体虚弱的工人，但这并不意味着工作效率的提高——"强壮的嗜酒者来做这种低级的工作可能就是因为他仅仅是一个醉汉，而不饮酒的人到那里工作很可能是因为他没有足够的体力到别的地方去更好地谋生。"为了进行公平的比较，我们需要明确他们最初具有同等的优势。第二，他认为结论的基础——爱丁堡数据——可信度不足，因为它们代表了一座城市中较为贫困的一个区域，所以这些孩子基本上都是"水平比较低"的，即使是这项研究中境况最好的家庭，在某种程度上也"缺乏活力"。第三，他怀疑研究报告给出的工资数据只表示了人们全职工作时段的工资，而不能代表他们一年下来应有的实际收入。他认为,针对特定的地区和租金水平,酗酒者至少需要与不酗酒者一样高的周工资,因为"不酗酒者的收入来自于比酗酒者更多的工作周数,并且他们会动用更少的生活花销来买酒"。第四,马歇尔认为,有效的调查必须假定酗酒者在孩子出生之前就开始酗酒。马歇尔猜想,如果对两名同等工作效率的工程师做一项超过 15 年的研究,从其中一人开始嗜好饮酒开始,到研究结束的时候,非酗酒者要比酗酒者多赚 20%到 40%,比埃尔德顿和皮尔逊的研究中的 4%要高出许多。

马歇尔的观点并非与这次对"初探"的争论无关,但是它很难成为讨论的中心,并且更像是说教,而不是证实。这封信的说服力源于读者对马歇尔权威的认可,并基于他们和马歇尔一致的判断:该研究的中心论点是酗酒者与非酗酒者的收入几乎相当,以及它对两者等同的经济效益的暗示。然而两组样本工资水平相等的结论在"初探"中仅仅是为了保证两组孩子身体状况(或者,用我们现在的话说,遗传)的可比性。如果我们善意地解读这封信,马歇尔的中心论断实际上就是,被研究的酗酒家庭在身体上和心理上都强于不酗酒的家庭,而他所引用的"证据"正是埃尔德顿和皮尔逊用来反驳他的证据——两组工资的近似等同。马歇尔相当确定两组样本工资等同意味着个体最初拥有不均等的优势,看来他对这一事实的断定是基于他从传闻性证据中所获得的结论——这种皮尔逊所致力的定量研究的介入难以令人信服。他谨慎的用词(六次"probably",一次"likely",三次"possibly",两次"expect")没有显示出他对"报告的数据选择导致了其结论"这一看法的坚定信心。按照马歇尔的权威,我们一定会相信,码头工人不是虚弱的滴酒不沾者就是强健的酒鬼。

皮尔逊的回应

马歇尔的来信发表于周四,在次周的周二,即 7 月 12 日,皮尔逊对此次讨论发表了自己的看法:"针对贵报于周四刊登的马歇尔教授的来信,我认为没有太多回应的余地。因为信的大部分内容是指出这个研究本该怎么进行,而不是探讨它是一个怎样的研究。"

马歇尔认为他们忽略了对平均周工资和行业工资的区分,而皮尔逊拒绝接受这一批评。他表明,两者的确不同,但他在研究中采用的测度标准是平均实际工资。他的说法有些欠缺说服力。我们能够逐渐明白工资的种类确实不止这两种,而"初探"的描述将它们相互混淆,从而导致马歇尔对皮尔逊论据中工资这一度量标准的作用产生误解。首先,一个行业有行业工资,即个体在这个行业中获得工资的平均水平,不管每个个体是否达到这一水平。其次,每个个体有他的名义工资水平,即他充分就业时获得的工资。最后是实际工资,即个体扣除因生病或酗酒而损失的工作时间之后获得的全部实际工资。

马歇尔认为名义工资和实际工资是不同的,酗酒者的实际工资很可能低于名义工资。若以实际工资为准来比较两组的工资水平,我们会换一种眼光来看待酗酒造成的工资乃至经济效益的损失。皮尔逊在回应中认为,马歇尔指责的是他在调查中采用行业工资而不是名义工资,并且在未对名义工资和实际工资加以区分的情况下就声明采用的是个人工资水平而不是“行业工资”。也许马歇尔的说法是正确的,但这与皮尔逊对工资这一度量标准的采用是无关的。就皮尔逊的目的而言,在对非酗酒者的研究中,名义工资通常更能体现出对象的体格和技能,而这也是他声明两组情况大体等同的基础。他的目的是说明两组在体力上等同,而不是在经济效益上等同。

但是针对马歇尔对“初探”的研究所做出的假定性解释,皮尔逊做出的主要反驳具有充分的合理性,对统计方法具有提示作用:

> 使数据失效的唯一办法就是进一步用同样的方法对未选择的对象进行检验。如果在定量调查而不是主观意见的作用下,结果显示出存在差异,则我们还需要考察这种差异从何而来。马歇尔教授提出,那些不酗酒者中身体虚弱的人的祖父母是饮酒无度的人。或许真的存在这种可能,但是作为一名统计学家,我的回应是:“请把统计数据——包括未被选择的那些数据——摆到桌面上来。”人们对实际数据往往会有这样一种意见:如果收集的是其他数据,它们可能会显示出不同的意义,而成为其他具有价值的论据。“请把统计数据摆到桌面上来”,这是我唯一的回答。

马歇尔没有对以上观点做出回应。《泰晤士报》于8月2日刊登的他的第二封信,开头如下:“皮尔逊教授并没有回应我对高尔顿实验室近期研究报告中所使用的方法所提出的异议。”接着,他重申了他的“中心论点”:皮尔逊在等同工资水平的基础上判断酗酒者与非酗酒者有相同的身体状况,这就相当于说同年级的14岁孩子和16岁孩子因为在课堂中的得分相同所以智力也相等。“同样住在廉价房中并处在社会下层的酗酒者和非酗酒者很可能具有大致相同的收入,因为一些酗酒者的低效率导致他们生活在低档次的住宅区,正如一些16岁孩子由于智力的不足而在低年级就读一样。”

马歇尔没有明确地响应皮尔逊“请把统计数据摆到桌面上来”的号召,但是他对该建议的方向至少表示了少许的认同。他指出,他的同事 J. M. 凯恩斯(J. M. Keynes)先生对"初探"的评论即将在《皇家统计学会期刊》6 月刊中发表。凯恩斯已给了他一份杂志校样,以及皮尔逊数据来源——1906 年爱丁堡慈善组织的《报告》——的副本。马歇尔注意到,该报告已经在个别案例中给出了关于个人工资情况的具体信息。因此,皮尔逊对工资的统计包含了"大量的推测成分"。马歇尔计算出《报告》中的 781 个家庭中有 488 个家庭接受了慈善救济,而皮尔逊统计的平均工资水平远高于他所研究的贫困人群的平均水平,因此,马歇尔重申:"如果雇主对嗜酒者不规律的工作习惯采取适当的宽容态度,那么酗酒并不会降低效率的论点就会被推翻。"

皮尔逊于 8 月 10 日通过《泰晤士报》回复了马歇尔,而后者于 8 月 19 日写了他的第三封信,也是他的最后一封信。两人的来信都没有提出任何新的问题,而都是对他们已经提出的论据予以重申。皮尔逊称他还没看到凯恩斯的批评,但他希望稍后能够做出回复。为了强调在爱丁堡调查的家庭能够广泛代表工人阶级这一群体,皮尔逊做了马歇尔所不愿做的事,即从爱丁堡的《报告》中抽取了数据,显示全部的职业,并且表明对饮酒的嗜好并非集中在低收入人群中。

表 1.1 卡尔·皮尔逊根据爱丁堡数据编制的父亲职业表,按平均周工资和是否酗酒进行分类。表中的工资是指个人名义工资的平均水平。A 类的工资低于 25s.;B 类的工资在 25s. 到 30s. 之间;C 类的工资超过 30s.。

职　业	周 工 资	不酗酒人数	酗 酒 人 数
A 类			
裁纸工	24s.	1	1
出租马车夫	18s. 5d.	1	10
金箔匠	21s. 6d.	2	1
马夫	21s. 2d.	1	5
作坊伙计	19s.	2	0
门童	20s. 6d.	9	8
仓库管理员	24s. 4d.	8	2
信差	23s.	3	5
烟囱清扫工	17s. 4d.	0	7

续　表

职　业	周工资	不酗酒人数	酗酒人数
运货马车夫	22s. 2d.	12	23
酒吧伙计	23s. 8d.	1	0
黄铜铸工	21s. 6d.	2	4
鞋匠	22s. 10d.	11	9
清扫工	22s. 10d.	2	2
凿石工	23s.	1	1
酒窖伙计	24s. 2d.	1	2
抛光工人	13s. 6d.	1	0
检车员	20s.	1	0
护路工	18s. 6d.	4	0
园丁	20s. 6d.	2	0
铁路工人	18s.	0	2
锻工	20s.	2	1
工厂工人	12s.	1	3
广告张贴工	18s.	1	0
沿街叫卖者,杂工,其他工种	14s.—23s.	71	85
B·类			
马鞍匠	25s.	0	3
车床工人	25s.	1	0
店员	25s.	4	3
铸字工	26s.	4	5
书记员	27s.	2	1
铸铁工人	28s. 5d.	3	5
马车制造工	28s.	3	1
钻井人	30s.	1	0
裁缝	27s.	4	15
制桶工人	28s. 6d.	8	4

职　业	周 工 资	不酗酒人数	酗 酒 人 数
巡道工	26s.	0	2
计时员	30s.	1	0
宝石匠	28s.	2	0
屠夫	30s.	2	1
油漆工	25s. 6d.	14	23
管道安装工	27s. 8d.	0	1
水手	30s.	3	1
面包师	26s. 2d.	11	10
装瓶工人	27s. 3d.	1	0
铁路搬运工	28s.	7	2
煤气厂工人	27s.	5	0
电车司机	27s.	0	1
C 类			
凸版印刷工人	34s.	1	0
平板印刷工人	36s. 6d.	2	2
装订工	30s. 3d.	3	6
室内装修工	36s.	1	2
炼铁工	32s. 7d.	5	4
电线工	32s. 6d.	0	1
泥水匠	37s.	1	0
家具木工	33s. 6d.	2	1
细木匠	30s. 10d.	3	9
蒸汽起重机操作工	30s. 10d.	1	1
石匠	34s. 1d.	5	17
铁匠	38s. 10d.	1	5
工程师	30s. 2d.	6	2
印花工人	31s. 1d.	13	16

职　业	周 工 资	不酗酒人数	酗 酒 人 数
司炉	31s. 7d.	2	1
管道维修工	34s. 6d.	3	5
铆工	40s.	1	0
锡匠	31s. 7d.	2	4
铺石板工人	36s. 1d.	3	2
药剂师	36s. 6d.	1	0
装裱匠	31s. 1d.	0	2
邮递员	32s.	0	2
玻璃工人	40s.	1	0
A、B、C 类总计		273	331

来源:卡尔·皮尔逊,《泰晤士报》1910 年 8 月 10 日;皮尔逊再版(1910b)。

皮尔逊写道:

　　马歇尔教授断言:"身体强壮的酒鬼从事这些底层工作可能仅仅是因为酗酒的缘故,而不嗜酒的人从事这些工作也许是因为他们的体力和素质不足以让他们胜任其他能够更好谋生的工作。"上表中有什么证据能支持这个观点呢?酗酒者在较好的行业里占大多数,而综观各个工资等级,并没有证据表明从事低级行业的酗酒者因为他们的体格而获得高工资。此外,我也并没有在这组样本中发现所谓"低级行业"所占的比重要高于它在一般工薪阶层人口中所占的比重。

　　研究报告并不像马歇尔教授的结论所说的那样诱导读者相信"酗酒与低效率无关",这一点我也不必再提。

　　马歇尔于 8 月 19 日发表的回复是他写得最长的一封信。他在信中回顾了他的论述,并仍旧坚持己见。"经过深入研究,我得以断定,这份研究报告对于获得重要结论的作用,就如同用'震颤性谵妄并不比其他使人缠绵病榻的严重疾病更致命'这一证据来表明震颤性谵妄与寿命之间没有因果关系一样,着实不大。"至于皮尔逊表格中的数据,他认为:"这些表格与我感兴趣的问题没有关系。"他宣称自己将不再参与这一争论:"由于牵扯到一些私人因素,读者一定会在我和皮尔逊教授之间有所评判。我要说的已经说完了。"随着他的退出,马歇尔把争论的战场移交给了凯恩斯。

剑桥经济学家:凯恩斯

马歇尔在 8 月 2 日的信中称凯恩斯对这份研究报告的评论即将发表,而两天之后,弗朗西斯·高尔顿致信皮尔逊说:"现在马歇尔再次针对你,还获得了声援! 无论如何,他也是一个值得尊敬的对手。"(高尔顿论文 245/18K)实际上,凯恩斯对马歇尔的声援是意料之中的事,凯恩斯早在马歇尔的第一封信之前的一个月就打算加入这场讨论,但是他的来信却被《泰晤士报》拒绝刊登了。马歇尔于《泰晤士报》上发表第一封信之后,凯恩斯于 7 月 11 日向他致信表示祝贺,并寄给他自己即将在《皇家统计学会期刊》上发表的评论的校样,以及爱丁堡《报告》的副本(约翰·惠特克(John K. Whitaker),1996,pp. 253—254)。这个时候,马歇尔才了解到凯恩斯对这个问题的兴趣。

凯恩斯本人在一定程度上受到了皮尔逊以前的学生兼助理尤尔的启发。在过去的 10 年里,G. 乌迪·尤尔和皮尔逊的关系已经恶化。两人之间的矛盾公开化是在 1906 年,当时尤尔批判了皮尔逊对列联表的测度方法(唐纳德·A. 麦肯齐(Donald A. MacKenzie),1981,第 7 章)。1910 年 5 月,尤尔对高尔顿实验室的另一份研究报告公开发表了一篇言辞犀利的评论,而这份报告与"初探"属于同一个项目。随后,尤尔又在《卫生学校》中发表了一篇评论(尤尔,1910.a),批判了大卫·海伦(David Heron)对学龄儿童体型、家庭环境和智力水平之间的关系的研究,指出海伦未能发现显著的相关性,"只因为他所使用的数据在'相对'和'绝对'意义上都没有价值,不值得他在上面所花费的巨大精力"(尤尔,1910b)。尤尔认为描述智力水平的数据因为分类不当和测试者的偏见而被污染,而他早在四年前就已经对此问题进行了具体的研究。(尤尔,1906)皮尔逊对尤尔的评论不甚赞同,他在 8 月 8 日写给海伦的信中说道:"现在让我们来谈谈这件令人不快的事。在对你的论文发表统计评论之后,尤尔已在伊登(Eden)的《卫生学校》上发表了第二篇评论,语气更加不客气,可内容却全无新意。在我看来,这表明了他的敌意。他的挑衅有些过分了,我们必须做出回应,以给他致命还击。"(皮尔逊论文 919)这个回应直到第二年才出现,但是在此期间,针对研究中其他问题的争论愈演愈烈。

1910 年的夏天,凯恩斯一直在努力撰写专题论文,也就是后来的"论概率"。尤尔的评论及《泰晤士报》于 5 月 21 日对"初探"的报道都引起了他的注意。6

月 6 日,凯恩斯向《泰晤士报》致信,称"初探"的结论尚不成熟。(凯恩斯,1983,pp.186—188)这封信没有公开发表,但是凯恩斯并没有就此罢休,而是联系了尤尔。6 月 16 日,尤尔邀请凯恩斯针对"初探"为《皇家统计学会期刊》撰写评论。在这篇评论里,凯恩斯沿用了他被《泰晤士报》拒绝发表的信中的所有观点和大量内容。

在他的评论中,凯恩斯否认了"初探"所使用的两组数据与酗酒的普遍影响之间的相关性:曼彻斯特的数据完全无效,因为被调查的每个家庭都被"低能"这一主观偏见所影响,而爱丁堡的数据无效则是由于数据来自于一个落后的区域。"和曼彻斯特数据一样,总的来说,在对爱丁堡的样本的研究中,作者比较的是酗酒者和低于正常水平的不良非酗酒者,那么自然而然,结论是两者实属半斤八两。"凯恩斯认为曼彻斯特数据的无效性是不言而喻的,但他花费了一些篇幅来讨论爱丁堡的数据。凯恩斯说"初探"中的爱丁堡数据自称是"一个颇具代表性的人口随机样本",对此,他计算了其中几个他认为与这一说法相悖的统计量:57.5%的家庭受到慈善援助,62.5%的家庭被归类为"酗酒或有酗酒嫌疑",只有19%的家庭既不酗酒也没有受到慈善援助,74%的家庭居住在一居室或两居室的房子里,并且样本学校中的孩子的平均身高和体重都低于爱丁堡公立学校中的孩子。

凯恩斯的评论言辞夸张:埃尔德顿和皮尔逊并没有说用到的是"一个颇为随机的样本",而只是复述了慈善组织协会对《报告》的评价——具有广泛代表性。在 7 月 12 日《泰晤士报》刊登的来信中,皮尔逊不慎使用了"随机样本"这个词,但他还用"抽取自普通的贫困人口,未考虑是否酗酒"来对其加以限定,显然这样的抽取方式与他的观点有出入。凯恩斯还将"疑似饮酒者"与"饮酒者"纳入"酗酒者"和"醉酒者"的所指范围之内。最后,他总结道:"研究报告对于解决一个普遍存在的社会问题贡献甚微,并且,由于未能使公众关注到本质问题,它还具有误导性。作为一项对统计方法的研究,它是运用不必要的复杂数学方法来处理原始数据的典型例子,对数据特征的描述并不充分,并且数据本身就不适用所研究的问题。"尽管凯恩斯在(被拒绝发表的)来信中曾对工资问题及尤尔对海伦的评价进行过讨论,但在这篇评论中他却对两者只字未提。

为了回应大家对高尔顿实验室的批评,皮尔逊汇编了一系列新的小册子,即《每日争议问题》。第一篇发表于 1910 年 9 月,副标题是"对剑桥经济学家的回应"。作为对"初探"的补充,它对凯恩斯的评论做出了回应,这也是对马歇尔的最后反驳。第二篇文章发表于几个月后,是海伦对尤尔的回应。

在"对剑桥经济学家的回应"中,皮尔逊认为凯恩斯的观点"仅仅是对阿尔弗雷德·马歇尔教授的看法与观点的扩充"。皮尔逊在这篇回应中重申了他已表述过的观点,但言辞要比他在《泰晤士报》上发表的文章激烈一些。皮尔逊表示,"初探"的目的是"在某一相同的环境条件下抽取一部分未显示出差异的人口,然后探究禁酒群体与酗酒群体的后代在生理或心理上有没有较大差异……如果想要批判我们的结论,人们必须找到禁酒群体与酗酒群体之间的实质性差别"。而凯恩斯和马歇尔仅仅是试图通过未经证实的推断和逸事来反驳我们的结论,这样的批评是无效的。

　　凯恩斯认为爱丁堡的数据并不能代表更为普遍的人口,尽管这一观点与研究的有效性无关,但皮尔逊还是对此进行了反驳。皮尔逊根据慈善援助、饮酒习惯、住房条件等情况比较了来自爱丁堡地区和来自格拉斯哥与兰开夏郡地区的数据。他表明,爱丁堡数据并不像凯恩斯之前所说的那样极端而不具有代表性,而是与类似城市的数据差别不大。他还指责了马歇尔引用不当。那些经济学家们被指有先入为主的毛病,并且对学校和人体测量的统计数据并不熟悉:"那些与世隔绝的剑桥经济学家们试图说明爱丁堡的样本是不具有代表性的'低层次'人口——在体格上和道德上极其恶劣的人口,他们这么做只体现了他们自己——而不是优生学实验室——的无知……这并不是科学,而是无用的经济学所致的看似合理的咬文嚼字。"

　　针对凯恩斯对研究中复杂统计方法的应用的批评,皮尔逊做出如下回应:"我再次申明,我们绝不会因为某个评论家说现代统计学方法没有必要且浪费精力就放弃它们,而且据我所知,这位评论家本人至今也没有公开证明过他有能力掌握这些方法……总有一天,剑桥大学会醒悟,一个研究现代统计学的院系会使该校在生物学、人类学、医学,甚至经济学领域的研究水平都有所提升。"作为剑桥大学的一名毕业生,皮尔逊说出了此番分量不轻的话。

　　9月10日,马歇尔收到了皮尔逊的文章,"装在一个白色的信封里,信封上没有任何寄信人信息"——我们姑且认为是皮尔逊寄的。马歇尔认真阅读并批注了该文章,并在同一天将其转寄给了凯恩斯(惠特克(Whitaker),1996,pp. 265—263)。马歇尔的批注现为剑桥大学国王学院剑桥档案室收藏,它主要重申了马歇尔发表在《泰晤士报》上的观点。他承认,关于爱丁堡地区的环境,"总体上来说,皮尔逊的反驳也许具有一定的道理"。在9月14日给凯恩斯的信件中,他写道:"总的来说,我想我的确至少假设了研究中爱丁堡地区的住房情况比其实际情况更糟糕。"(惠特克,1996,p. 266)但在其他问题上,他依然没有动摇。

　　凯恩斯对这篇文章的反应比马歇尔更为激烈("他真是一个无耻的骗子"),并且他还为《皇家统计学会期刊》撰写了一篇文章作为回应。凯恩斯与皮尔逊最后的较量,是在 1910 年至次年 2 月间通过《皇家统计学会期刊》发表的一系列信件(凯恩斯,1910b,1911;皮尔逊,1991c)展开的。这些信件的内容越来越多地针对一些细枝末节的指责和反击,除了他们本人之外,也许所有读者都搞不明白他们在争论些什么了。凯恩斯认为皮尔逊对爱丁堡报告中一些图表的处理有误。为了反驳这一点,皮尔逊对这些图表做出了新的解释,并让埃尔德顿女士采取新的基准计算了所有关于工资水平的统计数据,以清晰阐明他的观点。凯恩斯认为皮尔逊的观点前后有矛盾,皮尔逊也同样抨击凯恩斯的说法不一致。凯恩斯用了很多指代字眼,例如用"酗酒者"指代"喝酒者",用"贫民窟"指代"较为贫困的工薪阶层地区",皮尔逊因此而指责他。诸如此类的争论,不胜枚举。如果其中一人在某个问题上击中对手要害,那么另一人就会对这个问题闭口不谈。不过,尽管读者们可能感到一头雾水,但至少他们两位对彼此的立场有了更多的了解,也因此消除了一些误解。

直至 1911 年 1 月,在埃尔德顿女士的帮助下,皮尔逊对于怎样解释关于工资水平的统计数据——凯恩斯加入这场讨论的原因——有了全面的认识。他得以比之前更清楚地解释为什么马歇尔所关注的问题对于他的研究来说并不重要。

　　　酗酒影响的不是实际挣得的工资,而是人们挣钱的能力,我们通过调查这一指标来了解酗酒者的身体状况。凯恩斯先生与马歇尔教授认为我们持有以下观点:如果非酗酒群体和酗酒群体获得的工资相同,那么酗酒对子代则没有影响。但恰恰相反的是,如果酗酒群体具有获得更高工资的能力,它会导致与上述观点相左的结论,因为这说明酗酒者在生理或心理上更具优越性,而这在遗传的过程中可能会抵消酗酒造成的影响。显然,平均工资水平是对正常工作时获得的工资和因为过度饮酒而损失的工资的平均,它会使我们低估酗酒群体的工作能力。我们对一个人正常工作时所得工资的调查越准确,我们对他"不酗酒时的能力"这一指标的把握就越准确。(皮尔逊,1911c)

凯恩斯并没有因此而让步,反而把这当作他与马歇尔的观点在经济效益角度上的胜利:"我并没有让皮尔逊教授如此思考。他为他新的信念自豪。"(凯恩斯,1911)

在 1911 年 12 月给《皇家统计学会期刊》的稿件中,凯恩斯展开讨论了马歇尔的假设性例子:一家医院中患有和未患有震颤性谵妄的病人的死亡率。他说:"这两组病人可能有着相同的生活环境,付着相同的房租,接受相同的慈善援助,并且能够获得相同的工资。"这与皮尔逊所研究的两个组情况相似。但是,患有震颤性谵妄的病人却活得更长(假设是因为他们在其他方面更健康)。一言以蔽之,凯恩斯认为皮尔逊得出了异常的统计数据,可能是因为他料想"一个因患有震颤性谵妄而住院的人能拿到全额工资"。显然,他让皮尔逊感到很不舒服,因为皮尔逊在平安夜直接给凯恩斯写了一封信,可能还附上了他在《皇家统计学会期刊》上发表的文章。

> 1910 年 12 月 24 日
> 我年轻有为的朋友:
> 　　我很高兴你发现震颤性谵妄能延长寿命。我确信这一发现会让很多人的圣诞节充满欢乐,因为他们不必再受制于愚蠢的药方和医生的妄断。
> 　　我只希望我能让你也得上震颤性谵妄,以延长你具有价值的职业生涯,但是,哎呀,通向此症的路途坎坷,只能靠你自己长期的奉献与勤奋了。
> 　　不过我倒是给你寄了此病众多症状中的一个,这个症状来自于一个震颤性谵妄患者,他住着院,却领着全额工资。
>
> 你永远的,
卡尔·皮尔逊
>
> (凯恩斯文集,JMK PP/45 皮尔逊)

　　显然,后来这两人的关系有所好转,因为 1915 年凯恩斯写信邀请皮尔逊担任伦敦大学统计学科的考官。对于整个教学大纲,凯恩斯没有十足的把握:"大纲要求的统计理论知识超出了我所掌握的知识范围。我自己都不一定能通过考试,因此,如果由我一个人来负责考核学生,这是不合理的。"(皮尔逊文集,734/7)皮尔逊的回信却似乎没有被保存至今。

剑桥经济学家:庇古(Arthur Cecil Pigou)

　　1911 年 2 月 3 日,皮尔逊以前的学生梅杰·格林伍德(Major Greenwood)少校向他致信:"昨天《威斯敏斯特公报》刊登了一篇可笑的文章,作者是个叫庇古的教授。情理之中,他也是戒酒运动的倡导者。当他得知一位嗜好威士忌的人活到了 100 岁时,他回答道:'如果他不喝酒,他的寿命会比这长许多!'"(皮尔逊文集,p.707)。但是凯恩斯在 2 月 5 日写给马歇尔的信中却说:"《威斯敏斯特公报》2 月 2 日刊登了庇古关于禁酒问题的文章,真令人钦佩,你看到了吗?"(惠特克,1996,p.281)。这里所说的庇古教授就是阿瑟·塞西尔·庇古。1908 年他接替马歇尔担任剑桥大学政治经济学系主任时,年仅 31 岁。奥斯汀·罗宾逊(Austin Robinson)(1968)这样描述庇古:"马歇尔的学生,忠实而恭顺,甚至对导师盲目地崇拜。"1911 年,庇古正致力于撰写关于福利经济学的论文。(庇古,1912)这次的讨论既涉及他正在研究的问题,又为他提供了捍卫马歇尔的机会,这对庇古来说是不可抗拒的。

庇古发表于《威斯敏斯特公报》的短文从某种意义上说并不具有原创性——它本质上是对马歇尔某个观点的重申——但也并不是格林伍德所说的拙劣模仿。1968 年,罗宾逊笔下的庇古"将哲学家的方法应用到经济问题中,对问题进行了明确的解剖和分析,并试图探究基于研究素材的不同假设会得出怎样的结论——这种分析方法在定性分析中的应用具有很强的准确性。"罗伊·F.哈罗德(Roy. F. Harrod)(1951,p.155)如此描述庇古的文章:"字斟句酌地重申了剑桥派的主要观点,就如同在燃烧着的灰烬中小心迈步一般。"庇古在文章伊始就明确——比皮尔逊还要明确——阐释了问题的核心:"通过法律手段限制任何一代中的父辈酗酒能否提高其子代体质和智力水平?"庇古接受了如下假设:研究发现,在某个严格选取的样本地区中,酗酒者和非酗酒者的后代并没有明显的本质区别。他在假设结论成立的基础上质疑此结论能否为上述问题提供一个否定答案。

庇古给出了"两条不同的思路",他认为,对于"通过法律手段限制任何一代中的父辈酗酒能否提高其子代体质和智力水平"这一问题,即使它们不能提供"能"的答案,至少也能否定"不能"这一答案。他的第一条思路是用新鲜的方式对马歇尔在 8 月 2 日《泰晤士报》中所说的"中心论点"进行重申,并巧妙地对其进行自相矛盾的延伸。即使皮尔逊的假设是成立的,这个统计研究也仅仅适用于这个国家中的小范围地区。

> 如果一个事实对于一部分人是成立的,我们能否断定它对所有人都成立?我认为是不能的,理由如下:[1]通常,一个人所居住的地区或多或少取决于他在房租上的花费。[2]然而,在其他条件都相同的情况下,一个酗酒者肯定要比不喝酒的人在买酒上花费更多的钱。而由于酗酒者可能会更经常性地失业,他赚的钱也会少一些。[3]因此,同一职业的(在酗酒者中)能力中等的酗酒者和(在非酗酒者中)能力中等的非酗酒者相比,前者所居住的地区可能要比后者落后一些。

[4]这意味着,任何一个地区的酗酒者平均素质(p_A)与全国酗酒者平均素质(a_A)的比值$\left(\dfrac{p_A}{a_A}\right)$总是大于同一地区的非酗酒者($p_N$)的平均素质与全国非酗酒者的平均素质($a_N$)的比值$\left(\dfrac{p_N}{a_N}\right)$,即$\dfrac{p_A}{a_A} > \dfrac{p_N}{a_N}$。因此,既然我们的研究针对的是某一个地区,我们很可能比较的是一个国家中相对水平较高的酗酒者样本的后代与相对水平较低的非酗酒者样本的后代。[5]推论就是,如果同一地区的两组父代的子代水平是相同的,那么在整个国家中,酗酒者子女的情况则很有可能不如非酗酒者的子女。(庇古,1911;附带语句编号)

庇古的论证比马歇尔的更精确,并且它试图用符号来进行表述。假设I表示一个人潜在可实现收入,即当他既不在酒精上有所花费,也不因为酗酒而损失工作时间时所获得的收入(这是体现个人素质或能力的一个指标)。令$I = R + S$,其中R表示房租费用,S是剩余潜在收入,包括花费在酒精上的钱及失业损失。个人的实际收入包括了R和部分的S。我们用下标A表示酗酒者,下标N表示非酗酒者,以I作为父母素质或能力的指标。在庇古的上述论证中,[1]R可以作为反映父母居住地区的指标;[2]假设对于所有的潜在收入i,则有

(2) $E(S_A \mid I_A = i) > E(S_N \mid I_N = i)$,因为$I = R + S$,

所以有[3]

(3) $E(R_A \mid I_A = i) < E(R_N \mid I_N = i)$。

因此很显然[4]对于所有的租赁水平r,有

(4) $\dfrac{E(I_A \mid R_A = r)}{E(I_A)} > \dfrac{E(I_N \mid R_N = r)}{E(I_N)}$。

为了更好地说明结论(在地区r确定的情况下,酗酒的父母要比不酗酒的父母先天条件更佳),可这样理解[4]:

(4′) $E(I_A \mid R_A = r) > E(I_N \mid R_N = r)$。

我们是否可以由(3)推导出(4)或(4′)?而庇古的结论[5]又是否成立?因为结论(4)和(4′)需要对条件期望进行逆转,在这个过程中,由于回归效应的存在,很容易出现误差,所以我们要非常小心。对于上述两个问题,答案都是肯定的,但是我们需要进一步的调查研究,而在进一步假设之前,它未必总是成立。它的有效性必然取决于多元分布的特征。

事实上,庇古的结论在非限制性假设的条件下也是成立的。具体而言,假

定收入要素服从多元正态分布,尤其 (R_A, I_A) 与 (R_N, I_N) 都服从二维正态分布。每一对变量似乎具有正相关性。的确,只有这样才符合常理。由条件(3),我们知道 R_N 关于 I_N 的回归直线与 R_A 关于 I_A 的回归直线斜率为正,相互平行,且" N "直线在" A "直线的右侧,如图 1.1(a)。均值点 $[E(R_A), E(I_A)]$ 与 $[E(R_N), E(I_N)]$ 都分别位于各自的回归直线上。(4)与($4'$)是否成立,取决于均值、方差和相关系数的相对值。

　　如果在酗酒之前,组" A "和组" N "的平均先天条件相同,那么庇古的结论就能够成立:如果 $E(I_A) = E(I_N)$,它们之间的相关性具有相同斜率,那么组" A "的回归线 $E(I_A | R_A = r)$ 将与组" N "的平行,并在其上方。即尽管 $E(I_A) = E(I_N)$,但如图 1.1(a)所示,对于任意 r ,有 $E(I_A | R_A = r) > E(I_N | R_N = r)$,所以(4)与($4'$)确实是成立的。这是一个很有趣的统计悖论,称为合并悖论(用于定类数据时称为辛普森悖论):在每个地区中,酗酒父代的平均先天条件高于非酗酒父代,但是就全国范围而言,这两组却拥有相同的先天条件。由此不难得到庇古的结论[5]。用 C_A 和 C_N 分别表示酗酒者和非酗酒者子女成年后的能力。如果皮尔逊的结论成立,即对于任意的 r ,都有 $E(C_A | R_A = r) = E(C_N | R_N = r)$,并假设通常酗酒的影响(如果存在的话)是平均增量:当 $E(C_N | R_N = r) = E(I_N | R_N = r)$ 时,$E(C_A | R_A = r) = E(I_A | R_A = r) - \Delta$ 。由($4'$)可知 $\Delta > 0$,故 $E(C_A) = E(I_A) - \Delta, E(C_N) = E(I_N)$ 。并且,在假设父母先天条件相同的情况下,不管各地区的平均水平如何,$E(C_N) - E(C_A) = \Delta > 0$ 都成立。这就是庇古的结论[5]。

　　但庇古结论成立的必要条件是两组父母具有相同的先天条件。如果如图 1.1(b)所示,$E(I_A) < E(I_N)$ (庇古甚至还能推断出他们的祖父母也是酗酒者!),那么结论与($4'$)正好相反,酗酒会对其子女有益:$\Delta < 0$,且 $E(C_A) > E(I_A)$ 。并且,由于结论针对的是平均水平,所以如果收入或者能力不呈正态分布,那么结论也不能够成立。因此,庇古的结论在某些情况下可以成立,但需要进一步的研究和一定的条件限制。看来,庇古自己也是凭借着两股强烈的直觉(他自己的与马歇尔的),才能得出一个引人注目的结论(或许还与直觉相悖)。

　　庇古的"第二条思路"远没有第一条令人满意,因此格林伍德少校对此提出批评也无可厚非。庇古姑且假定皮尔逊的结论不仅适用于样本地区,也适用于全国范围。那么,"这样的结论就能阻止我们颁布禁酒令吗?"庇古再次给出了否定的回答,因为酗酒者"除了在酗酒行为之外,说不定在别的方面也与非酗酒者不同,比如他们原本具有更旺盛的精力……强壮的人更容易放任自己纵情饮酒"。如上所示,如果有人向庇古证明 $E(C_N) = E(C_A)$,那么他一定会(不假考证地)认为这是因为 $E(I_A) > E(I_N)$,而不是因为变量均值 $[E(R_A), E(I_A)]$ 与

$[E(R_N),E(I_N)]$相等（或者说差别不大）。就像马歇尔一样，庇古也会回避问题，而是仅仅抓住皮尔逊的"在两组样本的子代间没有发现显著差异，因此酒精并非对后代有害"这一结论不放。

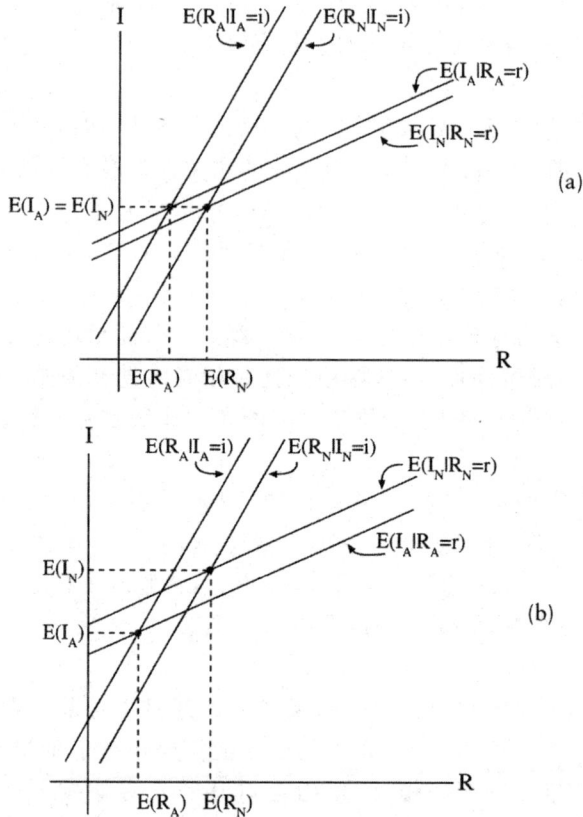

图（a）

I

$E(R_A|I_A=i)$ $E(R_N|I_N=i)$

$E(I_A|R_A=r)$

$E(I_N|R_N=r)$

$E(I_A) = E(I_N)$

$E(R_A)$ $E(R_N)$ R

图（b）

I

$E(R_A|I_A=i)$ $E(R_N|I_N=i)$ $E(I_N|R_N=r)$

$E(I_A|R_A=r)$

$E(I_N)$

$E(I_A)$

$E(R_A)$ $E(R_N)$ R

图 1.1　庇古对马歇尔的论证进行了延伸。两幅图都表示了酗酒组(A)与非酗酒组(N)的一对回归直线。其中变量R表示房租，变量I表示潜在总收入（表示个体的固有能力）。在图(a)中，两组的先天条件是相同的，而在图(b)中，组(N)的先天条件优于组(A)。图(a)中存在着一个悖论，即两组有着相同的平均先天条件，但在任一房租开支水平上，组(A)的平均先天条件却优于组(N)。而在图(b)中，组(N)的先天条件优于组(A)，这种悖论不会出现。

皮尔逊并没有对庇古做出回应。他认为庇古的论证在本质上与马歇尔是相同的；如果他要回应，那么"请把统计数据摆到桌面上来"很可能就是他所要说的话。公平而论，尽管人们承认庇古对马歇尔观点的论证非常聪明，但是他并没有给出证据和理由来证明他所宣称的理论有足够大的差异而具有重要性。

毕竟,皮尔逊也仅仅是说他发现"父辈酗酒与后代的智力、身体或疾病之间……没有显著关系"。不过,皮尔逊没有答复庇古的更主要原因是,在 1911 年 2 月,他已经展开了与另一群人的全面交锋。

医学评论家

1910 年 5 月 21 日,《泰晤士报》首次对"初探"进行了报道,与该报道一同刊发的还有一篇社论,它写道:"它('初探')所阐述的结论可能会在那些积极倡导所谓'禁酒'的人——不论他们的著作和演讲有没有价值——之中引起轩然大波。"事实证明这一预言是准确的,但它实现的速度比《泰晤士报》和皮尔逊预期的都要慢。当时的英国禁酒运动具有广泛的基础,有许多不同的组织和期刊参与其中。它的领导者包括伦敦大学学院的外科医生维克多·霍斯利爵士(Sir Victor Horsley)、以托马斯·惠特克为代表的倡导禁酒的议会成员,还有一些专门致力于禁酒运动的人,例如萨利比(C. W. Saleeby)博士。许多积极发表意见的人都来自医学界,虽然并非所有的医学家都赞成禁酒,但在皮尔逊的预期中,来自医学批评家们的反对是最为激烈的。

在 1910 年 11 月之前,医学评论家们对"初探"的反馈还只是零零散散,并且只在禁酒运动家之间传播。但是在接下来的三个月里,他们的反馈在数量上和热度上都超过了经济学家的反应。一开始,医学评论家们可能是被皮尔逊的技术装备所震慑,他们可以在他们的会议或期刊中批评"初探",但由于一部分人在某些医学杂志中对该研究表示赞同(至少是默许),医学界很难集中火力向"初探"进攻。6 月 4 日,《英国医学杂志》发表了一篇关于"初探"的评论,作者仅仅列举了研究的一些结论并在大体上表示赞同,但他还提醒读者,杂志社的编辑和皮尔逊都认为酗酒确实是罪恶的。莫里斯·克雷格(Maurice Craig)医生于 6 月 25 日发表在《柳叶刀》杂志上的来信认为,研究报告并没有阐述父代酗酒在成年子代身上所体现出的影响,而克雷格预计这一影响要大于父代酗酒在童年子代身上所体现出的影响。在 7 月 28 日国家禁酒联盟的会议中,维克多·霍斯利爵士对研究报告表示不赞同,而受马歇尔来信的鼓舞,萨利比在《英国醉癖杂志》10 月刊中也针对"初探"发表了尖刻的评论。(萨利比,1910)除了上述评论及几封来信和几场演讲之外,医学界保持着相对的沉默。然而,凯恩斯的评论和随之发生的争论却改变了这一切。

最早的一系列抨击来自萨利比和托马斯·惠特克爵士自 1910 年 10 月 28

日起发表在《每日纪事》上的来信。皮尔逊做出了回应，其他人也加入了讨论，以至于编辑从 11 月 14 日起取消了对该讨论的刊登。惠特克用更为尖锐的言辞重申了凯恩斯的一些观点。在他指责皮尔逊"在一个糟糕的基础上"提出"一个自命不凡且完全错误的观点"（《每日纪事》，11 月 14 日）之后，编辑便再也没有刊登过他的评论。

11 月 12 日的《英国医学杂志》再次对这个问题进行了讨论，这一次，它刊登的评论针对的是皮尔逊对剑桥经济学家们的回应。比起编辑们之前对"初探"的认识，这篇评论更加倾向于皮尔逊。它说："看来，人们对皮尔逊教授的抨击未免过于轻率，而他们迫切想要采取的立场可能是站不住脚的。"这使得霍斯利立即做出了回应（《英国医学杂志》，11 月 19 日）。维克多·霍斯利爵士是一位有名的外科医生，20 多年来，他一直是禁酒运动中的活跃分子（佩吉特（Stephen Paget），1919）。1907 年，他与伯明翰市（Birmingham）的玛丽·斯特吉（Mary D. Sturge）博士一同出版了《酒精与人体》一书，此书成了关于禁酒问题的权威参考书目。霍斯利在皮尔逊任教的大学里也有着一个职务，他们甚至在同一座大楼里办公。但从他们的交流中可以看出，他们私下里并没有交情，也并没有学术上的合作。

在霍斯利最初投给《英国医学杂志》的稿件（与斯特吉（Sturge）合写）中，他选择切入的观点曾由马歇尔在其第一封信中提出，并由凯恩斯在其评论中加以详述。这一观点就是：皮尔逊和埃尔德顿并未提供关于酗酒父母开始酗酒的时间的数据；他们没有记录父辈是在怀孕之前还是怀孕之后开始酗酒。对此，皮尔逊给出的回答是："（酗酒者的）孩子中，5 到 6 岁的人数和 11 到 12 岁的人数相当，如果有些孩子在父母酗酒之前出生，有些就一定在酗酒之后出生。因此，这种情况要比父母完全不酗酒的情况差一些。"（皮尔逊，1910a，p.15）凯恩斯没有再提起这个问题，但霍斯利却没有放过它。他认为"初探"的结论"完全是通过臆测得到的"。

尽管如此，斯特吉和霍斯利对社论支持态度的不满超过了他们对"初探"本身的不满。人们猜测，如果接下来皮尔逊没有做出回应，或者他的回应比较谦和，那么此事也就不了了之了。但是，皮尔逊火力全开，奋力反击。这一次，他很明确地参与了争论，并且于 11 月 19 日向《英国医学杂志》投出了稿件（发表于 11 月 26 日）。在稿件中，他指责霍斯利断章取义，并声称他和埃尔德顿女士已经完成了一篇"再探"，将在 10 日之内发表。直到 12 月底霍斯利才看到这篇"再探"。在这一个月的间隔里，双方通过在《英国医学杂志》上发表文章来进行辩论，然而，这些文章的观点除了充满敌意之外，却没有什么新意。

"再探"(皮尔逊与埃尔德顿,1910)详细分析了 1908 年霍斯利和斯特吉及其他文章作者(为了支持禁酒)所引用的论证中的统计缺陷。自然,如皮尔逊所指出的那样,没有证据能够显示父代在怀孕期间的酗酒癖好。评论家们在皮尔逊的研究中所指出的每一个不足,都存在于其他学者的研究中。有一个经常被人提到的说法称,大多数的傻子是在旧历十月里受孕的,这是没有根据的。皮尔逊将这些(被评论家们捧上天的)研究批得体无完肤,带着愉悦和嘲讽。他的口吻甚至带有一点侮辱性("我十分怀疑有些(评论家们)根本没有读过它们"),如果霍斯利在阅读"再探"之前还只是愤怒,那么在读完之后,他则无疑是暴怒了。

霍斯利对此的主要回应同样是与斯特吉合写的,是一篇刊登于 1911 年 1 月 14 日《英国医学杂志》上的文章(不过于 14 日之前几天就发行了),篇幅很长,整整占据了该期杂志的 19 栏。就在同一天,另一位医学批评家——醉癖研究协会会长西奥·B. 希斯罗普(Theo. B. Hyslop)也在《柳叶刀》上发表了一篇批评"初探"的文章;如果皮尔逊怀疑这是有预谋的,也是可以理解的。斯特吉和霍斯利忽视了皮尔逊对他们使用的数据的批评,而对皮尔逊与埃尔德顿的研究进行了激烈的抨击。文章用很长的篇幅罗列了以往所有人对"初探"的批评,引用了凯恩斯较为成熟的陈述,并称它是一份有序罗列了该研究中的错误的清单。该文章唯一的新意是它尖刻的语言。该文章称皮尔逊和埃尔德顿"不可思议地粗心和不准确",指责他们呈现了"歪曲的事实",认为他们所用的表格与计算"从统计的角度来说是具有欺骗性的,因为它们在作者并没有真正进行科学计算的情况下,被看作某种科学计算的结果",还抨击他们"在真实数据并不存在的情况下编造了这些统计数字"。在马歇尔现已出版的书信集中,他很清楚地指出,当时霍斯利为了完成这篇文章,曾向凯恩斯咨询,并得到了他的帮助。然而,凯恩斯是否在针对统计问题提供帮助之外还在抨击中声援了霍斯利,这就不得而知了。

1 月 13 日,《泰晤士报》的一篇社论对斯特吉和霍斯利的文章进行了评论,严厉谴责了二人不谨慎的言辞;《泰晤士报》还呼吁公众"不要理会这些喧闹的争议"。1 月 14 日,格林伍德少校致信皮尔逊,他写道:

> 《英国医学杂志》最近刊登的文章大多是恶劣的诽谤,因此我认为我有必要写封信给您,告诉您那些明智的中立者们(譬如里昂纳德·希尔(Leonard Hill))的态度。尽管霍斯利的粗鲁弱化了他的观点,但是看来他的确指责了您弄虚作假。我认为,您最好针对这一点进行反驳,因为您的任何朋友都能够分辨出其余指控的无理性,唯独对这一

指控,如果未能全面了解数据,我们是无法做出判断的。他直白地声称您伪造了数据,只有证明您没有这么做,才能真正解决问题。(皮尔逊文集,707)

皮尔逊基本采纳了格林伍德的建议,在接下来一个月里,争论逐渐平息了。在《泰晤士报》和《英国医学杂志》上刊登了那几封长信之后,皮尔逊终于在《每日争议问题》系列的第三册中详细解释道,一直以来他都没有回应斯特吉和霍斯利的问题,是因为斯特吉和霍斯利的指责或存在语言错误,或存在统计错误,或根本就没有意义。在1月13日《泰晤士报》的社论之后,争论的激烈程度有所降低;皮尔逊不再争强好辩,而斯特吉和霍斯利的语言(虽仍然不改变立场)也缓和了一些,不再那么具有煽动性。

到1月底,尽管辩论双方依旧热情高涨,杂志的编辑们却对这个问题失去了兴趣。在1月31日发表了皮尔逊的回应后,《泰晤士报》就取消了对相关信件的刊登,《英国医学杂志》也在霍斯利二人发表最后一篇文章之后停止了对这一话题的讨论。皮尔逊(1911a,p.30)称,《英国医学杂志》的编辑"认为我没有必要再对维克多·霍斯利爵士和斯特吉博士那篇长达19栏的抨击做出任何回应,在排除万难之后,我仅仅设法在2月4日的《英国医学杂志》中加插了一封来信",而2月11日,该杂志则完全拒绝刊载皮尔逊对霍斯利和斯特吉的回应。皮尔逊在他的小册子中宣布他想就此终结这场争论,尽管他的确表示"虽然我的研究引起了诸多争议,但我完全不赞同凯恩斯这种充当裁判并总结各方观点的幼稚做法"(皮尔逊,1911a,p.34)。

皮尔逊在他的总结中重申了以下几点,表达了他对"初探"毫不动摇的信心:

(1)如果将调查对象分为非酗酒者和酗酒者两组,那么父辈酗酒对后代的体格和心智造成的影响并不明显。为了禁酒运动的宣传效果,萨利比博士、维克多·霍斯利爵士和麦克尼克(MacNicholl)博士严重夸大了酒精的毒性。

(2)我们暂时还不能否认酗酒与肺结核、癫痫、精神失常、智力缺陷、畸形、侏儒症等病症之间的相关性。多数激进禁酒运动家假设酗酒与以上各种病症之间的关系都是因果关系,并将伪科学研究建立在这一假设的基础上。但是,现在,这一假设不再成立。(皮尔逊,1911a,p.38;皮尔逊重点强调)

　　这场争论对霍斯利产生了一定的影响。他继续进行大量演说以支持禁酒运动,但他所强调的重点有所转移:以前他是用科学证据来反对酗酒,但现在却主要从伦理的角度来阐释激进的观点。(佩吉特,1919,p.244)

　　这个事件也给弗朗西斯·高尔顿带来了极大的压力,因为它使得(皮尔逊主持的)高尔顿国民优生学实验室与(以克拉肯索普和萨利比为代表的)优生学教育学会相对立,而高尔顿则恰好同意担任了后者的名誉主席。1910 年 11 月2 日,高尔顿在《泰晤士报》发表文章以消除二者之间的混乱,他称:"他们影响的范围是不同的,并且应该相互帮助……我完全赞同在卡尔·皮尔逊教授指导下进行的实验室研究的公正性和科学严谨性。很遗憾,对该实验室研究的多数评论都带有很大的偏见。"高尔顿的立场相当明确,他于 1910 年 12 月辞去了优生学教育学会名誉主席一职。皮尔逊在《弗朗西斯·高尔顿的一生》中提到,高尔顿因为此事十分烦恼。(皮尔逊,1914—1930,3A:405—409;E. S. 皮尔逊(Egon S. Pearson),1938,pp. 61—63;福雷斯特(D. W. Forrest),1974,pp. 282—284;塞尔,1976,第 2 章)

　　1911 年 1 月 17 日,在这场争论正如火如荼的时候,弗朗西斯·高尔顿去世了,享年 88 岁。负责整理高尔顿学术成果的正是皮尔逊,他的负担无疑又加重了一层。

结　论

　　这场爆发于 1910 年 5 月,持续至 1911 年 2 月的争论,是统计学与统计方法在公共政策问题上应用所存在的问题中的一个典型例子。多年以来,禁酒运动提出并重申着一个激进的主张:无辜子女会因父母酗酒而付出惨痛的代价。这一观点的强烈情感诉求使得它在许多其他领域中都得到认同和运用。皮尔逊和埃尔德顿找到了可以评价这一观点的数据,并且据他们发现,数据并不支持这一观点——对于下一代而言,酗酒者的子女与非酗酒者的子女之间没有明显的差异。但他们的研究受到了各方的挑战。首先,数据具有局限性。其次,根据理论,从经济学的角度来说,这一差异就算没有被发现,也应当是存在的。第三,他们的结论与大多数权威医学群体之前的认识(甚至是根深蒂固的利益)相背离。

　　在激烈争论的措辞背后,我们可以看到统计学长期面临的困境。经济学们对"初探"的反对基于这样一个主要问题:人们何时且怎样通过被动的观察性研究来认识社会? 对于马歇尔而言,如果有人能构想出一种似乎合理的机制

(例如他的码头工人的例子)来对两组(酗酒组与非酗酒者)加以区分,那么他们将不再具有可比性。而对于皮尔逊来说,这种假设却在他的考虑范围之外;如果谁提出某一差异,他必须先证实这一差异——"请把统计摆到桌面上来"。根据凯恩斯,或至少根据他在 1911 年 2 月所发表的文章,这个问题根本不是统计学能够解决的:

> 据我想象,只在一种情况下,对统计方法的应用能够真正使研究获得成功:如果我们掌握了许多组父母的数据,这些父母在禁酒的情况下结婚生子,又在开始酗酒的情况下生育了更多的孩子*,则我们可以对相同父母在不酗酒时生育的孩子与酗酒后生育的孩子进行比较。除非那些滴酒不沾的父母在生育孩子之后,出于对科学的极大热情而开始酗酒并继续生育,否则该统计方法是不可能有用武之地的。
>
> *【凯恩斯的脚注】与此同时,在一直喝酒或从不喝酒的人群中展开另一项调查,以研究子女健康是否与该子女出生时父母年龄相关。
> (凯恩斯,1911)

在这一标准之下,几乎没有什么政策问题可以用统计调查的方法来解决。

谁在这场争论中获得了胜利?随着这一议题的发展,历史学家,甚至是经济学家的传记作者,大都站在皮尔逊这边。在凯恩斯的传记作者中,罗伊·哈罗德爵士(Sir Roy)(1951,pp. 154—155)在赞美凯恩斯的聪明才智的同时也承认:"我们也不能说皮尔逊是完全错误的。"罗伯特·斯基德尔斯基(Robert Skidelsky)在他广受赞许的传记中认为凯恩斯的观点反映了他维多利亚式的态度,以及他对社会科学中应用数学方法的反感。他总结道:"显然,凯恩斯并没有在统计学角度的论证中占到上风。他误解了皮尔逊研究中对职业进行等级划分的部分。更重要的是,他似乎否认了'其他条件均相同'的可能。如果研究者认为凯恩斯的批评是合理的,那么几乎所有对社会问题的统计调查都会被一竿子打死。"(斯基德尔斯基,1983,pp. 223—226)唐纳德·莫格里奇(Donald Moggridge)的学术研究认为在这场争论中,双方打成平手:"总体来说,(凯恩斯)所获得的批评和他所提出的批评是一样多的,皮尔逊给予了他不少指责。"(莫格里奇,1992,pp. 205—207)布雷德利·W. 贝特曼(Bradley W. Bateman)(1990)认为凯恩斯在争论中所用的方法是他惯用归纳法的典型,但该方法却不敌对手论据的相对优势。至于马歇尔,哈罗德(1951,pp. 154—155)认为"对后来的读者而言,马歇尔的论据因他惊愕的口吻而丧失了说服力"。在马歇尔的权威性传记中,彼得·格洛恩维根(Peter Groenewegen)看到了其观点的价值,但他同时将这场争论总结为"几次相同情形中的一次。在这类情形中,马歇尔面对大量铁证,对难以接受的数据采取逃避态度,不是用牵强的辩解来对数据加以反驳,就是寻求见解并不如他深刻的权威人物的支持"(格洛恩维根,1995,pp.479—782)。

从统计学的角度,人们很难不支持皮尔逊的观点。他的数据的确具有局限性,但他对其局限性做了清楚而坦诚的解释,并从各个可行的角度对其进行了研究。也许有人会说他的测算深受误差的限制,并不能揭示酗酒产生的影响。然而这一影响已被证实——皮尔逊的数据却足以首次证明较难测查的胎儿酒精综合征的迹象,尽管他并没有对这一发现给予重视。对于经济学家这一方,我们可以赞赏庇古在对马歇尔的观点展开论证时所表现出来的聪明才智。但是,尽管他们似乎有足够的理由说明酗酒的影响是存在的,我们也必须注意,他们一直都在抵触——甚至是拒绝——证明这种影响具有足够的实质性,因而具有突出的重要性。

至于医学权威们,他们在这一问题上的辩论则不太充分。在被指做出蛮不讲理且缺乏根据的断言之后,他们(以维克多·霍斯利爵士的名义)联合起来,并坚决否定与任何批评的相关性。根据禁酒时代公众意见所做出的评判,也许有人会说他们在这场争论中赢得了胜利——尽管这一胜利无疑是短暂的,这是当时他们权威的体现。对于那些关于父代酗酒对子代影响的更为成熟的医学文献,近期的一些评述提出,其中一些关于禁酒的文献很快就失去了可信度(瑞贝卡·H.华纳(Rebacca H. Warner)和亨利·L.罗赛特(Henry L. Rosett),1975),有些评述作者认为正是皮尔逊和埃尔德顿导致了这一变化的产生(W. F. 拜纳姆(W. F. Bynum),1984;劳森·克洛(Lawsen Crowe),1985)。

皮尔逊的结论并不与一个世纪之后人们对这一问题的看法相左。在该领域的最近研究中,大多数都在关注皮尔逊和埃尔德顿所观察到的酗酒的确存在的影响,即胎儿酒精综合征。人们发现它比皮尔逊想象的更严重,它所导致的不仅仅是婴儿死亡率的上升(安·P.斯特雷古斯(Ann P. Streissguth)等,1993;肯尼斯·J.希尔(Kenneth J. Sher),1991)。试图调查父母酗酒的影响,却不考虑母亲产前的酗酒情况,这种方法不是含糊的就是有争议的,不论人们所说的影响是一种带着感情色彩的判断(希尔,1991,pp. 167—168)还是对"酗酒基因"(约翰·霍根(John Horgan),1992)的发现。在某些个例中,父母酗酒产生的影响可能不仅仅作用于胎儿阶段,但对于全部人口而言,这种影响不是微乎其微就是不如其他变量因素重要。

人们时常认为,公共政策的重大问题离不开对该问题最为了解的科学家的公正研究。父母酗酒对子女的影响,其研究范围涉及统计学、经济学和医学;在1910年,还有谁能比皮尔逊、马歇尔、凯恩斯、庇古、霍斯利对这一问题更有发言权呢? 但是,当人们关注一个问题时,一旦他们有了兴趣和精力,他们的激情就会随之产生,而即使他们并不抱有偏见,这种激情也会干扰他们的判断。在这一事件中,剑桥经济学家们指出了皮尔逊研究中的一些潜在问题,但他们并没有判断这些问题是否会使该研究的结论受到影响。霍斯利则是一味失去理性地抨击。而皮尔逊,尽管在辩论中表现最为出色,却没有重视他在研究中发现的酒精的一个重要影响,即胎儿酒精综合征的迹象。

第二章 "平均人"168 岁了[①]

19 世纪,统计方法被引入了社会科学领域,这一发展与比利时科学家、统计学家阿道夫·凯特勒是分不开的。他出生于 1796 年,但在 200 多年后的今天,我们依然很难准确地概括出他对数理社会科学所做出的贡献,虽然这对于科学发展史中的多数人物来说并不是一件难事。对于像牛顿、拉普拉斯、高斯、达尔文这样的科学家来说,一两个关键词,一本著作,或是几篇文章,就对后辈产生了不可磨灭的影响,并改变了人们的世界观。可是凯特勒的情况却有些不同。凯特勒没有写出诸如《自然哲学的数学原理》或《物种起源》这样的著作,也没有证明出代数基本定理或者中心极限定理。他最著名的著作是于 1835 年出版的《社会物理学》(全名为《论人类及其能力之发展》,或《社会物理学论》),虽然此书实至名归,但是我认为凯特勒的贡献远不止这一本书,他的影响力也远比这深远。

从担任教师开始直至去世,凯特勒的科学生涯长达 60 年之久。他一生中获得的成就涉及三个不同的领域,人们通常将他描述为统计学家、数学家及学术机构的创办者。尽管这些描述涉及的领域很广,但它们还不足以体现他工作的多样性。他的统计研究包含了许多技术创新:与比利时统计委员会的官方合作、社会统计方面的研究(他称之为"社会物理学"),以及他为人体测量学所做出的贡献。他的科学工作包括了统计研究,以及与他所终身热爱的布鲁塞尔天文台相关的大量调查研究。他参与了全国性乃至国际性的学术机构活动:他创办了一些期刊,建设了布鲁塞尔天文台,是比利时的科学奠基人,也是一些全国性及国际性统计学机构的创办人或继任创办人,包括国际统计会议(及其后来的国际统计学会)、伦敦统计学会(现为皇家统计学会),以及比利时统计学委员会。(马伊(É. Mailly),1875;洛顿(J. Lottin),1912;保罗·L. 拉扎斯菲尔德(Paul F. Lazarsfeld),1961;大卫·兰道(David Landau)和拉扎斯菲尔德,1968)

[①] 译注:"平均人"于 1831 年提出,168 岁是以本书英文第一版的出版时间(1999 年)来计算的。

　　凯特勒涉及的领域如此之广，同时又如此之深，人们习惯于将其成就孤立地看待，只有在考虑到他是一个精力充沛的个人这一现实时，才会将其广泛的成就联系起来。最近这些年，通过西奥多·波特（1986）、阿兰·戴斯罗尔士（Alain Desrosières）（1993）和米歇尔·阿麦特（Michel Armatte）（1995）的著作与文章，以及韦恩斯-杜·东德（L. Wellens-De Donder）夫人的档案整理工作（1966，1987），凯特勒引起了越来越多一流学者的关注。在这些及其他作品中（比如汉金斯（F. H. Hankins），1908；悉宁，1986；费尔德曼（J. Feldman），莱纽（G. Lagneau），马塔隆（B. Matalon，），1991），凯特勒的许多成就被逐渐挖掘出来，其中囊括了凯特勒作为科学家的成就，但这些只是他成就中的一小部分，甚至微不足道，对我来说，这更体现了凯特勒成就影响的广泛性与深远性。

　　那我们怎样来研究如此广泛的学术成就呢？我们应该在了解凯特勒研究成果的基础上，结合考查他自己在研究中所采取的理念结构给后继者所带来的影响。在研究像法国的犯罪倾向或者布鲁塞尔的气压诸如此类的现象时，可以将这些现象分解为三种类型的"因素"：不变因素、可变因素和随机因素。为了能将这种分类方法应用到研究凯特勒的作品上，我们可以将其分解为以下三种：（1）他所有研究作品共有的基本因素；（2）他研究的某个领域所特有的因素；（3）他个别著作所特有的暂时因素。我们应该将重点放在研究这些内容丰富的著作，以及涉及多个领域的凯特勒的"可变因素"上，然而，我认为应该去尝试探视其研究的固有属性——不变因素，这样才能更好地理解凯特勒研究的最重要贡献，这也是纪念他200年诞辰的真正原因。

　　凯特勒的成长经历是一段非常特殊的历史阶段，他的青年时期经历了法兰西王朝的兴盛，当他开始自己的教师生涯时却是法兰西王朝的衰退之时，但是法国的科学界并没有因为拿破仑政权的衰退而陷入低谷，反而呈现出一片生机。1819年，因他的关于"焦"的曲线的论文，根特大学授予他第一个科学博士学位。该曲线，以及他之后对"焦散曲线"的相关研究属于同一研究范畴，在投影几何学的全新研究领域中扮演着重要的角色，对数学光学产生了深远的影响并促进了其应用。即使在200年后的今天，我们依然能很容易明白凯特勒的这些成就对其以后科学研究所产生的影响。同时他具有浪漫的性格、数学的天分、充沛的精力和勃勃的雄心。在法国科学界甚至整个雄威的法兰西帝国，他被誉为最闪亮的一颗明珠。甚至其后一百年，他的研究还被世人认为是天文学界最前沿、最振奋人心的成就，并成为那个时期格林尼治和巴黎天文台的灯塔式人物。凯特勒也肯定意识到他在数学光学方面的研究已经足以参加每次天文学的顶尖会议，但他却意外地没能够出席一些天文台方面的会议。为了弥补自己在天文学方面的经验欠缺，他毫不犹豫地在布鲁塞尔建造了一座天文台。

他聘用了一些受过良好教育的社会精英来辅助他的工作,其中最著名的是后来任公共教育部部长的安托万·莱因哈德·法尔克(Antoine Reinhard Falck)。1823 年 8 月,在法尔克的协助下,凯特勒开始了在科学历史上非常著名的从布鲁塞尔到巴黎的一段短途旅行,其目的是安装运行更先进、更大的天文台仪器。(科拉德(A. Collard),1926;韦恩斯-杜·东德,1987;范·博克斯梅尔(H. Van Boxmeer),1994)

在 200 年后的今天,要想细细品味凯特勒不平凡的性格魅力是相当困难的。但我们可以试想一下:在当今有一位 26 岁的年轻人,有着国家基金项目的资金支持,对天文学没有真正的实践经验,在同龄人眼中享有比其他优秀的年轻人更容易获得推荐的机会,并对未来的飞黄腾达抱有一丝希望。如今任何一位这样的年轻人在开始受到挫折时就会放弃努力,很难想象在 19 世纪 20 年代的年轻人可以很容易获得国家财政的支持,尤其是在国家经受了战争的创伤,仍蔓延着变革的气氛之下。然而,凯特勒给每个见到他的人都留下了深刻的印象,他目光里始终充满希望。目光是如此地坚定,与那些古怪的人相比,他总是那样地出类拔萃。

凯特勒访问巴黎只停留了短短的四个月,他此行的目的既是他自己所设想的,也是没有人能预见的。他谒见了法国科学界所有的领军人物,拜访了著名的拉普拉斯——或许只是简短的会面;并认识了吉恩·巴普提斯特·约瑟夫·傅里叶(Jean Baptiste Joseph Fourier),直到 1830 年傅里叶去世,他们一直保持着密切联系。但也许他最重要的一次拜见纯属机缘巧合。

凯特勒访问巴黎最主要的目的是学习巴黎天文台的设备和操作,为了达成目标,他打算拜访天文台的两位重要天文学家——亚历克西斯·布瓦尔(Alexis Bouvard)和弗朗索瓦·阿拉戈(François Arago)。在这两人中,我们大概会认为阿拉戈与凯特勒更为相似。阿拉戈对数学、光学非常感兴趣,并且与布瓦尔相比,他与科研机构之间的联系更为紧密。在 19 世纪 20 年代,阿拉戈在科学院的影响力超过了当时的拉普拉斯及 1830 年逝世的傅里叶,并且阿拉戈被任命为学院的终身秘书长。1823 年夏末,当凯特勒在没有事先通知的情况下第一次访问该天文台时,阿拉戈与布瓦尔之间的关系相当冷淡,这使得凯特勒很难与二者都建立亲密的关系。凯特勒抵达天文台,登上了两人相邻的办公室所在的那一层,犹豫不决,不知道该去找谁。最终他选择去敲阿拉戈办公室的门,可还没等他出手,布瓦尔就从自己的办公室走出来,并问他到天文台有何目的。结果,反而是布瓦尔向他介绍了天文台的器械,向他讲解了仪器的购置与使用。接下来的二十来年里,布瓦尔成为了他的密友,两人一直保持着书信联系。虽然凯特勒于 1831 年在阿拉戈和布瓦尔关系缓和之后见到了前者,但却是与布瓦尔意料之外又命中注定的邂逅对其产生了决定性的影响。

如今,亚历克西斯·布瓦尔主要因为他的天王星方位表而被后人所铭记,该表对于尔班吉恩·约瑟夫勒威耶(Urbain Jean Joseph Le Verrier)随后发现海王星起到了重要作用。但是在1823年的夏天,这并不是布瓦尔的研究主题。当时,他正在进行一项监测巴黎大气压力的长期项目,以探究其规律及其与其他气象现象之间的关系。拉普拉斯在1823年和1827年的研究报告中采用了布瓦尔的数据来研究"大气潮汐"——大气压力与月球运动之间的关系,而布瓦尔在1827年向科学院宣读了一份关于这几次研究的主要报告。但这与凯特勒有什么关系呢? 令人惊讶的答案是:这些工作为凯特勒一生中的大多数研究提供了概念支撑,即我在前文中所提到的"不变因素"。

许多针对凯特勒的研究都强调了他的天文学背景。有些研究甚至认为他基本上是一位天文学家,认为他进行社会科学研究的动机是他希望在社会领域中重复牛顿在天体领域中的研究。人们认为凯特勒的"社会物理学"研究试图运用数学力学来创立一门新的社会科学,有时它被认为是一次误入歧途的尝试。这是一种误解。人们有这种观点是可以理解的,因为我们可以从凯特勒一生的许多阶段的话语中读到支持这一观点的段落。他喜欢采用机械类比,自然有时会在修辞上犯下利用天体力学崇高地位的错误。但是这个观点依然有失公允,因为它蒙蔽了我们的双眼,使我们不能看到他研究的基本统一性,也不能欣赏他对统计学、科学及建立学术机构这三者追求所具有的共性力量。

问题在于,在19世纪20年代,人们眼中的天文学所包含的多样化的数学与经验问题远非简单的描述所能概括;当然它的定义也远远超出牛顿派或者拉普拉斯派的天体力学。将凯特勒与天文学联系起来无可厚非,但具体是他的哪一部分研究呢? 这一问题对于他在19世纪智慧史中的地位至关重要。

我将简明而激进地提出对上述问题的解答。1823年,凯特勒并没有成为一位天文学家,而是成为了一位气象学家。他随后提出的社会物理学与牛顿毫不沾边,而是一门"社会气象学",这归功于拉普拉斯概率论和布瓦尔对大气压力的详细记录,而不是牛顿的学说。19世纪20年代,气象学确实被认为属于天文学的范畴,对气象的研究也是天文台的主要功能之一。但是,从概念上说,气象学问题与天文观察问题存在着根本的区别。

天文学与气象学都被认为是对服从决定论规律的现象的探究,但是气象学的规律非常微妙,并且气象学观察又深受不可估量的局部力的影响,以至于这门学科几乎完全依靠经验主义。实际上,拉普拉斯著名的对概率论及决定论的协调统一就是从气象学的角度出发的,它阐述道,由于我们对力的作用一无所

知,控制气体分子或水蒸气分子运动的动力学规律显得毫无用处。在这种情况下,他用概率论代替了牛顿法则:

> 在某一情况下,假如某种智慧力量知晓驱动自然的所有力量及其所有构成要素的位置,并且有足够强大的能力来对这些数据进行分析,那么它就能通过同一种方式来明白宇宙中最大天体及最小原子的运行轨迹;对这种智慧力量来说,没有什么东西是不确定的,过去和未来都呈现在它的面前。天文学家所演示的彗星的运动规律无疑存在于所有的现象之中。简单的气体分子或者水蒸气分子的运动曲线则与行星的运行轨迹同样具有确定性。它们之间唯一的区别是由我们的无知所造成的。概率论则既与我们的无知相关,又与我们的所知相关。(拉普拉斯,1814,pp.2—4,作者自译)

科学哲学家一直在探讨应该怎样将概率论整合到微观层面的决定论当中,但即使是在今天,主要的气象现象都被公认为是基于概率的,对这些现象的分析也是从概率分布的角度进行的。

19世纪20年代气象物理学与天体运动物理学之间的关键区别在于,后者存在一个指导性理论,使得定量研究具有客观现实性和具体目标,而前者则不然。在行星和恒星天文学中,基于实验的研究只关注单一的因素——引力,而在气象学中,正如在社会学中一般,科学家面临着更加广泛的问题,若没有一个理论的稳固支撑,他们就必须考虑各种各样的可能因素。即使在实测天文学中,也并非所有的问题都能用牛顿力学来解释。实际上,凯特勒对天文学课题的兴趣往往都很短暂,但只有在一个话题上的兴趣没有稍纵即逝——流星,所有天体现象中最难预测的一个。

凯特勒出于多种原因而被社会问题所吸引,但他采用的研究方法仍是气象学家的方法,这一方法也贯穿了他一生中多数的研究。当人们承认物理规律是一个现象的构成基础,但在这个层面上物理原理又对研究这一现象毫无帮助时,他不得不面临一个经验科学范畴中的问题。在气象学中,正如社会科学一样,人们有必要采取实证研究的方法,通过观察来建构比较研究的对象。人们必须采取大量的测度手段,对关系展开调查,并对规则进行分类和研究。针对可比性,定义的一致性和测度手段的统一性必不可少。不论是社会科学家还是气象科学家,都要保持实验室内部和外部的一致性。至关重要的是,所有的测度方法必须一致,测量工具必须标准化,对研究的定义在任何阶段都必须相同。

　　当然,并不是所有的气象学研究都具有统计性。阿拉戈也研究气象问题,但他的气象学研究具有不同的特征,我们基本可以将其称为现象气象学或物理气象学:雷鸣、闪电、北极光、磁力等。但是,对气温及气压这类问题的研究则需要不同的方法,而事实上,在 1823 年及 1827 年的研究报告中,拉普拉斯和布瓦尔已将概率论的方法引入了此类问题的研究中。(斯蒂格勒,1975;1986a,pp.148—157)实际上,我认为在凯特勒所有出版和未出版的文字中,最早提到概率论的是他在 1823 年从巴黎写给法尔克的信,信中所说的正是拉普拉斯 1823 年的那项研究。(凯特勒,1823)

　　从这个角度来看,我们能辨别出凯特勒毕生研究中的"不变因素"。我们可以将凯特勒的大多数"社会物理学"研究看作一种带有科学研究的"社会气象学",在这个领域中,研究重点不再是大气压力,而是犯罪倾向。我们可以认为他创立那些学术机构也是为了达成这一研究目标。他努力促进国内及国际学术交流并为统计学家创造研讨的机会,我们可以将这种不懈的努力看作他在这广阔的"社会气象学"领域中对各种实验室测度方法的标准化。

　　凯特勒关于其研究方法最有趣的阐述只以英文译文的形式出版过,是他专门为其著作《人类》的 1842 年英文版所写的序言,并作为对早期版本的批评和误解的回应。(凯特勒,1842)凯特勒在文中指出,他的目的是"通过行为来分析德者,通过著作来分析智者",他采取的是"自然哲学家用以掌控物质世界的法则"的方法。但他还严正提醒,对这一对比的错误理解会导致"严重的谬误"。具体地说(我将转述原文,而不是直接引用,因为蹩脚的英文翻译不能体现凯特勒文章的精简洗练),他指出对潜在因素的不完全统计会产生不良的影响。比如,当一个地区的犯罪案件数量异常高时,该如何解释其原因?许多学者,甚至统计学家的偏见会将他们的注意力限制在仅仅一个可能的因素上,并将整件事都归因于它,即使它可能是所有因素中影响力最弱的。凯特勒认为,这种方法会导致谬误,比如将犯罪归咎于教育或大量误用的医学原理。他并没有提出立竿见影的解决办法。凯特勒的阐述与我的论点的相关性,正是他展示的力学研究与社会现象研究之间的对比。在天体力学中,科学家对于最具影响力的重要因素(以及该因素与现象之间的联系)往往抱有先验的偏见,但在社会研究中存在着许多潜在的影响因素,而此类造成先验研究重点的偏见则会导致严重的谬误。

　　针对不同读者与不同目的,凯特勒在一生中对其研究目标的描述采取了多种形式。对于某些读者,凯特勒突出了其研究方法的科学类比;而对于其他读者,他则强调了改进社会不良现象的目标。他的类比有时过于牵强,而他的目标则过于远大,无法通过他的研究得到完全的认识,但他的确促进了社会科学方法论的构建,并启发和影响了此后 19 世纪的经验主义社会研究。他的如何处理社会研究问题这一基本课题的不朽解决办法,就是"平均人"思想。

凯特勒早在 1827 年就对这一非凡的成果提出了构想,当时,人们正无比兴奋、野心勃勃地想要将科学帝国的疆域扩张到社会现象研究领域。秉持这一精神,布鲁塞尔皇家学院在 1827 年宣布了 1928 年和 1929 年的有奖问题:

给出一个将人与动物看作引擎与机器的数学理论。(Dnner la théorie mathématique de l'homme et des animaux considérés comme moteurs et machines.)

凯特勒并没有对这个问题提出解决方法,其他人也显然没有提供答案,因为该问题在 1832 年和 1833 年又被重复提出。(皇家学院,1836)。凯特勒不动声色地努力着。同年,即 1827 年,柯维伯格(De Keverberg)男爵强有力地提出,多种多样的条件会影响多样的人群,尤其是在测量人口规模时,简单的调查并不能取代全面的普查。柯维伯格使凯特勒放弃了"简单的概率论方法能够解决复杂的社会问题"这一单纯的观点,这大约是凯特勒第一次接受经验主义社会现实的冷光照射。自 1827 年开始,凯特勒的论著(但并非总是他的辞藻)对实证社会科学研究的复杂性有着严谨的意识。

当我写下这段文字的时候,"平均人"已经 168 岁了。"平均人"的概念诞生于 1831 年 3 月 5 日,当天凯特勒在布鲁塞尔皇家学院宣读了一份关于人体生长的研究报告。直到 4 个月后的 7 月 9 日,当凯特勒介绍他对人在不同年龄阶段的犯罪倾向的研究时,这个概念才被命名。(凯特勒,1831a,b)"平均人"达到了很强的修辞目的,以及相对微妙但同样有力的方法论目的。它的修辞美感在于它十分易于理解,能使多样的人群得到体现并被人所触知;而它的方法论作用则在于,它在拉普拉斯概率论的理论基础上为比较社会调查研究建构了理论框架。

也许我们更容易在凯特勒对"什么不是'平均人'"的评判中,以及对他人研究案例的考证中,看到他的成就——一位杰出的博物学者早前出版的著作中出现的在本质上完全不同的"平均人"的前身,以及两项与凯特勒同时代、但能力却不及凯特勒的研究者完成的调查研究。

1777 年,孔德·德·布冯(Comte de Buffon)出版了自己主要论著的第四补充卷——《自然史》。这部补充卷包括了对其主要论著的各类零碎补充,我们今天知道它主要是因为卷中长达 102 页的"或然算术试验",但此卷本身收录了许多关于概率和风险的思想。布冯结合对圣彼得堡悖论的讨论,引入了能准确定义"接近必然的可能性"这一概念的全新方法,即一个概率足够接近必然使得其偶然性和统一性之间的不一致可以被忽略的事件。他提出,任何概率等于或大于 0.999 9 的事件,都可以被认为具有接近必然的可能性,而他给出的解释是,这是根据可获得的寿命表对一名除了年龄以外未知任何信息的 56 岁男人能够活过接下来 24 小时的概率估计。(布冯生于 1707 年,他于 1762 年明确提出这一观点时,年龄正接近 56 岁。)从布冯重印的他自 1762 年 3 月起与丹尼尔·伯努利(Daniel Bernoulli)的信件中可以发现,伯努利对布冯的方法表示认同,但却反对使用将恐怕无法多活一天的重症病人也计算在内的普遍寿命表。伯努利建议将可忽略的概率调整为 1/100 000(而不是 1/10 000)。布冯同意伯努利的中心论点,承认"万分之一的概率是从代表'平均人'(信中原文打了斜体)死亡率的表格中得出的,由于其代表的是普通人——不论健康还是患病,强壮还是羸弱,朝气蓬勃还是奄奄一息,所以对于一个健康、强壮且朝气蓬勃的人来说,也许他能活过接下来的 24 小时的概率是大于万分之一的。但是将这个概率减小到十万分之一也是不正确的"(布冯,1777,p. 57;西尔斯和莫顿,1991,p. 30)。

　　布冯用到了——甚至用斜体强调了——"平均人"这个词,但他所说的"人"不是凯特勒所说的"人"。布冯所说的是一个一般性概念,是一个能够用于普遍定义接近必然的可能性的解释(及数字),即使它是他根据自己的经验得出的。而凯特勒的核心理念则是比较——其完整观点就是,不论根据年龄还是国籍来区分,不同群体的平均人之间是存在差异的,而他引入这个理念,则是为了研究自然及这些差异的程度。布冯的目的是找到一个能为他人所接受的体现概率论理念的例子;而凯特勒则意在找到一个能使不同例子产生比较和对比的概率论理念。当布冯对接近必然的可能性的定义的确吸引了人们的注意并引发了讨论时,他所使用的"平均人"一词却没有被他人再次使用,原因也许是在伯努利的反对意见发表时,他自己也注意到了该词在定义一般性概念上的缺陷。

　　为了更好地通过对比来重点说明凯特勒的"平均人"概念,让我们来考察两项由学术地位不如凯特勒的学者完成的早期定量研究,他们发表成果的时间分别是 1833 年和 1835 年,这正是凯特勒最高产的时期。一项是麦登(R. R. Madden)绅士的研究,名为"天才的缺陷——用天才的怪癖与习性来解释文学作品中人物的反常性"(麦登,1833)。1833 年,麦登绅士显然已因为《土耳其游记》而被人们熟知,尽管据《国家人物传记大辞典》记载,他的主要身份是为废除奴隶制及统一爱尔兰而努力的改革家。

　　在他 1833 年的著作中,麦登收集了不同学科领域学者的寿命数据。与凯特勒一样,他通过平均值表对数据进行了比较。麦登收集了知名自然哲学家、道德哲学家及诗人等各 20 位的数据,并计算了每一组的平均寿命。差异十分明显:自然哲学家的平均寿命为 74.7 岁,道德哲学家是 70.8 岁,剧作家是 62.4 岁,而诗人只有 57.2 岁。

表 2.1 知名学者的寿命——每一种平均数都基于 20 位作者

自然哲学家	74.7	道德哲学家	70.8
雕塑家及画家	70.6	法学家	69.7
医学研究者	68.4	天启教学者	67.5
语言学家	66.1	作曲家	64.4
小说家及杂文家	62.8	剧作家	62.4
自然宗教学者	62.2	诗人	57.2

来源:麦登(1833),1:89

与布冯不同,麦登的确对这些平均数进行了比较,看来他的数据表明对知识的不同选择会对寿命产生重要的影响,但他的方法与凯特勒的方法有着细微的差别,从而削弱了比较的效果。但这样的比较有什么不妥之处——为什么他的研究结果没有让年轻学者放弃诗歌而转向自然哲学?为什么麦登所研究的平均诗人不属于凯特勒的"平均人"中的一种?仅在两年之后,来自瑞士的隆巴德(H. C. Lombard)博士受麦登的启发,对这个问题提供了十分明白的答案。隆巴德也从各个专业领域收集了关于寿命的数据,包括了日内瓦半个世纪以来的重要统计学家。(隆巴德,1835)隆巴德数据所给出的人们去世时的年龄要比麦登小得多,因为"名望"并不是他选择研究对象的先决条件(年龄与名望的正相关性广为人知)。但他的研究与麦登的研究一样,也存在着令人吃惊的一点。在他调查的所有职业中,最不健康的——寿命最短的(死亡时的平均年龄只有20.7 岁)——是学生!平心而论,隆巴德显然认识到了这一异常结果的原因,尽管他并没有意识到这个例子对他的其他比较研究暗示着什么意义。问题在于职业之间显然存在着流动性。今天的诗人可能是明天的剧作家,最后甚至还可能成为一名道德哲学家,正如自然哲学家也都是危险的学生生涯的幸存者。

凯特勒的研究方法意在剔除这些存在流动性的人群,并且在多数研究中他都坚守了这一原则。在《人类》中,他在对 H. C. 隆巴德博士的其他数据进行讨论时曾有所动摇,但他又借柯维伯格男爵的话指出,评估流动性人群的死亡率数据是非常困难的,从而重回该原则。凯特勒的平均以基于固定人口的拉普拉斯概率的概念为理论基础。"平均人"是一个群体的代表,其意义来自其群体。

凯特勒多次强调,光有均值是不够的;均值的离差程度——不论是被称为极限还是其他——对于比较研究来说是非常重要的。

现在距离凯特勒职业生涯所代表的时期已有一个半世纪之久。他留给人们的遗产与他的研究一样丰富。他对统计学的贡献启发了威廉·莱克西斯及弗朗西斯·高尔顿,从而深刻影响了 19 世纪后期该学科的发展。(斯蒂格勒,1986a,p.408)他对弗洛伦斯·南丁格尔(Florence Nightingale)也产生了重大的影响。(马里昂·戴蒙德(Marion Diamond)和默文·斯通(Mervyn Stone),1981)有人甚至认为他对达尔文理论的产生也起到了重要的作用。(施威伯(S. S. Schweber),1977)多年以来,凯特勒的具体研究方法被其他方法所取代:他对相对倾向的测量被现代分类数据分析所替代,他的基于表格的人口正态分布数据也因计算机及图示法的使用而简化。他开拓的理念对所有统计方法——不局限于社会科学——的成熟都起到了推进的作用。高尔顿的回归与相关理论的发展显然是在凯特勒的正态概率模型范围内,对其"平均人"的表面同质性及各种不同因素进行调和的结果。在社会科学研究中,我们可以发现凯特勒曾经提出的难题现在仍然是人们的基本辩题。临近 21 世纪初,莫里斯·哈布瓦赫(Maurice Halbwachs)(1912)质疑社会学中的概率模型是否适用于个体间的社会互动,随后这个问题得到了肯定的答案,但对此的争论并没有停止。

凯特勒创立的学术机构获得了很好的发展。他的天文台——因为此类机构很少能在个人的支持下得以创立,所以我们称之为"他的"天文台——已经发展为当今国际上地球及太空科学的重要基地。除此之外,凯特勒也堪称国际统计学的奠基人。虽然在他去世后,国际统计会议也没能举行很久,但他建立的交流机制使得会议以国际统计机构的形式继续发展。在他的帮助下建立的比利时、英国甚至美国的统计组织现在依然具有强大生命力。

我想对以上这些评价提出一些个人意见。如果不在一定程度上了解一位科学家本人,我们是很难读懂他——已经发表或未经发表——的著作的,而我感到我对凯特勒其人已有了一些了解。通过整理他的调查,重述他的分析并检查他的数据图表,我认识到了他的科学诚信,以及他对得出研究结论的迫切渴望。他的研究很彻底,但速度却很快,他也不会返回去修补以前的研究工作,一旦研究成果予以发表就不再对其进行修正。在评价其他人的研究时,他严谨公正,毫不吝啬地指出他人研究中的优点。同样,他对自己的研究也很自豪,总是热情地将它们寄给所有他认为可能感兴趣的人。

凯特勒孜孜不倦地与别人通信,在这点上他对欧洲科学的贡献与 200 多年前伦敦皇家学会的奥尔登博格(Oldenburg)一样。怀有帮助他人的热情,以及对达到共同目标的真挚兴趣,凯特勒与各个知名或不知名的科学家保持着广泛的书信联系。他与他人分享他自己的研究,并以同样的热情研读他人的研究。我收集了他发表的大量研究成果,其中有很多都是赠阅本——笔者有时甚至认为凯特勒没有题词的版本比有题词的版本更为稀有。

凯特勒担任皇家学院终身秘书一职长达 40 年,他的职责包括纪念那些已故的成员,他撰写的非同寻常的悼词体现了他人性的光辉。在评价阿拉戈时,他不仅写到阿拉戈的研究成果,也提及了阿拉戈失去妻子的悲伤心情,也为阿拉戈与布瓦尔之间的不和使得他未能见到阿拉戈的妻子而感到惋惜。在写布瓦尔时,他重述了和布瓦尔有关的感人故事:在 1830 年革命中,阿拉戈冒着个人危险,无私而勇敢地代替布瓦尔工作,最终化了两人之间的矛盾。(凯特勒,1867)凯特勒对故友和学生的深厚感情,对成就不及他的科学家的成果和理想的敬意,以及他自始至终的公平诚信,我们都能在他的自传中感受到。在解读凯特勒的时候,我们能够明白他是怎样受到了智慧的榜样和力量的影响,以及为什么认识他的人都对他充满敬意、忠诚和奉献精神,以及,没错,热爱之情。

科学史学家乔治·萨顿(George Sarton)对凯特勒有着特殊的情感。萨顿 30 岁时在布鲁塞尔天文台工作,认为凯特勒比布冯更担当得起"社会学创始人"这一名号。1935 年,凯特勒的《人类》出版 100 周年时,萨顿写道:"人类需要受到警觉的统计学家的保护,需要在前人成就的基础上进行更新、更大胆的尝试,因为它们是人类文化、尊严和卓越的来源。凯特勒对这两个需要的认识超前于广泛大众——甚至是受过最好教育的那群人,这一先见之明预示到了未来世界智慧的重要性。如果他算不上天才,那他是什么? 什么样的人才能够被称作天才?"

200 年过去了,阿道夫·凯特勒依然享有盛誉。我们歌颂他的天才智慧,他的人性光辉,他的精力充沛,他对科学的伟大贡献,以及他所创建的生命力顽强的学术机构。他并不是一位"平均人"。

第三章　统计学家杰文斯

　　威廉·斯坦利·杰文斯作为一名理论经济学家长久以来享有很高声望,并且对逻辑学及社会改革有着极大的热情,但他早期的主要工作是统计学研究,人们也将他当作统计学家看待。在他混合了统计学和经济学分析的两项早期研究成果——小册子《论金价暴跌及其社会效应》(1863)及《煤的问题》(1865)发表,而引起世人的关注之后,1869年仅34岁的他当选为了曼彻斯特统计学会主席,其维多利亚时代社会科学家的身份获得了广泛的认可。随后,未满35岁的他被任命为英国科学促进协会经济统计部部长。也许这第二份荣誉是对他统计研究成就的认可,因为他的就职演说就是围绕这一主题的,并且被《统计科学期刊》所刊登。人们感兴趣的问题是,杰文斯对当时正在发展的统计学的影响是否比得上他对经济学的影响。我认为杰文斯对社会科学统计方法的发展确实起到了有趣的作用。他的作用不大却并非微不足道,但因为他所显示出的各种好奇心,以及他所投入的精力,他那些未受经济学原理指导的实证研究,都给人们留下了深刻的印象。

统计困境

　　为了充分验证杰文斯是个统计学家,我们必须简单了解统计学在19世纪中叶的发展状况。1842年,《小百科全书》将统计学定义为"政治科学的分支,其内容为收集和整理能表现国家环境及资源状况的资料。分析这些资料并获得结论并不是统计学家的工作,而是政治家和政治经济学家的工作"。

　　如此严密的劳动分工更像是官方统计机构(比如登记总处)为宣传目的而杜撰的,而不是事实。但它的确抓住了当时统计工作的一个重点:统计学家更注重对资料的收集而不是分析。

　　19世纪初,人们兴奋地憧憬着:将概率论应用于实证研究数据,能够产生一门与牛顿自然哲学比肩的社会物理学。拉普拉斯、孔多塞(N. C. De Condorcet)，以及傅里叶启发了凯特勒和其他人朝这个方向努力，但到了杰文斯所处的时代，这种憧憬已经退却了许多。所有的表格制订和分类方法的完善都显示出了更多的"因素"及其非统一性，而不是人们所认为的真正的社会物理学所应有的对自然规律的一致遵循。在这由过多因素造成的混乱情况下，使用拉普拉斯概率积分的统计方法似乎显得不太恰当。在存在大量观测误差的情况下，只要这些影响因素被看作研究对象而不是研究阻碍，那么人们曾经用来确定运动定律的那些方法就不能被使用。在18世纪的前半个世纪，实证社会科学家试图通过统一数据收集方法和扩大数据库的方式来减少数据的不确定性。但是这两个方法是相互矛盾的——随着数据量的增加，收集过程的统一性变得越来越难保障，而随着项目越来越大，有效分析的前景却并不会变得更好。

在《小百科全书》所提到的劳动分工的事实背后也存在着这种矛盾。在大多数情况下，统计学家收集数据并不是为了自己的理论研究。他们的大量数据同时意味着太多的因素和假设，却没有提供方法来解决这大量的难题，以及伴随它们的疑义。专业统计学家规避这种矛盾的方式是不从事理论化研究，而将其留给离数据更远的人来完成。这种令人不满的状况必须结束，而杰文斯帮助我们朝解决这一困境的目标迈进了一步。

杰文斯的实证研究

从很多方面来说，杰文斯似乎一直是成为社会物理学家的理想人才。他在伦敦大学学院接受的教育涉及领域很广，包括奥古斯塔斯·德·摩根(Augustus De Morgan)系统教授的数学知识及概率积分。他对实证抱有强烈的好奇心，也具有评估大量数据所需的恒心。也许更为重要的是他的勇气和创新精神，它们使得他不受旧方法的约束而朝着新的方向前进。的确，这些品质是他在数理经济学领域取得成功的基础，但它们最终并不足以实现统计方法在社会科学领域真正的延伸，以及在实证层面上获得与理论层面一样的成功。

杰文斯在经济学上的首次实证研究似乎来源于他对气象学的兴趣。那是19世纪50年代，他身处澳大利亚。1860年的圣诞，他正致力于完成一本统计图谱，收录了描述商业和社会发展历程的图表。这些图表(我们现在称它们为时间序列)与气象学图表相似，他于1861年4月7日寄给赫伯特·杰文斯(Herbert Jevons)的信中，甚至将它们所表示的主题称为"商业风暴"(布莱克

(R. D. Collison Black),1972—1981,2:425—432)。其中的两张图在 1862 年发表(1884 年重印)。1862 年 9 月 1 日,杰文斯给理查德·赫顿(Richard Hutton)去信,以感谢其在《经济学家》中的一篇正面评论。他在信中如此概述了这些图表的用意:

> 设计它们并不是为了突出某个特定数值——对于这一点用数值统计表更有效,而是为了直观展示大量数据的总体结果;除了绘图表示之外,任何其他方法都无法做到这点。
>
> 我的图解不仅显示了表格中的微小细节,更是取代了平均数的使用,因为眼睛或大脑能够看出一组数据的大致走势。
>
> 只有通过这种方式表示大量的统计数据,才能为政治经济学讨论打下基础。
>
> 大多数统计论断都是以少量随机选择的数据作为根据的。
>
> (布莱克,1972—1981,2:425—432)

杰文斯并不是第一个用到这种图的人——威廉·普莱费尔(William Playfair)比他早了 70 多年——但杰文斯的图最为精细和有效。仔细绘制的图表很大程度上还原了原始数据,有一张表甚至包含了近二十年的 11 个时间序列,大多数是周数据,令人印象深刻。如福克斯韦尔(H. S. Foxwell)所说,杰文斯对货币和金融的研究很大一部分实际上就是对这些序列的分解,并且直接受到了这些图表的启发。(福克斯韦尔,对杰文斯的介绍,1884,pp. xxv ff.;布莱克,1981)但是,如果说这些图表帮助了杰文斯一跃成为社会科学家,那么也正是它们隐约地将他的身份限定为统计学家。尽管杰文斯认为有必要运用概率来表示和测量社会数据的不确定性——这一观点是他在《科学原理》(1874a)一书中提出的,但他自己却并没有实际这么操作。相反,他自己的分析几乎无一例外地避免了任何对概率的使用。他的实证研究洞见深刻,十分精彩,但矛盾的是它们忽略了被杰文斯本人看作核心概念工具的东西。

指数和黄金价值

杰文斯的统计研究涉及面广,在 19 世纪 60 年代前期极具吸引力:1862 年,正处于银行和物价统计研究的巅峰之时,他(按日期和类型)计算和分类了大英博物馆两大卷目录的威廉·莎士比亚(William Shakespeare)的全部出版作品,以此作为社会指标的早期版本("由于这些作品被公认为英语语言的最佳产物，我们似乎可以通过不同时代人们对它们的关注程度来衡量——至少是不完全的指示——这些时代的流行品味";杰文斯,1984)。然而,他最优秀和最具影响力的研究,是对指数和黄金价值的研究。

在1863年上半年,杰文斯就开始——并在不久之后便完成了——他的一项关于1849年澳大利亚及加利福尼亚州金矿的发现对黄金价格影响的研究。(布莱克,1972—1981,3:4—5)该研究恰巧结合了杰文斯在澳大利亚学到的黄金历史和实用知识,以及他为了作图而收集的一系列价格数据所包含的信息。催化这项结合研究的是先前一些学者对这一问题的关注,比如 J. E. 凯恩斯、米歇尔·谢瓦利埃(Michel Chevalier)、理查德·科布登(Richard Cobden)等,这些关注呼应了杰文斯希望得到公众认可的抱负。

杰文斯的方法论尽管新奇,却简单易懂。他希望能够估测黄金新发现对黄金交换价值的影响。以价格图表为基础,他将1845年到1850年作为不受新发现影响的基期,而将1860年到1862年作为受到足够新发现影响的比较期。然后他计算了39种大商品和79种小商品的1860—1862年平均价对于1845—1850年平均价的比率,结果以对数尺度在图中呈现。图3.1给出了该图的一部分。

结果显而易见:39种大商品中有33种的价格上涨了,79种小商品中有51种的价格上涨了。描点十分精确,以至于数据可以被还原。汇总表(左边)和商品个体平均价格表都显示出了变化。读者们因而得以进行一种视觉上的"方差分析"并且证明:当方差很大时,价格的上升趋势并不局限于少数或者几类商品。杰文斯的效果突出的图表传递了他大部分的统计信息,但是对我们来说,他的新意在于他得出个体平均价格的具有强调性和生动性的方法。杰文斯不是仅仅依靠引用数量优势的证据来证明物价上涨,以及它导致的黄金价格的下跌,而是运用平均值(价格变化的几何平均数)来对总体价格上涨做出数值估计,并换算出黄金交换价值9%的下跌。他的图表不仅呈现了证据,还通过对现象一般特征的演示证实了其研究过程的有效性。

杰文斯并不是将价格或价格变化综合作为单一指数的第一人(莫里斯·肯德尔(Maurice Kendall),1969),但他是第一个在经济学研究中如此有效地运用该方法的人。我们可以给出两个主要理由来说明为什么杰文斯有别于他的前辈们,能够成功地使人相信这些指数并不仅仅是无根据的新玩意。在此对他的事例进行补充——而不是重述:他选择了某一特定均值——几何平均数,以及更重要的是,他对看似不相关和不可比的价格的综合进行了探索和巩固。

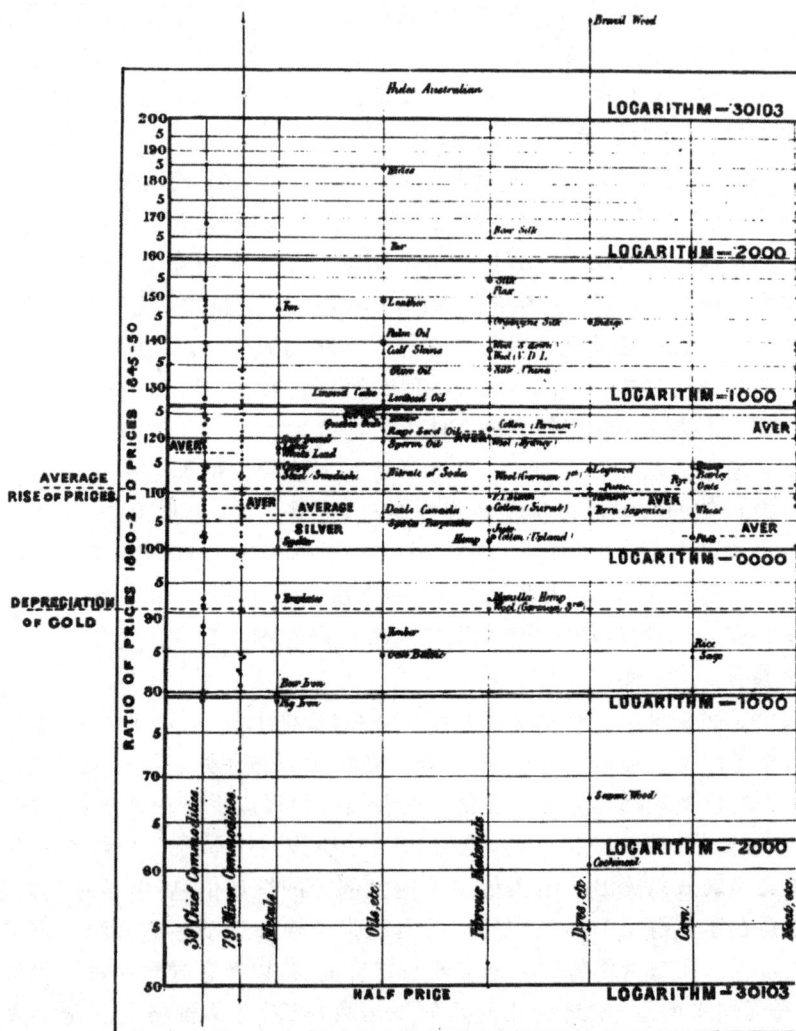

图 3.1　杰文斯图的一部分,描述了 1849 年澳大利亚和加利福尼亚州金矿发现后 118 种商品的价格变化(杰文斯,1863)。

　　早期的学者们(他们是少数综合了不同商品价格的人)曾经使用价格总和或直接的算术平均数(来综合反映价格变化),但是站在纯统计学的立场上,杰文斯的选择要好得多。对于高度不平衡的分布(这是比率的一大特点),算术平均数会严重偏向较大值:价格波动大的商品会对结果产生过度的影响。除非我们将被计入指数的商品看作整个经济利益圈,否则结果会具有误导性,而几何平均数是个更好的选择。然而,在选择均值的时候,相对于理论而言,杰文斯似乎更相信直觉。在 1863 年的研究调查中,他并没有对他的选择进行切实论证,而只是断言二倍价和半价的合适均价即原价。但在 1865 年(在艾蒂安·拉斯贝尔(Etienne Laspeyres)提出一个替代方法之后)他给出了一个更详细的解释,尽管该解释仍然不够充分。

杰文斯(1865b;1884,pp. 120—123)为他的选择给出了三个理由。首先,当一种观点认可价格比率的算术平均值时,另一种观点则认为某一固定量黄金的商品购买量的比率的算术平均值才是合适的。第二种观点与“调和”平均数是一致的,而杰文斯认为我们应该采用几何平均数,因为它介于算术平均数与调和平均数之间。但如果把它反过来,这种说法是虚张声势的,并不是科学的论证:如果算术平均数与调和平均数中有一个最为适用,那么几何平均数就不会最为适用。杰文斯的第二个理由并没有比第一个好多少,他说几何平均数使用便利:“在对连续使用对数获得的结果的计算和修正上,它体现出了便利性。”埃奇沃思(1906)却对此提出了异议,写道:“对于几何平均数,首先要反对的就是其累赘性。”

杰文斯给出的第三个理由比前两个要好些,并且在本质上具有统计性:

> 它似乎用最准确的方式呈现出黄金价格变动所引起的普遍价格变化。因为黄金价格的任何变化都会等比率地影响所有商品的价格;如果我们认为存在着其他造成一种或多种商品价格变化的相应影响因素,那么所有价格的个体变动将在几何平均数中被有效地相互抵消,而真正的黄金价值变化将被测算出来。

也就是说,如果单个商品的价格比率不同于其在多种因素影响下的真正平均值,那么几何平均数能无偏差地估测出真实的平均价格比率。虽然这个观点正确并且重要,但杰文斯并没有通过实证研究来证明其存在多种影响因素的假设,尽管他的图表(图 3.1)暗示了证明成立的可能性。但是尽管没有明确的实证支撑,他的论点却似乎具有合理性。由于他对平均数的选择,他使用的商品群对他得出的结论没有产生很大的影响,这增加了人们对这一科学指数的接受程度。

杰文斯之所以能在前人所不曾达到的程度上成功地启发同类的调查研究,不仅是因为他对指数的选择,还由于另一个重要的原因。这是一个更为基础的原因,也是杰文斯对社会科学统计方法发展的最根本贡献,即他将不同的价格综合为一个普遍指数,并成功地维护了这一综合的合理性。当别人还沿着这个方向摸索前进时,杰文斯已大胆地面对中心问题:当每种商品的价格都与一系列的特定环境、理由或因素相关时,平均价格的意义是什么?

　　概率论和统计方法在自然科学中应用的首要概念性障碍是对观察的综合,在社会科学中也是如此。在一系列观察之前,无论是观星,读取压力计,还是观察价格比率,这些观察能够被综合成单一指数,它们必须根据同类性而被归为一类,否则它们的个体特性无法在信息不丢失的情况下融入整体结果之中。事实表明这在社会科学中尤为困难,因为每个观察值都有其独特的案例背景,这种个体特性使得它有别于对星体或是压力的观测。每年的数据都与一系列不同的政治事件相关。每件产品的价格都与一系列不同的供需情况、运输工具、包装及质量问题有关。如果人们觉得有必要考虑全部(或许多)的因素,那么综合结果的可靠性将完全消失,研究将变成一件单纯的趣事而不包含任何理性的话语。在杰文斯之前曾有人对价格比率进行过综合,但却未能成功地赋予其权威性。

　　我们现在经常认为综合这些数据是理所当然的,但我们不可低估这个观念性障碍在 19 世纪的分量。我们可以在大卫·李嘉图(David Ricardo)的论文手稿中发现他对赋予这种综合含义的难度的戏剧性阐释,该手稿写于他去世前不久的 1923 年,但直到 1951 年才发表。李嘉图写道:

　　　　很多政治经济学家都说,我们对于大量商品——而不是单个商品——的价值有着绝对的测量方法,不仅可用于任何单个商品,还可用于大堆的商品。假如对于布料和黄金,我们想要确定价格变动的是前者还是后者,我们可以马上通过轮流将它们与其他商品进行比较的方式来确定,如果黄金与其他商品的关系如前,则发生改变的是布料的价值,但是如果布料与其他商品保持着原来的关系,则我们可以很确定地得出黄金价值发生改变的结论。

　　　　在许多场合这种测量都是精确的,但是如果在此番比较中,我发现就许多商品而言黄金的价值发生了改变,而就许多其他商品而言黄金的价值并没有发生改变,改变的是布料的价值,那么此时我该如何确定改变价值的是黄金还是布料? 再假设,如果我将黄金和布料与任意二十种或三十种商品进行比较,得到一样的结果,我该如何确定用于比较的那些商品本身有没有改变价值? 如果我们承认一种商品在绝对价值上可能会变化,那么我们也须承认两种、三种、一百种、一百万种商品都是如此,此时我又如何能确定这一种或这一百万种商品的价值有没有发生变化? (李嘉图,1951,pp.400—401)

杰文斯明白这一困境,并且他具有克服它的毅力、勇气和人格力量。

杰文斯在他 1863 年调查研究的第一章中就直面了这一问题,他意识到需要"回归纯粹概率"通过许多价格的大量证据来推断黄金价值的变化。他意识到许多特殊情况的存在,但他反对因为特殊原因而排除某些商品,并且在一段引人注目的斜体文字中,他陈述道:"*唯一消除这些波动的方式,是包含更多数据,而不是排除某些数据。*"(杰文斯,1884,p.26,原文用了强调字体)他认真地考察了所有价格波动的可能原因,并且最终坚决否定了对这些因素的逐一考量。

> 对于一些人来说,确定价格是否变动的最好且唯一方法也许是考察每种商品的供给需求情况。我可以毫不犹豫地说,任何这样的尝试都会对整个研究造成困惑,而且就我们特定的研究目的而言,也许不知道商品的详细信息会更好一些。如果你能为某一商品在与黄金价值无关情况下的涨价或降价提出解释并从而排除疑问,那你必须同等对待其他的商品,否则调查研究的公平性将受到破坏。现在不存在一个纯粹的商品,而是除了黄金价格改变外还受到很多环境因素的影响。就黄金价值衡量的可靠性而言,对每一件商品供需情况的调查都会因没有意义而被摈弃。只有忽略这些个体情况并相信对于一个普遍的平均值——例如 118 种商品的平均值——来说,所有个体的不一致都会被中和,我们才能对此难题得出结论。(杰文斯,1863;1884,p.58)

尽管杰文斯有意("尽管论及这些商品的个体情况与此项调查的原则有悖……"(杰文斯,1884,p.54))无意地会违反上述过程,但他大体上还是坚持了他的原则。然而,令人印象最为深刻的是他 1869 年答复批评者们时的陈述。

> 一些最近就这一问题致信于你的优秀学者,包括莱斯利(T. C. Leslie)教授,都习惯于质疑所有此类的结论,他们批评道,在我们能确认每件商品价格上涨或下跌的原因之前,我们无法确定黄金价值是否受到影响。如果对每个价格波动的完整解释都具有这般的必要性,那么不仅针对这个问题的所有调查都无望完成,而且目前以数据事实为依据的整个统计学科和社会科学都将被荒废。(杰文斯,1869;1884,p.155,原文用了强调字体)

杰文斯的贡献

　　杰文斯对社会科学领域统计学的主要贡献及其对该学科未来发展的主要影响,在于他对上述观点的成功发展和捍卫。通过大量仔细的实证研究,包括对可选方法的全面寻求,表明了他对数据的综合不是空洞的教条而是有效的方法论,因为他的结论不被微小的评判差别而左右,且不与其他独立分析产生矛盾。这些全都有助于与他同时代的,以及他之后的社会科学家去进一步完善研究方法。但是,他的研究仍旧存在两个受到争议的地方。

　　第一是缺乏一个逻辑步骤,使得存在于他的平均数中的不确定性可以得到概率分析和测量。他并没有用到他从奥古斯塔斯·德·摩根那儿学到的概率积分——他的《科学原理》表明他很好地掌握了这一知识,而是退而求其次地通过呈现其他分析结果的方式来表明结果的可能范围。只有一次,即在 1869 年(杰文斯,1884,p.157),他尝试性地计算了一个“可能存在的误差”,但他似乎对结果信心不足,并没有再次重复此类尝试。他的论述表明,是他对不同价格比率的相关性的察觉,以及继而对经典误差假设方法的违背,阻碍了他这么去做。杰文斯计算了单价平均值,并坚持认为它们的个体性会在成功的分析中消失,在这两点上他是一个勇敢的先驱者。但是他的魄力是受限的——这些个体性不再可见,也并没有在考量中消失,而他没能让自己迈出下一步,尽管他认为这一步在原则上是必要的。直到弗朗西斯·埃奇沃思付诸实践,这一程序才得以完成。杰文斯实证研究的第二个有争议的问题是,他随后从事的对太阳黑子和经济周期之间因果关系的不甚成功的研究。

其他统计研究:周期与货币

　　指数是杰文斯对社会科学统计分析的主要贡献,但它还在另外两个领域做出了重要的实证研究尝试。其中的一个研究获得了成功,但另一个却没有。他在 1868 年对货币制度状况的调查是一项当时少有的、仔细而聪明的实证研究。(杰文斯,1869;1884,第 9 章)他敏锐地意识到了各种偏差,十分谨慎地报告了他为估计流通货币磨损率进行的抽样实验的结果。他对磨损的分析在数学上并不成熟,而是一种回归分析的非正式等同物。实际上,如果我们从杰文斯仔细绘制的图表中提取出 274 磅金币的数据(杰文斯,1884,p.284),并对其运用加权最小平方方法,我们得到的估值是每年损耗0.002 60克,而杰文斯给出的结果是0.002 76克。

杰文斯的另一个主要研究则更为出名,它花费了他大量的精力,得到的结果却不如他的任何其他研究让人满意。这就是杰文斯为了寻找太阳黑子与经济周期之间的因果关系所进行的研究。天文学家威廉·赫歇尔(William Herschel)在1801年曾提出太阳辐射变化可能与玉米价格变化有所相关,在随后的几年里其他学者也研究过这个问题,但是自1875年起,杰文斯独自展开了这项研究。

如果杰文斯成功地证明了太阳活动周期与经济活动周期之间的相关性,那么它可能是该世纪社会科学最伟大的成就。它不仅意味着一门与天体力学一样重要的真正社会物理学的诞生,并且会成为一场与达尔文理论相匹敌的知识革命。但杰文斯没有成功,回馈他的是礼貌的嘲讽——甚至是在他还健在的情况下。比如,1879年1月21日,杰文斯在伦敦统计学会的一次会议中参与了对罗伯特·吉芬(Robert Giffen)的论文"论近年商品价格下跌"的讨论。杰文斯在发言中指出,当时的经济萧条有望在一两年之内改善,"因为太阳活动显示出了相应数量的黑子"。这句话一定引起了一阵笑声。根据会议记录,杰文斯接下来的发言带有防御的性质:"尽管他(杰文斯)不想展开对这个问题的讨论,但他说他当真不明白它有什么可笑之处。太阳差不多是当天最重要的话题。通过指出当时并没有太阳活动复苏的迹象,他可能进一步强化了吉芬先生论文的不足方面。"(吉芬,1879,p.71)不久以后,有更多事实表明,杰文斯没有获得胜利。《统计学会》杂志的编辑(罗伯特·吉芬)在3月刊中匿名刊登了一个题为"大学竞舟赛和太阳黑子周期"的简讯,称在剑桥大学与牛津大学的年度比赛中,太阳黑子更为青睐剑桥。在同一期的杂志中,另外一个天文学家刊登一则短讯,称死亡率和木星的运动有关。

将杰文斯置于如此境地的知识浅滩远不只是一个平凡的冒险,而我们不能对作为受害者本身的他加以责难。正确分析时间序列相关性的方法完善过程缓慢,它始于波因廷(J. H. Poynting)(1884),但直到1926年随着尤尔发表论文"我们为什么会得到荒谬的时间序列间相关性?"人们才对这个基本问题有了明确的认识。杰文斯本人的研究经常被别人评论,比如弗雷德里克·麦考利(Frederick Macaulay)(1938,pp. 213—216),或者更近一点的布莱克(1981)。在"相关性"给杰文斯带来困难的情况下,也许很讽刺的是,他似乎在无意中启发了高尔顿选择这个词来描述概念。(第5章,注释1)

容易理解的是,诸如太阳黑子推动经济发展此类的大胆假设会产生一种催眠般的影响,因为杰文斯的气象学背景及宿命论的思想,在他的这个故事中尤其显而易见。然而,尽管他对这个课题的研究与其他——甚至最近的——一些社会科学家的研究十分相似,但由于他过于轻易地接受偶然事件的经验关系,并通过筛选数据来提供哪怕些微的支持,这个研究还是与他对价格统计和金币的严谨仔细研究形成了天壤之别。

对于这一差别,如果我们需要一个解释,那么我可以这样回答,杰文斯最大的贡献是作为一名经济理论家,而对于实证研究,他真的需要一个理论基础。在对价格和货币的研究中,他铺设了这个基础,并且他对这些问题的实证研究在当时已属最高水平:大胆而严格,注重细节又视野开阔。但是当他缺乏理论支撑时,他丰富的想象力会受到表面规律和关联的诱惑,但那些关联往往经不起更清醒头脑及后辈概率检测的推敲。如布莱克(1981)所说,从杰文斯的气象学背景来看,那些表面规律的周期性使得杰文斯更易被左右。

作为一名统计学家,杰文斯在经济数据概念性方法的发展中起到了重要的作用,这种方法随后实现了社会科学对不确定性的量化,并促进了其统计规则的发展。正如他勇于在太阳黑子问题上误入歧途,他也勇于放弃执着于限制他早期研究的个体解释。如果他缺乏像埃奇沃思和其他人所发展的概率积分的约束而带来这样的分析,那么他并不是孤独的一个人。

第四章 杰文斯关于金-戴夫南特需求定律

在对统计学史的研究中，有时一些概念性的理解问题会被一些看似微不足道的计算所解决。当（概念）被笼统表达时，一名学者往往会有许多种不同的理解，或似乎会认可多种不同的研究方法。然而同一位学者对统计应用的数量化改造也许会给人以启示。或许一个令人惊讶的曲解会出现，或者是分析范围会受到出人意料的限制。对一位学者所采用的严密的数量化过程的研究可能会遇到令人沮丧的困难，因为细节往往会缺失，计算错误和印刷错误也会使人陷入疑惑，历史学家们只能尝试对这段历史进行揣测式的重构。但是，当有人通过令人信服地重构该学者实际所采用的微小的数量化细节，经过一个看似合理的过程推导出精确的结论时，我们会获得更为清晰的认识，并且产生一种发现的喜悦。比如，当我们重现梅耶（Tobias Mayer）对月球地理的研究，或是拉普拉斯对大气月球潮汐的数量化调查，或是凯特勒对犯罪倾向的计算时，我们会领悟到他们对统计的概念性理解——我们很难通过别的方式做到这一点。（斯蒂格勒，1986a）杰文斯和金-戴夫南特（King-Davenant）的需求定律提供了另一个类似的例子。

在杰文斯于 1871 年发表的《政治经济学理论》中，他给出了一份将玉米价格与收成规模联系起来的表格，该表格由查尔斯·戴夫南特（Charles Davenant）在 1699 年发表，也有人说它是格雷戈里·金（Gregory King）的成果。（杰文斯，1871，pp.148—153）[①]该表格可能只是不严谨地以实验证据为依据，威廉·休厄尔（William Whewell）（1850）、菲利普·威克斯蒂德（Philip. H. Wicksteed）（1889）和尤尔（1915）发现相对价格的三阶差分是一个常数，且数据完全可以由一个三次多项式拟合（据推测，三人彼此独立地）。下面是杰文斯给出的表格：

[①] 关于需求理论的大致历史，以及戴夫南特的表格，请参考斯蒂格勒（1954）。金-戴夫南特的表格曾由约翰·克雷迪（John Creedy）（1986a）详细讨论。塞缪尔·博斯塔法（Samuel Bostaph）和杨楠·谢（Yeung-Nan Shieh）（1987）曾讨论了该需求曲线，并考察了其历史背景。

玉米总量	价格
1.0	1.0
0.9	1.3
0.8	1.8
0.7	2.6
0.6	3.8
0.5	5.5

杰文斯用以下公式拟合表格中的数据：

$$p = \frac{a}{(x-b)^n}$$

其中我们用 p 表示相对价格（相对于平均收成时的价格），杰文斯用 x 表示玉米的收成规模（作为平均收成的一部分）。杰文斯对其分析的完整描述是：

> 检视表中数字显示，n 约等于 2。现在就假设它等于 2，那么我发现 a 和 b 最有可能的值是：
>
> $$a = 0.824 \qquad b = 0.12$$

这样，上式可以变为

玉米价格 $$p = \frac{0.824}{(x-0.12)^2}$$

或者 $p \approx \dfrac{5}{6(x-\frac{1}{8})^2}$。

下表数值显示了第一个公式与戴夫南特提供的数据之间的近似程度：

收成	1.0	0.9	0.8	0.7	0.6	0.5
价格（戴夫南特）	1.0	1.3	1.8	2.6	3.8	5.5
价格估计值	1.06	1.36	1.78	2.45	3.58	5.71

（杰文斯，1871，pp.152—153）

杰文斯没有对他的计算过程做出更进一步的说明，约翰·奥尔德里奇（John Aldrich）（1987）猜测杰文斯假设了 n 等于 2 并且通过最小平方法计算 a

和 b，而不是使用非线性迭代拟合法，就是先对数据进行转换然后使用线性最小平方法。重点在于，如果杰文斯的确使用了最小平方法，那么这将是我们曾在第三章中提出的"杰文斯在实证研究中没有使用过概率计算方法，相反，他在逻辑和理论研究中呼吁对概率概念的重视"（玛格丽特·夏巴斯（Margaret Schabas），1990，第 4 章）的（公认唯一的）反例。玛丽·摩根（Mary Morgan）也曾提到，杰文斯的实证研究缺乏对概率的应用。（摩根，1990，p. 20）那么杰文斯究竟有没有在他的实证社会研究中使用过这一核心的概念性工具呢？

　　奥尔德里奇对杰文斯使用了非线性最小平方法的提议引起了人们的兴趣，但是尽管他多次尝试也未能重现杰文斯的结果，包括加权最小平方法和高斯-牛顿非线性最小平方演算法。（奥尔德里奇，1987，p. 251）有人认可奥尔德里奇的提议（例如怀特（White），1989，p. 434），但是没有人能够通过可信的（甚至不可信的）最小平方法得出杰文斯的结果。进帮·金（Jinbang Kim）表明杰文斯的结果与非线性最小平方法的解有着非常接近的方差，但是仍然未能证明它们能够通过这种算法得到。事实上，金尝试了好几种最小平方法，都没有得出与杰文斯结果接近的解。

　　下面我要说明杰文斯是怎么通过一个特殊的简单方法得出那些结果的。这个方法没有用到任何最小平方法或其他的概率论方法（而这一假设的方法包含了与任何量化研究方法一样古老的成分）。那么，让我们来思考满足六对 p 和 x 取值的拟合公式

$$p = \frac{a}{(x-b)^2}。$$

（与其他学者一样，我同意 n 取值 2，或是通过一些非严格的方法——比如画图得到，或是根据休厄尔在 1862 年提出的建议；参考克雷迪 1986a。）对该公式进行整理，我们得到

$$p(x-b)^2 = a。$$

　　首先需要得出 b 的值。如果我们将取两对不同 (x, p) 值的式子相减，我们可以消去 a，得到一个关于 b 的等式。像杰文斯这样从事数量研究的学者一定知道，当选择的是 (x, p) 的六对组合中最极端的两对时，得出的解是最稳定的（不易受微小数值差异的影响）。使用 $(1.0, 1.0)$ 和 $(0.5, 5.5)$，我们可以得到关于 b 的等式

$$1.0(1.0 - b)^2 = 5.5(0.5 - b)^2$$

或者（开平方根并求解）

$$b = \frac{c(0.5) - 1.0}{c - 1.0}$$

其中 $c = \sqrt{\frac{5.5}{1.0}} = 2.3$,

即

$b = 0.12$

这正是杰文斯得出的 b 的值。现在计算 a 的值

$p(x - 0.12)^2 = a$

分别代入六对 (x, p) 的值并取算术平均,结果是

$a = 0.824$

与杰文斯的结果完全相同。

这样,不需要使用复杂的计算方法,仅仅通过对一个 2 位数开平方根和计算出 6 个数值的简单平均数,我们就以其他方法无法达到的精确度还原了杰文斯的结果。该计算方法的两个方面——第一是类似于用极端值确定直线斜率;第二是使用简单平均数——都是在 17 世纪天文学观察数据处理中司空见惯的。当然,我们只能揣测说这就是杰文斯的计算过程,但这一使计算结果与观测值吻合至小数位的推测总比无法达到这个精度的推测强。因此,杰文斯使用的应该是"非最小"二乘法,而不是"非线性最小"二乘法。而杰文斯在《政治经济学理论》中关于金-戴夫南特表格的讨论,似乎并没有为"杰文斯在分析社会数据时没有使用概率方法"的说法提供反例。

杰文斯究竟使用了何种计算方法,这件事还涉及一些重要问题。在 1871 年,或许杰文斯只是基于算术的可行性使用到了最小平方法的变形。勒让德和高斯早在一个半世纪之前就在天文学和测地学中使用了非线性最小平方法,而杰文斯也该从他的老师、曾经就这一话题全面写过文章的德·摩根那里学到这个方法。事实上,在 1874 年的《科学原理》之"误差定律"那一章中,杰文斯还包括了关于简单最小平方法的应用指南,并参考了大量关于这方面的文献。但是,他不可能于 1871 年就在社会科学研究中使用这个方法,除非他简单地从天文学和测地学中抽取一个方法,并将它运用在一个早期概念基础——基于理论推导模型的附加误差——所无法适用的背景中,或者他成功地发展出一个能够对社会数据进行最小平方的全新概念基础。

在当今的社会科学实证研究中,对恰当方法的简单套用不足为奇,但是杰文斯并不幼稚——相反,他对方法论及其基础极度重视。尤其是他敏锐地意识到有许多因素使得具体供需法则的确定变得不可行。他在 1874 年的《科学原理》中一针见血地写道:

没有人会否认，我们能在理性动物的思考和行为之间探测到某种统一性，而我们只要发现这样的规律，就能成功地运用科学方法。但是，那些因此尝试去建立社会科学或道德科学的人很快就会意识到，他们所面临的课题具有极强的复杂性。就拿政治经济学来说，这门科学首先是一门数学性科学，因为它着眼于对大量商品的研究。但是当我们试着建立表现需求和供应之间规律的数学表达式时，我们会发现它的复杂程度远不是数学可以解决的。我们可能确定一个表达式的大致形式，来描述两三个交易个体间的两三个商品的供需关系，但是它所有牵涉到的函数具有如此复杂的特征，以致在这个方向上没有什么科学方法可以取得快速的进展。（杰文斯，1847a，2：457—458）

同一年他在另外的文章中写道："虽然供应和需求定律从未以任何数值精度的方式进行定义和分析，但它仍然是当今主流学说中制定得最好的一个部分。"（杰文斯，1874，p.85）

确实，我曾广泛地论述（斯蒂格勒，1986a，第7章—第9章），只有在该世纪末，随着弗朗西斯·高尔顿、弗朗西斯·埃奇沃思和尤尔在回归和相关研究——实际上是多元分析——中的发展，为了最小平方法在类似金-戴夫南特表格这类情况中应用的概念性基础的发展才成为可能。与自然科学一样，早期偏向于定量分析的社会科学只有在数据中看到貌似可靠的概率论框架——除了研究因素和偶然变动外其余都具有同质性时，才会采取基于概率论的方法。比利时统计学家阿道夫·凯特勒在年轻时曾经大胆地打破这些约束，运用了一个类似于比率估计的基于概率论的方法，即通过一个样本来确定比利时的人口。凯特勒的热情一直未减，直到一名年龄和智慧都在他之上的官员——柯维伯格男爵——指出他所一直忽略的出生、死亡和婚姻比率的非同质性问题，这也打开了凯特勒的视野。凯特勒曾发现的概率论框架不复存在。凯特勒在随后的研究中，很大一部分工作都可被认为试图通过对所有社会因素的影响方式及其重要性进行分类来克服这一困难。

杰文斯接受过伦敦大学学院教育，也受到过澳大利亚掘金场的锻炼，他不像年轻的凯特勒那般天真。即使杰文斯真的在一定程度上预见了回归和相关的发展（看上去似乎不太可能），但我们仍不能盲目猜测他会运用这些方法去分析一组有疑问的数据，一组戴夫南特之后几乎没有学者真正把它当作"数据"的数据。确实，杰文斯把这个表格描述为"某一对玉米价格变动所做的著名估计"（杰文斯，1871，p.148），并且强调他的"计算价格"与戴夫南特估计价格之间的一致性。正如托马斯·库恩（Thomas Kuhn）曾经在另一篇文章所讨论的（库恩,1961),杰文斯拟合曲线与金-戴夫南特数据的这一类比较,最好应该被理解为期望从理论中得出关于拟合程度的定义,而不是对理论的验证,并且为了这样一个目的,以概率论为基础的概念性工具就不需要了。

　　然而这个例子帮助我们描绘出了社会科学先驱者们在历史关键时刻的身影。杰文斯对于任何细小的困难都相当警觉,以至于没有随便地把基于概率论的方法扩展应用到社会数据的分析中。这不是说他对所面对的概念性障碍的真正本性有清楚的认识,如果情况是这样(即有清楚的认识),我们就可以期望他对这个问题进行清晰的表达,或者至少曾设法去了解并解决它。但是隐藏着的风险比公开的更麻烦,杰文斯退却了——在这里或在其他地方进行社会数据统计分析的时候。然而这并没有使他麻痹而没有作为——他建立了一种快速、特殊的拟合,但只能让人粗略地认识到假定的理论曲线与数据之间的差异。这样的探索将成为最终弄清楚并且至少部分克服障碍的过程的一部分。

第五章　弗朗西斯·伊西德罗·埃奇沃思与统计学

　　人们通常被告知,概率论和统计学的发展史总是紧随着数学的发展脚步。从费马和帕斯卡,到伯努利和棣莫弗,到高斯和拉普拉斯,再到高尔顿和皮尔逊;从联合概率,到极限理论,到最小平方方法,再到相关分析。然而,如果说统计学的发展历程,从历史上几乎所有伟大的数学家名字中收获了某种优雅高贵,那么要实现它的简明易懂并非没有代价。在强调数学发展贡献的同时,我们往往忽略了统计思想和推动数学发展的科学与实际问题之间的相互作用。历史的结果是,粗粗一看,似乎是统计学紧跟着数学而发展,但深入研究后发现,其中仍然存在着许多似是而非、自相矛盾和异常的现象。如果统计数学主导着统计思想的发展,那么举例来说,为什么从费马出生前的 4 个世纪开始就持续运用显著性检验? 或者就近来说,怎么解释数理统计技术在天文学上的发展与它们被社会科学所采用这两者之间相差达一个世纪的时间? 我在这里将通过一个伟大的学者——弗朗西斯·伊西德罗·埃奇沃思——的研究工作,来重点探讨后面这个问题。

　　弗朗西斯·伊西德罗·埃奇沃思(1845—1926)兢兢业业地为经济学的定量研究奉献了一生,既包括数理经济学的发展,也包括把概率论和统计学引入社会经济数据的分析中。他在这方面是一位核心的人物,对理论统计学的影响是巨大的,但在统计学历史中他却仍然是一位鲜为人知的重要人物。在正式讨论他的生活、研究工作及其在社会科学和统计学中所起的本质作用以前,我先简单地介绍一下 1880 年以前的情况。

　　在 1827 年拉普拉斯去世的时候,统计理论已经发展到了相当高的程度。在 19 世纪中叶,数学概率和统计学的知识得到了广泛的传播,因为拉普拉斯、拉克鲁瓦(S. F. Lacroix)、缅丹尼斯·泊松(Simeon-Denis Poisson)和古诺(A. A. Cournot)的论文,以及德·摩根的百科全书文章,使得它们很容易被对微积分感兴趣和具有一定基础的人所接受。但是当这些方法技术,尤其是最小平方法刚开始得到应用时,它们主要集中在天文学和测地学中,而向其他领域的扩展则比较缓慢。

　　一个恰当的重要案例是斯坦利·杰文斯。杰文斯师从伦敦大学学院的奥古斯塔斯·德·摩根,学习了概率论和最小平方法,他既是一位数理经济学的勇敢变革者,也是一位强调数学在社会科学中的重要作用并加以推广应用的积极倡导者。按照19世纪60年代术语的含义(第三章),杰文斯也是一位伟大的统计学家。如果说在19世纪哪一位经验主义社会科学家,曾期望把误差理论技术作为定量分析社会科学中不确定性问题的工具,那就是杰文斯。遗憾的是,杰文斯未能做到这一点。就像从孔多塞到凯特勒等很多其他人一样,杰文斯或许也曾相信并且倡议概率论在社会科学研究中的应用。但他自己在经验研究中使用概率论时,与凯特勒一样,既没有对其估计值的不确定性进行量化延伸的尝试,也没有对差异的统计显著性和可能存在的样本均值变动进行评估。

　　在他主要的方法论著作《科学原理》(1874a)中,杰文斯也没有克服统计方法在社会科学中推广应用的观念性障碍。杰文斯试图让它成为具有重要意义的、关于逻辑的和科学的方法论的阐述,然而虽然它是一本包含很多基本观念的学术性著作,但却出奇地缺乏新意,不见了杰文斯大多数其他文献所表现的开拓勇气。《科学原理》的论述几乎只依赖于物理学,而对于其他事物,它只试图说明科学逻辑能够被简化至"原理"这一最低层次,杰文斯称之为"同类替代"。(查尔斯·皮尔斯(Charles S. Peirce)(1890)曾挖苦地说,杰文斯理念的替代物就是他自己的名字:"西塞罗(Cicero)的鼻子上有一颗疣,所以伯克(Burke)也希望长点类似的东西。"杰文斯曾经讨论并强调概率论和误差理论,但他并没有尝试将这些方法拓展到最初应用的范围之外。①

　　尽管杰文斯的实证研究缺乏对基于概率论的统计方法的应用与发展,但已经是19世纪80年代以前典型的,甚至是最好的努力。之后半个世纪的情况变化是缓慢的,也没有哪个人在1875年以后的一个世纪对于什么成了方法论的主要进展而负责。然而,埃奇沃思的研究工作特别值得重视,这既由于他在这方面历史中的重要性,也由于人们相对地忽视了他。在概括地回顾了埃奇沃思的生平(突出强调他在1890年以前的智力发展)、讨论了他的写作风格(以及对他思想传播的抑制作用)和审视了他的统计学论著(特别强调1893年前发表的

----

　　① 杰文斯的《科学原理》确实对统计学产生了一个值得注意的贡献,它帮助我们拥有了"相关"这个词。这本书没有讨论相关的概念(在这本书中你将容易发现,它对统计相关的有用性的否定多于肯定),但似乎是高尔顿提出这个词的来源。这个词那时被普遍采用,例如达尔文的《物种起源》(1859)和格罗夫(W. R. Grove)的《物理力的相关性》(1865),但正是杰文斯在关键时刻的使用引起了高尔顿的注意。在他个人收藏的那册杰文斯著作中,高尔顿对这个术语(杰文斯,1874,p.354)进行了解释,并在页边空白处写道:"很棒的词!"(斯蒂格勒,1986a,pp.297—298)

论著)之后,我将从技术上来详细讨论埃奇沃思 1885 年关于二维分类方差分析的预期目的。最后,我将试图评估埃奇沃思在 19 世纪统计学历史中的地位。

弗朗西斯·伊西德罗·埃奇沃思

丹尼尔·伯努利于 1700 年 2 月 8 日出生于荷兰格罗宁根(Groningen)一个具有创造性和广被称赞的显赫家庭,他在长期的、多变的职业生涯中对数理经济学(特别是效用的数理研究)和数理统计学(包括最大似然估计研究)做出了根本性的贡献。弗朗西斯·伊西德罗·埃奇沃思于 1845 年 2 月 8 日出生于爱尔兰的埃奇沃思镇,除了出生时间和地点不同,在别的方面,即前面关于伯努利贡献的描述,完全适用于埃奇沃思。事实上,关于埃奇沃思早期智力发展的完整资料是如此地稀少和自相矛盾,以致他与伯努利关于出生日期的占星术上的联系,或许可以作为对他以后人生富有启发的一种解释。

埃奇沃思的许多祖先曾经在文学领域非常杰出。著名的、令人尊敬的小说家玛丽亚·埃奇沃思(Maria Edgeworth)是他的姑妈,诗人托马斯·洛弗尔·贝多斯(Thomas Lovell Beddoes)是他嫡亲的表兄,他的祖父理查德·洛弗尔·埃奇沃思(Richard Lovell Edgeworth)是一位教育界的先锋人物。他的父亲曾经学习和研究哲学,并且喜欢写诗;他的母亲,一名西班牙的政治避难者,显示出与她丈夫相同的文学兴趣。基于这样的家庭背景,埃奇沃思的注意力与兴趣爱好似乎很自然地会被引入文学和哲学领域,事实也确实如此。1862 年,他进入了都柏林的三一学院,之后的几年他专注于研读经典名著并取得杰出的成就。他在希腊语散文和诗歌创作比赛中获得了一等奖,并被他的导师认为是班上最出色的学生。他的一位同学、后来成为拉丁语教授的泰雷尔(R. Y. Tyrrell)写道:"他获得了所有最高荣誉和奖项。……在三一学院,有两种方式来认定每一个卓越的学生:一是成为讲师或考官,二是成为学生中的精英。后一种认定是以某种热情来称赞埃奇沃思的,在我的记忆中没有第二个人选。"

1867 年,埃奇沃思进入了牛津大学。1869 年毕业于贝列尔学院(Balliol College),在毕业大考中获得了人文科学一等学位。然而,尽管埃奇沃思在牛津仍然受到尊敬并得到很好的教育,但没有像在都柏林那样成为导师眼中的天才。他从导师手中得到的推荐书上,反复出现的、有限的赞扬只是"勤奋的和成功的"或是"完全有能力去教授年轻人"之类的短语,这或许有助于解释他随后的事业发展方向。离开了都柏林以后,埃奇沃思可能认识到了自己无法达到他离开都柏林时确定的、取得一流学术成就的目标,因而转向了商业法研究。关于埃奇沃思从 1870 年到 1877 年获准当律师这段时间的情况,所能找到的信息很少。但在 1877 年以前,他肯定已经意识到了律师这个职业并不适合他,因为这既不能满足他对知识的渴望,也不符合他想成为一名备受敬仰的学者的雄心壮志。

埃奇沃思并不全身心投入法律领域的一个迹象是,他在 1875 年后期申请了伦敦大学贝德福德学院空缺的希腊语教授职位这一事实。在学院的记录中,他的申请并没有成功(他是三位竞争者之一),尽管后来不知什么原因他得到了第一个学术职位,即从 1877 年 11 月到 1878 年 6 月担任了贝德福德学院的临时希腊语教师。作为报酬,他获得了 2910 镑收入。但是沿着他离开牛津后广泛阅读和学习的方向,我们可以发现其研究兴趣发生改变的更有力的证据。在现存的资料记录中,没有迹象表明埃奇沃思早期所接受的数学教育(包括在牛津大学)超过了代数水平。威廉·罗恩·汉密尔顿(William Rowan Hamilton)在埃奇沃思还小的时候,曾经去埃奇沃思镇拜访过玛丽亚·埃奇沃思,并且与埃奇沃思的父亲成为了好朋友,但他们的共同兴趣点主要在于诗歌和哲学,并不是数学。因此,埃奇沃思离开牛津以后,在学习法律的同时还自学了相当于当时大学课程的数学,这或许让所有的人都感到了惊奇(丹尼尔·伯努利的心灵除外)。

埃奇沃思新获得的数学才能的深度,在他最早的出版物中显而易见。他的第一个实质性成果《伦理学的新旧方法》,发表于他 1877 年获准当律师后的不久,已充分显现出了他对变分法有非常自信和创造性的掌握,更别提一些数理物理学的知识了,并且对古斯塔夫·西奥多·费希纳(Gustav Theodor Fechner)、德勃夫(J. R. L. Delboeuf)、赫尔姆霍茨(H. Helmholtz)和冯特(W. Wundt)的数理精神物理学(mathematical psychophysics)非常熟悉。可以说在 19 世纪 80 年代前期,埃奇沃思的学术能力已经扩展到了与数学有关的各个学科:傅里叶的心电理论,泊松的力学,古诺、戈森(H. H. Gossen)、杰文斯和列昂·瓦尔拉斯(Leon Walras)的数理经济学,乔治·艾里(George B. Airy)、汤姆森(W. Thomson)、泰特(P. G. Tait)和詹姆斯·克拉克·麦克斯韦(James Clerk Maxwell)的物理学,以及最重要的拉普拉斯的概率论。

埃奇沃思在牛津时已经广泛阅读了有关文学和哲学方面的论著,他最初想从这个方面入手从法律界回到学术界。他 1877 年发表的短篇专著《伦理学方法》,就是把数学应用于伦理学研究的一种尝试,通过变分法导出数学功效上最大愉悦的条件,他称之为“享乐积分”。大约在他出版论著的那个时间,他获得了一个讲授关于逻辑、心理和道德科学,以及形而上学的职位,听众是想参加印度文职岗位竞争考试的学生。该职位由伦敦的一个私人机构提供,其领导沃尔特·雷恩(Walter Wren)先生这样写道:"相当高的知识标准对于教师与被教者都很必要——特别是对于教师。埃奇沃思先生上课守时、投入和认真,与他渊博的学识十分匹配。"埃奇沃思在这个机构工作了两年,于1880年转到伦敦国王学院担任逻辑学讲师。

在国王学院夜校讲授逻辑学(同时在肯辛顿女子系教授政治经济学)期间,埃奇沃思发表了使他第一次广受关注的论著。《数理心理学:关于把数学应用于道德科学的论文》在1881年年初发行,这是埃奇沃思把他原先伦理学上的数学方法扩展至经济学的一次颇具勇气的尝试,特别是将效用理论与经济合作和竞争的分析进行综合。该论著得到了包括当时最著名经济学家的高度评价。阿尔弗雷德·马歇尔在书评(他只发表过两篇书评,这是第二篇)中写道:"这本书充分展现了作者的天才,并且预示着伟大的事件即将发生。"马歇尔希望作者在出版以前,应先使他的理论更加完善(该建议马歇尔本人严苛地遵循),"但正如他自己所声明的一样,这只是一个'初步的研究',我们只能赞誉他的才华、力量和创造力"。杰文斯——马歇尔另一篇书评对象《政治经济学理论》的作者,发表在《精神》上的书评也对其总体上表示称赞。但他在认可这本书"很出色"和"具有无可置疑的力度与创造力"的同时,也发现其写作风格是令人困惑的,并且使得该书很难读懂。他写道:"这本书是我读过的最难读懂的书之一,毫无疑问在那些声称研究经济科学的论著中是最难的一本。"

杰文斯的书评导致了埃奇沃思与高尔顿的早期通信。杰文斯的书评发表不久,高尔顿写信给埃奇沃思:

拉特兰郡西南门42
10.28/81

尊敬的先生:

请允许我表达对我正在读的你关于数理心理学著作的浓厚兴趣,尤其是数学方法可用于处理甚至最松散定量数据的那部分论述。我写信给你,更是由于我从杰文斯发表在《精神》上的评论文章知道了你的著作,他在里面正巧说到了这是一本没必要这么难读懂的书。对这个评论,我觉得完全值得商榷。我的感觉是,对于这么难的一个命题,你已经进行了清晰而生动的论述;我真诚地希望你不会因为那个评论而丧失勇气,并且不断减少受到那些你曾引用的《星期六评论》文章的作者那样的评论者的影响。通常的情况是,最好的著作一开始都会遭受歪曲和诋毁,它需要时间的磨炼才能让新思想广为接受,并且那些有能力自由地接纳它们的年长者,将不会产生偏见。你现在正在做的事情是一次伟大的尝试,通过连续不断的努力你一定会获得成功。我坚信,你将在这个宽广学科的许多方面继续努力……

相信我,你的朋友

弗朗西斯·高尔顿

埃奇沃思与高尔顿之间的联系维持了数年。确实,虽然埃奇沃思在1881年前已经读过拉普拉斯和约翰·维恩(John Venn)关于概率论的论著,但似乎有理由猜测,与高尔顿的交流帮助埃奇沃思进一步增强了其在19世纪80年代初期对统计学的兴趣,正如埃奇沃思80年代后期的著作也对高尔顿和维恩产生了重要的相互影响。然而,高尔顿的兴趣主要集中在心理学、遗传学和人体测量学上,埃奇沃思的目标则是把概率论应用于伦理学或社会科学。埃奇沃思从高尔顿的研究领域中寻取一些例子并且进行类推,他阅读、运用和扩展了高尔顿的论证,但是研究重点的不同阻碍了他们之间亲近研究关系的发展,正如后来皮尔逊与高尔顿之间关系的发展。

1887年至1889年,埃奇沃思担任了英国经济学会和统计协会这两个委员会的秘书,这一期间他为其中某一委员会所做的指数研究和对《皇家统计学会期刊》的贡献,帮助其建立了声誉。1888年,他成为了伦敦国王学院的政治经济学教授,1890年成为该学院的图克(Tooke)教授,并且最终在1891年初成为了牛津大学万灵学院(All Souls College, Oxford)的政治经济学的德拉蒙德(Drummond)教授。

这段时间,埃奇沃思对概率论和统计学的研究保持着一种高昂、狂热的状态。从1883年到1893年,他发表了近40篇有关这一领域的笔记和论文,包括一本小册子《米制》和大量的评论文章(包括为《自然》杂志所写的对高尔顿《自然遗传》的评论)。1890年2月23日维恩写给高尔顿的一封信可以证实,埃奇沃思是当时理论统计学家中的领军人物。维恩认为出版一本权威的统计学理论专著是必要的,特别是"统计学理论"应该正式成为剑桥大学科学逻辑系伦理学的学位课程。他似乎曾想与埃奇沃思进行合作,他补充写道:"如果有谁在建立诸多法则的数学基础方面令人称心满意,那就没有人比埃奇沃思做得更好了。"高尔顿对埃奇沃思的尊敬表现为,于1891年的2月试图劝说埃奇沃思接受英国科学研究院的教授职位,但由于埃奇沃思刚接受牛津大学的职位而未能如愿。

埃奇沃思一直担任牛津的教授职位,到1922年77岁时才退休。他在牛津大学的这段时间,大部分精力都奉献给了经济学,包括经济学理论的大量写作和《经济学杂志》的主编工作。从 1891 年 3 月第 1 版开始,到 1926 年 2 月 13 日去世为止,他一直担任《经济学杂志》的主编。但是在他对经济学研究不断深入、影响不断扩大的同时,并未发现他在统计学和概率论方面的研究有所减少。从 1894 年开始,他就这个领域发表了近 60 篇文章,其中 27 篇主要与误差一般法则及"埃奇沃思系列"有关。1912—1914 年期间,埃奇沃思担任了皇家统计学会的主席。根据皇家统计学会的编年史,他是该学会头 100 年中唯一拥有"教授"头衔的主席。

埃奇沃思的风格

所有研究埃奇沃思的学者都会在一定程度上对他独特的写作风格感到纠结。现在的评论员经常会用"晦涩"这个词来描绘它,但是我认为这个带有含糊、意义不明和不精确之意的词,充其量只是误导,即使一位富有经验、认真的埃奇沃思论著的读者,也能够很好地理解造成这种情况的挫败感。我认为高尔顿提到过的杰文斯 1881 年关于《数理心理学》评论中的评价更为恰当,虽然它有一点过于刺耳。

> 毫无疑问,埃奇沃思先生的写作风格与他研究的内容不匹配。他的风格,即使不说晦涩,也是含蓄的,以致读者对每一个重要的句子都感到费解,就像猜谜一样。或许绝大多数命题都值得苦苦思索,如果一些伟大的工程建立在理解力的基础上,那么也需要被思索、推测。但社会科学还没有达到这样一个程度——学生觉得有必要去精通每一个新提出的真理,并且不幸的是,一本包含了全新科学思想的书,却是这么难以读懂。

人们需要充分发挥理解力才能读懂埃奇沃思的论著,但与其他许多著作不同,这种努力是值得的,并且尝试之后,他的"诗歌与炫学,科学与艺术,智慧与学问的迷人结合"(凯恩斯,1933)会逐渐让人上瘾。他早期的文章毫无拘泥地直接应用一些希腊语或拉丁语词汇甚至句子,这种手法会让人难以集中注意力,但当他后来的文章中这种情况越来越少,使我们变得享受它们时,我们又默认了一位老朋友的其他怪癖。我们甚至会去寻找他那看似无止境的类比和隐喻,它们是有趣而富有启发的。

例如,在 19 世纪 80 年代的一些论文中,埃奇沃思把正态分布曲线比喻成法国宪兵帽子的轮廓,使用了"生动的法国统计学家"这样的词汇。(埃奇沃思,1888)然而,埃奇沃思把这种形状上的相似性用于教学目的,并用一整衣柜的帽子来做比较。考试总分的变动依据于"如上形容的法国宪兵帽形状的正态法则,而不论单个题目的分数以何种模式波动,例如,如果……关于每一个特定题目得分的不确定摇摆被用学士帽的边沿来表示",一个有偏的密度分布是"一种一边被风吹的帽子"。(埃奇沃思,1888)如果一个给定的法国宪兵帽与实际的数据分布不符合,"它或许需要被弄皱或是被拉伸",并且比起去调整基于极端值的数据(他把这些极端值比喻成帽子的边缘,"这是最不稳定的部分,它事实上由不规律地摆动的花边或丝带所组成"),还不如使用两个"靠近帽子中心的点,差不多就是有时在帽子上嵌入的通风口的位置"。同样,统计分析可能是"在法国宪兵帽的帮助下——从他的帽子中,就像从魔术师的帽子中,可以提取如此之多的东西"(埃奇沃思,1890)。

在埃奇沃思看来,机会可以有很多种表现形式:"概率的蜂群各处奔飞,忽此忽彼,从不会停在某个特定的地方。"(埃奇沃思,1887)"概率微积分是一个需要生活的手去操纵的工具。"(埃奇沃思,1883)"真实而永恒的趋势就藏在机会的多变表皮之下,它就像一片沙漠,缺少经验的旅行者容易把流沙的暂时堆积误认为地貌的真实构造。"(埃奇沃思,1898)也只有埃奇沃思会用政治的术语来描述不恒等分布条件下的中心极限定理:"构成正常波动平均数的选民必然组成一个共和政体,但并不需要完全的民主。"(埃奇沃思,1909)

有时一个新的词汇或者旧词新用会引人注目。埃奇沃思用"probabiloid"这个词来描述椭圆形状的多元正态分布,既简单明了又富有启示。(埃奇沃思,1887)类似地,埃奇沃思用来描绘轻微不对称单峰分布的这个词"monocephalous"(字面意思:单头的),或许至今都可适用。(埃奇沃思,1888)

埃奇沃思在数学上的写作风格可能是读者最大的阅读障碍。其中一个问题是,论著结构的安排经常是如此地有序,以致达到了冗长乏味的程度。法律学习的经历带给他唯一明显的影响,可能就是养成了按照二分法对研究课题进行分类的习惯,形成了一棵逻辑树。这棵树必须整体地加以研究,否则就会更加局限于仅仅沿着其中的一个分支走下去,正如他曾经比喻的"根据英国法律所进行的不动产转移"(埃奇沃思,1885)。在一个极端的例子中(埃奇沃思,1885a),8 种分类共产生了 256 种情况。

然而,更严重的困难在于其实际的数学表达经常缺少详细的过程。关于这一点及其严酷程度,他似乎与拉普拉斯及 19 世纪早期的其他学者类似。他很少明确地提到正则性条件这个问题,尽管很少导出错误的结论,并且他那时所做的那些评论显示出了他对数学细节中一些敏感点的理解,这在当时是难得的。例如,在用密度参数的收敛性来证明样本中位数的渐进正态性时,他写道:"因此产生误差 z 的概率与 $1 - 2p^2z^2/n$,或者是(根据该数学领域常用的一个步骤*、成熟的证明及拉普拉斯认可的权威性)成比例 $e^{-\frac{2p^2z^2}{n}}$。"(埃奇沃思,1886c)其中 * 号标记的注脚是这么写的:"我希望这个步骤有更精确的证明,就像我曾经尝试给出误差法则的一般形式。"并且给出了特征函数证明的文献。真正困扰他的问题不是 $(1 + x/n)^n$ 是否会随着 n 的变大而收敛,而是一个更基本的问题:密度的收敛性是否必然导致分布的收敛性?埃奇沃思在 1886 年没有解决这个问题并不让人感到惊讶,他似乎给出了"是"的预答案。

在很多场合,就像前面提到的一样,埃奇沃思会引用"权威"的说法作为论据。这给人的印象似乎是不加批判地完全接受前人的结论和对伟人的盲目顺从。事实恰好相反,虽然埃奇沃思很谦逊,但他会做出一些批判性的评论,并且只有当没有更好的证明存在及权威的结论得到了其他方式的证明时,他才会接受权威的结论。在埃奇沃思看来,伟大的科学家和哲学家的实践与结论就像实验数据一样,将被通过适当的权数与非正式加权平均数进行综合。"错误的教义提供了顺从权威的常识性实践的基本理论……权威所做的事——正如贺瑞斯(Horace)所说的哲学家所做的事——就是去清除大部分错误。"(埃奇沃思,1888)

正如杰文斯所说,埃奇沃思这种隐晦的风格使得阅读变得困难,我们在后面部分将会遇到具体的例子,但它也是雄辩的、富有启发的。除了这些问题,埃奇沃思绝对是一个细致而有趣的作者,使得统计学变得优雅。

埃奇沃思的统计论著

自 1881 年年中发表《数理心理学》到 1883 年 10 月,埃奇沃思发表的文章并不多。这些文章(几篇评述和一篇待发表文章的提纲)显示,埃奇沃思的思想在方向上没有发生什么变化,但他之后论著的内部证据表明,这一期间他花费了大量的时间和精力对概率论和最小平方法的有关文献进行了广泛而深入的学习。显然,从《数理心理学》的文献引用情况可以看出,埃奇沃思在 1881 年以前就已具有一定的概率论知识。他已阅读过拉普拉斯的《哲学中的概率》和约翰·维恩的《机会逻辑》,并且熟悉高尔顿和凯特勒论著的某些方面。然而,到了 1885 年,他对这方面文献的熟悉程度在英格兰已无人能比。

之前,概率论在心理学中只扮演了微不足道的角色,而统计学根本就难觅其影踪。但在 1883 年年末之后,埃奇沃思专门针对这些方面发表了一系列论文。如果独立地看,不考虑他的研究背景,这些论文是令人费解的、古怪的碎片。从 1883 年 10 月到 1884 年,发表于《哲学杂志》和《精神》上的这些论文的题目似乎描述了它们的内容,但它们之间看不出有什么共同的关联性。这些题目有"误差法则""最小平方法""概率的物理基础""机会的哲学""基于观测的减少"和"先验概率"。

乍看之下,这些论著就像是误差理论和概率论基础中的命题作文,润饰着埃奇沃思自己独特的写作风格,以及随之而来的阅读难度。这些论著的讨论是很清晰明白的,但没有戏剧小说的手法。对拉普拉斯熟悉的读者将会在这些论文中发现很多熟悉的内容。确实,埃奇沃思大量的注脚使得我们易于追踪 20世纪很多观点的发展历程。在许多事例中,埃奇沃思拓展、发展、扩充甚或改正了前人的分析,并且都给出了批评性的评论,解释了自己观点与早期论述之间的细微不同之处。

这些早期的文章对于现代读者而言确实包含了太多的惊奇。例如,在"埃奇沃思系列"的早期版本中,我们发现了一篇关于对称概率密度推导的早期文章,他所采用的方法近期才在扩散过程理论中重新出现。(埃奇沃思,1883)假设 u_{xs}(其值取决于 x)为 s 个独立随机变量之和的概率密度,每一个变量都有概率密度函数 $f(x)$(假设关于 0 对称),他先推导出递归关系式 $u_{x,s+1} = \int f(z) u_{x+z,s} \mathrm{d}z$,然后用 $u_{xs} + \mathrm{d}u_{xs}/\mathrm{d}s$ 去逼近 $u_{x,s+1} = u_{xs} + (u_{x,s+1} - u_{xs})$,扩展得到

$$u_{x+z,s} \approx u_{xs} + z \frac{\mathrm{d}u_{xs}}{\mathrm{d}x} + \frac{z^2}{2} \frac{\mathrm{d}^2 u_{xs}}{\mathrm{d}x^2}$$

由于 $\int f(z)\mathrm{d}z = 1$ 和 $\int z f(z)\mathrm{d}z = 0$,他导出热扩散方程

$$\frac{\mathrm{d}u}{\mathrm{d}s} = \frac{c^2}{4} \frac{\mathrm{d}^2 u}{\mathrm{d}x^2}$$

其中 $c^2 = 2 \int z^2 f(z)\mathrm{d}z$ 作为其解,它可以渐进逼近递归方程的解。这样,泊松在《力学教程》中曾经给出的热传导方程级数解,就可以导出 u_{xs} 的级数近似值,第一项(并且通常是渐进支配项)是正态分布的。摩根·克罗夫顿(Morgan Crofton)(1870,1885)为了证明中心极限定理也曾发表过类似的结论,但他的证明没有像埃奇沃思那样扩展超越第一项。后来,埃奇沃思(1905)慷慨地把这个结论称为克罗夫顿方法。有意思的是,爱因斯坦在他 1905 年关于布朗运动的著名论文中,也巧合地采用了相同的方法推导出扩散方程。

另一个让人感到惊讶的例子是最初的学生氏 t 分布。埃奇沃思称之为"子指数"分布,并且在给定的均值 μ 服从不变的先验分布和 $h = \sigma^{-1}$ 的条件下,推导

出它是正态分布均值 μ 的后验分布。(埃奇沃思,1883;韦尔奇(B. L. Welch),1958;皮尔逊,1967)[1]但是,过度地拘泥于小细节就会容易错失这些文章(有时是散记的形式)背后所蕴含的根本创新点和雄伟的构思。

从他发表论著的背景和通过对其论著进行深入的研究,我们可以清楚地发现埃奇沃思的目的是,完成在整个世纪中人们曾经讨论并相信能够完成,但却从未完成的事情:把误差理论中的统计思想应用于社会科学,特别是经济科学的不确定性定量研究之中。埃奇沃思想要解决的问题和遇到的困难,在一篇发表于1884年、评述杰文斯去世后才出版的名为《货币和金融调查研究》论文集的文章中得到了描述。埃奇沃思评论了书中美妙的图表,他认为这些图表有助于读者——

> 去估计非偶然原因产生的不同周、不同月均值差异的概率。刚才提到的问题是统计学中最微妙的问题之一,即在什么情况下数字的差异与事实的差异相一致,这将在这些论文中经常出现。杰文斯先生比较了一年中不同季度的大量账单,认为6%以内的变异可以被称为"非显著差异"。另一方面,他认为如下这种现象值得关注:"从1806年年初到1860年年末,在所报道的79 794名破产者中,各季度第二个月的破产者总计为28 391名,第三个月总计为26 427名,第一个月总计仅为24 976名"。毫无疑问,一个类似的存在于反复投掷一个对称硬币所产生的"正面"朝上和"反面"朝上的次数差异,将给出一种原因解释。但是我们关于投掷硬币行为的知识是建立在观察和实验基础上的,就像杰文斯曾经做过的一样。概率游戏与破产者问题是否事实,在未经检验的情况下都不能被事先假定。(埃奇沃思,1884)

埃奇沃思就是想要提出这样一种检验。

埃奇沃思在该研究主题方面的核心论著,同时也是统计学领域最有影响力的论著,是在1885年宣读的4篇系列论文。第一篇论文是"观测与统计:关于观测误差理论和统计第一原理的论文",于1885年5月25日在剑桥哲学学会会议中宣读。这篇论文主要论述统计学理论,并且概括与推广了他最近两年的研究成果。第二篇是"统计学方法",于不到一个月后的6月23日,在庆祝英国皇家统计学会成立50周年的聚会中宣读。这篇论文主要关注统计方法论,并

---

[1]　一个关于自由度为1的学生氏 t 分布的特殊情况,至少可以追溯至1824年的泊松的论著,并且最近范哲勾(J. Pfanzagl)和悉宁发现在1876年吕洛斯(J. Lüroth)的论文中有更早的关于后验分布的更一般的情况。

且通过大量的选自于各个不同领域的例子阐述了统计方法的应用,解释了均值比较的显著性检验。第三篇和第四篇分别是"关于确定出生率、死亡率和结婚率变动的方法"和"累加平均",分别于 9 月和 10 月在英国科学促进协会的会议中宣读。第三篇对二元分类法做了杰出的分析,它预示了许多方差分析的思想,这将在下一部分加以详细的讨论。第四篇"累加平均"是关于消除时间序列长期趋势过程中的线性最小平方法应用的简要讨论,包括了对可用以变动趋势显著型检验或者不同序列比较的系数变化的估计。

　　这四篇文章的范围是广泛的,不可能在这里对它们全都进行详细的介绍和评述。尽管如此,对于前面两篇论文——或许是埃奇沃思统计论著中最被广泛阅读的文献,我将在接下来的部分进行简要的讨论以提出看法。

　　对于埃奇沃思来说,观测与统计的区别是非常重要的一个问题:

　　　　观测与统计都能给出平均数值。它们的不同之处在于,观测的平均值是真实的,而统计的平均值是虚构的。观测均值是导致产生不同误差的源头与起因。统计均值是一种描述,是一组整体的代表值;如果在实践中我们需要用一个数值来代表许多数值,那么均值是最具代表性的,它能把不可避免的误差降低到最低程度。这样的测度——通过其还原我们来确定一个真实的时间、数字或距离,就是一种观测。价格、进口和出口、合法和非法结婚、出生等统计表,它们的均值成为实证推断的前提,这是统计。简单地说,观测是同一个原型的不同拷贝;统计是为不同原型提供"通用的肖像"。对同一个人的不同测量是观测,但对不同人进行测量,进而形成一组围绕"平均人"分布的数据,这至少从表面上看属于统计。(埃奇沃思,1885)

　　埃奇沃思的目标是把 20 世纪发展于天文学和测地学的观测工具应用于社会经济统计。天文学和测地学近乎客观确定的目标使得运用那些工具去量化或去除非测量误差成为可能,并且使把剩余变动当作随机误差进行讨论具有意义;而社会经济统计的目标则取决于测度本身,以及基于不同分类和再细分方法的方差大小与特性。要达到这个目标,他必须首先分解这些工具,非常细致地了解它们背后的意义:这些工具得到成功应用的条件是什么? 假设是什么? 含义是什么?

　　论文"观测与统计"聚焦于这个问题的理论方面,即关于均值估计的最优选择。当一个问题被描述为一种估计时,运用均值的潜在动机和隐含用意就是对不同组的统计数据进行比较。埃奇沃思探讨了将概率运用于推断的哲学解释。他仔细地考虑了客观频率论或者抽样理论思想(他称之为"通用归纳""假设倒置"或"间接方法"），但在有力反驳古诺、乔治·布尔（George Boole）和约翰·维恩等对这些思想的批评后，他最后接纳了逆概率或贝叶斯思想。他对单一先验分布进行了有条件的背书，即仅以经验为基础："我们有一个粗略的一般经验，某一可测量物体的某一测量值与另一测量值，至少在我们所关心的极限值范围内具有相同的出现频率。"（埃奇沃思，1885）。埃奇沃思对逆概率的信奉，就像拉普拉斯一样，既不纯粹也不教条（他的先验分布建立在经验基础上）。与拉普拉斯一样，埃奇沃思对逆概率的运用始终并不一致，在均值比较的显著性检验中，他会转而使用抽样分布。

在最佳均值的选择中，埃奇沃思倾向于依据一般损失函数，选择能使后验期望损失达到最小的那一个。他曾广泛讨论总体分布（"天才曲线"）与最佳均值之间的关系，他的例子包括了稳定规律家族和其他一些不适合进行平均分析的现象，以及一些更适用中位数的分布密度。他特别重视正态分布（误差法则和概率曲线），用参数表示为

$$y = \sqrt{C^2 \pi}\, \exp[-x^2/C^2]。$$

他把 C 称为曲线模数，把 $2\sum (X_i - \overline{X})^2/n$ 作为 C^2 的一个估计值，依据是当 $2\sum (X_i - \overline{X})^2/(n-1)$ "没有显示出任何特别的最大值"时（埃奇沃思，1885），它最大化了其后验密度。在用正态分布进行均值比较时，埃奇沃思一直强调呼吁对均值抽样分布进行渐进的正态逼近，而不是假设总体本身就服从正态分布。"消除偶然性不是要求我们所观测的原始资料必须满足误差法则，而是它们对于任何法则都必须恒定不变。"（埃奇沃思，1885b）

论文"统计学方法"所采用的显著性检验非常简单。给定两个"均值"（可以是中位数或其他估计值），首先估计它们的"波动性"，这个术语埃奇沃思发明用以表示模数的平方，或者用现代的术语就是方差的 2 倍。如果"均值"是一个样本均值 $\overline{X}$，他提议使用 $2\sum (X_i - \overline{X})^2/n^2$ 来估计其波动性；如果"均值"是中位数，他会使用 $(2ny^2)^{-1}$ 来估计其波动性，其中 y 表示总体处于中位数位置的密度值（如果已知）。然后，如果用 C_1^2 和 C_2^2 表示两个"均值"的波动，那么 $\sqrt{C_1^2 + C_2^2}$ 就是"均值"差异模数的估计值（用现代术语表示就是估计标准差的 $\sqrt{2}$ 倍），而检验就是将"均值"差异与该模数进行比较。如果"均值"差异超过这个模数的 2 倍，那么我们就可以判定这个差异由偶然因素所致是"极度不可能的"，即很可能存在其他原因。这是一个相当精确的检验（根据显著性水平为 0.005 的双侧检验），但埃奇沃思有时认为较小的差异（例如模数的 1.5 倍）也值得关注，尽管承认这样做会使证据变弱。

"统计学方法"的主要部分是由大量的例子（以多种不同的方式）来展现这个借用于观测运算的简单检验，能够应用于评估来自人体测量、出生率、死亡率、结婚率、经济统计，以及类似蜂巢进出流量、俱乐部晚宴出席率、维吉尔（Virgil）诗歌格律这种趣事的统计数据的意义。埃奇沃思还偶遇了威廉·莱克西斯（Wilhelm Lexis）发表于 1885 年年中的论著（埃奇沃思，1885a），在"统计学方法"一文中，他解释并且批判了莱克西斯（Lexis）处理人口统计的方法。其中另一个例子是杰文斯提供的关于破产的数据，埃奇沃思已在 1884 年关于杰文斯选集的评述中对其进行了评论（被埃奇沃思发现的、关于杰文斯显著性检验的随意性得到了充分的证明）。

但并非所有埃奇沃思的比较都显示出了显著性差异，一个更有趣的例子是关于蜂巢的。1884 年 9 月 4 日，埃奇沃思收集了爱尔兰埃奇沃思镇一个蜂巢早上 8 点和正午时刻的进出流量数据。埃奇沃思亲自收集这些数据的动机是展现如何类推处理进出口数据。中午的流量比早上略低一点，他评论说："如果在昆虫共和国也存在如同工业类的贸易理论家，我可以想象，一些贸易保护主义者雄蜂会根据最近的统计表来表达其关于 9 月 4 日 12 点贸易量的观点，并会得意扬扬地说，贸易量下降了 2.5%。"埃奇沃思发现，在 0.5 倍模数的前提下这一差异"没有显著意义"。

埃奇沃思 1885 年的文章，特别是"观测与统计"和"统计学方法"，无论是在英国还是在欧洲大陆都得到了广泛的关注，直到该世纪末像亚瑟·鲍利（Arthur L. Bowley）的《统计学基础》等论著开始出现，它们一直是关于社会经济数据的统计理论和应用研究的最基本参考文献。

1885 年之后，埃奇沃思的注意力更集中于经济问题的统计应用与相关的统计理论上。在"银行业的数理理论"（1886 年写成，1888 年出版）一文和另一篇相似的文章中，他对存货理论进行了开创性的研究，阐述了如何利用银行以往的储备金需求记录来估计一个给定的储备金水平将在未来不够充足的几率。在其他方面，一项值得关注的分析研究是，他从英格兰银行记录的一系列盈利统计表中发现了序列相关性，认为其表现与白噪声序列的移动平均数很相似，并对如何考虑这种因素去估计此类序列的均值变动给出了粗略的说明。

1886 年至 1889 年，埃奇沃思的研究工作主要集中在统计指数方面。埃奇沃思对统计指数的兴趣，至少可以追溯到 1883 年他发表在《皇家统计学会期刊》上的一篇题为"探明黄金价值变动的方法"的笔记。（埃奇沃思，1883c）他似乎是在阅读了杰文斯的文章之后才开始这方面的研究，因为这份早期的笔记主要是批评杰文斯赞成采用几何平均数的观点。而且，他对统计指数的关注似乎也推动了他在 1885 年发表的"观测与统计"一文中重点对估计问题和"什么是最优平均数"问题进行的探索。如果说杰文斯对展示指数在经济分析研究中的潜在作用担负起了主要责任,那么埃奇沃思是第一个以统计学理论为起点彻底地研究了其性质的人。杰文斯曾经对概率误差进行过一次(唯一一次)计算(杰文斯,1869),埃奇沃思则研究了价格变动的分布、假定分布下的"最优平均数",以及那些不满足假设的平均数的性质。

　　埃奇沃思研究工作的经济意义最终发表在了《英国协会报告》上(并在他论文选集第一辑中重印;埃奇沃思,1925)。然而,他发表于《哲学杂志》的几篇理论研究论文,几乎没有迹象表明统计指数问题对它们产生了激发作用。这些文章涉猎很广,并且包含了埃奇沃思最早期关于不对称误差法则的研究(用一个近乎皮尔逊微分方程去逼近一个满足于二项式概率的差分方程;埃奇沃思,1886b),以及一些关于排除极端值的深入充分的讨论(见斯蒂格勒,1973b)。

　　这一时期,埃奇沃思的一篇更具震撼力的论文是关于拟合优度检验的。在1887年发表的"误差法则的经验证明"一文中,他描述了如何对银行准备金或者价格变动等此类经验分布进行检验,以观察其是否支持正态性假设。他建议首先检验对称性,然后再检验在限定的对称曲线族中正态分布是否为最佳拟合。他检验对称性的习惯方法是比较样本均值与样本中位数。如果这两个数值之差大于估计模数的 2 倍,就认为是非对称的。在估计所需要的模数时,他犯了个错误,认为均值与中位数无关,尽管事实上拉普拉斯早已在论著中正确地证明了联合渐进分布,而该论著埃奇沃思很熟悉并且也经常引用。[1]

　　至于拟合优度检验,埃奇沃思建议将数据序列分成两个组(划分点取决于具体不同的兴趣),通过对观测频数与正态假设下期望频数的比较来检验其正态性。这种检验,以二项分布的正态性逼近为基础,在形式上类似于对简单情况进行了一次卡方检验,尽管后来与卡尔·皮尔逊的通信显示埃奇沃思并不懂得如何将这种检验扩展到分组数多于 2 的情况(见皮尔逊,1965)。他给出的两个应用例子之一,检验了 683 068 名意大利新兵的身高,发现"非正态分布的概率极大"。他猜测将具有不同均值的正态曲线进行混合将会给出一个更好的近似,但他推测,与选择其他"简单的"对称曲线(例如三角形密度曲线、抛物线形密度曲线和双重指数曲线)相比,假设一个大约同样可能的先验分布,那

---

　　① 　关于一个类似的问题,即样本中位数与样本四分位数的相关性,埃奇沃思来回摇摆不定。起初,埃奇沃思(1886c,p.375)曾正确地担忧它们不是独立的,但后来他(1893,p.99;见斯蒂格勒,1973b)又退缩了回去,在脚注中写道:"在某相关段落所表达的疑虑是毫无根据的,……两个四分位数的位移是相互独立的,与中位数的关系也是如此。"后来他又认识到他错了。我有一本被埃奇沃思本人注解过的埃奇沃思选刊(1893),他在书中把那令人厌恶的脚注画掉,并且写道:"第一次的想法是对的,疑虑不是毫无根据的,位移不是独立的。F. Y. E. 1896。"

么"符合概率曲线的几率是极大的"。与皮尔逊后来发明的卡方检验相比,埃奇沃思的检验在范围上更具有局限性,但他对结果的诠释并不像皮尔逊的卡方检验那样有时会显得教条自由主义。

　　埃奇沃思关于指数中"平均数"作用的研究,强调了根据价格分布和所要编制指数的经济目的进行选择的方式。他认为"如果需要规范一个统一的方法,就像桑格拉多(Sangrado)博士的热水疗法,那么这个一般的方法毫无疑问将是算术平均数"(埃奇沃思,1888d)[①]。但是他强调,基于很多目的,对于实际遇到的不对称分布,选择众数、几何平均数或者中位数进行处理将会更好。在这篇论文中他对中位数给予了特别的强调,这是由于中位数对不同的度量都很稳定。他对加权中位数给予了特别的关注,这是拉普拉斯研究最小绝对离差估计问题而推导出的一个结果(斯蒂格勒,1973a,b),并且他还提出了把这种"位置方法"(正如拉普拉斯所称)扩展到更复杂的回归模型的运算法则。1889 年以后,埃奇沃思的注意力转移到了其他方面,尽管他经常在书评中评价其他人关于指数研究的论著。

　　从 1890 年开始,除了那个著名的"误差一般法则"外,埃奇沃思对统计学的研究就像一阵阵小雪,不是讨论的主题与他早期的研究不紧密相关,就是只对他早期的研究进行简单的扩展和应用。1892—1893 年,从"相关平均数"开始(埃奇沃思,1892a),他写了一系列关于相关性的文章。这些论文直接受到了高尔顿论著的启发,目的是为处理多元正态分布和多元回归中出现的相关条件分布开发出一个数理模型,并且展示这些分布怎样最佳地去拟合数据。该方法不够完整,也不完全成功,但这些论文对卡尔·皮尔逊第一篇关于相关性研究的论文产生了重要的影响,既包括其研究方向,也包括其成功用以处理这些问题的工具。(斯蒂格勒,1986a,第 9 章)皮尔逊承认埃奇沃思对他第一篇论文的影响,尽管他后来的回忆录(皮尔逊,1920)又试图贬低埃奇沃思的作用,我认为这过于自我掩饰和不够大气。埃奇沃思在早期相关性研究历史中的作用,留给当代最杰出的遗物是"相关系数"这个他首先提出的词汇。1892 年 5 月至 6 月,埃奇沃思在伦敦大学学院举行了六场纽马奇(Newmarch)讲座,题目是"关于统计学的运用与方法"[②]。讲座

---

　　① 　桑格拉多博士是阿兰·雷内·乐·塞奇(Alain René Le Sage)1715 年出版的小说《吉尔·布拉斯》(Book 2,第 2 章,第 3 章)中的一名有趣人物。桑格拉多博士相信治疗人们所知的各种大瘟热病的奥妙是,对病人放血并且让他们喝热水。他长期而成功的实践归功于像牧师这样信任医生的病人,牧师在被"治疗"两天后几乎死亡,承认"尽管有这神奇的水,但我清楚地知道我必须死亡;尽管我的身体中已经不剩一滴血,但我没有发现一丁点变好;这是一个明白的证据,最专业的医生也不能延长我们的生命"。桑格拉多博士唯一不变的治疗方法很好地形容了那种未经思考的、"自动化"的统计分析,这是像埃奇沃思这样的统计学家仍然必须提防的,特别是因为他们的委托人没有像桑格拉多博士的病人牧师那样多的信任。

　　② 　这些讲座的提纲在斯蒂格勒著作中重印(1986a,pp. 367—369)。

概括了他的理论研究成果,包括多元相关研究和拟合检验研究,并且这些讲座差不多比卡尔·皮尔逊首次公开讨论任何一个上述题目要早 5 个月。

1908—1909 年,埃奇沃思发表了多角度研究估计精度问题的成果。无论是基于逆概率的观点还是从频数理论的角度看,该论文对于最大似然估计的渐进行为研究都是令人注目的。埃奇沃思对一些费雪后来研究的这一系列问题的预期,包括对最大似然估计渐进效率的证明,已在若干场合被指出,并被约翰·普拉特(1976)详细地讨论。

1896 年以后,埃奇沃思的统计研究主要全神贯注于"误差法则"。正如我已经指出的,他对正态分布对称性一般化研究的兴趣起始于 1883 年,对非对称曲线的研究从 1886 年开始。他早期的论文孕育了以后变得有名的"埃奇沃思系列"论著。另一个埃奇沃思用于正态分布一般化研究的方法是,对变换了的正态随机变量家族的分布加以考虑。这条线的研究工作,起始于 1892 年发表的论文"误差法则和相关均值"(埃奇沃思,1892b),后来被命名为"变换方法"。而埃奇沃思关于误差法则一般化研究背后的思想早于(并帮助促进了)卡尔·皮尔逊首次进行一般频数曲线的研究,之后这些研究主题的主要进展随之而来,事实上是对皮尔逊曲线家族研究的竞争反应(并不很成功)。对这篇论文在统计学发展过程中所起作用的理性评价,需要对卡尔·皮尔逊和欧洲大陆关于这个主题的论著进行更广泛的讨论,我在这里不作赘述。鲍利(1928)对埃奇沃思就该主题的大量论著提供了广泛的(似乎无法理解的)讨论。

埃奇沃思与二维分类

埃奇沃思在 1885 年

我们称罗纳德·A. 费雪是方差分析技术主体的主要创造者,这没有引起严重的质疑。从 1922 年开始,费雪对复合多重假设检验方法论的发展与探索、他的平方和运算,以及相关的模型和显著性检验,都对统计思想和实践产生了巨大的影响。然而,伴随着所有的科学创新,我们可以识别出很多关于方差分析的预期和先驱者。这些早期的论著——通过向我们展示其研究工作的知识背景,不仅有助于我们判断费雪研究的新颖性和实际进步,并且有助于了解他们——虽然不尽全面和成功——早期对求解这些关键性问题所做探索的自身能力。在所有这些早期探索者中,埃奇沃思或许是最为突出的一位。

1885 年以前,出现了许多涉及这个研究领域的论著,其中最著名的,由多尔穆瓦(E. Dormoy)(1874,1878,pp. 37—47)和莱克西斯(1876—1879)所写。他们描述了频率数列离散的测度方法,以及以基于齐次二项式假设的变异率(莱克西斯称之为"组合"情况)去估计没有这种假设的可能误差("物理"情况)。这些测度都是描述性的,这些早期的研究没有评估统计显著性的打算,并且他们的应用只是限定于某些类型的频率数据。然而在 1885 年,埃奇沃思发表了一篇关于二维表分析的论文,明显地推进了这一研究。

　　埃奇沃思的文章"关于测定出生率、死亡率和结婚率变异的方法",在 1885 年 9 月 12 日于阿伯丁郡(Aberdeen)举办的英国科学促进协会会议上宣读。这个会议已经在统计学历史上非常著名,因为高尔顿曾经在此发表"遗传身高向中间值回归"的演讲,并发展了双变量正态分布情况下的回归理论(包括介绍了"回归"这个术语)。在高尔顿提出"回归"概念的两天后,埃奇沃思在未引起多大注意的情况下展示了如何进行二维分类的方差分析。他的论文无论在洞察力还是在难度上都很突出,很值得进行详细的考证。

　　埃奇沃思的这篇论文于 1885 年 12 月发表在《皇家统计学会期刊》上,以如何确定模数 C 或波动值 C^2 这一特例作为研究的问题。重用埃奇沃思的术语,这个模数是标准差的 $\sqrt{2}$ 倍,所以 C^2 正好是方差的 2 倍。面对一组简单的独立测度值 $X_1, X_2, \cdots, X_n$,埃奇沃思无论在理论上还是实践上都喜欢用 $2\sum(X_i - \bar{X})^2/n$ 来估计 C^2(他对于 C^2 及其样本估计值都不加区分地用"波动值"一词来表示,这虽然不会使埃奇沃思自己搞混,但会误导读者)。埃奇沃思考虑到的一个特殊情况是,当数据(按两个变量)交叉分类时,如何测定其中一类数据在表格不同条目(不同行或不同列)之间差异的统计显著性。他从简要地回顾在"统计学方法"一文中曾经提出的一些概念和方法开始讨论,包括模数在统计比较中的作用,以及当数据具有很强的同方差趋势时("这听起来是矛盾的,波动性是世界上最不稳定的东西"),基于小样本所做的波动估计很不可信这一事实("一个根据 16 次观测得到的数值的'可能误差'差不多是真实值的 1/8。$[2\sigma^2]$ 的 1/4 不是一个很难以置信的错误")。他想要解决的问题就是解开这个"令人纠结的模数"。

　　埃奇沃思在他的"统计学方法"中曾经作为例子提出了这个问题,但并没有得出结论。这个例子是,如果有人想通过婚姻登记处的记录来判断某阶层的人是否比其他阶层的人更愿意结婚("验证某阶层的人比其他阶层更想结婚,具有更高'结婚癖'这一理论"),那么确定该阶层结婚率的模数就具有一定的难度。婚姻登记处的记录将被按地点和时间进行分类,一个随机选择样本的结婚意愿的波动被认为是 $C_T^2 + C_P^2 + C^2$,其中 C_T^2 表示"时间的波动",C_P^2 表示"地点的波动",C^2 表示独立于时间和地点的随机波动。然后,如果某社会阶层人的数据来自一个单独的县,那么 $C_T^2+C^2$ 就是用以比较的相关波动值;而如果它来自某一单独的年份,那么 $C_P^2+C^2$ 就是其相关的波动值。不管对于哪种情况,如果人们希望使用登记处的记录来扩大数据库,从而进行单独的社会分层(这样可以改进用以比较的波动估计的精确度),那么就需要从登记处的二维分类中得出各自的估计值 C^2, C_T^2 和 C_P^2。在他的"统计学方法"中,埃奇沃思只停留于以方差的构成模型来表达这个问题,并承诺以后再得出结论。在发表于英国科学促进协会的论文中,他实现了这个诺言。

维吉尔的六韵步诗

埃奇沃思用一个例子来开始他关于"令人纠结的模数"的讨论,他称之为"引理",取自于对埃奇沃思来说并不熟悉的一个奇异的素材——维吉尔的《埃涅伊德》。表5.1列出了埃奇沃思的数据,并在附加的行和列中给出了对他近似计算的波动值进行修正的结果。

作为一个古典学者,埃奇沃思提取了《埃涅伊德》第十一卷的前75行,并且每一行都对前四个音步按是否长短格[①]进行了分类。例如第1—5行,有三个长短格出现在它们的首个音步,而第51—55行只有一个长短格出现在它们的第四音步。他在"统计学方法"中曾对相似数据采用更有限的方式进行处理,他写道:"与韵律相符的情感风味不能完全按照纯偶然性加以处理。尽管如此,它所显示出的实际原因非常复杂,并独立地去满足为消除偶然性所需的条件。"在早期的论著中,埃奇沃思指出,莱克西斯的大茶壶模型和"纯抽签理论"不适用于这些数据,"如果我们想象在诗人的头脑中长短格与强强格的混合比例为16∶24,然后随机地抖动出来,那么长短格出现的频率将[超过实际被发现的数值,与莱克西斯的非约束模型相反]"。在发表于英国科学促进协会的论文中,他试图用一种适当的方法来分析这些数据。

埃奇沃思在描述他的分析时几乎没有使用数学表达式,可能是他认为他的听众、英国科学促进协会的成员及《皇家统计学会期刊》的读者会对数学符号的深邃感到不自在。在当时他可能是正确的,但对于一个世纪后的读者来说,为了了解埃奇沃思当时的思想,数学符号是很重要的。因此,在我要讨论的这个例子和后面的一个例子中,我将用现在已习惯了的符号来论述二维分类问题,令 $X_{ij}(i=1,2,\cdots,I,j=1,2,\cdots,J)$ 表示第 i 行第 j 列的值,即表示条件 j 下的 i 观测值。在维吉尔的例子中, X_{ij} 表示第 j 组(5行一组)第 i 个音步长短格的数

---

① 长短格是一种诗歌韵律音步,由一个长音节跟随着两个短音节组成。在维吉尔的六韵步诗中,每一行都有六个音步,每个音步要么是长短格,要么是强强格(两个长音节),最后一个音步总是强强格,而倒数第二个音步通常是长短格。

表 5.1　埃奇沃思对维吉尔《埃涅伊德》第 11 卷前 75 行每一行前 4 个音步中的长短格的统计结果（括号内为波动值）

音步	行 1—5	6—10	11—15	16—20	21—25	26—30	31—35	36—40	41—45	46—50	51—55	56—60	61—65	66—70	71—75	总和	均值	波动 FYE	波动 校正值
第一	3	3	5	5	4	4	2	2	2	1	2	4	3	2	4	46	3.07	2.8	2.79
第二	1	4	0	3	3	3	5	2	2	4	3	1	2	3	2	38	2.53	3.2	3.16
第三	1	2	4	2	5	2	1	0	2	2	0	2	2	0	1	28	1.87	3.1	3.16
第四	2	2	1	0	3	1	2	0	2	1	1	2	1	1	0	19	1.27	1	1.46
总和	7	11	10	10	15	10	10	6	8	8	6	9	8	6	7	131	8.73	10 (10)	10.57 (10.79)
均值	1.75	2.75	2.5	2.5	3.75	2.5	2.5	1.5	2	2	1.5	2.25	2	1.5	1.75	33	2.18	2.5 (0.6)	2.64 (0.67)
波动 FYE	1.5	2.5	9	7	3	3	5	2	0	3	3	2.5	1	3	2.5	48 (208)	3.2 (0.9)	—	—
波动 校正值	1.38	1.38	8.5	6.5	1.38	2.5	4.5	1.5	0	3	2.5	2.38	1	2.5	4.38	43.38 (207.38)	2.89 (0.92)	—	—

来源：埃奇沃思（1885c）。

译注：表中的 FYE 表示埃奇沃思的近似计算值。

目,$I = 4, J = 15, I$ 代表音步(行),J 代表组(列)。

埃奇沃思期望"从明确的长短格频数波动中解出那个纠缠不清的结"。我们可以看出"纠缠不清"指的是行变异、列变异和残差,而"明确"指的是总变异。每一行、每一列他都分别给出了长短格数目的总和、均值和波动值。例如行51—55 这一组,他得出长短格数目的总和为 6,均值为 1.5,波动值为 3。他对波动值的计算是近似的(他给出了一个计算例子,所以不用怀疑其用意),但我们对修正值进行讨论是必要的,这些修正值附加在了最后一行和最后一列。

在埃奇沃思的表格中,关于总和与均值波动的、列或行交叉格上的数据,需要做出进一步的解释。每一种情况都有两个条目(数值):上面数值是波动值所在行或所在列的总和(或相应的均值),下面括号内的数值是总和(或相应的均值)所在行或所在列的波动值。例如,"均值"行和"波动值,FYE"列的交叉部位的数值是 2.5 和(0.6),表示埃奇沃思计算出的 2.5 是四行波动值的均值,0.6 是 15 列均值的波动值。如果他计算得更精确一点,他会发现相应的结果应该分别是 2.64 和 0.67,这已在相邻列中给出。

埃奇沃思特别关注这些双重条目。针对这些"均值"行和"波动值"列的交叉部位的数据 2.5 和(0.6),他写道:

> 最后两个数据之间的关系是明显的。如果四行的波动值不仅相等,而且处于完全相同的状态,那么它们应该相等,即某一个波动值上升或下降时,其他波动值出现同样程度的变化;短期的四个波动可以被看成是整个大波动的一个部分。这个结果是不受影响的,即使我们假设四个波动的平均高度完全一样,即好像四个完全一样的波浪存在于四个不同水平的河道。再者,如果这些波动全部独立,那么均值的波动应该是平均波动的 1/4。最后,均值的波动应该小于平均波动的 1/4,前提是原始波动以这样一种方式得到"补充":任何一个地方出现一个波谷,会相应地在另一个地方出现一个波峰,就像第一个长短格的音步往往紧跟着第二个强强格音步。
>
> 现在的事实是均值的波动 0.6 正好是平均波动 2.5 的 1/4。所以,第二个假设是成立的。

这些章节是简洁的,并且是精确的,尽管可能是第一印象。如果我们能够准确理解埃奇沃思的"前四行波动的均值"(2.5)和"均值行的波动"(0.6),它们的含义就变得非常清晰。以我们现代的符号 $X_{i.}$ 和 $X_{.j}$ 分别表示第 i 行和第 j 列

的均值,并且 $X_{..} = \left(\sum\sum X_{ij} \right) / IJ$,我们发现

$FL_R = $ 均值行的波动

$$= 2\sum_{j=1}^{J}(X_{.j} - X_{..})^2/J$$

以及

$MFL(R) = $ 行波动的均值

$$= \Big[\sum_{i=1}^{I}(2\sum_{j=1}^{J}(X_{ij} - X_{i.})^2)/J \Big]/I$$

现在假设 $SSA = J\sum(X_{i.} - X_{..})^2$, $SSB = I\sum(X_{.j} - X_{..})^2$ 分别是行和列的平方和,并且假设 $SSE = \sum\sum(X_{ij} - X_{i.} - X_{.j} + X_{..})^2 = \sum\sum(X_{ij} - X_{i.})^2 - \sum\sum(X_{.j} - X_{..})^2$ 是剩余平方和,那么我们可以看到 $FL_R = 2SSB/IJ$, $MFL(R) = 2(SSE + SSB)/IJ$,而且

$MFL(R) - FL_R = 2SSE/IJ$ 。

因此,埃奇沃思比较的两个数值就是平方和的倍数,它们的差别就是剩余平方和的一倍及其比率

$$MFL(R)/FL_R = 1 + SSE/SSB = 1 + (I-1)/F_C$$

其中的 F_C 是二维分类中检验列影响的 F- 统计量。因此,现代统计学家会发现埃奇沃思对 $MFL(R)$ 与 FL_R 这两个数值关系的检验,等同于对列平方和与误差平方和所做的比较。

他的第一种情况,即它们相等,只有当 $SSE = 0$ 即 $F_C = \infty$ 时才成立,并且一个加法效应模型完全适合于数据: $X_{ij} = \mu + \alpha_i + \beta_j$ 。(近似相等应该被理解为 SSE 与 SSB 弱相关, F_C 值较大。)这就是埃奇沃思在谈论行的波动完全相等时的意思,并且以波浪与河道为比喻来进行清楚的解释。他的第二种情况, $FL_R = MFL(R)/4$,只有当 $MFL(R)/FL_R = 4$,即 $F_C = 1$ 时才成立。这里,依据其波浪与河道的比喻,我们应该把他的"波动相互独立"的条件理解为不存在列影响,即对所有的 j 都有 $\beta_i = 0$ 。他的第三种情况, $FL_R < MFL(R)/4$ 等价于 $F_C < 1$,并且他注意到这将会在各列内数据负相关时成立。

总之,埃奇沃思所描述的三种极端情况,现在看来就是等价于 $F_C = \infty$, $F_C = 1$ 和 $F_C < 1$,并且他分别把它们与加法模型完全拟合,没有列的影响和列内存在负相关相对应。他发现 $FL_R/MFL(R) = 0.6/2.5 = 0.24$,这对应于 $F_C = 0.9$ (校正后的值是 $F_C = 1.02$),可以得出的结论是,第二个假设"没有列的影响"得到了支持,维吉尔各行的韵律是均匀的。他的证明过程完全等同于如

今方差检验的正确分析,尽管他的检验缺乏分布理论,但他对这类问题的理解扩展到了当今文献仍很少提到的程度,事实就是列内负相关时 $F_C < 1$。

接着,埃奇沃思用同样的方法研究了行(音步)的影响。他发现 $MFL(C)/J = 3.2/15 (\approx 0.2)$,比 $FL_C = 0.9$ 小很多;相应地 $F_R = (J-1)(MFL(C)/FL_C - 1)^{-1}$ 的值为 5.48,校正后的值是 $F_R = 6.54$。他考虑了其中的重要意义,写道:"我们被迫做出这样的假设:无论是横向还是纵向,波动都不是独立的。"也就是说,如果不存在行的影响,那么列内的变异性(我们把它与行的影响相联系)不是如我们所期望的那样满足独立的假设。埃奇沃思对这种"独立性"的缺失,热衷于如下两个可能的解释。

他针对较大的 F_R 给出的第一个可能解释是,表内各列之间存在"相互依赖性"(即正相关)。他甚至编造了一个模型来产生合适的观测值:每一行内各组(三个一组)数值完全相等,但行与行之间,以及不同行各组(三个一组)之间相互独立。他反驳这种可能性为"明显与事实相反",但他注意到可能存在一种"不容易被发现"的"相互依赖性"。然而,他的确引证了曾在"统计学方法"中提出的、与存在行内相关性不一致的证据。他显示五行一组得到的均值波动正好大约是单行波动的 1/5(其实是 23%);30 行一组或 60 行一组的情况与此类似。(埃奇沃思,1885,p.212)从一个世纪之后的观点来看,他的正相关性检验可能还难以令人信服,但从 1885 年当时的背景来看,他考虑做出这样的解释真的是不同寻常。

他的第二个可能解释正是他自己所接受的。"一个依然保留的假设是各行处于不同的水平,并且这被证明是正确的。"他的结论与相应的 F- 检验[1]相一致,并得到了若干显著性检验的支持。首先,他注意到第一音步均值与第四音步均值之间的差异(3.07 - 1.27 = 1.8)大约是估计模数(大约 0.5;他的文章存在几处印刷错误,但他很清楚要计算的是 $\sqrt{2.8/15 + 1.0/15}$)的 4 倍。他并未承认进行了多重比较的事实,但认识到了其他差异"很小,但确实存在"。为了得到更多的支持,他进行了符号检验:"这个结论或许被统计学的一个简陋方法所证明。打个比方说,在 15 个组中,第一音步出现的次数只有 5 个组,少于第二音步。与第三、第四音步相比,第一音步出现次数的优势就更加明显了。"

埃奇沃思对维吉尔六韵步诗的分析并没有到此为止。他继续用一个样本实验(随机抽取于他的数据表)和进一步的数据来展示如何去获得那"令人纠结

---

① 　关于列与行影响的 F- 检验,其完全满足正态性和同方差性假设的要求在这里并不严格成立。然而,在中度偏离这种分布类型的情况下,该检验是稳健的,并且检验结果与其他偶然性表格分析相吻合。

的"模数。他也用进一步的数据更仔细地考虑了列内相关的可能性,发现了一个存在但不显著的负相关或者对单个音步波动与第一、第二音步合并后的波动进行比较的"补偿方法"。如果我们转向他关于第二个例子的讨论,那么他对于他所使用方法的理解就更清楚了。

死亡率和加法效应模型

放下《埃涅伊德》,埃奇沃思写道:"从练兵场转向实战的时候到了,要使用从维吉尔统计中获得的技术去攻克更困难、更重要的问题。"他的目的是将他所称的"解脱之法"应用于死亡率表格中,但在开始之前,他使用隐喻法全面地解释了他脑中的一个模型。

在前面部分我曾默然假设,现代的标准加法效应模型 $X_{ij} = \mu + \alpha_i + \beta_j + \varepsilon_{ij}$ 就是埃奇沃思曾经所想的,其中 α_i 和 β_j 分别是行和列的效应,ε_{ij} 是随机效应。任何真实存在的疑虑都将被下面这段文字所消除,它对这个模型给出了迄今为止任何论著所能给出的同样清晰而简洁的描述。埃奇沃思假设"一个城市的结构"如下:

> 由一些梯田状的平面区块所组成,它可能因温和的地质作用而形成。这些区块从东到西互相平行排列。它们因火成岩位移、隆起而被垂直分割。我们可以假设火山岩以均匀的速率从西向东移动,每年产生同样宽度的隆起区域。在观测以前并不知道(任何区块或所有区块)每一年的位移是否与最近几年类似,也不知道一个区块内的位移是否与其他相邻区块相同。在这些区块和斜坡上矗立起了各种各样的房子。每座房顶的海拔高度可由气压计或其他方式来测定,对每英亩面积上的房顶的平均海拔高度都加以记录。现在需要根据这些数据求解出房子海拔高度的波动。(埃奇沃思,1885c)

埃奇沃思用很短且没有数学符号的篇幅,告诉读者比最近的许多以数页代数表述的文献还要多的信息。一个二维表的行和列被赋予了物理意义,所要探求的波动被清晰地描述而无须考虑其影响效应被设想成固定不变还是随机变化。把这个印象根植于读者的头脑后,他马上转向了一个例子。

埃奇沃思根据 1883 年登记处的报告,介绍了他的各年龄死亡率的分布数据,并且申明采用了与处理维吉尔六韵步诗数据相同的方法,见表 5.2 所示。这里的"均值"代表一个比埃奇沃思所给出的更重要的数字,同时 1881 年赫特福德郡的一个印刷错误 186(应该是 166)也得到了更正。

表 5.2　来自 1883 年登记处的死亡率报告,由埃奇沃思提供(经过微小修正)
(括号内数据是波动值)

	年份								总和	均值	波动	
	1876	1877	1878	1879	1880	1881	1882	1883			FYE	校正值
伯克郡	175	172	187	186	181	153	169	166	1389	173.6	224	224
赫特福德郡	174	165	185	184	176	166	163	188	1401	175.1	176	169.2
巴克郡	182	171	186	195	179	162	177	183	1435	179.4	172	171.5
牛津	179	182	194	183	180	169	167	166	1420	177.5	162	161.5
贝德福德	196	174	203	195	198	171	181	184	1502	187.8	246	246.9
剑桥	173	177	190	191	187	165	171	181	1435	179.4	158	158
总和	1079	1041	1145	1134	1101	986	1028	1068	8582	1073	1138	1131
均值	179.8	173.5	190.8	189	183.5	164.3	171.3	178	1630	178.8	190 (146)	188.5 (141.44)
波动 FYE	124	55	77	50	107	68	73	152	—	88 (46)	—	—
校正值	123.6	55.2	76.9	48.7	105.8	67.8	73.1	152.5	—	87.97 (40.91)	—	—

来源:埃奇沃思(1885c)。

埃奇沃思所考虑的一个重要问题是,分年份与分郡县的死亡率波动的估计。由于他的兴趣是检验行和列的效应,他采用了一种等价于计算 F 统计量的方法,其表格提供了进行方差分析所需的所有信息。我们希望他通过 $MFL(R) - FL_R$ 或 $MFL(C) - FL_C$ 来估计误差波动,在去除埃奇沃思计算的近似性质后与 $2SSE/IJ$ 相一致。(我们不强求他得出 $2SSE/(I-1)(J-1)$,因为他并没有注意无偏估计的优点。)但他一点都没有这么做,他所使用的方法既揭示出其理解的深度,也暴露出其局限性。他的分析有点隐晦,并且被鲍利(1928)所写的,据我所知唯——篇关于其的评论所误解。他写道:

> 用 C^2 表示所要测定的波动值,$C^2 + C_T^2$ 表示某一行的波动值。$C^2 + C_T^2$ 的均值是 190[误印为 189]。边缘这一行(8 个均值这一行)的波动值是 $C^2/6 + \alpha C_T^2$,其中 α 为取决于不同行波动的一致性程度的系数。如果我们把每一行数据都表示成曲线,它们将显示出很强的相似性。然而,α 必然低于 1。其中边缘这一行的波动值为 146。从提到过的两个等式中除去 C_T^2,我们可以得到
>
> $$C^2 = (\alpha 190 - 146)/(\alpha - (1/6)).$$

    显然，C^2 随 α 的增加而增加。由于 α 不可能大于 1，所以可以得到 C^2 的最大值为 $44/(5/6))$ 或者 53。

    对于各列及最边缘这一列进行同样的操作，我们有：

$$C^2 + C_P^2 = 88, \quad C^2/8 + \beta C_P^2 = 46.$$

    故 $C^2 = (\beta 88 - 46)/(\beta - (1/8))$，并且由于 β 不可能大于 1，所以 C^2 的最大值为 $42/(7/8)$ 或者 48。

    这就是埃奇沃思所说的全部，但他并没有给出更详细的定义。即使我们接受 C_T^2, C_P^2 和 C^2 如"统计学方法"中所定义的"时间波动""位置波动"，以及独立于时间与位置的波动——但正如我们所看到的，问题并没有这么简单——仍然存在着神秘的 α 和 β 的含义问题。一个脚注显示，在维吉尔六韵步诗分析中具有同样含义的"一致性"显然没有让事情变得明白，并且我们猜测这是作者而不是埃奇沃思的一个临时讨论和放弃的问题。但是让我遵从杰文斯的告诫，埃奇沃思的风格是含蓄而不是晦涩，目的是——如果进行推理，做出更有根据的解释。

    早期，埃奇沃思曾用"一致性"来表示加法模型 $X_{ij} = \mu + \alpha_i + \beta_j + \varepsilon_{ij}$ 与数据完全拟合这种状况。在上面引述的文章里，他清楚地意指系数 α 为与该模型一致性的测度。这似乎建议我们考虑一个更一般的、具有交互作用的二维分类模型，并看看能否用它来解释埃奇沃思那个没有下标的 α。让我们考虑模型 $X_{ij} = \mu + \alpha_i + \beta_j + \gamma_{ij} + \varepsilon_{ij}$，其中 $\sum_i \alpha_i = \sum_j \beta_j = \sum_i \gamma_{ij} = \sum_j \gamma_{ij} = 0$，并且 ε_{ij} 相互独立，$E\varepsilon_{ij} = 0, \mathrm{var}(\varepsilon_{ij}) = \sigma^2$。埃奇沃思已经设定 $MFL(R) = C^2 + C_T^2$，以及 $FL_R = C^2/6 + \alpha C_T^2$，因此我们可以重新表示为 $MFL(R) = 2(SSE + SSB)/IJ$ 和 $FL_R = 2SSB/IJ$。埃奇沃思回避了波动的无偏估计量问题，但尽管如此，如果我们接受它们的期望值，就可以对 $MFL(R)$ 和 FL_R 所要估计的内容有一个很好的认识。令 $\sigma_B^2 = (J-1)^{-1} \sum \beta_j^2, \theta^2 = (IJ)^{-1} \sum\sum \gamma_{ij}^2$，则期望均方的标准化结果为

$$E(FL_R) = [(J-1)/J](2\sigma^2/I + 2\sigma_B^2),$$
$$E[MFL(R)] = [(J-1)/J][2\sigma^2 + 2\sigma_B^2 + 2\theta^2 J/(J-1)].$$

    如果我们接着按照埃奇沃思的明显意图，并且以 FL_R 作为 $2\sigma^2/I + 2\sigma_B^2$ 的估计值，以 $MFL(R)$ 作为 $2\sigma^2 + 2\sigma_B^2 + 2\theta^2 J/(J-1)$ 的估计值（如果他期望得到无偏估计量，他就应该乘以 $J/(J-1)$），那么我们就可以根据他的陈述推导出等式 $C^2 = 2\sigma^2$，$C_T^2 = 2[\sigma_B^2 + \theta^2 J/(J-1)]$，最后由于 $\alpha C_T^2 = 2\sigma_B^2$，从而得到

$\alpha = \sigma_B^2 / [\sigma_B^2 + \theta^2 J/(J-1)]$。

因此,埃奇沃思的系数 α 是相互作用的一种测度,如果没有交互作用,即 $\theta^2 = 0$,则 $\alpha = 1$,否则 $\alpha < 1$。由于没有重复实验,埃奇沃思无法估计这个系数,而是采用了 $\alpha = 1$ 这种最差的情况,得出估计的上限值为 $C^2 = 2\sigma^2$。与此类似,$\beta = \sigma_A^2 / [\sigma_A^2 + \theta^2 I/(I-1)]$,其中 $\sigma_A^2 = (I-1)^{-1} \sum \alpha_j^2$。

这个公认的推理重建,意味着埃奇沃思对其模型的更多方面有着不同一般的洞察——其模型不能成立的估计方法和存在的交互作用。由于缺乏更多的细节,因此我们不可能准确知道埃奇沃思曾经计算过什么,以及如何解释其结果。当我们可以完全确定我曾根据他的陈述所给出的那种类型的进一步计算,那么其中的某一方面显示他的数学公式没有走得太远,并且受到了直觉很强的影响。按照现代的符号标记,所给的两个上限值就是 $2SSE/J(I-1)$ 和 $2SSE/I(J-1)$。显然,埃奇沃思没有意识到

$$MFL(R) - FL_R = MFL(C) - FL_C = 2SSE/IJ$$

是一个数学恒等式,而他的近似计算的特点帮助掩盖了其两个上限值本质上相等的事实。这说明埃奇沃思没有提出该模型详细的数学表达。如果他进行了仔细研究,他有可能会发现这个恒等式或者推导出他所诉求的波动的最大似然估计。这个猜测被之后在同一篇论文中的一个类似例子所证实,其中 $I = J = 7$,它们的上限值应该相等,但由于计算的粗心,埃奇沃思却得出了差别很大的值 77 和 56。

在给出了估计 C^2 的这种方法之后,埃奇沃思企图通过三种可选择的 C^2 的确定方法来进行验证。这些方法首先是校对法,其次是基于 1861 年几个人口数为 10 000 到 15 000 的补充数据的直接方法,再次是基于二项式死亡模型的莱克西斯组合模数的计算。(埃奇沃思认为莱克西斯旨在为 C^2 确定较低界限的方法能够确认,但不能反驳他的其他计算,他写道:"我们应当面对莱克西斯的先验计算,犹如文人对他的批评的抨击,'我不介意为你的观点投两便士,但如果你说一些赞成的话我也应当会开心'。")

第一种方法相对于其他方法更为直接有趣,是基于残差平方和的估计。他以 1876 年作为第一列($j = 1$),以 1881 年作为第六列($j = 6$),从表中提取两列,根据加法效用模型为他的简表计算了残差平方和(除以行数):

$$\sum_i (X_{i6} - X_{i1} - (X_{.6} - X_{.1}))^2 / I。$$

然后他重复了这样的计算,对第六列与其他五列进行了两两比较,并对它们的结果进行了平均。同时他也对成对的行进行了同样的计算并得到了另一个 C^2 的值。他的论文以显示他的计算结果可用以评估不同职业死亡率差异的

显著性而收尾。

埃奇沃思关于二维分类法的论著在当时看来包含了惊人的洞察力。他提出了方差分析表的计算方法，虽然现在来说这非常简单；他给出了分别测量行和列效应的方法，这等同于相应的 F-统计量；他用微妙的相关类型作为替代模型来说明 F-统计量的大小；他利用误差和残差平方和来估计误差变动；他还对交互作用对这些估计的影响进行了评估。可惜他并没有对模型进行全面的代数展开，也没有对他的新奇测度提出分布理论。但是他几乎对每个案例都进行了有趣的效应分析，给出了重要的估计，他确实试图对效应的显著性或估计的可靠性进行评价——通常是通过成对的比较或者一个"模数"的计算。

埃奇沃思的这项研究对后继者产生的影响微乎其微。他自己经常参考这篇论文，但并没有发表更多的应用那些计算方法的案例（尽管他自己说这样做了）。究其原因，他含蓄的学术风格和单调的计算在一定程度上对其他人理解和采用他的方法起到了阻碍作用，但其缺乏影响的主要原因则是埃奇沃思对他的方法没有进行充分的挖掘和利用，这阻碍了这些方法在社会科学中的应用。最常见的说法是概率论在社会科学中的使用只是口头上说说而已。一种更完善的方法被接受以前，需要广泛的基于初步水平应用的、经验认证的基础。埃奇沃思的其他研究成果，比如"统计学方法"和他的其他作品，特别是银行业研究和指数研究的作品，开始发展这个基础。但他的定性分类分析，直到通过更简单的比较方法经由比埃奇沃思所更为广泛的实践证明其价值时才被采用；更为完善的技术，也不得不等到费雪的重新发现和更优雅、更全面的改进之后才被接受。

结论

埃奇沃思的影响波及跟他同时代的人及统计学的发展，就像他的作品一样：细致而深远。他研究工作的细致性、难度、传播方式，都让他同时期的人及后继者从他非凡的成就中获益。

埃奇沃思从未被选入皇家科学院，一封涉及他未能当选的信突显了在评价其研究成就时遇到的困难。高尔顿对埃奇沃思的研究工作怀有极深的印象，并至少在三个场合寻求让其加入皇家科学院，在约翰·维恩和其他人的帮助下积极地为埃奇沃思进入皇家科学院而努力。1889 年 11 月 27 日，高尔顿在写给维恩的信中写道："我非常迫切地希望能够让埃奇沃思进入皇家科学院，我对他的成就有极高的评价。"第一次尝试是在 1894 年，另外一次则是在 1896 年。最后这一次，韦尔登表示同意支持埃奇沃思进入皇家科学院，他在 1896 年 1 月 5 日写给高尔顿的信中提到，"我当然非常愿意批准埃奇沃思进入皇家科学院，但我希望他不要阻止皮尔逊的当选。在我看来，他们两个早就应该成为同事"。在那一年，皮尔逊成功当选，可埃奇沃思却依然落选。1896 年 4 月 26 日，维恩写给高尔顿一封信，很显然是对这次选举之事所做的回应：

> 非常遗憾听到埃奇沃思落选的消息，但我认为你的评价击中要害。我非常欣赏他在统计学理论方面的杰出贡献，也感觉到他的成就在很多领域都起到了重要的作用。但要想找到一篇像皮尔逊那样单一的文章，一篇具有决定意义的文章，是比较困难的。我强烈地认为埃奇沃思应该进入皇家科学院，如果我有投票权我会毫不犹豫地投票给他，但我想得越多越觉得难以确切地说是什么应该决定其他人做出对他自己有利的选择。

维恩难以描述埃奇沃思贡献的观点，被很多后来的评论家所认可。在当今的统计学家看来，埃奇沃思是作为一位朦胧伟大的经济学家而被大家所认知的，他扩充了时间序列的频数分布，并且或许参与了费雪的最大似然估计，但他却完全地被皮尔逊夺走了光环。然而，在对埃奇沃思的成就做了深入的探究之后，我认为他完全可以比肩高尔顿和皮尔逊，作为那个世纪介于拉普拉斯和费雪期间的统计领域最有影响力的人物。

埃奇沃思的影响无论对于统计应用还是统计理论都是巨大的，在过去两个世纪里对概率论与统计学在社会经济科学领域的不确定性定量化研究中的应用进展起到了关键的作用。很难相信在埃奇沃思之前，没有学者曾运用误差理论去评估基于社会数据的均值之间差异的显著性，因为在《皇家统计学会期刊》及 19 世纪中期的其他杂志和著作中已经有大量的相关证据。凯特勒、高尔顿、莱克西斯都在他们的论著中应用了概率论，只不过概率论都只起到了初级的描述作用。他们及其他研究者用正态分布和二项分布来拟合社会数据，并且他们利用这些拟合分布来得出关于社会数据同质性的定性结论。但他们并没有像埃奇沃思那样，采用以概率论为基础对社会数据进行选择和均值比较的概念性步骤。

古诺、凯特勒和杰文斯写了很多关于运用概率论进行科学推断的优秀著作。这三位统计学家都认为社会科学需要概率论，只有这种数理方法才能使社会科学成为一门真正的科学。但即使是这些光辉闪耀的天才们也没能践行自己的诺言。这三位统计学家都讨论了均值的变异性问题并提出了估计的方法，但他们都只以天文学、测地学及气象学方面的数据为例来讨论这种方法的应用。

将概率论方法成功应用于社会数据分析需要两个理念上困难甚至矛盾的步骤。第一，必须将具有同质性的大量数据集合起来组成一个整体，忽略个体的特征，将这个整体中的生日、价格、婚姻或者破产都认为是由相同的原因造成的。第二，必须将数据进行恰当的分组，以便通过分组得到更有意义的结论，提出检验假设和得出能在其他条件下验证的结果。这两个步骤对于天文观测数据来说都是非常容易的，比如给定彗星的观察数据本身是一个整体，将来的观察数据可用以对已有结论进行验证。但对于社会数据，这些观念的发展就比较缓慢。

直到 1880 年，凯特勒、高尔顿和杰文斯的研究才让社会数据的分析完成了第一步。而第二步所需的时间则更长。高尔顿的回归理论及莱克西斯的离差测度，作为早期用以发现所收集的数据是否具有同质性而能进行正确、有益分组的定量技术，可以被认为是朝这个方向的发展。但是这些方法技术的早期应用只是描述性的、定性的。埃奇沃思及后来的研究者才进一步发展了这些方法，提出了显著性检验和假设适当性检验，开发了计算"难解的模"和衡量复杂情况下变异程度的数理方法，从而使统计差异显著性的判断成为了可能。

以上这些只是埃奇沃思所取得成就的一部分。他发明并公开倡导一种用以解决他所面临问题的方法，但他并没有引导一场爆发性的经济数据分析革命。相反，他所倡导的方法却遭到大家的冷落。运用数理统计方法去定量研究社会经济数据，需要广泛的和延伸的实践经验基础，要想在短期内大量应用这些方法、积累丰富的案例是不现实的。埃奇沃思缺乏传教的热情，而卡尔·皮尔逊却稍后用以在生物学领域建立了类似的经验基础。但埃奇沃思确实是这种方法的创始人。

埃奇沃思到处讲课，他的论著被英国国内外的学者所认可和引用。在 19 世纪 90 年代，他非常热衷于同博特基威茨进行书信来往，然而，博特基威茨向埃奇沃思的非莱克西斯式研究方法的转变是不成功的，但他却对博特基威茨发展莱克西斯的离差理论产生了深远的影响。埃奇沃思在 1902 年造访了美国并发表了几次演讲，或许这是欧洲数理统计学家第一次造访美国。他在这些场合及其他场合与欧文·费雪的交流，对费雪以后开展经济数据分析和指数方法研究产生了重要的影响。

在英国，埃奇沃思对经济数据统计分析的影响是普遍的，比如，在鲍利的工资统计，以及他的教科书"统计学基础"（1901）中可见一斑，更具体的影响是通过他的大英委员会的报告对统计指数的应用与传播来体现的。

埃奇沃思对统计理论的贡献同样没有得到相应的认可。他对研究估计理论的数理方法的发展,他对一般家庭的对称与非对称概率分布的研究,他在1892年对多元相关曲面进行数理分析的尝试,他在1887年进行的拟合优度统计检验(包括一个等价于简单样本的卡方检验),他对拉普拉斯渐进方法的倡导和扩充,他对逆概率推断方法的捍卫、发展和应用:这些都对统计学科的发展产生了直接的、持久的、深远的影响。他当时提出的二维分类法和对最大似然估计法有效性的证明,在当时可能是不合时机的,但如果说其后25年到50年发展起来的那些正确的方法与埃奇沃思无关是不符合实际的——即使这些方法的重新发明者(R. A.费雪)没有读过以上提及的作品。埃奇沃思对现代统计理论的影响,是通过他自己对统计理论发展方向的直接影响和卡尔·皮尔逊对数理统计方法的研究途径而实现的。

在大多数统计学发展历史的记录中,埃奇沃思总是处于幕后。在这方面,他的地位与他的一位祖先——法国大革命中的阿贝·埃奇沃思(Abbé Edge-worth)类似。阿贝·埃奇沃思(他祖父的堂兄弟)曾作为神父站在绞死路易十六的绞刑台上(C.S.埃奇沃思,1815;伍德盖特,1945)。弗朗西斯·埃奇沃思也同样见证了继往开来的统计学现代革命,但与阿贝不同的是,弗朗西斯·埃奇沃思在推动革命过程中的作用更为重要。

作品介绍

所有关于埃奇沃思生涯的记录都从凯恩斯的杰出文章开始(凯恩斯,1933),大多也结束于此。其他有价值的资源包括博纳(James Bonar,1926)、普瑞斯(Price,1926)、鲍利(1934)、肯德尔(1968)和希尔德雷思(C. Hildreth,1968)等的文章。1928年,皇家统计学会出版了由鲍利所写的埃奇沃思统计著作的大纲。埃奇沃思的每个学生都应该阅读这本册子,但是绝对不能完全代替阅读埃奇沃思的原始文献,因为它并不像对外宣传的那样令人满意,包括不够准确,有遗漏,对未经公开和授权的埃奇沃思分析的增加或改变。在过去的几年里,有两部关于埃奇沃思的书籍出版了,其中一本(麦肯,1996)包括了几乎所有他关于概率论和统计学的论文,另一本(米罗斯基,1994;斯蒂格勒,1995b)则是由他自己在1887年所写的《米制》、一些精选的论文和评论,以及广泛的介绍性文章和论著的参考书目所组成的合集。一本详尽的文献目录最近由 A.巴奇尼(A. Baccini)编辑完成。

　　埃奇沃思在经济学领域的研究经常被评论,尽管 G. J. 斯蒂格勒(1941,第 5 章)还没有被取代。G. J. 斯蒂格勒(1965)也曾在好几篇文章里讨论了埃奇沃思的研究。在最近的研究中,我将会关注克里蒂(John Creedy,1986b),特别是纽曼(Peter Newman,1987)的著作。

Ⅱ.高尔顿的理念

第六章　高尔顿与指纹鉴定

最近这些年,创新性的"DNA指纹"技术,随着其在侦破刑事案件中的应用和关于这种新技术应用的争论,使得个人身份识别科学广为人知。两个全国研究咨询委员会及无数的期刊文章都在讨论如何评估DNA图谱所提供证据的分量,涉及统计学与人体遗传学结合的有趣问题。其中的一些问题独具新意,另一些则在很早以前就已经出现,只不过是现在重现而已。早在一个世纪之前,指纹就已作为一种法医鉴定的工具。历史本身不会单调地重复,就像马克·吐温(Mark Twain)曾经所说,它只会如同诗韵般惊人地相似。但早期的指纹研究为当今DNA的法医应用研讨提供了有益的背景。

可以说,法医学始于19世纪80年代,期间物理人体测量学和指纹这两种身份识别方法被引入并广泛使用。其中,第一种方法首先在法国应用,并与阿方斯·贝蒂荣(Alphonse Bertillon)紧密联系。阿方斯·贝蒂荣的父亲是一位统计学家和人类学家,他采用并改善了他父亲阿道夫·贝蒂荣(Adolph Bertillon)的方法,通过对逮捕的犯罪嫌疑人的身体测量来研究其种族特性。贝蒂荣体系(后来被称为贝蒂荣人身测定法)包含了至少9个精选的测度指标的详细记录,包括左脚、右前臂、身高、体重以及头部的两项测度等。这些测度项目可以和档案中编成某种文件的照片(他称之为"面部照片")结合起来,必要时可以通过其中的任何一项记录特征对档案进行检索(乔根·特沃瓦尔德(Jürgen Thorwald),1965)。有趣的是,通过充分考虑贝蒂荣关于前臂与身高测量结果之间的关系,高尔顿于1888年引入了相关的概念(高尔顿,1888;斯蒂格勒,1989a)。

指纹作为个人身份识别手段是与贝蒂荣体系同步发展的。对手指末端图纹的认识要追溯到远古时期,而关于其功能的科学讨论至少可以追溯至英国的格鲁(Grew,1684)。但是,在被一位名为威廉·赫歇尔(William Herschel)的人——拥有与他天文学家爷爷同样的名字,于19世纪70年代引进到印度的一个地区之前,它们并没有被广泛地应用于身份识别。1880年,赫歇尔和亨利·福尔兹(Henry Faulds)都独立地把指纹作为识别罪犯的潜在方法而为英国公众所知。福尔兹是苏格兰人,曾经在日本使用该技术,他声称这是他的首要发现,并把它命名为"指纹鉴定(Dactylscopy)"(乔治・威尔顿(George Wilton),1938)。但是,直到经过弗朗西斯・高尔顿(克劳(James F. Crow),1993)从1890 到1895 年的五年努力,指纹的使用才获得了科学依据。

　　高尔顿在他1892 年出版的《指纹》和随后的两本书籍(1893,1895)中,发现并研究了使指纹成为一个高效、可靠的刑事鉴定方法所必须解决的基本问题。每个人的指纹都是一个与众不同的复杂模式。那些没有密切关注过指纹的人可能会认为,识别是通过对整体图纹的主观评估完成的,例如图纹的类型(拱状、环状、螺旋状)和几乎具有艺术性的、敏感细微差别的形状。但是,当这些总体特征对于粗略的分类确实有用时,高尔顿却强调识别的精确完成只能依赖于指纹的细节之处——细小的孤点和脊线的岔口(图 6.1)。

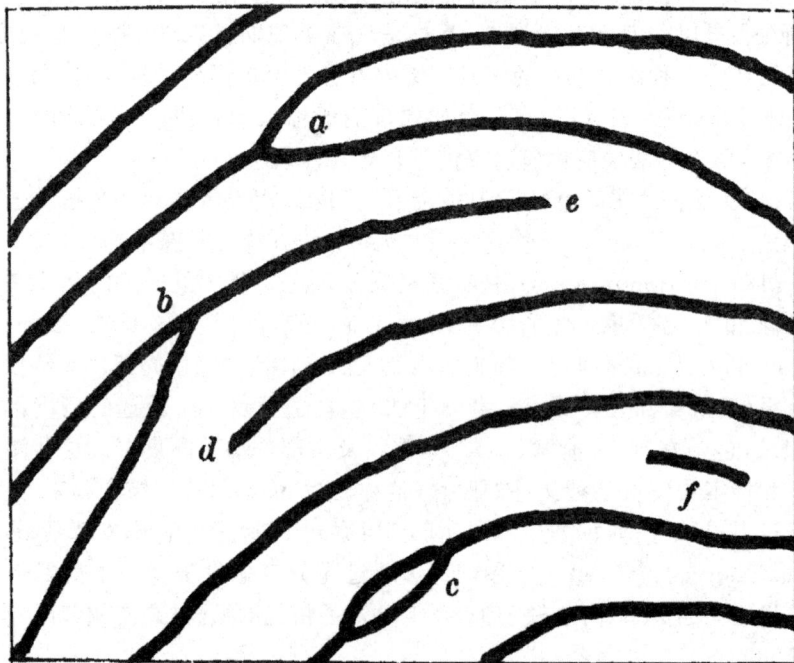

图 6.1　高尔顿关于指纹脊线特有特性的图解,显示了细枝末节的基本类型

　　高尔顿在指纹研究中所要解决的基本问题,在许多方面与评估 DNA 图谱证据价值时所遇到的问题一样。两者都属于相对比较直白简单的东西,无论在一个世纪以前还是最近都没有引起争议。

　　1.为了识别的有效性,个人的指纹必须不会随着时间而改变。例如,从赫歇尔提供的和他自己收集的其他人指纹中,高尔顿可以建立起相当稳固的个人指纹库,从幼年到老年,甚至到死亡之后都不会变。随着年龄的增长,指纹的大小在改变,但是它们的细节不会改变(有一个小的例外)。在他所研究的几百个例子中,唯一的例外是一个男孩的指纹,一个两脊之间的轻微缺口在他从 2 岁半到 15 岁期间竟然合拢了。

2. 必须具备能进行高效归档和取出指纹的分类方案。为达此目的,高尔顿设计了一套基于基本模式的分类方法,这种方法可用于分类储存并一直适用至计算机时代。

但是,高尔顿提出并研究的另外两个问题在概念上更为困难。确实,它们是目前讨论的关于 DNA 证据使用的核心内容。

3. 关于指纹是否独一无二或者作为证据至少具有充足的可分辨性这一问题的论述必须使人信服,高尔顿发明了一个巧妙的概率参数来论证其近似唯一性。

4. 指纹的遗传性以及它们在家庭内部、在民族或种族群体之间的关系必须加以研究。高尔顿从兄弟姐妹和双胞胎的研究中发现,指纹具有遗传性,但并没有达到妨碍识别的程度,他还发现只有小的种族差异。

高尔顿的匹配概率评估

高尔顿把自己的目标设定为试图"通过概率的一般规律去评价指纹作为证据的价值,特别留意那些原本相关却被误以为彼此独立的变量"(1892,p. 10)。为了把单一指纹分解为各个组成部分,他提出了这样一个问题:如果一个小的广场被随机地缩略成为一个指纹,将广场图案的所有地下部分加以隐藏,一个经验丰富的分析师试图通过观察广场的外部特征和猜测隐藏在下面的部分来重建这个广场,那么他成功的概率有多大? 如果它是一个非常小的广场(宽度等于两脊之间的距离),成功的概率接近 1;如果它是一个非常大的广场(涵盖了指纹的很大一部分),成功的概率将近乎为 0。高尔顿问,多大的广场可以使成功的概率为 1/2? 通过实验,他发现一个边长约六脊宽度的广场可能会符合这个目的。实际上,高尔顿通过 75 次试验估计出对六脊宽度广场的猜测成功率平均约为 1/3,他相信对于五脊宽度的广场更可能接近 1/2 的概率,但是为了稳妥起见,他还是选择了六脊宽度广场。一个完整的指纹包括 24 个六脊宽度广场,然后高尔顿声称"这些六脊宽度广场应该被认为是相互独立的单元,当外部条件独立已知时,每一个单元都有可能成为两个可选择的类中的一类"(1892,p. 109)。如果对每一个广场都在充分了解周边环境的情况下做出猜测,他计算出最后成功的概率为 $1/2^{24}$，他认为这个值是高估的。用语言来重现那些运用概率论去评估 DNA 证据作用力的前回声，他写道："在计算不利事件发生的概率时，如果发生这样的错误是可恨的——由于忽略变量之间的相关性、错误地假定它们相互独立而导致产生需要按比例减少的虚增估计。但是在这里，好像发生这样错误的可能性不大。"(1892, p. 109)

通过评估他猜想重建每个广场的正确条件的概率，高尔顿完成了他的计算；为此，他需要知道猜测构成指纹主体的 24 个六脊宽度广场外部的脊线数目和方向的概率。他认为他能猜对"脊线的一般走向"的概率为 $1/2^4$，能猜对脊线进出数目的概率为 $1/2^8$。这两个数值均被视为总体高估。这样，他给出的一个随机指纹与某个特定指纹相匹配的总体概率大约是 $1/2^{24} \times 1/2^8 \times 1/2^4 = 1/2^{36}$，"或者大约是 $1/64\,000\,000\,000$。这个推断是，如果人类的数目估计为 160 亿左右，那么要想在人类中找到两个具有完全相同的单个手指指纹的人的概率将小于 $1/4$"(1892, pp. 110—111)。根据 1893 年的证词，他将人类的数目更改为 16 亿，相应的概率也变为了 $1/39$(高尔顿再版，1895, p. 35)。高尔顿认为两个人的指纹不可能完全相同的概率"要比流行语开始被认作正式语的概率大很多"。

为了能被当代人所接受，高尔顿模型需要更多的细节和更少的限制条件（并且接受高尔顿个人用以作为估计的充分基础的指纹模型的经验）——它可以被认为是正确的和保守的而得到积极的捍卫。他还计算了两个指纹在 1 个细节、2 个细节甚至更多至 35 个细节上相匹配的条件。如果两到三个指纹是可以利用的，并且假设他们的发育在基因学上是连锁均衡的，那么高尔顿就要把指纹匹配的概率进行二次方或者三次方。他总结道："无论一个合法的批评在数值结果上会有怎样的减少……广泛的事实仍然是，如果两个单一手指的指纹完全吻合或者几乎完全吻合，并且进一步扩大为两个手指或更多手指之间的指纹吻合，那么无须实证而提供的证据就是，指纹来自于同一个人。"(1892, pp. 112—113)他以一个可怕的圣经中的例子作为结尾：

当我们读到耶洗别(Jezebel)的身体被耶斯列(Jezreel)的狗吞噬时，没有人会说"这就是耶洗别"。狗只把她的头骨、手掌、脚掌剩下了，但是手掌和脚掌这些遗留物可以让尸体得到确切的识别，只要人们保留了其死前的印记(1892, p. 113)。

高尔顿关于指纹遗传和种族差异的研究

高尔顿对指纹的兴趣最初是由一些与遗传学有关的研究所引起的，并且在他1892年著作的后面几章中对这些课题进行了讨论。他致力于指纹一般模式的研究，因为他发现即使是最亲近的亲戚在指纹的细节上也是存在差异的。事实上，目前的研究表明，即使是单卵（或者是"同一的"）双胞胎，他们的指纹也不是完全相同的。

　　高尔顿通过同胞对（他称他们为兄弟会）开始了他对一般模式的关联研究，把指纹最简单地分类为弓状、环状和螺旋状。他的目标是充分接近目前的遗传学研究——通过对表中等位基因数目的超额纯合性的检验来验证哈迪-温伯格（Hardy-Weinberg）的基因平衡定律。高尔顿根据105对异卵同胞建立了一个指纹类型的计数表格（表6.1），请特别注意对角线上那些项。但是如何评价这个表呢？如何确定这些对角元素是否过大？他解决这些问题的方式对卡尔·皮尔逊8年之后提出的卡方检验来说无疑是一个很好的先导。高尔顿指出，如果这些个体的分类是彼此独立的，那么计数又会怎么排序呢？他解释了如何利用以边栏合计之乘积除以总次数这样的关系来构建这样一个表格，因此在这105对中出现"弓状—弓状"对的预期概率为(19×10)/105。他发现，对角线上三个元素的数目都超过了"随机"预期值，即使他们远远低于边栏合计的最高值即10,61和25（表6.2）。高尔顿根据150对异卵同胞和一个关于53种一般模式的更优分类重复了他的研究。结果几乎完全相同：对角线上的观测数目都大于"随机"假设下的理论数目，但都远远小于最大的可能数目。他根据观测数目在百分制尺度中的相对位置来度量兄弟的相似度，即把观测结果作为100°的一部分而测度其在"随机预期值"(0°)与"最大可能值"(100°)范围内的距离（译注：(观测值−随机预期值)÷(最大可能值−随机预期值)）。在他的例子中，他的测量结果倾向于落在10°和20°之间，其值被他解释为存在一种"遗传传递决定性倾向"的肯定证据(1892,p.189)。

表 6.1　异卵同胞指纹类型的观测列联表

B 小孩	A 小孩			B 小孩合计
	弓状	环状	螺旋状	
弓状	5	12	2	19
环状	4	42	15	61
螺旋状	1	14	10	25
A 小孩合计	10	68	27	105

来源：高尔顿(1892)，p.175。

表 6.2   高尔顿对异卵同胞指纹类型独立性的测试(在高尔顿的百分制范围中,观察数目在这里的相对位置分别为 40°,19°和 20°,都超过了随机值,也高于他的其他基于更好分类的大部分例子。)

	A 和 B 都属于		
	弓状	环状	螺旋状
随机预期值	1.7	37.6	6.2
观测值	5.0	42.0	10.0
最大可能值	10.0	61.0	25.0

来源:高尔顿(1892),p.176。

高尔顿在 17 对双胞胎中发现了更近的相似性。他没有对同卵双胞胎和异卵双胞胎进行区别,但他在这 17 对双胞胎中没有发现任何一对在指纹的细节方面几乎完全一致,尽管皮尔逊(1930,plate 18)根据一组来自于高尔顿双胞胎样本的指纹展现了其惊人的相似性——即使在一些细节方面。高尔顿同时还探究了父母的相对贡献率,他认为他发现了这样一个轻微的倾向:在指纹模式的影响方面母性超越了父性,尽管数字的不确定性(该影响只根据他所研究的三个手指中的中指来提出)也使高尔顿"对它们的可信度持保留意见"(1892,pp.190—191)。如果这一结论成立,这将是一个关于基因印记的奇怪例子。

高尔顿期望找到在指纹模式方面的种族差异,但是当他深入研究并得到结果时,他感到很吃惊。他的数据来自于伦敦、加的夫和尼日尔这 3 个城市的学校的孩子们,也多亏了这些学校的热心校长的帮助。他发现了很小的"统计"差异(表 6.3),但得出的结论却是"可以断然这样说,指纹的模式不因种族的不同而不同"(1892,pp.192—193)。

表 6.3   右食指弓状指纹的频数

人数	种族	弓状指纹数	百分比
250	英国人	34	13.6
250	威尔士人	26	10.8
1332	希伯来人	105	7.9
250	黑人	27	11.3
	希伯来人的详情——		
500	男孩,贝尔乡间学校	35	7.0

续 表			
人数	种族	弓状指纹数	百分比
400	女孩,贝尔乡间学校	34	8.5
220	男孩,塔维斯托克街道学校和汉威街道学校	18	8.2
212	女孩,汉威街道学校	18	8.5

来源:高尔顿(1892),p.194。

接受指纹作为证据

　　高尔顿的分析至少表面上类似于目前关于 DNA 图谱匹配可能性的评估——将 DNA 图谱分解为很多个部分,估计出每个部分的概率并谨慎地相乘,在所有的阶段都高估错误发生的概率以确保一个安全的边际。但是这个分析是否对接受和采用指纹作为证据产生一定的影响则是另外一个问题。多年来公认的第一篇关于指纹应用的文章是亨利(E. R. Henry)的《指纹的分类和应用》(1900)。亨利提出了自己的结论,但是他的结论不像高尔顿那样令人满意,因为他太看重一些显著的例子了,在这些例子中指纹被戏剧性地成功运用,成功的概率远大于理论值。亨利承认“表面上压倒一切的完美的证据有时会导致错误的判断,但是每一次判断都应该建立在可能性基础之上,严格意义上说,如果一些证据被严格要求,那么就没有惩罚了”(p.58)。其他的文章和文献都把有效的唯一性看作理所应当。伦敦警察厅(1904)承认需要防范实验室误差,尽管“一两个实例发现,错误的囚犯名字在不经意间被记录在记录单上,这使得人们有必要对这种错误的来源实施有效的检查”(pp.10—11)。

　　亨利的观点,包括一些基于概率的对指纹证据效力的论断,至少在他的第七版中得到了贯穿坚持(1934)。但是在其他文本中,指纹的唯一性被简单地得到了认可。例如,在拉森(J. A. Larson)的《单指纹系统》(1924)中,我们发现“没有两个指纹在模式上是完全相同的”(p.2),沃尔特·R. 斯科特(Walter R. Scott)在一本手册中也写道:“一个正常的人有十个手指,每个手指都有自己独特的纹型或标记,没有两个是同样的。”(1951,p.9)20 世纪 30 年代美国联邦调查局的手册有时会为一些法院案件提供有用的引文,其中指纹被接纳为明确的身份证明,但是没有为唯一性提供任何证据,只是把它描述为“一种快捷的鉴定方式”(埃德加·胡佛(J. Edger Hoover),1939,p.1)。总体上看,其声明没有提供比马克·吐温在《密西西比河上的生活》中曾经所说的(1883,p.345)更多的支持:"当我还很小的时候,我认识一个法国老人,他做监狱管理者已经 30 多年了,他告诉我,对一个人来说,从出生到死亡有一种东西是永远不会改变的——拇指球上面的线。他说任何两个人的拇指球上的线都不可能完全相同。"

关于指纹的认识偶尔也会受到挑战,例如怀德(A. Wehde)和贝菲尔(J. N. Beffel)所写的《可以伪造的指纹》(1924),但就是这样的挑战也是建立在指纹是可以"提升"和转变的断言之上的,并不否定它们作为识别工具的可靠性。

指纹是如何会如此普遍地被接受?高尔顿关于概率为1/64 000 000 000的估算在其论著出版之后的几十年间被广为引用,但到了 20 世纪 20 年代后期,这样的认识似乎是客观公正的,即高尔顿观点被接受的基础既非科学论证也非无事实依据的经验研究。相对而言,一种似乎有道理的猜测是:(1)指纹在法庭上引人注目的视觉外观;(2)一些戏剧性的成功案例;(3)长时间以来,人类利用指纹进行证据鉴定,还未发现两个不同的人具有相同指纹的个案。看起来同样可能的是,在科学论证正在加快 DNA 证据被接受速度的同时,DNA 证据的应用只有经过长期的成功积累而没有明显的缺陷才不会再是一个有争议的话题。

第七章　19 世纪的随机模拟

　　模拟,按照现今的术语定义,可能是最古老的随机艺术。很久以前,概率演算因为世俗的目的而发展,以至于人们把这种技术主要用于求神拜佛。事实上,通过类比而学习概率演算的信念有时候是如此强大,以至于赌注被压在结果之上。然而,作为一个科学的工具,模拟是一个更近年份的产物。

　　科学模拟的历史从什么时候开始这个问题,取决于科学模拟这个术语在当时意味着什么。如果模拟是指通过一个受控的随机或伪随机设备来说明数学定理,那么它至少可追溯至 18 世纪。18 世纪中期,法国博物学家布冯让一名孩子做了这样一个表演:连续投掷一枚硬币,直到头像那一面出现为止算一组,共投了 2048 次。布冯做这个实验的目的在于为圣彼得堡游戏确定一个经验值,并且他所计算的值大约为 5,尽管游戏有无限的预期值。

　　在报道这一几何分布经验说明的同一篇文章中,布冯还描述了著名的"布冯的针"的实验,落下的针与一系列平行线交叉的数目可以用来计算出 π 的实验数值为3.141 6···(布冯,1735,1777;迈克尔·帕尔曼(Michael Perlman),迈克尔·威奇托(Michael J. Wichura),1975)。布冯没有给出他的针的实验的具体数据,但是几个对此实验饶有兴致的人在 19 世纪继续着这方面的实验,例如瑞士天文学家鲁道夫·沃尔夫(Rudolf Wolf)进行了若干次类似实验,从 1849年开始共计超过了 5000 次试验(里德威尔(H. Riedwyl),1990);奥古斯塔斯·德·摩根(1872,pp. 169—171;1915,I:283—284)报告了他在 1855 年完成的试验,稍后又给出了 π 的实验数值3.155 3(建立在 3204 次试验基础之上)和 3.137(建立在 600 次试验基础之上)。其他一些类似实验也于 1864 年在美国进行(阿萨夫·霍尔(Asaph. Hall),1873)。之后一个意大利人拉扎里尼(M. Lazzarini)(1902)通过 3408 次试验获得了一个3.141 592 9的 π 值,这个结果是如此接近柯立芝(J. L. Coolidge)(1925,pp. 81—82)的结论,以至于柯立芝怀疑他效仿了自己的实验,因为柯立芝估计出在没有人为选择试验停止的情况下发生这种雷同的可能性只有 1/69。这些怀疑没有因为在这些实验之前的一年拉扎里尼已经发表了一篇阐述 π 的有理近似值的长文(拉扎里

尼,1901)这一信息(没有被柯立芝和其他曾经介绍过拉扎里尼的人所引用)
而减少。

但是,存在一个这样的问题,即使在最宽松的解释标准下这些关于"布冯的
针"的试验是否可以被认为是模拟的实例呢?这些实验对数理理论加以说明,
甚至可以对契合大自然的理论进行解释,但实验者们却没有试图通过类比的方
法了解这个过程。如果实验结果的 π 值远离3.141 6,那么被舍弃的将是这个
实验而不是3.141 6这个值。事实上,就像柯立芝评论拉扎里尼的结果一样,如
果实验结果太接近3.141 6,那么这个实验也应该被舍弃。如果我们坚持认为,
模拟的目的是在研究中了解过程,比如说,我们要通过计算那些人为设计样本
的值来了解一个复杂的统计分布,那么我们就必须寻找一个更近时期、更加明
确的例子(尽管布冯的投掷硬币的实验是否符合这一定义值得讨论,因为他的
目标是为圣彼得堡悖论之赌确定一个值)。

表7.1 来自于布冯关于圣彼得堡游戏的实验数据:连续投掷一枚硬币直到头像那面出现为
止,其中 2^{k-1} 是支付筹码,k 是投掷次数(布冯让一个小孩投掷了 **2048** 次,实验的平均支付筹
码是 **4.91**(单位)。)

投掷次数(k)	支付筹码(2^{k-1})	频数
1	1	1061
2	2	494
3	4	232
4	8	137
5	16	56
6	32	29
7	64	25
8	128	8
9	256	6
		2048

来源:布冯(1777),pp.84—85;德・摩根(1872),p.170;(1915),1:282;杰拉德・乔兰德(Gérard Jorland)
(1987),p.168。

近年来有这样一种倾向,认为统计中使用模拟是从 20 世纪初开始的。例
如,泰克隆(Teichroew)(1965)和欧文(J. O. Irwin)(1978)认为,它最早可能出
现在"学生氏"t-统计量分布的经典研究中(威廉・西里・戈赛特(William Sealy
Gosset),1908a),"学生"共形成了 750 个容量为 4 的样本(戈赛特)。他通过如
下方式完成这个实验:他先把 3000 张分别标有 3000 个罪犯人体测量结果的卡
片进行洗牌,然后 4 张为一组,共分为 750 个组。戈赛特同时还把这种方法应

用到相关系数分布的研究中(戈赛特,1908b)。(亦见梅文·穆勒(Mervin Muller),1978)。甚至这种技术的复杂应用可以在更早期的文献中发现,但是我将要呈现给大家的三个类似例子都是19世纪最后25年的。其中一个发表在美国(伊拉斯塔斯·德·福雷斯特发表于1876年),另两个发表在英国(乔治·霍华德·达尔文(George Howard Darwin)发表于1877年;弗朗西斯·高尔顿发表于1890年)。

模拟一词在此语境下使用多少有点不合时宜,该时期通用的定义应该以《世纪词典》(从1889年开始已出版多个版本)所给的解释为依据。

> 模拟,定义1:模仿、假装或伪造的行为;关于一个特定现象或人物的错误的假设;幌子,通常以欺骗为目的。

《世纪词典》紧接着引用了《斯克里布纳杂志》的一段话:

> 对自然的模拟,以区别于自然的实际再现,是舞台艺术特有的领域。(古斯塔夫·科贝(Gustav Kobbé),1888,p. 438)

我在这里所要讨论的3个片段并不是舞台艺术的产物,与欺骗也没有什么联系。它们都为了表达研究复杂统计过程之特征这个目的而致力于研究人工产生的正态分布随机数。3个片段都与现代意义上的模拟有关,以作为统计科学研究的现代随机艺术。3个片段都涉及半正态变量的产生以及变量随机生成标志的不同分配,但它们涉及不同的随机装置。福雷斯特从盒子里抽取带有标记的卡片,达尔文使用1个旋转器,高尔顿则采用了1套特殊的骰子(图7.1)。

图 7.1　高尔顿三种骰子的图片。它们是 **1.25** 英寸的立方体，始于 **1890** 年，也许是现存最早的用以正态分布随机数模拟的骰子。它们目前存放于伦敦大学学院的高尔顿收藏中心。（琼·费雪·博克斯(**Joan Fisher Box**) 150/4）

伊拉斯塔斯·莱曼·德·福雷斯特（1876）

伊拉斯塔斯·莱曼·德·福雷斯特(Erastus L. De Forest)(1834—1888)毕业于耶鲁大学(1854 级学生)，他于 1873 年到 1885 年期间发表了一系列数理统计方面的优秀论著。斯蒂格勒(1978c)曾经对他的生活和工作进行过评论，他的一些论文(其中一篇涉及模拟)也被斯蒂格勒收录再版(1980a)。他的主要研究是致力于生命表的平滑问题，其中他研究了局部平滑的方法，包括拟合的最优准则(最小平方方法)和平滑性(第四种差异的最小化期望)。他在根据他的数据设计以平滑死亡率曲线对原始经验曲线拟合优度检验的过程中，他不得不考虑量

$$\log\left(\frac{v}{v'}\right)$$

的分布，其中 v 和 v' 是独立的标准正态分布随机变量的绝对值。（德·福雷斯特采用基数为 10 的对数形式。）我们可以把这个随机变量定性为一个以 $F(1,$

1)分布为底的对数的一半,但是像这样的定性在 1876 年是无效的。无论如何,德·福雷斯特不需要整个分布,他将对该变量 m 个独立副本的算术平均数的"概率误差"(中位数离差,或者标准差的0.674 5倍)感到满意。当 v 和 v' 都被 n 个独立的类似数量的平均值取代时,结果会怎样?他对此问题的解答也很感兴趣。德·福雷斯特要求对于不同的 m 和 n,其概率误差 E' 为

$$\frac{1}{m}\sum_{i=1}^{m}\log\left(\frac{v}{v'}\right)_n = \frac{1}{m}\sum_{i=1}^{m}\log\left(\frac{\bar{v}}{\bar{v'}}\right),$$

其中

$$\bar{v}_i = \frac{1}{n}\sum_{j=1}^{n}v_{ij}$$

$$\bar{v'}_i = \frac{1}{n}\sum_{j=1}^{n}v'_{ij}$$

并且所有的 v_{ij},v'_{ij} 都是独立服从 $N(0,1)$ 分布的随机变量的绝对值。

通过一个德尔塔方法的论证,德·福雷斯特发现了 E' 近似值:

$$(113)\quad E' = -\sqrt{\frac{2}{m}}\log\left(1-\frac{0.6745}{\sqrt{2n}}\right).$$

上式对近似值精确性的检测导致了德·福雷斯特对模拟的研究,这正是我在这里所重现的。模拟研究,似乎是建立在不重复抽样基础之上的,包括对结果精确性的评估。

以下是摘录于 E. L. 德·福雷斯特(1876,pp. 23—25)《插值和序列调整》的部分内容:

> 然而,关于公式(113)的证明并不是缜密的。但采用以下方式,在足够大的范围内通过实验来对公式的精确性进行测试被认为是可取的。
>
> 众所周知,函数
>
> $$P = \frac{2}{\sqrt{\pi}}\int_0^t e^{-t^2}dt$$
>
> 代表着在一个平均误差为 $\frac{1}{2}\sqrt{2}$ 的系统中,发生任何不超过 t 的误差(如果不考虑正负号)的概率。当 t 取 0 时,函数值为 0;当 t 趋向于无穷时,函数值为 1。对应于 t 在区间$[0,2]$内间隔为 0.01 的取值,P 值列于《肖维纳天文学》第二卷附录的表中。根据那张表,对于函数 P 从 0.005 到 0.995 的取值(间隔为 0.01),可以通过简单的插值方式获得

t 值,共可得到 100 个 t 值。这些对应于 P 值在 0 到 1 范围内以 0.01 等额递增的 t 值,可以近似地被看作一个等频率的误差系统,也就是说任何一个误差发生的概率都是相同的。这 100 个误差列在附表中(表 7.2)。它们被刻在 100 张同等大小的卡纸板上,被放进一个盒子里并充分摇匀,然后一个一个被抽出,再以同样的顺序排入到列中。如果不考虑正负号,它们就像表 VI 第 5 列的误差 v' 一样。(表 VI,德·福雷斯特(1876,p.18),提供了他经验估计计算例子的细节)

表 7.2　等频率误差。这个表格来源于德·福雷斯特(1876,p.24),本质上是"概率误差"(即中位数离差)为 1.0 的半正态分布倒数累积表。如德·福雷斯特所说,它以肖维纳的一个表格为基础(大概是表格 IX,见肖维纳 1891,2:593;它将 t 的功能赋予了 P)。一个印刷错误已在这里得到了纠正,他原本将纵列的 0.235 写成了 0.234。

P	t	P	t	P	t	P	t
0.005	0.004 4	0.255	0.230	0.505	0.483	0.755	0.822
0.015	0.013 3	0.265	0.239	0.515	0.494	0.765	0.840
0.025	0.022 2	0.275	0.249	0.525	0.505	0.775	0.858
0.035	0.031 0	0.285	0.258	0.535	0.517	0.785	0.877
0.045	0.039 9	0.295	0.268	0.545	0.528	0.795	0.896
0.055	0.048 8	0.305	0.277	0.555	0.540	0.805	0.916
0.065	0.057 7	0.315	0.287	0.565	0.552	0.815	0.937
0.075	0.066 6	0.325	0.296	0.575	0.564	0.825	0.959
0.085	0.075 5	0.335	0.306	0.585	0.576	0.835	0.982
0.095	0.084 4	0.345	0.316	0.595	0.589	0.845	1.006
0.105	0.093 3	0.355	0.326	0.605	0.601	0.855	1.031
0.115	0.102 3	0.365	0.336	0.615	0.614	0.865	1.057
0.125	0.111 2	0.375	0.346	0.625	0.627	0.875	1.085
0.135	0.120 2	0.385	0.356	0.635	0.641	0.885	1.115
0.145	0.129 2	0.395	0.366	0.645	0.654	0.895	1.146
0.155	0.138 2	0.405	0.376	0.655	0.668	0.905	1.181
0.165	0.147 3	0.415	0.386	0.665	0.682	0.915	1.218

P	t	P	t	P	t	P	t
0.175	0.156 4	0.425	0.396	0.675	0.696	0.925	1.259
0.185	0.165 5	0.435	0.407	0.685	0.710	0.935	1.305
0.195	0.174 6	0.445	0.417	0.695	0.725	0.945	1.357
0.205	0.183 7	0.455	0.428	0.705	0.740	0.955	1.418
0.215	0.192 9	0.465	0.439	0.715	0.756	0.965	1.491
0.225	0.202	0.475	0.449	0.725	0.772	0.975	1.585
0.235	0.211	0.485	0.460	0.735	0.788	0.985	1.720
0.245	0.221	0.495	0.471	0.745	0.805	0.995	1.985

　　它们再次被放进盒子里摇匀并被重新抽取，排入到表格的第 2 列中，就像表 VI 第 6 列的误差 v 一样。根据这两列，$\log(v/v')$ 的 100 个值就计算出来了，正如表 VI 的第 7 列。同时，通过把 v 和 v' 分成 2 个、4 个和 5 个一组，就得到了另外 3 列——分别包括 50 个、25 个和 20 个值的 $\log(v/v')_2$、$\log(v/v')_4$ 和 $\log(v/v')_5$。按照表 VI 第 8 列的方式，一共得到了 4 个这样的列。因为误差 v 和 v' 在这里是两个等效系统，所以四列中任一列的 $\log(v/v')_n$ 值的算术平均数在理论上都是 0，并且还有可能被视为均值的可能误差的估计值。所以，任何一列基于均值的离差平方的总和正好等于该列中每一项数值的平方之和，因此，任何一列 $\log(v/v')_n$ 值的算术平均数的可能误差是

$$E' = \frac{0.674\,5}{m} \sqrt{\sum \log^2\left(\frac{v}{v'}\right)_n}$$

其中 m 代表分别包含 n 误差项的分组数。由此获得的 E' 的值就很容易与正常值存在一些偏差，这取决于偶然序列 v 和 v' 从盒子里被抽出的方式。为了获得一个合理的平均数结果，分别进行了 6 次独立的抽取试验并按刚才描述的那样进行处理。[1] 分别根据 6 次试验推理得到的 E' 的实际值或观测值的均值，如下表所示：

---

[1] 或更准确地说，只画出了 4 列，它们给出了 6 种不同的两两组合。（德·福雷斯特(De Forest)的脚注）

	$n=1$	$n=2$	$n=4$	$n=5$
	$m=100$	$m=50$	$m=25$	$m=20$
E'（观测值）	0.042 3	0.033 4	0.033 2	0.031 1
E'（理论值）	0.039 8	0.035 7	0.033 5	0.032 9

为了比较,表中同时也给出了公式(113)的理论值。从 6 次独立试验的结果以及它们的平均值的差异中,我们发现上述每一个 E' 观测值的均值都倾向于产生大约 0.000 9 的可能误差。在任何情况下,观测值与理论值相一致被认为是最佳的期望。这说明在实践应用中可以相信公式(113)的结果是足够精确的,它给出了一个比在任何特定情况下从观测误差中得到的更为可信的值,特别是当序列中的时项数目不太大时。

乔治·霍华德·达尔文（1877）

乔治·霍华德·达尔文(1845—1912)是数学家和天文学家,他是查尔斯·达尔文的儿子和弗朗西斯·高尔顿的表弟。从 1883 年开始,他担任剑桥大学天文学和实验哲学的教授,他致力于对地球的研究,包括潮汐理论和动力气象学。作为剑桥大学三一学院的一名研究员,他于 1877 年发表了一篇关于观测值序列平滑和曲面插值的文章,特别关注了气象数据的应用。

达尔文主要关注的是为平滑序列提出一个"经验法则"。事实上,当他发现他所讨论的局部平滑法与他人早期的论著类似时,论文正在印刷中。一个脚注声明说:

> 在这篇论文将要发表的时候,我才知道斯基亚帕雷利(M. Schiapparelli)曾经写过一本名字为 *Sul modo di ricavare la vera expressione delle leggi della natura dalle curve empiriche* 的书（米兰(Milan)，1867),M. 德·福雷斯特曾经针对这个主题分别于 1871 年和 1873 年在"史密森学会年度报告",以及于 1877 年 5 月在"分析者"（爱德华州)上发表了文章。

达尔文所援引的德·福雷斯特的所有论文（德·福雷斯特,1873,1874,1877a,b)都在讨论德·福雷斯特关于序列调整的方法,在那方面有相当大的重叠（德·福雷斯特的发展更进一步）。然而，达尔文没有提及德·福雷斯特 1876 年的小册子，其中包括了他唯一的模拟处理方法。由于该小册子自费出版而不是作为期刊传阅，而且没有特别强调把模拟作为一种方法，因此，达尔文没有意识到德·福雷斯特在这方面的研究早就超越了自己，尽管德·福雷斯特在 1877 年 6 月后期发表在"分析者"（达尔文在脚注中所提到的）上的文章（德·福雷斯特，1877b）确实引用了这个小册子（德·福雷斯特，1877a），并且据说达尔文也看到了。不管怎样，达尔文的实施过程都不同于德·福雷斯特：德·福雷斯特从盒子中取出卡片，达尔文构建了一个旋转器，圆形卡片的边缘带刻度标记，标记服从半正态累积分布。通过旋转卡片，产生一系列半正态变量。他把标记与这些投掷硬币的结果相联系，然后把结果的"误差"与正弦函数相联系，以便对平滑序列实验其"经验法则"。作为一个拟合测试，他满足于观测到"大量试验的总体结果证明了平滑过程"，关于如何精细地去刻度这些标记（或者如何构建这些标记）他并没有给出详细的介绍。但是他建议道，当圆形卡片（他曾经称之为"轮盘"）还在高速旋转时应该手动让它停止。该建议一方面可被认为是减少卡片潜在的偏斜，另一方面是加快试验的进程。

以下内容取自于达尔文（1877，pp.6—7）的"论变量的易犯错测度"一文：

像这样的经验法则，其价值理所当然地取决于如何得到实际应用。因此，我设计了以下方案来对它进行检验。一张圆形卡片放射状地标有刻度，以使刻度 x 以 $720\int_0^x e^{-x^2}dx/\sqrt{\pi}$ 度离开某一固定的半径线。让该卡片在一个固定的指针附近围绕自己的中心旋转，连续旋转很多次，每一次停下来的时候迅速记下指针对面的数值。[1] 从刻度的本性上来讲，这种方法的数值呈现方式应该与实际观测误差的呈现方式一样，但它们没有前缀的加法或减法的符号。通过一次又一次地投掷硬币，并且正面朝上用"＋"表示，背面朝上用"—"表示，那么符号"＋"或"—"的分配是根据误差序列的概率来确定的。接着，从表格中取出一打根据某些函数（正弦或者余弦）生成的等差数值，并且依次加上或减去误差。这些误差可以通过自乘任何常数而确定其大小。这些伪造的数值正好可被公平地用来代表观测值序列，但在这里我们知道哪些数值是真实的。然后，或用算术的方法，或用图解的方法进行更正，并对修正值与真实值之间的离差进行观测。

---

[1]　最好在圆盘还在快速运转、看不清上面的刻度时就将它停止，而不是等它自行停止运转。

在其他情况下,获取一系列等距离纵坐标值,并且纯粹地用徒手画的曲线去代表真实曲线,通过轮盘赌的方式获得曲线上几个伪造的坐标值,并且根据经验法则的图形应用程序来对其进行修正。大量实验的总体结果能够解释其平滑过程。那些误差很大之处其平均误差明显地减少,尽管某些坐标点上的实际误差增加了;而那些误差很小之处其平均误差却会略微有所增加。尽管超平滑曲线的危险性显而易见,而且曲线特征的清晰度也在普遍降低,但是我认为这个方法将会普遍地得到有效的利用,特别是在试图根据统计数据或者相当长时期的一系列气压振荡推导出一些法则的情况下。误差必须足够大以证明四重操作的合理性。这种实验方式可能不太适用于检验奇数项的平滑操作,因为这样我们只能最终得到中间的坐标值。

弗朗西斯·高尔顿(1890)

弗朗西斯·高尔顿(1822—1911)一生在统计思想方面是如此地才思敏捷,所以我们对他在模拟方面也有所研究并不会感到吃惊。事实上,他著名的梅花形概率机(斯蒂格勒,1886a,p.277)可以被看作一套模拟装置,尽管在类型上与我们这里所讨论的略有不同。高尔顿与他的表弟乔治·达尔文之间有频繁的书信往来,因此尽管没有直接的证据,但我仍认为达尔文关于模拟旋转体的想法很有可能来自于与高尔顿的交流过程。一封1877年1月12日高尔顿写给达尔文解释梅花形装置的信,再版于斯蒂格勒的著作(1986a,pp.278—279)。

高尔顿于1890年写给《自然》杂志的信函重新发表在他后期的全集中,与他早期论著有所不同的重要方面是,他试图提出一个通用的模拟方法。关于平滑过程和插值法的研究被当作应用而提及,但很显然高尔顿的目标更进了一步。他特别强调他的方法优于洗牌、从袋子中取出带有标志的球或者旋转轮盘赌的转盘轮子等其他方法。高尔顿肯定知道达尔文的论文,并且我还怀疑他曾经看过德·福雷斯特的文章,但它可能没有让他觉得惊奇。

高尔顿的实验机制是具有独创性的。两千年来,人们都知道可以从一个均匀骰子的6种可能性中产生一个随机结果。高尔顿可能是第一个发现把可能性写在骰子的边缘上就可以把其扩展到24种的人。

实质上,高尔顿的试验机制可以被看作对德·福雷斯特的优化。一个骰子被用来从 24 个不同值中产生一个随机选择。数值来源于高尔顿 1889 年出版的《自然遗传》中的一个表格,并且被用来构建出一个来自于"可能误差"(中位数误差)为 1 的半正态分布样本的离散版本。三个最大的数值用括号标记,意味着如果它们被观测到,那么注意力就应该放在第二个骰子上——它拥有从 2.29 到 4.45 的更精细的尺度范围。第三个骰子被用以对选择结果附加符号,它们被按组归类以保存实验工作。

　　下文来自于《自然》第 42 卷(1890 年 5 月 1 日,pp.13—14):

以投掷骰子来做统计实验

　　每个统计学家都希望时不时地检验一些理论方法的实用价值,它可能是平滑法、内插法、变异测度法,或一些特别的推理和推断。不久前,我和我的朋友正在试图找到一系列适当的方法用于上述任一目的,我恰好在同一个星期收到了两个著名统计学家的信件,他们问我是否知道一些适合他们各自需要的方法。为了给这种实际需求一个保证,我必须想出一个办法,一个我经常用到而且完全有效的方法,借此机会将它公之于世。

　　我们迫切需要从一个序列中随机获取一组数值,要求该序列严格服从误差频率规律,并且任何单个数值的可能误差都已被准确知道。所以,我们所要做的是:(1)产生这样一个序列;(2)以一个迅速的方式从该序列中随机产生一组数值。

　　假设分布曲线的坐标轴[①](在我的《自然遗传》第 205 页中,给出了纵坐标的 100 个等分点)被划分成 n 个等份,每一部分都用直方形来表示,其高度等于每一部分中间的纵坐标值,视情况表示为"十"或者"一"。当 n 无穷大时,这些高度的值将会形成一个严格符合频率规律的序列;当 n 相当大时,序列近似符合频率规律。而且,任何一个数值的可能误差都无关于其符号标记而为 1。

　　作为一个随机选择的工具,我发现没有什么东西比骰子更合适。连续地打乱和抽取卡片是很乏味的,而从袋子中搅拌并拿出带有标记的球更加乏味。手转陀螺或者类似轮盘的形式比它们要好一些,但仍比不上骰子。当它们在一个篮子中被摇晃翻转时,它们在强烈地彼此撞击的同时,还强烈地与篮子的骨架进行碰撞,因此我们无

―――――――――――

　　①　高尔顿所说的表格就是我们现在所说的逆正态累计分布,本质上是来自于一个容量为 100 的样本的期望顺序统计量,该样本服从均值为 0、概率误差为 1 的正态分布,区间范围为 -3.45 到 +3.45。

法根据其最初位置来预测其经历过哪怕一次充分摇晃之后的结果。一个骰子可以提供的选择机会要比我们通常的假设更多，一共可以有 24 种可能性，而不是 6 种，因为每一面都有 4 条边可以利用，正如我将要展现的。

我用边长为 1 的木质立方体来做骰子。一个木匠首先刨平一块红木，然后把它锯成立方体。在立方体表面贴上薄的白色纸片以便于在上面书写。我使用三种骰子，Ⅰ、Ⅱ和Ⅲ，它们的表面都写着如相应表格所列的数值。每一面都包括了表格中同一行的 4 个数字。示意图展现了 3 个骰子某一面的外观，Ⅱ不同于Ⅰ之处在于它的中间有一个"＊"号，Ⅲ是明显不会弄错的。大家必须理解，尽管示意图和表格中的数值都是两位小数，但我写在骰子上面的数值却都不超过 1 位小数。使用两位小数是为了让乘法运算更加精确——当所要产生的序列其每一项数值都存在大于 1 的可能误差时。

在计算表 7.3 第Ⅰ部分时，n 取 48。它成对给出了 24 个正值和 24 个负值，但是我没有记录其符号而只是记录了其数值，我把符号留给第三颗骰子来决定。我们可以观察到表 7.3 第Ⅰ部分相邻数值之间的差异都很小，而且都不超过 0.2，直到最后三个数值出现。括号中的这些数值由于差异明显，需要我们特殊对待。因此在计算表 7.3 第Ⅱ部分时我遵循下面的原则：将与这些数据相对应的分布曲线的那一段等分为 24 个部分，并且记录每一部分列在表中的中间部分的纵坐标值。此外，我没有把 3 个括号中的数值写在骰子Ⅰ上面，而是用空白代替。因此，每当我投掷骰子Ⅰ出现空白时，我知道我不得不投掷骰子Ⅱ并且记录其数值。

我接着要进行的精确进程是，把 2 颗或 3 颗骰子Ⅰ装入废纸篓，用力地摇晃它们，然后把它们取出而且并肩地排成一行放在表格中，这个过程就在我面前，但是只能通过触摸的方式。然后，在第一次看到它们的时候就记录下眼前这些数值。如果我看到的是空白，那么我就在表格中留着空白。在我获得了足够多的来自于骰子Ⅰ的数值后，我通过骰子Ⅱ的帮助来填充这些空白。

最后应该把符号增加上。由于 $24 = 16 + 8 = 2^4 + 2^3$，所以在骰子Ⅲ的 16 条边上标出所有含 4 个符号的组合，在其他的 8 条边上标出所有含 3 个符号的组合。当骰子Ⅲ被投掷后，前幅边上的几个符号标记——出现 4 个或 3 个符号视情况而定，将被插入到一系列数目相等的行中以便于配合那些已经通过其他骰子获得的数值。

最有效的实验装备似乎是 3 个骰子Ⅰ,2 个骰子Ⅱ和 1 个骰子Ⅲ,
也就是说总共需要 6 个骰子。

表 7.3　高尔顿习惯称之为"统计骰子"的正态偏差值(骰子Ⅰ和骰子Ⅱ)和符号标记(骰子
Ⅲ)。骰子Ⅰ上的数值,实际上是来自于一个样本容量为 24 的样本的期望顺序统计量,该样
本服从概率误差为 1 的半正态分布;骰子Ⅱ的情况也一样,只是数值大于 2.27;骰子Ⅲ给出
了将附加于半正态偏差值的 16 种包含 4 个符号的可能组合和 8 种包含 3 个符号的可能
组合。

骰子Ⅰ的数值			
0.03	0.51	1.04	1.78
0.11	0.59	1.14	1.95
0.19	0.67	1.25	2.15
0.27	0.76	1.37	(2.40)
0.35	0.85	1.50	(2.75)
0.43	0.94	1.63	(3.60)
骰子Ⅱ的数值			
2.29	2.51	2.77	3.25
2.32	2.55	2.83	3.36
2.35	2.59	2.90	3.49
2.39	2.64	2.98	3.65
2.43	2.68	3.06	4.00
2.47	2.72	3.15	4.55
骰子Ⅲ的数值			
＋＋＋＋	＋－－＋	－－＋＋	＋－＋
＋＋＋－	＋－－－	－－＋－	＋－－
＋＋－＋	－＋＋＋	－－－＋	－＋＋
＋＋－－	－＋＋－	－－－－	－＋－
＋－＋＋	－＋－＋	＋＋＋	－－＋
＋－＋－	－＋－－	＋＋－	－－－

来源:高尔顿(1890)。

结　论

　　所有这三项研究工作都展现出了聪明才智,并且都在作为研究统计程序特征的通用技术方面具有潜在的使用价值,但是它们似乎一个也没有得到应有的后续关注。究其原因,毫无疑问有以下几方面。德·福雷斯特和达尔文的两项技术,没有解释其一般用途,导致它们的潜在价值没有被发现。三项研究都需要特制装置,而且在任何情况下它们都存在一个不可逾越的困难;但我认为这些不应该打折扣——毕竟,模拟伴随着现代计算机的使用才得以广泛的应用。一个被忽略的影响因素可能是,那些曾经尝试使用高尔顿装置的统计学家(比如埃奇沃思、皮尔逊、韦尔登)都没有认为这种研究方法适用于他们的问题。模拟技术都依赖于正态分布,并且所有生成的误差都被赋予一个符号。在一些情况下——例如最小平方法——其模型可能具有一个合理的假设,埃奇沃思和皮尔逊也能够通过其他方式得出合理的假设。平滑问题(实际上是一种非参数回归)中出现的技术问题属于完全不同的类型。尽管如此,人们总期望气象学问题的研究或者对生长曲线的估计能够为模拟提供潜在的使用价值。当然,几乎可以肯定的是,当统计历史学家细看 21 世纪最初几十年的论著时,他们就会发现这些技术的各种变体的应用已远远超越了他们的想象。不管怎么说,德·福雷斯特、达尔文和高尔顿的研究工作正是那个时代独创性科学精神的有力证据。

第八章　1933 年的统计学历史

　　统计学家们常常会去寻找他们学科的精确历史。究竟何时引入了正态分布？什么时候中心极限定理第一次被证明？统计学的历史从什么时候开始？伴随着细微差别的大量遗失和误导性的过分简化，一些类似于前两个问题的问题可以得到解答(1733 年 11 月 12 日，1810 年 4 月 9 日)。但是知识史上的大多数问题不允许未经比提问者感兴趣的听证更仔细的调查就给出确定性的答案。然而，由于对答案的特殊要求和普通大众对无穷尽考证的厌倦，也会诱使哪怕最认真的历史学家武断地得出惊人肯定的论断(因此是可以被检验的)。

　　本着这一精神我决定为自己的观点"数理统计学开始于 1933 年"做辩护。现在，不仅仅是这个命题非常正确，而且任何一位有一点统计学历史知识的人都会惊奇于为什么会是 1933 年这么晚。事实上，一些人会认为这个命题是荒谬的，它不可能是正确的。毕竟，我们学科的很多非常重要的知识产权丰碑，例如高斯-马尔科夫定理和中心极限定理，甚至是柯西分布(对以上两者造成了严重破坏)，都要追溯到 1933 年以前的一个多世纪(斯蒂格勒，1986a，pp. 148，136，183；第 18 章)。不可否认，如果这个命题陈述得如此直截了当，它将是荒谬的，下面让我来进行某些证明。首先，我认为数理统计学诞生于 1933 年，这只是一个"点估计"。更准确一点，我应该以这个时间为中心，为其设置一个置信区间或者可信区间，这取决于你的统计见解。但是这个区间不会太大，因此我在认可 1933 年时并没有强调它的不精确性。其次，更重要的是，我并不是指所有构成我们熟知的现代数理统计学基础的概念的诞生日期。我不能意指——其中一些概念可以追溯到若干世纪以前，而我们仍然处于一个令人振奋的发展阶段。从这个意义上说，数理统计学还没有完整地诞生。相反，我所指的数理统计学的诞生是以其作为一个独立的研究领域，以及一整套目标和标准为视角的，它所涉及的问题与技术不再是数学家或统计学家群体所关注问题和技术的简单子集。总之，我所指的是数理统计学作为一门学科的诞生。

　　即使带着这样的前提条件，即我把数理统计学看作一个独特的领域，作为学者们的一个共同追求，我仍然预料会有读者对我提出的"诞生于 1933 年"的观点感到有些不安。为什么是 1933 年？是否在那一年发生了一件神奇的事情，可以用来解释我们的选择？事实上，在那一年确实发生了几件神奇的事情，但是我不会引用它们中的任何一件，以作为支持我的命题的间接证据。例如，我注意到在 1933 年，耶日·奈曼（Jerzy Neyman）和埃贡·皮尔逊发表了一系列特别重要的论文，这使得一个多产而有影响力的数理统计学派开始形成，致力于"统计假设最有效检验问题"的研究。也就是在那一年，克尔莫格洛夫（A. Kolmogorov）关于概率演算的基本概念——概率论的基本概念（但是有些时候被翻译为概率理论基础）——也被提出来了。这些著作肯定会成为新约全书甚至四福音书，以及数理统计学的一部分吗？它们的确都是令人注目的著作，但是我不会做出那样的断言。数理统计学没有"基本准则"。我们不应该忽视这些著作，但是我们不能把它们当作宗教经文来看待。

事实上，仅凭几部伟大的论著去评价学科的成长是危险的——认定这些论著的伟大必须经历一定的历史时间。当代对这些论著的评断往往大不相同——例如，贝叶斯（Thomas Bayes）的论文在 20 世纪之前并没有被认为是伟大的论文，即使我们用现代的眼光来审视这些论著，也会由于我们仅专注于它们而失去其他很多东西。我认为我们可以将统计学历史比喻成地理地形。从远处看，我们只能看到几座山，但从不同的有利地点看，我们就可以看到互不相同的景象，正所谓横看成岭侧成峰。例如，取决于你所处的位置，你所看到的景色可能是奈曼山、费雪峰、图基（John W. Tukey）脉，甚至是斯内德克（Snedecor）平原。但是不管站在哪个有利地点，我们都不能轻易地凭山峰的最高点或者深谷的最低点来判断高原的高度。例如，你可知道，1933 年在集合和测度理论的框架内对概率论公理基础所做的大量尝试吗？在同一年，伴随着克尔莫格洛夫杰作的问世，艾哈德·托尼尔（Erhard Tornier）发表了易被人遗忘的《概率演算的获取方式》（概率论基础）。在那个年代还出现了很多其他的论著，比如俄国的瑟奇·伯恩斯坦（Serge Bernstein）的论著。概率论有很多基础，但并不是都很可靠。在这里，我将依我自己的方式对不太显眼的领域进行一点探索。

作为进行初步探索的背景，让我帮你大致回顾一下数理统计学会的制度史，然后试着通过一件夸大的逸事来解释发生了何事，以及发生的原因和时间。

数理统计学作为一个研究领域，与数理统计学会（IMS）并非同一回事，但它们之间高度相关。关于数理统计学会的故事，大致上来说属于中度被公众所知（详细请见帕蒂·W. 亨特（Patti W. Hunter），1996；也可见克雷格，1978）。密歇根大学数学家哈利·C. 卡弗（Harry C. Carver）在美国统计学会（ASA）的宽松政策和适当资金的双重支持下，于 1930 年创办了《数理统计学年刊》。第一期的前言由威尔福德·I. 金（Willford I. King）所写，他当时是美国统计学会的财务主管，并在不久之后成为了董事长（1935 年），同时也是纽约大学的教授。在前言中，金大胆直言美国统计学会已经成为该领域的先锋者 91 年了，为了继续保持领先地位，必须引入越来越复杂的数学技术。金说，"在过去的一段时间里，我们这个组织的会员很明显地趋于分为两个组——一组成员熟知先进的数学技术，而另一组成员则没有献身于这一领域的研究。数学家们对我们杂志这一类型的文章特别感兴趣，而非数学背景的读者却感到难以理解"（金，1930）。金预言年刊将对这两组成员都会有帮助，同时他期望年刊能够理论和应用并重。

　　那些早期的年刊现在看上去显得有一点奇怪，其中最初几年所刊登的文章主要是综述文章（所有的公式都是手写的），整页整页关于力矩和各种半不变量统计的方程，以及一些从其他文献转载的文章。原创文章似乎都是一个奇怪的混合。像 1931 年刊登的哈罗德·霍特林（Harold Hotelling）名为"学生比率的归纳"这样我们至今都认为有重要历史意义的文章非同寻常地少见——事实上，我刚刚已经把它们列举完了。1933 年，塞尔比·罗宾逊（Selby Robinson）的精巧微型模拟研究更具有典型性——"关于卡方检验的一个实验"。罗宾逊的模拟（基于抛硬币）证明了一个简单的例子，即罗纳德·费雪就卡尔·皮尔逊关于参数估计时卡方统计自由度的更正确实是正确的。

　　如果一切都被允许自然发展，那我可以想象年刊大概将会变成《皇家统计学会期刊，系列 B》一样，成为一个单独发表理论和方法论文的刊物——《美国统计学会期刊》。那样的话，是否会产生像今天的数理统计学那样的独特学科就成了一个猜测的话题。但是正如经常发生在这些故事中的一样，这一次事件的命运与大萧条紧密相连。

　　在 1933 年，美国统计学会也同样面临最重要的预算担忧，这个问题从成立之时就一直困扰它。并且在同年 12 月，同样是威尔福德·I. 金（1930 年他同意创办年刊）领导了一场剥夺年刊少量的美国统计学会津贴的运动。金做过一个早期形式的数据分析，并声称出版年刊的一半费用来自于非年刊订户的资助——正如他所说，"成员的大部分都不是数学方面的专家，从而发现年刊上的文章并非特别适应他们的需求"（亨特，1996）。事实上，金的账簿分析是错误的——他把根本没有支付过的年刊编辑的工资包括在了预算之内（作为一个原则，也没有给数理统计学会的编辑支付过薪水），并且他还假设在年刊倒闭时美国统计学会的会员不会流失。但是，编辑哈里·C. 卡弗成为了当时的英雄，他在 1934 年 1 月接管了年刊，在没有机构支撑或支持的情况下自己出资坚持出版年刊。

　　到了 1934 年 10 月，卡弗已经设想成立一个数理统计学家协会，以作为年刊的基础；他不管早先的经历如何而再次走近美国统计学会，来看看能否在其中安排这样一个协会。美国统计学会对此也很感兴趣，但光有兴趣终究是不够的。一方面,美国统计学会不想启动一个无关的致力于统计学研究的新组织;另一方面,引用其主席、哥伦比亚大学经济学家弗雷德里克·C. 米尔斯(Frederick C. Mills)的话来说,它不倾向于鼓励在美国统计学会中建立一个有可能导致学会解体的机构(亨特,1996)。考虑到他过去在美国统计学会的不愉快经历,卡弗不愿意进一步与其合作,因此他和一批志同道合的数理统计学家,特别是爱荷华州大学的 H. L. 里茨(H. L. Rietz),开始自力更生。1935 年 9 月 12 日在安阿伯市的一次会议上数理统计学会正式成立,由 H. L. 里茨担任主席,沃尔特·休哈特(Walter A. Shewhart)担任副主席,阿伦·T. 克雷格(Allen T. Craig)担任秘书长兼财务主管,三个原始投票会员(一种会员制的委员会)分别为伯顿·H. 凯普、亚瑟·R. 克拉索恩和哈罗德·霍特林。他们把年刊定为学会的官方期刊。随后,在 1938 年,数理统计学会从卡弗手上接管了年刊的所有财务责任。

　　以上的简要说明就是学会的历史。它告诉我们发生了什么,它告诉我们 1933 年确实是关键的一年——这一年美国统计学会开始削弱与数理统计学的合作。但是它并没有解释为什么。这中间的详情恐怕不是仅凭一年、一个地方就能说清楚的。那些在远离密歇根安阿伯市发生的事情扮演着关键的角色——例如为何在 1933 年卡尔·皮尔逊从他的教授职位上退休,而罗纳德·R. 费雪被任命为其继任者,并且耶日·奈曼写信给费雪请求一份工作。费雪给出了亲切而鼓舞人心的答复(班尼特(J. H. Bennet),1990)。为何在这时埃贡·皮尔逊偶然阅读到沃尔特·A.休哈特在质量保证方面的论著,从此开始埋头于休哈特哲学方法的研究,并被引导去思考更深入的检验问题。以及为何当埃贡作为费雪的竞争对手被安置在伦敦大学学院一个单独的部门时,埃贡发现自己与费雪不同,可以为奈曼提供一个空缺的位置(博克斯,1978)。并且,费雪对萨缪尔·S. 威尔克斯(Samuel S. Wilks)发表论文的请求给予了相当严厉的回绝,当时威尔克斯在英格兰学习,想要在伦敦皇家学会的会刊上发表他关于方差分析中平方和独立性的论文(班尼特,1990)。1938 年威尔克斯继承了卡弗在年刊的编辑职位,并挑选组成了一个一流的编委会,由费雪、奈曼、哈拉尔·克拉默(Harald Cramér)、霍特林、埃贡·皮尔逊、乔治·达尔穆瓦(George Darmois)、克雷格、戴明(W. Edwards Deming)、理查德·冯·米塞尔(Richard von Mises)、里茨和休哈特组成。萨缪尔·威尔克斯在年刊从事编辑工作十几年,并将它发展成为世界上最具影响力的统计学杂志。同时,还有其他一些统计中心的类似活动,例如在 1933 年 P. C. 马哈拉诺比斯(P. C. Mahalanobis)创办了数论派(*Sankhyā*)。但是最重要的是,统计学在科学和工业中的作用越来越重要,这些需求给过去摇摇欲坠的方法增加了难以忍受的压力,提出了很多只有数学功底好的统计学家才能回答的问题,也暴露了非数理统计学家意料之外的愚昧。

　　数理统计学完整的起源故事太广泛、太丰富，因此不能在这里详述。所以我将叙述一个故事，一个从 1933 年开始的片断，它能告诉我们很多关于数理统计学大厦在（或大约）那一年拔地而起的平台基础，以及对该大厦建设有贡献的知识张力。

　　这让我想到了贺瑞斯·西克里斯特（Horace Secrist）。如今，没有太多人了解贺瑞斯·西克里斯特。他生于 1881 年 10 月 9 日，所以到 1933 年时他已经 51 岁了，正处在雄心抱负和国际声誉的巅峰。在这决定性的 1933 年，西克里斯特是西北大学的统计学教授，作为该大学商业研究部门的带头人而得到了学校的良好支持。他也是那年夏天美国统计学会计划委员会会议的代表。

　　在 1933 年以前的十年里，西克里斯特和他的同事们一直在做商业方面的研究，一项把大萧条的到来当作新的紧急情况的研究。你可以想象得出他的兴奋。当一个国家——甚至国际——经济处于灾难之时，他则在一个独特的位置上诊断病情和开出治疗处方。并且，幸运的是，他确实得到了一个惊人的发现——因无约束的过度经济竞争这一事实导致国家经济问题的经济活动定律。自然地，他接着发表了这个重大的发现——在 1933 年出版的一本书中，其前言的落款日期为 1933 年 1 月 1 日。

　　西克里斯特的书是学术性的，并且非常详细。它总共有 468 页，其中包括了 140 张表和 103 张图，全都被精细地编排和清楚地解释。然而，基于该统计结构的一切，仍然对该著作存在着一种激情——一种内敛的激情，无论如何只有激情。如同达尔文的《生物起源》一样，西克里斯特收集了大量的证据，都支持一个令人惊讶、前所未有的普遍规律。像达尔文一样，西克里斯特在让读者知道作者对自己业绩的范围和重要性毫不含糊的同时，也对自己的研究声明有所保留。甚至西克里斯特著作的页面物理尺寸都与达尔文的一样。然而，读者不禁会问，为什么达尔文今天被尊崇为一位伟大的科学家，而西克里斯特——如果被人所知——却很可能被认为是一名傻瓜呢？

　　西克里斯特的著作名为《商业的平庸之道》（西克里斯特，1993），在其中他叙述和记录了一个惊人的发现——随时间推移的人类经济活动的行为规律。他所陈述的基本结论如下："在激烈竞争的商业行为中，平庸往往占上风……这个就是工业自由所带来的代价。"不仅平庸占据上风，而且他还发现事情正在越变越糟——美国商业实际上正在趋于走向平庸。西克里斯特的证据包括大量的工业时间序列。例如，他拥有从 1920 年到 1930 年间 49 家百货公司的利润数据，其利润衡量指标是净利润额或净损益额与净销售额之比率。他追踪了这些商店的财富状况，以观察这些商店的财富如何对应当初的经济成功或失败。因此，他把这 49 个商店分成大致相等的四个组——25％的商店提供 1920—

1921 年间最高的平均利润,25％的商店提供 1920—1921 年间最低的平均利润,
还有两个组(各占 25％)的平均利润处于中间水平(见图 8.1)。

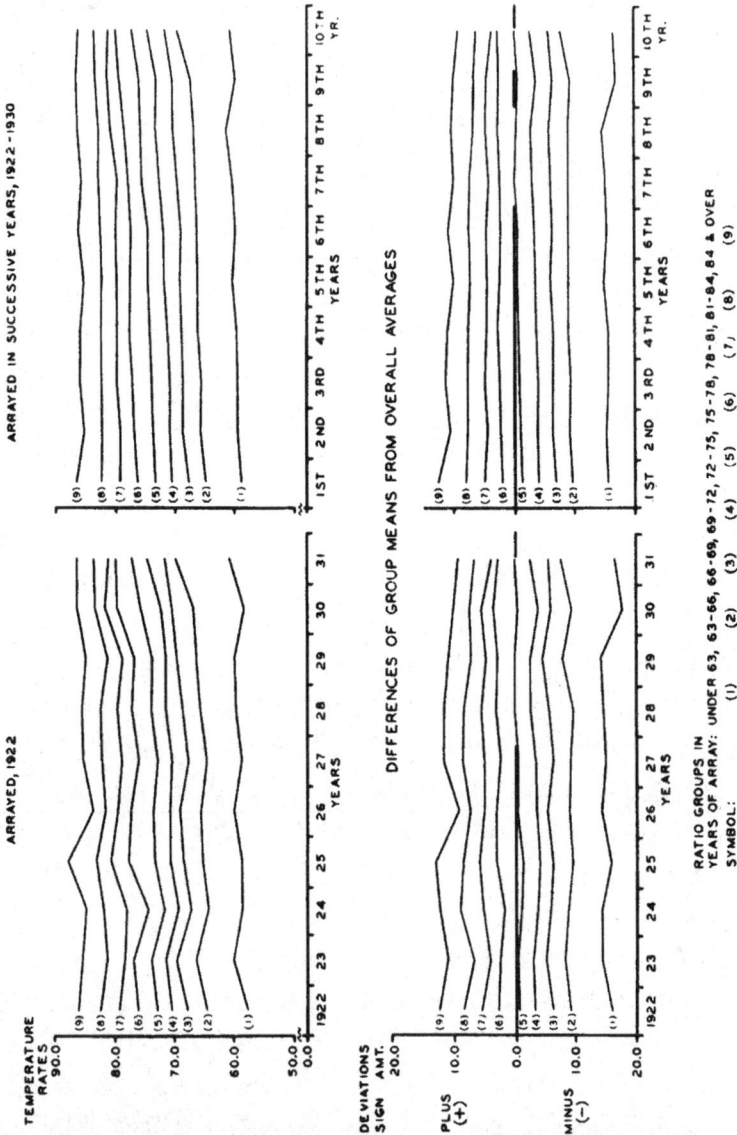

图 8.1　西克里斯特 104 张图中的一张,按几种方式分组和显示的 49 个百货公司的净
利润(或净亏损)与净销售额之比率。在左下角的图形中,商店根据其 1920—1921 年平均的
利润与销售额之比率分成相等的四组,并且这些组的平均值以及连续的、更多的分别比率在
减去全年平均值以后绘制在图中。注意向均值回归的倾向。(西克里斯特,1933,p.176)。

　　然后,他跟随着这些组——或者说这些组的平均值——随着时间的推移,发现了一个向总平均值收敛的明显趋势——趋于平庸。他想尽一切办法来看待、分析这些数据。这个现象并不是 1920 年的单个现象,每一组、从任何一年开始都存在这种走向平庸的趋势,并且组均值方差稳步下降。那些起初利润高于平均水平的商店其利润趋于下降,而那些起初利润低于平均水平的商店其利润趋于上升,并且更极端的组表现出更大的变动。西克里斯特引用了高尔顿曾在遗传研究中使用的术语来表示他的结论:"费用和利润都向均值靠近,或者用弗朗西斯·高尔顿爵士的话来表达就是'回归型'"(p. 3)。

　　这是一个了不起的发现,并且对国际经济的影响是显而易见的。但是,读者们可能会想,或许这只是一个统计事件? 或者是一个统计假设? 这些疑问也同样发生在西克里斯特身上,但他是一个认真严谨的研究者,这两个问题他都考虑到了。首先,这不单是只涉及百货公司的现象:西克里斯特从不同类型的企业中共调查了 73 个独立的序列,包括杂货店、五金器具店、铁路公司和银行等,得到的结果都是一样的——回归型是美国商界的一个普遍规则。但如何看待统计假设? 是否所有的序列——不只是经济序列——都以这种方式表现? 西克里斯特也考虑了这种可能性,但答案也是否定的。他研究了 191 个美国城市近 10 年七月份的平均气温,对它们进行像经济数据一样的分组,结果发现气温是稳定的——没有回归现象(图 8.2)。他写道:"尽管相对而言[温度]比率在某一给定的时间下非常离散,并且第一年与第二年之间呈现高度正相关,但不存在明显的回归趋势。"他的结论是,回归只有在受到竞争力支配时才存在,并且其结果受到人为的控制。

　　起初西克里斯特著作的社会反映是良好的。皇家统计协会对他的发现发表了一个简短的概述并且赞扬道:"没有人能够不对作者及其助手们的热情和顽强精神表示钦佩和敬意,他们最终完成了这样一项极其艰苦的任务。"(《英国皇家统计学会期刊》,1933,96:721—722)《美国政治和社会科学研究院年刊》(罗伯特·里格尔(Robert Riegel),1933)称赞该项研究工作"非常细致",并补充道,"这些结果使得商人们和经济学家不得不正视这样一个持续的,并且一定程度上有些悲惨的问题。"《美国经济评论》称赞这项研究工作"完全科学",并对西克里斯特的客观统计方法表示了赞扬,评论道,"这种方法是对那些把一个未经证实的假设叠加在另一个假设之上的频繁的理论讨论的可喜改变"。威尔福德·伊斯贝尔·金为这本书在《政治经济杂志》上发表了一篇评论,认为西克里斯特的这些图表似乎为所有的发现建立起了令人信服的有效性。他还补充道:"这本书以无可置疑的方式反映了一名辛劳的、持之以恒的、有思想的、为成功高度努力的杰出统计学家和经济学家,增强了我们关于竞争事实和理论的理解"(金,1934)。

但是当他读到《美国统计学会期刊》的评论文章时,西克里斯特的骄傲被粉碎了。该评论出自哈罗德·霍特林之手。与西克里斯特一样,哈罗德·霍特林也与芝加哥有关——他于 1920 年在芝加哥大学读书,并且在 35 年之后返回那里接受荣誉学位。

霍特林是文雅的,但是他在必定会被描述成毁灭性的评论中还是手下留情了。霍特林对回归现象给出了一个清楚明白的解释,一个西克里斯特不能清楚理解的现象——尽管他引用了高尔顿的论著,并且采用了高尔顿的术语。霍特林指出西克里斯特的结论即商业趋于稳定的平均水平,"如果就读者能自然理解它这个意义而言是正确的话,那将具有很大的重要性。"但在那个意义上并不正确。他写道:"如果(商业)企业按照时间序列最后一年的变量值来进行排列[代替序列的第一年],曲线将是分叉的。因此,根据同样的数据你可以证明它稳定,也可以认为它不稳定,这完全取决于个人的偏好。这种表面的收敛性是由分组方法造成的统计谬误。这些线图除了证明所讨论的比率存在漫游徘徊趋势外,别无意义。"(霍特林,1933)怎么解释 191 个城市的温度没有回归趋势?霍特林写道:"这仅仅说明城市不会到处游动,而商业比率却会不断变化。"如果确实存在收敛趋势,霍特林认为序列的方差就会随着时间的变化而递减,但实际上并非这样。

当然,霍特林在他的苛评中是完全正确的。现代读者可能更喜欢用分差的构成来解释,并且我们可以追加认为,如果西克里斯特所选择的一组城市是在同一地理区域而不是分散在整个国家,那么年度间气温的变异就不会被城市间气温的变异所掩盖了,西克里斯特也就会发现气温数据具有与百货商店数据一样的收敛性。在西克里斯特所包括的气候范围内,连续的气温序列之间的相关性是非常完美的,并且理所当然没有回归现象。但是,1933 年霍特林正在为美国统计学会的读者们写作,并且其技术观念应该有些不相称的了。就是这样,评论就是清晰阐述的一个模型,并且,如果你对这样的事情感兴趣,那么它也是对违规作者的经济处罚。

该评论肯定被所有读者所理解了,但一人例外。西克里斯特给杂志写了一封很长且充满感情的信,认为书评作者"完全错误",并且指责他对这本书的研读仅仅停留在表面上。霍特林提出的对序列(未分组)方差进行检验的建议,被认为"是一个与回归现象无关的收敛检验以及一个书评作者也极力反对的检验"而遭到拒绝。

西克里斯特的信以及霍特林的回复,被一起刊登在《美国统计学会期刊》上(西克里斯特,霍特林,罗蒂(Rorty),1934)。霍特林并非有所缓和,他写道:

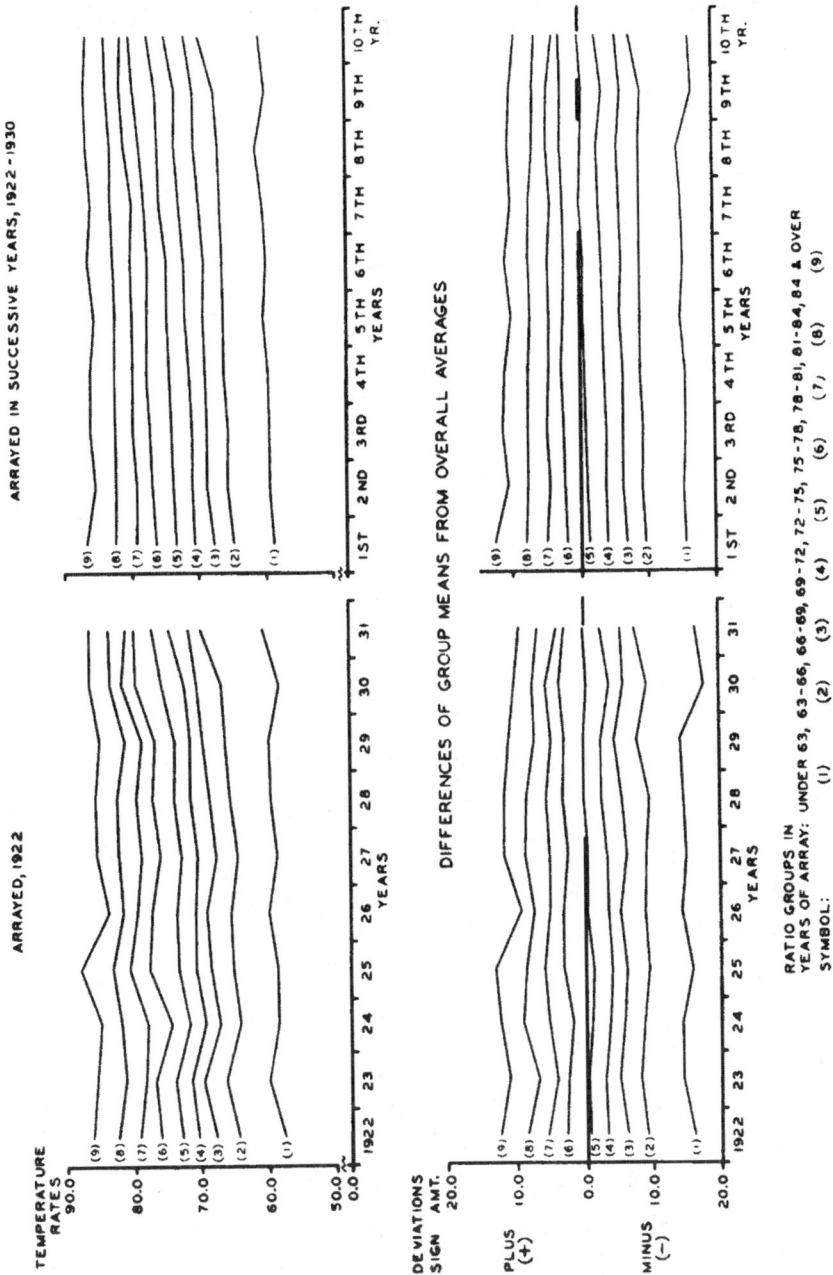

图 8.2 西克里斯特的温度数据。左下方的图形显示美国 191 个城市 7 月份的分组平均温度随时间变化的趋势,根据它们 1922 年 7 月份的气温按照四分法进行分组,并且减去了全年平均气温。注意其不存在向均值回归的现象(西克里斯特,1933,p. 429)。

如果在书的不同部分,普通的读者从不同的段落里发现这本书要证明的观点不同,其中一个理论观点很有趣但有错误,另一个正确但琐碎,那么评论家至少有义务对错误的观点提个醒。

西克里斯特作为声明的解释是——关于其书中明显有矛盾的多数地方——他从未打算表明单个公式具有收敛性,所指的仅仅是组的均值,现在霍特林却把回归作为统计的人为产物。霍特林是宽厚的,并且他以西克里斯特为例仅仅是因为条件期望方差(给出了第一年的数据)比无条件方差要小。但是如霍特林所说,这两个方差的比率始终是相关系数的平方——因此比 1.0 小。霍特林这样写道:

> 这个定理只需用简单的数学来证明,可以通过遗传、天文、物理、社会,以及其他现象来说明。通过对许多种商业的利润与成本之比率的、花费巨大且相当耗时的数值研究来证明这个数学结果,这就相当于为了证明乘法表而将大象排成行与列,然后再对其他种类的动物作相同的处理一样。这项工作尽管有趣而且具有一定的教育价值,但无论是对生态学还是数学来说,这都不是一个重要的贡献。

尽管霍特林的评价是正确的,但我还是想为西克里斯特辩护一下。西克里斯特的书是富有雄心的,陈述了一个重要的社会问题。尽管对他自己的成果兴奋异常,但是他并没有立即出版,而是跟达尔文一样,他检查了所有他认为有可能会出现歧义的地方,认真小心谨慎地对待每一处细节。他熟谙哲学科学,他采用那些哲学家们的教义以形成自己的方法论,特别是引用了约翰·杜威(John Dewey)和莫里斯·科恩(Morris Cohen)的思想。他对过于依赖理论显得小心谨慎,陈述他对一个"归纳系统仅仅或主要依靠演绎分析来形成原则感到不满意"(西克里斯特,1933,p. 28)。他也担心过于依赖归纳研究,坚持在出版成果以前必须要有大量的实证证据。他特别引用了约翰·梅纳德·凯恩斯的《关于概率的讨论》来支持他所采用的一般方法论。

西克里斯特在书的序言中告诉我们,尽管他自己承担该书研究的全部责任,但是在出版之前还是征集了 15 位美国统计学家和计量经济学家,以及 23 位欧洲统计学家和经济学家的评价与建议。在他请教的美国学者中,不仅有我们前面提到的美国统计学会的威尔福德·金和弗雷德里克·米尔斯,还有年刊的编辑哈利·克莱德·卡弗、生物统计学家雷蒙德·珀尔(Raymond Pearl)和博学者 E. B. 威尔逊(E. B. Wilson)。英国的那些学者,很多都是重要的经济学家,但也包括了统计学家约翰·威沙特(John Wishat)和乔治·G. 尤尔。我不禁要想,那些学者的回应是什么? 或许他们中的一位或是更多的人试图引起西克里斯特对回归谬误的注意,但实际上只是使他添加了高尔顿的参考文献以及增加他的"证明"(通过他的温度数据序列)以表明他的主要结论不是错误而已。事实上,在西克里斯特的书中几乎没有什么陈述确实是错误的,即使霍特林认为该书的总体印象就是完全错误的。

　　如果我面对的是一个阴谋论,那么我要多说一点。威尔福德·金与霍拉斯·西克里斯特的职业从一开始就纠缠在了一起。他们都是从威斯康星大学获得了博士学位,西克里斯特在 1911 年,金则在 1913 年,并且在 1917 年之前他们一直在一起教授统计学课程。两人都写了被广泛应用的统计学教材(金,1912;西克里斯特,1917)。1933 年,霍特林是这个国家最著名的数理统计学家,并且与《数理统计学年刊》关系密切。霍特林对西克里斯特的评论出现在 1933 年 10 月的年刊上,金立马就削减了年刊当月的补贴金。阴谋论者或许会认为数理统计学会的成立就是为了出版西克里斯特的书,但我不会做出这么鲁莽的判断。

　　我们从这件事中能得出什么教训呢? 我不会如此愚蠢地认为一个数理统计学家协会的存在就足以免除西克里斯特的不安。事实上,回归谬误是非常微妙的,它哄骗一位受过数学教育的人如同欺骗一位不懂数学的人一样容易(例如在 1922 年,弗里德曼讨论了两位著名经济学家最近所犯的过错)。但是,我一直认为,想要避免这样的陷阱仅仅依靠经验常识是不够的,数理统计学也是非常必要的。的确,1933 年以后的多元技术的发展与数理统计学家协会的发展紧密相关,使得西克里斯特的数据分析合适而有趣。我认为主要教训是,统计学要想得到很好的发展,就需要科学家们与数理统计学家们进行交流沟通。

　　数理统计学在 1933 年后有了非凡的发展。在那以前,《英国皇家统计学会期刊》每年都会发表一些关于数理研究的摘要,但到了 1933 年第一次发现,要准备这样的摘要仅仅依靠一个作者是不够的,至少需要三个。因此,杂志很快就被迫放弃了这一惯例。直到美国进入二战时期,萨缪尔·威尔克斯才在普林斯顿大学启动了这一项目,他的年刊成为了那时最重要的杂志。在戴明的邀请之下,耶日·奈曼在美国农业部举办了一场很有影响的讲座。到了 1940 年,数理统计学领域已经发展得相对成熟了。

　　当然,这不意味着关于数学在统计研究中应有作用的争议,以及基础研究与应用性工作哪个更重要的争议的结束。关于数学在统计学中的作用——事实上在所有科学中——的辩论已经超过三个世纪了。它是 17 世纪 90 年代苏格兰医生们讨论的热门话题(第十一章)。它也已经成为了美国统计学会主席演讲的主题。例如,伦纳德·埃尔斯(Leonard Ayres)在 1926 年的演讲中就曾抱怨新统计学的数学化倾向(埃尔斯,1927;布拉德在 1997 年引用)。这场辩论一直持续到现在,甚至在大学的会堂和统计学社团的会议室里,人们还会偶尔听到对数学的抽象性以及统计理论太偏离实际应用的抱怨。通常,哪里最需要,哪里的抱怨声最大。有时这些抱怨是合理的,但是他们容易忽略掉那些只有数学原理才能具备的优点。关于这个问题,我最欣赏的是弗朗西斯·埃奇沃思为了捍卫抽象的数学推理在经济学中的应用所做的陈述。埃奇沃思写道:"除非使用数学方法,不然他无法证明他的结论,这如同在铸块上铸有大量主权科学印记的常识一样,将需要一种无论境况有多么微小变化都能有所反应的测度,一种传播并使其流行的手段。"(埃奇沃思,1881,p.3)

统计学若想能够避免西克里斯特现象,统计学家们若想能够理解他们方法论的局限性和笼统性、在不同情形下的价值以及适应于其他领域的方法,那么所需要的不仅仅是数理统计学,对它的需要也肯定不会少。但无论如何,数理统计学家们不能自鸣得意,毕竟理论与应用的水乳交融才是至关重要的。

霍特林与西克里斯特的事件仅仅是 20 世纪数理统计学史上最小的一个片段。在这个事件或是随后的历史中,没有胜利者,也没有失败者。但是,当你怀疑基本理论对统计实践的价值时,最好想想西克里斯特和他的 140 张表与 103 个图,想想霍特林将大象按行列排列作为乘法表证据的那个比喻。

第九章　均值回归

回归。这是一个普遍的规律,任何一名特定男子或亲或疏的未知男性亲属,也许比他本人更普通。

　　　　　　　　　　　　　　　　　　　　　——弗朗西斯·高尔顿

均值回归是统计学的一个基本概念。只要被正确理解,这个观点就显而易见。然而尽管概念简单,但还是经常被误解,并一再成为分析中主要错误的来源,其中有些分析还产生了重要的政策影响,因此被冠以了"回归悖论""回归谬误"和"回归陷阱"等称谓。米尔顿·弗里德曼曾经写道:我怀疑回归谬误是利用经济数据进行统计分析时最常见的谬误(弗里德曼,1992)。这种观点也同样延伸到了其他利用多变量数据进行分析和制定政策的领域。

为什么一个简单的思想会导致如此多的非议?为了明白这一点,考察一下该思想的历史是十分有用的,因为如果被知道得更多,历史起源会呈现出多种有利于减缓各种混淆的解释。它的历史很短,而且看起来似乎也自相矛盾。当前很多关于"回归分析""应用线性回归"或是"多元回归分析"的文献,通常都是为了预定的目的去通篇验证最小平方法对于多变量数据线性关系的适用性。这些文献的基础至少可追溯到1805年的统计方法论,勒让德、高斯和拉普拉斯的研究论著,以及之前半个多世纪发展所预示的方法(斯蒂格勒,1986a)。然而回归这个称谓以及我在这里谈论的概念仅能回溯到1877—1885年那个时期,并且那些关于回归分析的类似文献也很少讨论这个概念。

回归的概念

回归可以被看作一种纯粹的数学现象,或者本质上是一个统计概念。首先,我们考虑如何对其进行语言的、几何的和数学的表达,尽管在回归概念产生之初就已经这样做了。

　　在语言表述中,我们考虑一种随时间变化的现象,获取同一个人或事物在两个不同时期的两个相关的测量值。例如,我们可以考虑同一个人的两次分开考试的成绩(分数)。假如其第一次考试的成绩非常高,几乎是班里面的最高分,那么我们猜测其下一次考试的成绩会如何?回归原理告诉我们,相对于整个班级的表现来说,他的成绩不会像原来的那样好。原因很简单:选择效应。第一次高分的出现正好是高度答题技巧(一种持久性因素)和高度幸运(暂时性因素)两个因素相混合的结果。第一次考分中答题技巧和运气这两个因素的相对作用要求通过测度来刻画,但是一般来讲,我们期望两者对第一次的特别结果(即最高分)同时产生贡献的事实却是直觉上可信的,甚至是显而易见的。在第二次考试中,我们则一般认为技巧这个持久性因素继续存在(所以具有持久性的意思)的同时运气这个暂时性因素却不再出现(所以具有暂时性的意思)。我们不认为第二次的运气是"坏运气",它甚至可能是好运气——在某些极端的情形下甚至比第一次还要好。但是运气这个因素不能期望其持续不变,并且平均来看就根本没有运气,即无所谓好运气与坏运气。所以我们经历了从"高技巧加上好运气"到"只有高技巧"这样一个净减少的变化,从而(考分)仍然好于平均水平但低于第一次水平。我们认为(当然不做保证)这是向均值的回归。如果第一次的得分很低,那么情况就会相反,即由低分向均值回归。

　　在几何学上,回归这个现象可以通过一个简单的图形来说明。图 9.1 是二元正态密度函数图,两个变量均已做标准化处理,而且相关系数是 0.5。这个立体图形,如果完整的话,那么图形表面与 X-Y 平面所围成的空间的体积为 1.0。但是下图只是被切割的一部分。首先,一个横截面切片是垂直于 X-Y 平面并且平行于 Y 轴的,与 X 轴相交于 $X = x > 0$ 的位置,这样可以看作前面提到的获得高分的情形。其次,该表面是一个与 X-Y 平面相平行的截面,这个界面的水平曲线(一个椭圆)与第一个切片的截面曲线(这个曲线实际上是在给定 $X = x$ 的情形下 Y 的正态密度曲线)是相切的。椭圆的主要和次要的轴线都已在图中显现出来了($Y = X$ 轴线和 $Y = -X$ 轴线),作为由原点通过两个曲线切点的直线。后面这条回归线是在给定 $X = x$ 条件下的条件期望回归线(这是显然的,因为它须通过给定 X 值时 Y 的条件密度分布的众数所在点,并且在对称正态分布中,众数、中位数和均值必须是一致的)。然后,回归现象可以通过对该图的清晰观察来理解,其中的条件期望回归线需要更靠近 X 轴而不是椭圆的主轴,因为第一个切面在主轴穿过的点上与椭圆相接显然是不可能的,除非椭圆坍塌成一条弧线。也就是说只有当相关系数为 1.0 时才能成立。因此,除非 X 与 Y 完全相关,否则就必然向均值回归。

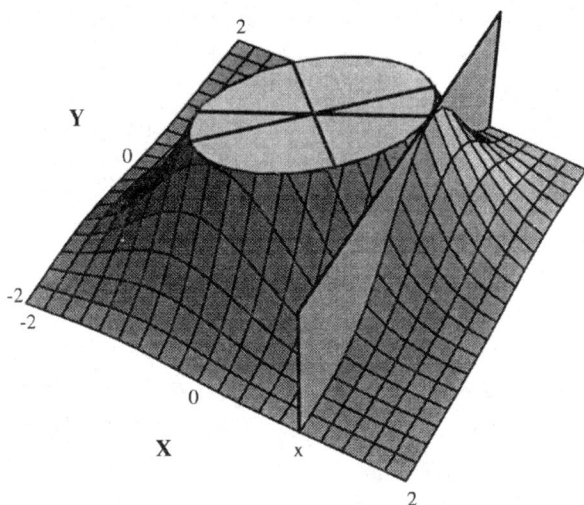

图 9.1 双变量正态表面:回归概念的几何阐释

从数学上看,有多种不同的,但本质上一样的方法来推导出回归现象。这在多元正态回归分布中最为常见,尽管回归的本质现象并不做这样的要求,但它确实提供了独到完美的推导。对于二维正态分布 X 和 Y,如果具有相同期望(即均值为 0)、相同方差 σ^2 和相关系数 ρ,那么回归现象就可以用数学形式表示为:

$$E(Y \mid X = x) = \rho x, E(X \mid Y = y) = \rho y$$

$$\text{Var}(Y \mid X = x) = \text{Var}(X \mid Y = y) = (1 - \rho^2)\sigma^2$$

需要强调的是,须把相关系数 ρ 理解为回归系数,而且由于 $-1 \leqslant \rho \leqslant 1$,所以除非 X 与 Y 完全相关,否则就有对 0 均值的回归和条件方差的下降。三种不同的数学方法在附录中进行了概述。

高尔顿与回归

弗朗西斯·高尔顿发现了回归现象。在统计学中很少有概念的演化进展明确地与某个人相联系。最小平方法、中心极限理论、卡方检验——所有这些概念都是通过许多人多年的探索才达到极致。回归这个概念同样也是通过多年的研究工作才达到完善的,但在这里却只是某一个人不断努力的结果。

这一思想之光在高尔顿 1869 年的《遗传天才》一书中就已初现。在该书中,他研究了一个家族杰出人才的延续路径,该书的绝大部分由一系列的天才以及与他们同样出众的亲属所构成——因科学成就而闻名的伟大科学家与他们的亲戚(例如伯努利家族(the Bernoullis)),以及具有音乐天赋的音乐家与他们的亲属(例如巴赫家族(the Bachs)),等等。尽管高尔顿对卓越的分类与评价也难免存在固有的任意性,但他还是指出了确实存在一个明显的卓越性稳步下降的倾向:在家族树中,某个因他的名声而使该家族被列入研究对象的伟大人物(例如,雅各布·伯努利或者约翰·赛巴斯蒂安·巴赫(Johann Sebastian Bach)),其之前或之后亲属的卓越性是下降的。这一点即使是对狗所做的研究也能得出同样的结论:"如果我们选择了一对强壮而且漂亮,但是血统不够纯正的狗,那么它们的后代很少会具有一样出众的体格,尽管不能完全排除这种可能性。它们通常是杂种的、无法归类的,因为祖代的各种独有特征都有可能在它们的后代中再现。"(高尔顿,1869,p.64)

1869年,高尔顿只给出了回归的一个大致的文字表述,他还无法用一个精确的方法来阐述如何将祖代特征的偶尔再现这种现象概括为一个理论。这个问题一直困扰着高尔顿,因此在1874—1888年期间他不断地探索思考这一问题,并且一点一滴地取得进展,最终在科学史上留下了不朽的丰碑。这段历程令人兴奋,涉及科学理论、实验学、数学、仿真学以及一个贯穿始终的经过深思熟虑的伟大实验,在这里我将对其进行概述。

1874—1877年期间,高尔顿针对这一难题展开了第一次探索:天赋与优良特性在后代偶发再现的几率趋向于减弱而非加强,其原因是什么?过程是怎样?他从来没有对人类天赋遗传这一领域失去过兴趣,只不过他早早地意识到了智力水平是没法简单地用一个广义的刻度和有效的实验来测度的,因此他转而依靠研究其他可测量的特性,特别是人的身高。此外,高尔顿还进行了一系列连续的实验以观测连续几代甜豌豆的豆粒直径长度。在进行这样一系列的实验过程中,他设计了一个非常好的实验装置,也就是高尔顿钉板,它的作用就在于模拟遗传过程以及为找到解决之道提供一个极为关键的视野。

高尔顿也曾为如何使误差标准理论与他通过实验观察和知道的实际结果相一致而感到困惑。误差理论认为,一个正态总体分布将由众多的微小随机误差累积而成,并且似乎没有其他方法可以解释这种无处不在的正态分布现象。高尔顿的豌豆实验和人类身高的测量都应证了阿道夫·凯特勒的早期理论:这个世界总的说来是服从正态分布的。然而,正如高尔顿所认识到的,这与遗传中有一些大的、重要的因素对误差产生作用的事实不相一致,天赋、身高、直径的遗传不是完全的,但这些特性确实在家族中延续着。高尔顿以及其他一些学者观察到的正态分布并非是微小随机因素的唯一结果,它通常是这些微小因素与那些影响遗传的大的、不变的因素调和的结果。

　　1873 年,高尔顿雇用一个手艺人为其制作了一个装置,称之为"梅花形排列"(又称高尔顿钉板)。这个装置是一块顶端有一个漏斗的木板,从漏斗口投放弹珠,通过一系列成行错位排列的钉子,最后落到底部竖立着的格子中。[1] 图9.2 左边的图形正是对应的图形解释。"梅花形排列"这一名字来源于与英国农业果树培育中的种植形状的相似性,这种形状之所以被称为梅花状是由于该图样由 4 棵树构成正方形,而第 5 棵树正好置于正方形的中央。高尔顿装置最初被用来解释大量微小随机因素如何产生一个近似正态分布。这就好比帕斯卡三角形的动力学版本:当弹珠从顶端向底部落下时,经过每一排钉子都会随机地偏左或偏右。倘若装置制造完美而且平衡,那么落在底部的弹珠就会形成一个图形轮廓,其中每一个格子里的弹珠数目与弹珠通往该格子的路径数目成正比。也就是说,每个格子里的弹珠数目与二项分布系数成正比,如果钉子的排数以及每排的钉子数都足够多,那么底部弹珠数目的分布是近似正态的。

　　高尔顿钉板演示了大量微小随机事件生成正态分布的方式。然而,高尔顿在遗传研究中发现的那些大的、不怎么随机的因素又会导致怎样的结果? 弹珠穿过梅花形排列实验的进展,使得高尔顿因为科学史上一个伟大的思维实验而具有一流的洞察力。我之所以称之为思维实验,是因为当高尔顿早期在许多地方描述如何使用高尔顿钉板来做实验的时候,并没有迹象表明他已经制造出了这一装置。尝试过制作这一设备后才发现,要制造出一个可以按要求完成实验的高尔顿钉板是非常困难的。高尔顿起初的设想是把钉板由中间部位分成两块钉区,并画出了草图,但是为了保证这个设计不会改变弹珠的最后分布形态,他又(在钉板中间部位)增加了竖直的隔条,以便弹珠向下横越隘口时不会发生偏离。高尔顿 1889 年画的图形正是图 9.2 右边的图形,他对该思想的图解与1877 年的相同。[2]

　　很显然,借助这些竖直隔条来引导入口并不会对底部弹珠的分布产生影响。高尔顿于是又构想在豁口的臀部增加一个隔条,并把隔条做成像底部一样的第二个分隔间。这又会有什么样的影响呢? 显而易见,这样做的目的都是缩短钉板的长度。伴随着横越较少排数的钉子,弹珠的分布仍然与正态相似,但比之前显得更为集中。如果高尔顿接着从中间的一个格子里投放弹珠,那么我们可以期望在格子的底部也立即出现一个小的正态分布。余下的格子,如果一格一格分别进行这样的弹珠投放,那么从每一个格子落下的弹珠都会生成它自

---

[1]　原始机器的图片在斯蒂格勒的作品中(1986a,p. 277)。

[2]　相应的图片斯蒂格勒有复制(1986a,pp. 278—279)。

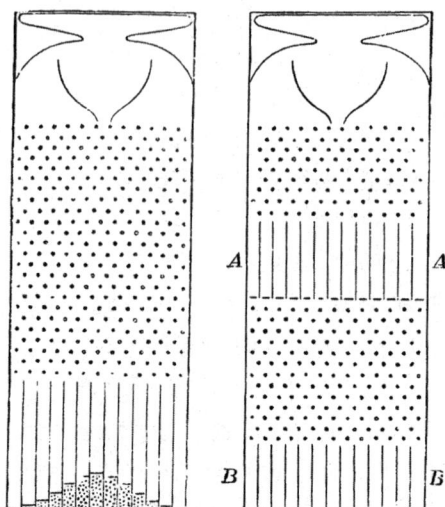

图 9.2　高尔顿梅花形排列示意图，来自于高尔顿

己的小的正态曲线。那些靠近中心格子的正态曲线要比两端的大，这是因为经过梅花形的第一阶段会有更多的弹珠集中于中间的格子。并且当所有格子都投放时，其结果——所有小型正态曲线的综合——就好像弹珠在下落过程中未曾有过任何障碍一样（译注：意思是形成一个最终的正态分布）。

　　高尔顿的构想展示了如何分解正态世界的各个部分，而各个部分又能帮助我们追溯从起初到最后各阶段的弹珠落位。这一装置很好地模拟了他在遗传学研究中所观察到的现象。这些近似同质的轮廓线可以看作源自上一代的混合体。的确，高尔顿的思维实验可以被看作一种模拟，用来验证正态曲线的正态混合仍然会是正态分布这一数学理论（即使是离散的情形也成立，具有相同 p 值的二项分布的卷积仍然是二项分布）。你甚至可以这样看待回归现象：弹珠由中央部位落下的期望落点正是起点的正下方，但是底部弹珠的最初下落位置又是怎么样的呢？显然是向着中心靠拢，因为更多弹珠的下落起始位置是在中心而非远处。

　　有了梅花形钉板的思想，高尔顿后来的相关表格也就有了全新的含义。例如，在表 9.1 中的右手栏，"成年子女合计数"显示的分布就如同梅花形装置中间部位格间的弹珠分布，每一行对应的计数与小的正态分布相对应，最底部一行的"总数"则显示出梅花形钉板所生成的最终分布轮廓。

　　早在 1877 年，高尔顿就已经开始用数学形式来聚集他的这些观点。他根据经验观察到了向均值"回归"的趋势，并将其命名为"r"。根据他的标记，假如

$c=$ 第一代分布的离散度(本质上就是标准差)，$d=$ 第二代分布的离散度，$v=$ 后代分布的离散度(小型正态分布曲线)，那么由于第二代个体的位置是回归父代的平均位移(称为 rz，其中 z 表示的是第一代的位置)及其偏离位置的随机离差的算术结果，所以这些离散度可以用公式 $d^2 = v^2 + r^2 c^2$ 来表示。可是为何其回归形式是线性的 rz？为何总体分布会保持稳定，也就是说什么样的机制使得 $d=c$？

表 9.1　高尔顿相关系数表之一

双亲中值身高(英寸)	成年子女身高														成年子女总人数	双亲中值总人数	中值
	<61.7	62.2	63.2	64.2	65.2	66.2	67.2	68.2	69.2	70.2	71.2	72.2	73.2	>73.7			
>73.0	—	—	—	—	—	—	—	—	—	—	—	—	1	3	4	5	—
72.5	—	—	—	—	—	—	—	1	2	1	2	7	2	4	19	6	72.2
71.5	—	—	—	1	3	4	3	5	10	4	9	2	2	—	43	11	69.9
70.5	1	—	1	—	1	1	3	12	18	14	7	4	3	3	68	22	69.5
69.5	—	—	1	16	4	17	27	20	33	25	20	11	4	5	183	41	68.9
68.5	1	—	7	11	16	25	31	34	48	21	18	4	3	—	219	49	68.2
67.5	—	3	5	14	15	36	38	28	38	19	11	4	—	—	211	33	67.6
66.5	—	3	3	5	2	17	17	14	13	4	—	—	—	—	78	20	67.2
65.5	1	—	9	5	7	11	11	7	7	5	2	1	—	—	66	12	66.7
64.5	1	1	4	4	1	5	5	2	—	—	—	—	—	—	23	5	65.8
<64	1	—	2	4	1	2	2	1	1	—	—	—	—	—	14	1	—
总数	5	7	32	59	48	117	138	120	167	99	64	41	17	14	928	205	—
中值	—	—	66.3	67.8	67.9	67.7	67.9	68.3	68.5	69.0	69.0	70.0	—	—			

来源：高尔顿(1886)，p.68

注："双亲中值"是父亲母亲身高的平均值，后者按比例提高 1.08 倍

对于这个答案($d=c$ 是总体分布稳定性的必然结果)，高尔顿直到 1885 年才发现。当时，他受到表 9.1 之类表格的启发，并得到剑桥数学家狄克森(J. H. Dickson)的些许帮忙，终于写出了完整的二维正态分布表达式。高尔顿在他 1889 年的《自然遗传》一书中对这个表达式进行了总结和详细的阐述。他的讨论包括了回归的几何解释以及像附录(3)的数学公式(可以理解为对梅花形钉板运行机理的描述，其中 $X=$ 还原的第一代人的位置，$Z=$ 子代对父代的位移)，等等。高尔顿意识到有两条回归线存在。他甚至还描述了兄弟关系的方差因子模型，并且讨论了如何估计方差因子。在《自然遗传》问世的时候，高尔顿正思考着人类物理学和法医学中的一些问题，指出当两个变量都表示成标准单位时，这两条回归线有着同样的斜率，他建议采用该斜率(将之命名为相关指数)来衡量相关关系的强弱。他把相关系数同时解释为回归系数和现在我们所称的组内相关系数。(斯蒂格勒，1989a)

对回归现象的理解

公平地说,高尔顿在 1889 年就对回归概念有了清晰的理解。他并没有借助我在本文中用来进行概念讨论的全部数学工具,但他所给出的书面讨论却抓住了所有这些不同公式的本质,并且他的数学思想至少在附录(2)和(3)中得到了反映。回归不再只是简单的经验观测,而已经是数学的推论。高尔顿写道:"不管初看之下有多么似是而非,但在理论上它确实是一个不争的事实,并且通过观测得到了验证,即整体上看成年后代的身材要比父代显得更为均匀。"(高尔顿,1889a,p. 95)

关于如何最优估计所讨论问题的系数——相关系数和二维正态分布的参数,后来被埃奇沃思和 K. 皮尔逊所解决。不过高尔顿对这个概念的理解即使在今天也是正确的。高尔顿天真地假设如果数据是连续记录的(不是仅仅只有两个),那么回归必然继续存在,甚至是同斜率的。卡尔·皮尔逊称其为"高尔顿遗传法则",他似乎并不赞同在第一代之后仍然保持的回归现象需要如此特殊的假定(约翰·内塞尔罗德(John Nesselrode),斯蒂格勒和保罗·巴尔特斯(Paul Baltes),1980)。在传达对这一概念的理解方面,高尔顿做得怎样? 如果用这样一种方式来判断——高尔顿的理解被 100 年以后的读者所接收,那么答案是他做得非常好。高尔顿以其出众的智慧、透彻的洞察力和清晰的头脑,用我们可以理解的词汇把他的理解清楚地表达了出来。但这并非被提倡的标准。他同时代的人又是如何理解他的信息呢?

统计学家们的理解通常都一致地好。埃奇沃思和皮尔逊着手进一步发展回归的数学表达的工作,朝着多元回归和相关关系最优估计方法的方向前进。1901 年,鲍利撰写了第一本涵盖最新统计方法的英文教材,其中有一章是关于二维正态分布的数学表达式,以及关于条件期望的两条回归线。然而,如果有读者因为认为回归研究的首要问题是其演进过程而不同意鲍利的论述,那么我们应该予以谅解(鲍利,1901,pp. 316—326)。乌迪·尤尔在他具有较强影响力的著作中,自第 1 版起就对两条回归线进行了全面的解释(尤尔,1911)。至少,约翰·杜威作为高尔顿早期的一名具有洞察力的评论者、一位哲学家,特别关注回归现象,他甚至依赖于对固定人群的有效观察,撰文指出回归现象在财富继承中可能并不存在:"就像任何利润表所表明的一样,财富继续产生财富的趋势,和极端贫困会导致下一代陷入更深贫困的趋势,或许会有悖于向平均值回归法则的实现。"(杜威,1889)。当然高尔顿或许可以做出这样的回答:即使那样,法则也应该保持标准化的单位。

然而,作为一种容易被危险误解的现象,对回归的一般理解仍然存在明显的局限。韦尔登,一名自身对高尔顿信息有很好理解的人,在1905年的一个演讲稿中写道:

> 他的回归现象……并没有被普遍理解……少数尝试采用高尔顿方法的生物学家,都在理解他所要采用的方法时遇到了困难,我们不断发现回归是生物体的一个奇怪的性质,在从父代向子代传递的过程中,由于变异强度的减弱,整个种族可以保持纯正的类型。对那些简单地认为子代的平均离差比父代少的人,这个观点似乎是可信的。但是如果这些人能够记住父代对子代也有回归这样一个同等明显的事实,以致那些异常子代的父代其异常性总体上没有子代严重,那么他们就会要么把回归性质归因于子代能够减少父代异常现象这样一种重要的特征,要么就会重新认识他们正在讨论的这个现象的真实性质。(斯特朗(Strong),1906,pp. 106—107)

在韦尔登文章发表后的数十年内,情况没有发生改变。但在尤尔之后,回归成为了教科书中的一个主题。它的数学形式被认为能够很好地被数理统计学家们理解,而对于应用统计学家们来说,如果他们真正懂的话,要么认为它是最小平方法的应用,要么认为它只是一个生物过程。"回归"这个概念很快就成为一个古老的词目,经常在生物学中伴随着一个关于其根源的简单解释,但在其他应用领域却没有贴切的相应说明。1924年,经济统计学家弗雷德里克·C. 米尔斯写道,"正如上所说,这个词语现在已被广泛应用,尽管它的最初含义在很多应用领域都无关紧要。"(米尔斯,1924,p. 394)

所以,回归对于粗心的人来说是一个陷阱,并且人数众多。最引人注意的一位统计学家掉入陷阱的例子发生在1933年,正如在前面章节中详细讨论的,西北大学的教授霍拉斯·西克里斯特不经意地就这个主题写了一本书——《商业的平庸之道》。尽管他知道高尔顿的著作(他引用了高尔顿的实验,使用了高尔顿的术语),尽管他在前言中列出了一些统计权威,如卡弗(数理统计杂志的编辑)、雷蒙德·珀尔、E. B. 威尔逊、鲍利、约翰·威沙特(John Wishart)和尤尔等提出的"有帮助的批评",但西克里斯特还是犯了一个大错。尽管这些统计学专家非常明白西克里斯特的著作是不准确的,但并没有证据表明他们成功地阻止了他所犯的愚蠢错误(虽然他们已经在他的书中发现了问题)。在众多的评述中,只有霍特林注意到了其中的谬误。

　　尽管由于西克里斯特的错误受到了霍特林的公开严厉批评,从而人们会认为这将唤醒一代社会科学家认识到隐藏在其中的危险,但事实并非如此。教科书并没有改变讨论这个话题的方式,即使对该话题的认识在提升,也很难发现有明显的改变之处。从 1933—1934 年期间西克里斯特与霍特林的争论,到 1956 年艾伦·沃利斯(W. Allen Wallis)和哈里·罗伯茨(Harry Roberts)出版一本对回归有深入透彻描述的教科书(沃利斯和罗伯茨,1956,pp. 258—263),这二十多年的时间里我只是看到了最简单的知识。R. L. 桑代克(R. L. Thorndike)(1942)在心理测量学上所发表的文章是个例外。与霍特林的观点类似,桑代克的文章是对文献中错误观点的一种反映。尽管桑代克开始并不承认(即"这篇文章的目的并不是展现任何闪光的统计理论"),但他明确希望他的理论对很多读者来说是新的。他只提到了一名批评者——来自爱荷华州立大学的心理学家克利西(Crissey)——但他说道:"我选择这个例子没有恶意,我本应该选择其他一些人。"在这二十多年间,更普通的惯例就是那些教科书,例如肯德尔的连续修订版,在不断重复那些早期材料的同时又加入了一些最近的参考资料和强化了的数学。

　　甚至 1956 年以后,当这个话题吸引更多的关注时(或许受到了沃利斯和罗伯茨的影响),错误还在继续。1970 年,政治经济学家 A. O. 赫希曼(A. O. Hirschman)(他大概没有阅读霍特林的观点,对回归现象显然是一无所知)引用了西克里斯特的书,写道:"霍拉斯·西克里斯特的一项早期的、完全被遗忘的关于某一主题的经验式工作,拥有一个有意味深长的题目《商业的平庸之道》……这本书运用详尽阐述的数学证明了,经过一段时间之后最初具有较高执行力的公司平均来说会逐步退化,而一些原来执行力较低的公司则会有所改进。"(赫希曼,1970)一些作者虽然知道了这个问题,但仍然陷入其中(见弗里德曼,1992,关于其中两个问题的讨论)。其他一些知道这个现象但并不真正理解它的研究者,因为受到了某种错误幽灵的惊吓而导致了另一种错误。至少有这样一个例子(斯蒂格勒,1979),研究人员是如此地担心陷入谬误以致引入了所谓的"回归效应"校正,然而这不但没有必要,而且还产生了错误的结果。

　　回归谬误的一再出现,是对其敏感性、表面上的简单性,以及(我推测)回归这个词汇在描述用最小平方法拟合曲线、直线、平面方程时被广泛应用的一种证明。研究者们之所以会犯错,是因为他们自以为了解回归,而事实上他们从未完整理解高尔顿概念的意义。历史表明,这种情况不会马上改变。高尔顿的成果是统计学史上最引人注目的成就之一,同时也是需要每一代人去重新学习理解,并且似乎从不会失去其让人好奇之魅力的问题之一。

附 录

三个不同、但实际等价的关于回归现象的数学表达式如下：

(1)如果两个服从标准正态分布的随机变量 X 和 Y 之间的相关系数为 ρ，联合密度函数为

$$f(x,y) = \frac{1}{2\pi\sqrt{(1-\rho)^2}} e^{-\frac{1}{2\sqrt{(1-\rho^2)}}(x^2+2\rho xy+y^2)}$$

然后，经过一些代数变换，可得到 $X=x$ 时的 Y 的条件密度函数为

$$f(y \mid x) = \frac{f(x,y)}{f_X(x)} = \frac{1}{\sqrt{2\pi}\sqrt{(1-\rho^2)}} e^{-\frac{1}{2}\left(\frac{y-\rho x}{\sqrt{1-\rho^2}}\right)^2},$$

我们将它看成一个服从 $N(\rho x, 1-\rho^2)$ 分布的随机变量的密度函数。因此，当 $X=x$ 时 Y 的条件期望是 ρx，它表示当 x 趋向于均值 0 时的回归。

(2)上述的动态描述可以用数学形式表示为

$$X = S + E_1,$$
$$X = S + E_2,$$

其中 S, E_1 和 E_2 相互独立，S 是常数，E_i 是变量。讨论的最简单形式是假设 S 与 E_i 具有相同的分布，$E(S)=0, E(E_i)=0$。然后有

$$\begin{aligned} E(X \mid Y=y) &= E(S+E_1 \mid S+E_2=y) \\ &= E(S \mid S+E_2=y) + E(E_1 \mid S+E_2=y) \\ &= E(S \mid S+E_2=y) + E(E_1)（根据独立性） \\ &= E(S \mid S+E_2=y) \end{aligned}$$

但是 $y=E(S+E_2|S+E_2=y)=E(S|S+E_2=y)+E(E_2|S+E_2=y)=2E(S|S+E_2=y)$，并且有 $E(X|Y=y)=0.5y$。这个论证不需要标准化，甚至不存在二次动差，尽管存在相关性，但我们可以与(1)一样假设 $\rho=0.5$。

(3)一个不同的方法是不需要标准化变量，但要求连续型，表现为条件分布形式。假设 X 服从正态分布 $N(0,c^2)$，$Y=X+Z$，其中 Z 服从分布 $N(0,b^2)$，与 X 相互独立，那么 Y 服从 $N(0,b^2+c^2)$，X 与 Y 的相关系数为

$$\rho = \rho_{XY} = \frac{c^2}{\sqrt{c^2(b^2+c^2)}} = \frac{c}{\sqrt{b^2+c^2}}。$$

很明显，对于给定的 $X=x$，Y 的条件期望就是 x；那么当 $Y=y$ 时 X 的条件期望是多少？找出 X 与 Y 的联合分布并且进行如上(1)中的推导，我们发现 $E(X \mid Y=y)$ 不等于 y，而是等于

$$\frac{c^2}{b^2 + c^2}y。$$

显然,该值更接近于均值 0 而不是 y。$E(Y \mid X = x)$ 等于 x 的事实(而不是如同它自身趋向于 0)提醒我们,只有当变量是标准化的、具有相同方差时,向均值回归才是正确的。如果我们重新假设 Y 具有与 X 一样的方差,即 $Y' = \rho Y$,那么 $E(Y' \mid X = x) = \rho x$,$E(X \mid Y' = y) = \rho y$。

第十章　心理学中的统计概念

　　统计学与心理学长期拥有着密切的联系——有时不仅密切，而且两者常被联系在一起，无法分开。那种联系具有非同一般的特性，其历史根源可以追溯到 19 世纪，对特定历史联系的了解可以帮助我们更深入地理解目前的应用。我计划从一个奇妙的历史问题中来考察这种联系的本质。

　　众所周知，统计学方法——我所指的是以概率论为基础的模型与推断统计方法，出现在 1860 年古斯塔夫·费希纳（1860）所撰写的心理学著作中（埃德温·博林（Edwin G. Boring），1961；斯蒂格勒，1986）。可以肯定，在费希纳之前一定有一些先行研究者，但大多数历史记载表明：1860 年是现代统计学开始在心理学中应用的标志。19 世纪 80 年代，随着赫尔曼·艾宾浩斯（Hermann Ebbinghaus）关于记忆研究著作的出现，该方法的应用取得成功并被接受已毫无疑问。现在我想要指出的是：那些日期距今至少已有 20 年、更可能已有三四十年了，是一个经济或社会发展可比较的阶段（拉扎斯菲尔德，1961）。所以我想问，这个时间为什么会滞后？为什么心理学领域会比那些历史更悠久的领域更早地认识统计方法这个新的技术？

　　一个具有诱导性的答案，并且我猜想一个对心理学家具有吸引力的答案，就是心理学家比经济学家更聪明这样一个简单的事实。但这个解释除了在科学史上站不住脚之外，还会导致不易被接受的推论。比如，天文学家早于心理学家 100 年就开始使用统计方法——难道能说天文学家比心理学家更聪明？另外统计学出现在心理物理学领域要比在教育学领域早，难道据此就可以认为生理心理学家优于教育学研究者？当然不可以。

　　我当然有我的答案，而且马上就会告知，但在这之前，为了让它显得更有道理，我先后退一步提出一个问题：如果不考虑天文学家本身的智慧，是什么使得天文学领域这么快地应用统计方法？

　　统计方法在天文观测中的应用在 18 世纪后半叶有所进展，并与 19 世纪数学上的概率论联系起来。这其中的一位重要人物就是皮埃尔·西蒙·拉普拉斯（1749—1827），另一位是卡尔·弗里德里希·高斯（1777—1855）。其中的贡献之一就是行星运动的牛顿学说,还有一些用统计理论研究的关于守恒理论的问题。例如,木星在一个椭圆轨道上绕太阳运动,那么这个椭圆轨道的协同系数是什么? 如果考虑到土星的引力作用,结果会怎样? 如果把恒星作为参照背景来考虑行星和彗星的运动,5 位天文学家观测同一恒星却得出不同结论,这又将如何解释呢?

所有这些问题的重点、整个设计的关键就是牛顿学说理论。如果一个天文学家在 19 世纪 20 年代借助于统计方法,他最能采用的方法是最小平方法,那么毫无疑问,在他的意识中他所要研究的对象是具体的、明确的、客观的,是独立于其观测之外的事实,是遗传于无法动摇的牛顿学说大厦的、名副其实的柏拉图(Platonic)式的现实。整个 19 世纪关于误差的理论可以表现为如下这个式子:

观测值=真实性+误差。

没有一个客观值,这样的一种分解是不可行的。怎么区分误差和真实值? 我或许会被吸引去尝试这样的分解,但是按照我所理解的目前流行的术语,一个现代的分解式更可能把观测值与真实值分开,从而否定了(直接)识别误差这种做法的可能性。

带着一个具体的明确目标,换句话说,就是探索天文学或牛顿学说的“真理”,其途径就是可以广泛使用的概率推断。误差的概率分布可以进行假设与估计,观测值可以用最大似然估计或最小平方法进行处理,并且结果的性质是明确的。我将对这种情况与一个世纪以后经济学家们自己的发现进行对比。假设我们想要测定加利福尼亚和澳大利亚黄金开采量对世界价格水平的影响(正如威廉·斯坦利·杰文斯在 19 世纪 60 年代所做的)。你可以收集“之前”和“之后”在世界贸易中一系列重要的不同商品的价格数据。但是在当时你如何提出有力的论据,对胡椒与钢锭(价格)进行平均? 如何把对经济产生不同重要影响的完全不同的商品综合成一个指数? 该指数被认为是对如同恒星位置或土星运行轨道一样的(经济)情况的一种估计。杰文斯确实平均了这些数量,但是只使用了大量的替代品,并且他没有使用概率的方法来测定结果的不确定性。他是如何定义那些他不确定的对象? 可能亚当·斯密(Adam Smith)是经济领域的牛顿,但在价格的变动中并不存在平方倒数法则。

心理学家将会对杰文斯的问题给予特殊的同情——对于任何时候人类的分组或考试成绩的分组,或者,在元分析的今天,关于教育干涉问题研究的集合,任何时候一个将被综合到一个通常的分析中去、由不同测度构成的组必然会面临这样的问题:目标是什么? 什么是我正在做出的估计? 对于这个问题是有答案的,但这个答案既不在恒星中被发现,也不在天文学家的答案中。但我正在超越这个故事。我不得不问,这些花费了经济学家们额外三四十年时间的统计方法,19 世纪 60 年代的生理学家们是如何想到去使用的? 像天文学家们所面临的问题一样,心理物理学家们所面临的涉及敏感度测量、反应时间、记忆力的问题是什么? 最简短的回答是:毫无意义,问题一点也不同。即使心理物理学早期的一个著名"法则",即把知觉与紧张程度的对数联系起来的费希纳法则,也不同于从理论中分离出来的牛顿法则,而只是一个中等适用的经验总结,并且这是一个费希纳没有使用概率论进行研究的心理学领域。那么答案到底是什么呢?

　　为了明白到底发生了什么,以及心理物理学家们如何发明出一个万有引力定律的代替品,让我们先来看一项 19 世纪心理学界最精心设计和最有影响力的观测研究,一项由美国哲学家查尔斯·S.皮尔斯于 19 世纪 80 年代完成的观测研究。当时皮尔斯是社团主席约翰斯·霍布金斯(Johns Hopkins)所在系的一员,不久,显然由于(至少部分)该主席不赞成其插手他的婚礼而被解雇。我认为皮尔斯是那个世纪美国最伟大的两位科学思想家之一(另一位是物理学家威拉德·吉布斯(Willard Gibbs)),但他却是一个很奇怪的人,他对于任何教育理论来说都是门外汉。他所接受的教育主要由父亲在家里完成,他父亲是哈佛大学的一名数学教授。年轻的皮尔斯去了哈佛,但完成学业并不出色,在 91 人中列第 79 名。据说他有一套非常奇怪的自我检测方法——他的两只手都很灵活,用左手写出问题的同时用右手写出回答。人们认为他是一位出色的哲学家,是实用主义之父。这个名称之后被威廉·詹姆斯(William James)盗用了,但同时也是一名物理学家、制图师、数学家、心理学家。

　　我所要说的实验是在 1883 年 12 月到 1884 年 1 月间完成的,其中包括费希纳率先完成的一个版本,即对于提起物体重量感知的正确或错误判断的方法的应用(皮尔斯和约瑟夫·杰斯特罗(Joseph Jastrow),1885;斯蒂格勒,1978c)。事实上,我可以使用费希纳的论著来表达我的观点,但皮尔斯的方法能提供一个更清楚且具有戏剧性的观点。

　　我将在这里简单地描述已经实验过的、正确或错误判断(物体重量)的方法。一位实验对象面对两个看上去完全一样的箱子,区别只是一个箱子包含单个重量 D,另一个箱子则包含重量 D+P,P 的重量小于 D。实验对象先提起一个箱子,然后提另一个箱子,再判断哪个箱子更重一些。对于不同的 D 和 P,以及其他一些条件的变化(包括左手与右手、先提重箱子与先提轻箱子、早上与晚上,等等),判断正确与错误的结果被制成表格。这大致上就是费希纳的实验。

　　皮尔斯走得更远,试着挑战费希纳的一个思想。费希纳曾经假设,尽管人的感知程度会随着刺激程度的增加(译注,即 P 的增加)而增加,但存在一个极

限值(译注,即 P 值),低于该极限值就不会有任何感知。他把这个极限值称为
"刚刚能感受到的差异"。在提起重量实验的背景中,费希纳认为,随着 P 重量
的增加,正确判断的次数也会增加,但对于每一个基础重量 D 和每一个实验对
象,都有一个极限值 P。如果 P 值非常小,将会没有感觉,做出正确判断与错误
判断的机会就趋于相同。如果重量 P 值低于刚刚能感受到的差异,那就等于与
0 没有差异。但皮尔斯并不买账。

我已经旁敲侧击说了很多,绕开了这个问题:是什么问题导致了天文学
家们采用统计处理的方法来进行分析,并且与经济学家们面对的问题不同?
答案是简单的:实验设计。首先是实验设计的可能性——科学家控制条件、
提炼假说和提出能有鲜明答案的特定问题的能力。仅就这一点,实验心理学
家就与经济学家有很大的区别。其次是心理学家们利用有利条件提供牛顿
学说根基之新奇替代品的灵活性。让我们返回皮尔斯的工作,在那里这点显
得最为清楚。

皮尔斯想测量出极其微小的敏感度,即对微量增重的感觉能力。他想了
一个很好的办法:盲随机实验。为了消除例如先提起哪个物体、如何安排重
量、实验对象是否知道哪个是哪个等因素带来的偏差,皮尔斯与助手约瑟
夫·杰斯特罗一起进行了实验,后者在后来的心理学领域也取得了出色的成
果。皮尔斯使用了一个明确的装置来保证重量摆放、出现顺序的随机性。为
了实现这个目的,皮尔斯准备了一副类似纸牌的特殊卡片,由他自己或杰斯
特罗洗牌后从中选择一张卡片,准备物体,另外一位不知情的人则为实验
对象。

提到随机实验通常会与半个世纪后的罗纳德·费雪的农业实验联系起来,
但毫无疑问皮尔斯非常清楚他在做什么以及为什么这么做,他的所作所为与费
雪是一样的。皮尔斯写道:

> 依靠这些烦琐的设计可以在保证实验速度这个主要目标的同时,
> 避免一些关于实验者可能选择的变化的心理猜想。这种实验方式稍
> 显不足的是产生于长时间过程的一种特殊变化,这种变化可能会偶尔
> 随机产生,可能会影响实验对象的意识。但是显而易见,比起如果实
> 验对象知道可以采取某种方法来预防实验时间的长度所带来的影响,
> 这点欠缺是微不足道的。(皮尔斯,杰斯特罗,1885,p.80)

在其他更具哲学意味的表述中,皮尔斯认为归纳的可能性取决于如下随机性:

　　　事实是,归纳的依据是从一个总体中随机选择的一个样本。样本是随机的,即使它由某种机械的、人为的或心理的方式决定,在反复的抽取中每一个个体被选中的概率是一样的。(皮尔斯 1957,p.217)

　　我们认为皮尔斯用随机性来产生一个人为的基准,如同牛顿物理学中理想的守恒定律一样被理解、被解释。如果费希纳的观点是正确的,刚刚能感受到的差异是存在的,那么皮尔斯的方案将保证对如此微小重量做出正确判断的概率是 1/2。这就是人为产生的结果,但就像恒星的位置一样是真实存在的,它成为了皮尔斯随后进行实验结果显著性与差异性概率计算的基础。

　　关于费希纳自己的实验我要赶紧补上相同的观点,尽管它并不太有力。费希纳并没有考虑随机化,但他专注于较大的差异。按照他自己的观点,尽管他的实验没有像皮尔斯那样基于微小的差异水平或形式,但实验结果一样地好。费希纳关于实验条件的控制,以及之后的一些心理学家例如穆勒(G. E. Müller)、冯特和艾宾浩斯所创造的人为实验基准和框架,使得统计观测变得可行。从那以后,心理学的发展就完全不同了。

　　皮尔斯发现了什么？或许你会期待他在实验对象上发现了比费希纳更加精细的知觉敏感度。敏感度非常精细,毫无疑问,这要归功于他的实验设计。皮尔斯的观测研究被认为是实验心理学上实施最认真、解释最详细的范例之一,也包括其他一些优点。比如,他让实验对象在每一次实验中记录下其对猜测结果可信度的估计。他发现他们的估计结果随着回答记录的差异而变化,并且都是正确的,这是一个标志性的早期出现的记录差异,作为由经验确定的关于必然事件的计量。概括皮尔斯从他自己发现中得出的信息,我们的敏感度其实是极其细微的,但我们却未有意识地认识到它们,皮尔斯写道(带有一点点 19 世纪的性别歧视):

　　　这一普遍事实具有重要的实际意义,因为它使我们有新的理由相信,我们能够在很大程度上从微弱到几乎不被察觉的感官中收集每个人的所思所想,并且这一事实不必对我们何以得出这些结论做出解释。女性的见识和某些心理感应现象常可以用这种方式来解释。这些微弱的敏感度应该由心理学家进行系统的研究,并且需要每个人去勤奋耕耘。(皮尔斯,杰斯特罗,1885)

表 10.1　皮尔斯关于费希纳刚刚能感受到的差异的实验。这是皮尔斯记录于 1883—1884 年的一部分数据,来自于皮尔斯和杰斯特罗(1885)。给出的数值是 22 次实验、每次 50 例测试中,针对 7 个不同的 $R=(D+P)/D$ 值出现错误的次数,其中 $D=1$ kg。这些数据的逻辑回归分析表明,R 与正确回答的记录差异呈高度显著相关关系(似然比对数统计值为 93.7,自由度 1)。

R	50 次实验的错误次数
$R=1.1$	2
$R=1.08$	4
$R=1.06$	8,11,7,14,15,12,6
$R=1.05$	13
$R=1.04$	15
$R=1.03$	20,16,20,29,16,15
$R=1.015$	21,28,28,20,22

　　如果天文学家们通过把牛顿定律应用于宇宙来发现他们的目标,如果实验心理学家们通过实验设计和条件控制来构建他们的学说,那么经济学家和其他社会学家是怎么做的呢? 在这里,对一个推断对象的定义更为困难,并且演化了更长的时间。弗朗西斯·埃奇沃思通过他于 1885 年对天文学家们的研究素材"观测值"与经济学家们的研究素材"统计值"——来自于我们现在称之为观测研究的非实验数据的区别,强调了这个问题:"观测值与统计值在作为数值分布在某一均值周围这一点上,两者是相同的,它们的不同之处在于观测值的均值是真实的而统计值的均值是非真实的,……一个代表整个组的描述值。"(埃奇沃思,1885a;西尔斯和默顿,1991,pp.56—57)这样一个非真实的客体是怎么成为科学研究的主题的?

　　在我们现在称之为统计分析的影响下,此类统计的引入路程要开始得更早,并伴随着类推式的争论。阿道夫·凯特勒观察了人类特征的分布——人体测量学的特征比如身高,发现了如天文学家们描述的误差一样的分布,这就是我们现在所说的正态分布。对于天文学家而言,分布建立在客观事物基础上,并且代表对该事物观测误差的分布。对于凯特勒来说,却正好相反,分布曲线一旦被认识,就被用来定义客观事物。该曲线的中心代表着如同天文学家研究目标一样的目的,在凯特勒看来,它标志着成年男性的身高特征。

　　这种思想被更多领域认可和向更多领域延伸的过程显得缓慢。凯特勒自己曾设想应用它来进行道德品质问题的研究,但缺少数据。弗朗西斯·高尔顿接受了这一挑战并开拓了新的领域,他于 1869 年将凯特勒的思想应用到了考试分数的研究上,他把来自于桑德赫斯特(Sandhurst)皇家军事学院招生测试的得分作为自己的研究数据。高尔顿发现适合于身高研究的方法同样适用于分数,并且他继续将这种思想发展成为一个研究遗传的框架,包括通过考试分数反映出来的遗传能力。

这个研究框架的扩展,从凯特勒的简单推广到全面作用于现代多元分析,并不是简单一步就完成的。通过高尔顿、埃奇沃思和卡尔·皮尔逊的共同努力,凯特勒的推广成为一个具有重要影响力的技术性组织。我已经花了一些时间来研究:一个拟合的正态曲线可以定义总体中心、从而成为分析对象这样一个简单的思想是如何演变的? 一个重要的支持者是实验心理学家赫尔曼·艾宾浩斯,他把它作为他记忆力研究的重要依据。分布能确定均值。艾宾浩斯在1885 年写道:"我检验了代表一定均值水平的、由独立个体组成的分布。如果它与自然科学中任何方面发现的分布相一致,即对同一事件的重复观测产生不同的个体值,那么我猜想——再次暂时地——我们正在讨论的、在一定条件下重复检测的每次心理过程,与我们的研究目的非常相似。"(艾宾浩斯,1885,pp.19—20)。在高尔顿的指导下,这一设计导致产生了相关分析、并最终导致产生了现代回归分析,即用一个多元分布来定义条件分布中各个变量之间的相关关系。然而,这些思想向教育研究等其他领域的延伸,在开始阶段却非常缓慢,尽管最早欣赏该思想作用的人之一正是约翰·杜威他自己。

杜威于 1889 年 9 月在《美国统计学会杂志》上发表了评论高尔顿著作《自然遗传》的文章,他证明自己是早期批评者中最有观察力的人之一,甚至比卡尔·皮尔逊更早领会了高尔顿著作的思想。杜威"希望在其他领域,例如工业和金融业领域工作的统计学家们,能够尽快熟悉高尔顿新方法的发展,并且关注在各自领域能够得到多大的应用"(杜威,1889,pp. 333—334)。但我并没有发现杜威的行动符合他自己的建议。

其中一个最早详细描述统计方法在教育上的应用,是埃奇沃思发表在《皇家统计协会期刊》中的 2 篇论文(埃奇沃思,1988c,1890)。埃奇沃思并没有使用回归方法,但他详细说明了如何运用统计方法进行考试分数分析。他讨论了考试的成绩评定——正态分布怎样成为成绩分布的标准模式,基于不同考生偏好进行均值调整的优点,对结果进行对数比率分析(或者用几何平均方法对结果进行综合)是否有效,以及如何去估计变量(包括方差构成模型在这一领域的引入)等问题。他通过自己的实证工作来阐明这些想法,比如,研究考试评卷速度与成绩之间的关系。他自己将一组英语语言的试卷进行快速评分,然后放置一边,过一会再返回很认真地研究它们。他发现在分数上的区别很小,对总分的可能误差的影响只有1%到2%。他还研究了由教师助理进行评分的精度损失，以及对随机选择的一半问题进行评分的精度损失。为了处理这些问题，他将精度损失（用方差的增加来度量）与考生组成的变异进行了比较。

统计方法在天文学、实验心理学、社会科学上的应用存在着根本性的差异，这种差异对统计方法扩展的范围和速度有着深远的影响。天文学家们可以通过外在的观测形成一个理论，一个由他们对研究目标进行推测的理论。真理——在他们看来——与谬误是根本不同的。实验心理学家们能够通过实验设计来生成一个测量基准，能够通过控制重要因素来开展他们的调查研究。对他们来说，推测的目标在实验设计时已经产生了，通常是实验组与对照组之间的差异，或者是两个实验组之间的差异。

社会科学家们由于无法对研究材料进行实验控制而不得不走得更远。对他们来说，统计模型本身定义了推测目标，通常是一组条件期望对应一组协变量。当埃奇沃思、尤尔和卡尔·皮尔逊，以及之后的社会科学家们将线性回归分析应用于社会关系的研究时，他们正在推广凯特勒的平均人思想，对数据拟合一个分布（现在通常是多变量的），并且通过分布的常数来定义推测的目标。那个多变量分布，基于其他测量特征对所关注问题做出反应的条件期望，就像牛顿定理提供给天文学家、实验设计提供给心理学家那样，观念性地提供了一个推测目标。例如，它使得尤尔能够基于社会政策去研究测量贫困水平的方法，例如改变人口的年龄分布和人口密度等等，通过模型来控制那些不能通过理论演绎或实验操纵的因素（斯蒂格勒，1986a, pp. 355—356）。困难总是存在的。任何一个其他改变，未测量特征就会改变多变量的分布及其常数和条件期望，从而在一定程度上破坏观念上目标的稳定性。但这是一个开端。

统计学在社会科学中的角色与其在物理科学中的角色有着很大的不同，它对研究对象的产生和定义更加直接。那些对象的真实性并不低于物理科学，而且更加容易被理解。然而，尽管统计学的作用具有一致性——同一方法在所有领域都可以应用——但存在着很大的差异，并且这些差异在各自领域的历史发展中都扮演了重要角色。

Ⅲ.17 世纪的探索者们

第十一章 阿波罗数学

牛顿定律提出后的 300 年里,数理概率和统计学被发现可以应用于所有科学领域——社会学、物理学和生物学。这些思想在每一个被引入的领域都遇到了阻力,正如不同领域的保护者们试图阻止科学皇后去占领新的领地。那些针对量化的争论有时是掷地有声、无可辩驳的,有时又显得无知和自我。争论有时是激烈的,充满着硝烟之味,有时又在最高的智力水平上进行。这个紧张关系,来自于欣赏并希望延伸数学分析的人与认为只有定性描述才能处理生活中几乎所有本质问题的人之间的分歧,争议内容包括在历史分析中定量方法的使用,调查的准确性和适当性,生命质量的统计测度,使用引用次数来测度科学的影响力,死刑的影响,新药临床试验的必要性,等等。这不是新的现象——接下去就是一个关于如何发现这种紧张关系的故事,故事发生于 17 世纪 90 年代,一篇医学论文或许最早使用了概率。长期争执的细节将要呈现——并且辩论将在精致多彩的语言覆盖下进行,双方都有优点,其原则非常类似于当今战线的确定。

我的这个探究起始于 1988 年 3 月,当时收到了一份牛津郡经销商给我的古书目录,出版商为劳森(E. M. Lawson)。该目录自夸有 219 本“在 1700 年以前出版的罕见有趣的书”,它也确实对得起它的炫耀:这里有 8 本著作由化学家罗伯特·波义耳(Robert Boyle)所著,有一本 1613 年关于养老金的著作,有食谱,有皇室公告,还有介绍什么是“可怕的叛国罪”的书、“欺诈”的书,以及名为“哲学的熔炉或蒸馏的新艺术”的书。但是有一本书特别地吸引了我:

> [艾萨特(EIZAT)(爱德华(Edward)爵士)]《阿波罗数学》:根据皮特凯恩(Archibald Pitcairn)博士的原则,它也是通过数学来治愈疾病的艺术。一本既有用又有趣的著作,并且以前从未出过英文版。第 1 版小型八开本,增补了关于确定性讨论的内容,从第 142 页开始(中间 2 页空白),共 26 页。(在一个空白角落有一个小缺口被撕开),当时用小牛皮整洁地修复了,在 1695 年出版,350 英镑。

一本最不寻常的"数理医学"的著作。在第二部分,有它自己的标题页,继续说道,"从中你将发现证明数学力量的更进一步的证据,以及医学博士皮特凯恩的渊博知识"。

我对著作本身并不熟悉,但它似乎是 1687 年牛顿原理出版以后数学应用热情大爆发的一部分。大量的热情造就了一流的科学和数学,但也出现了很多有趣的畸变,其中一些努力是严肃认真的。例如,数学家约翰·克雷格在 1699 年就发表了关于预测耶稣将于 3050 年第二次降临的证词的可靠性的研究成果(克雷格,1699)[①]。但是其他一些人仅仅是为了利用牛顿的名声和那个年代的热情而在其平常的论文中使用一点点的数学作为修饰。邦尼学校的托马斯·帕肯斯(Thomas Parkyns)爵士发表了一篇关于摔跤的文章,承诺教会读者如何运用数学原理在摔跤中突破所有的抵抗,并摆脱大部分的按倒(帕肯斯,1727),但是他对这种说法没有给出更多合理的解释,并不比用图片来显示愉快的对手因杠杆作用被压制在一个屈从的位置更具有说服力,处理的方法也不需要比阿基米德(Archimede)的父亲知道更多的力学知识。有趣的是,这篇文章的 1713 年的复印版藏在牛顿的私人图书馆里(哈里森(John Harrison),1978,pp. 73—74,212)。

光从标题上看,不可能知道阿波罗数学与我们讨论的主题范围有什么关系。"运用数学治疗疾病"在今天是个招致怀疑的标题,但在 1695 年也许更让人安心。而且,描述的内容确实涉及"关于确定性的讨论",它暗示了不确定性,或许还有概率将被包含在已被应用的数学技法之中。尽管如此,350 英镑对一本不出名的书来说仍然贵了些,于是我在等待馆际借阅微缩胶片版的同时开始了解这本书的更多内容,这个等待最后花费了几乎三个月的美好时光。

在书商的描述中,这是爱德华·艾萨特的一本英文论著,旨在解释 A. 皮特凯恩博士的方法。艾萨特没有引起《国家传记大辞典》的关注,但无论作为标准历史参考还是从我所在大学图书馆的专业收集部门来看,皮特凯恩都更出名一些,我校图书馆可以提供皮特凯恩后来全部著作的英文译本(皮特凯恩,1727)。

[①] 不是所有的历史评论都友好地对待克雷格的著作,"离奇"一词是常用的形容词。一个更宽容的评论见第十三章。

阿奇博尔德·皮特凯恩(Archibald Pitcairne)

阿奇博尔德·皮特凯恩(1652—1713)是一位苏格兰医生(有时是诗人和剧作家),其身份在医学史上不属于一流但又不能完全被忽略。名字的拼法在17世纪并没有标准,他可以被称作 Pittcairne、Pitcairn 或 Pitcairne。现在最后一种用法占轻微优势,尽管他自己可能比较喜欢"Pitcairn",一些作者似乎为了应对这种不确定性而随意更改拼法。在安妮塔·格里尼(Anita Guerrini)(1985,1986,1987)和西蒙·谢弗(Simon Schaffer)(1989)的一系列论文里,皮特凯恩的著作以及他在生理学和17世纪医学的社会政治结构方面的历史地位,成为了被研究的对象。

17世纪60年代后期,皮特凯恩在简单随意地研究神学后,开始转向更一般的学习,包括浅显的数学知识。1671年他在爱丁堡得到一个学位,1675年他带着学习法律的目的旅行至巴黎。很多人的想法都会在巴黎发生变化,皮特凯恩也是如此。他发现医学是个更加有趣和吸引人的领域,并于1680年获得了法斯大学医学博士学位。带着学位他回到了爱丁堡,并参与了1681年爱丁堡皇家内科医学院的筹建。这个"医学院"实际上由行业协会和科学团体共建而成,在1685年当他成为爱丁堡大学医学教授时获得了学术职位,这个位置是为了支持罗伯特·西巴尔德(Robert Sibbald)医生在该大学建立医学会的努力而设立的。

在医学历史上,皮特凯恩被公认为是一位数学医学或机械医学("器械疗法")学派的理论家,例如莱斯特·金(Lester King)的评论(1978)。皮特凯恩自己的著作显示出对数学的强烈偏爱,但没有证据表明他有真正深入的理解。尽管如此,给他贴上的标签还是合适的。为了理解为什么会这样,为了评价皮特凯恩在长达一个世纪的关于量化的争论中所扮演的角色,我必须讨论17世纪的主流医学思想。讨论比较简要并且仅仅局限于两个直接相关的学派,与托马斯·西德纳姆(Thomas Sydenham)有关的经验学派和与皮特凯恩有关的理论学派(从威廉·哈维流传下来)。

托马斯·西德纳姆(1624—1689)是17世纪后半期英国最有影响力的医生。西德纳姆经常被称作英国的希波克拉底(Hippocrates),是经验医学学派的关键人物,该学派以足够时间的实践为特色。该学派的传统可追溯到伽林(Galen),其医学研究的主要任务是关于疾病起因的系统分类(坎宁安(Andrew Cunningham),1981)。其中包括诱因(例如天气或季节)、外因(例如空气、食物、睡眠、运动)、前因(例如某些地方的梗阻)和直接因素(例如血液状况)。医生所扮演的角色就是辨明某一特定疾病的原因,然后帮助身体清除与该原因有关的任何可能的麻烦问题。这样做将会导致,并且已经常常导致呕吐、出血、腹泻和出汗等现象。早期的从业者被称为"滑稽演员(humorists)",因为他们将治疗建立在把血液分为四种基本体液(humors)的分析基础之上,但是甚至两个世纪过去了都还难以发现在治疗上有任何有趣之处(译注:humor 一词有液体与幽默双重意思,这里的用法属于一语双关)。对病人来说这是一个艰难的时期。

西德纳姆的方法是经验主义的,即基于对疾病周围环境以及各种尝试疗法的广泛观察和细致详尽的记录。他发现有效治疗方法的途径可以被形容为试错法,他试图运用广泛的观察(经验)来引导他帮助病人渡过自然的危险,从而达到治愈的目的。但是从西德纳姆敏锐的眼睛(洞察力)、详细的记录和少许的灵活可以看出,这是一个技术性很强的试错法。西德纳姆对发烧的治疗主要依赖于体内的排泄和清空,对于因这种疗法时间太久而有些歇斯底里的可怜病人,他开出的药方是"一只烤鸡和一品脱加那利白葡萄酒"(大英百科全书,1911)。他的方法被认为比他的前人更加成功,因而被广泛效仿。

17 世纪最重要的医学事件是 1628 年威廉·哈维出版了《心脏和血液运动的解剖学研究》(原文为拉丁文)(哈维,1628)。这是一部杰作,它不仅阐述了血液在心脏动力下循环,而且明确地建立起了将解剖学证据、生理学证据和逻辑学相结合的医学研究方式,成为了指引当时和之后时代医学工作的灯塔。其中的一些实验工作是哈维自己完成的,但很多是从亚里士多德时代的经典资料中选取的,并用新的和有说服力的科学逻辑来阐述,将整项事业推向与牛顿之后发现光的本质一样的高度:一个普遍的现象经受了实验性的和科学的推理之后,人们对他的看法就会发生永久性的根本改变。哈维的观点是如此地令人信服,以至于在两种针对革命性发现的传统反应中("我们一直都知道"和"这是不正确的"),只有前者在接下去的几十年里有一定数量的存在。

一些医学史家强调这样一个事实,哈维的方法仅仅依赖于生理学上的证据而排除了任何化学论据——在当时的科学环境下,对物质一般特性的探求大部分都只是推测。例如,福斯特(Michael Foster)(1924)写道,"[哈维]除了解剖事实和实验结果,没有参考其他任何知识和概念……他的工作……只能纯粹地和严格地属于生理学。"这是对的,但是他忽略了基本的一点,那就是在哈维发现之后的一个世纪里,人们被激发创建了一个有趣的医学理论学派:哈维的一些重要观点,尽管应用于生理学现象,但事实上却属于数学范畴。

在哈维以前,人们普遍认为血液是由身体的不同部分制造的,流向心脏里的静脉,然后经过肺部的冷却(或许在心脏里得到了加温并注以"精神力量")流出来滋养身体。哈维通过简单计算来反驳这个理论。他通过研究心脏收缩规律,基于对流进切断和未切断动脉血液的测量,估计出了心脏每一次跳动所泵出的血液体积的范围值。用这个数乘以半个小时的心脏跳动数,他测算出这段时间心脏泵出的血量"比整个身体内的血量都要大"——甚至是在血液流量最保守的估计下(哈维,1628,p.75)。既然血液的这个数量可以恒定均一地从体内制造出来的看法是荒谬的,那么唯一的可能就是循环。[1]

关于发现的问题

通过数学思考产生了一个根本性的发现,用纯粹的机械术语(与化学术语相反)来阐述生理事实。很多后继者将这个方法运用得更加深远,最成功的当属乔凡尼·博雷利(Giovanni Borelli)(1608—1679)和他在意大利的学生劳伦提·贝利尼(Laurentio Bellini)(1643—1704)。博雷利通过大量的计算得出了血液离开心脏时的动力的估计值,通过对动脉弹性的分析推理解释了血液在循环系统中流动的相对稳定性。博雷利的成就包括远超于哈维的大量增加的复杂数学问题,以及对皮特凯恩的医学研究所产生的深远影响。基于这样的背景,1687 年牛顿定律的出版促使皮特凯恩出版其第一本关于医学见解的著作也就不足为奇了。这本被讨论的著作是一本古怪的、只有十四页的小册子,《对历史问题的解决,或者说,发明者》(原文为拉丁语)。在他著作的一个译本中它被翻译成了《关于发明者问题的答案》(皮特凯恩,1688,1727)。[2] 在这个不寻常的标题下,皮特凯恩试图介绍并捍卫他自己关于真正的科学医学是怎样构成的观点,论证支持哈维优先发现的血液循环理论,以及包括首次印刷那个世纪最重要的数学定理之一。

皮特凯恩的标题"关于发明者的问题"事实上是讨论一个科学发现优先权的问题。从一个层面上讲,它是早期社会科学中处理正式问题的标志性方式,

---

[1]　哈维发现的量化推理的核心重要性已经被格里斯潘(C. C. Gillispie)(1960)、佩格尔(Walter Pagel)(1976)和科恩(I. Bernard Cohen)(1980)等人所强调。

[2]　在皮特凯恩的著作译本中它占据第 139—167 页,并且与原著有所不同,原来最后的讨论内容被提到了前面,对格雷戈里(David Gregory)数学的讨论被删除了,替换成了对希波克拉底的大量引用。推测起来这本修订本是皮特凯恩自己完成的,因为 1711 年他正在进行专题论文出版的准备工作,见由埃默森(Roger L. Emerson)引用的 1711 年 10 月 16 日罗伯特·西博尔德(Robert Sibbald)写给汉斯·斯隆(Hans Sloane)的一封信(1988),以及约翰斯顿(Johnston)书中收录的一封 1711 年 1 月 6 日皮特凯恩写给格雷(Robert Gray)的信(1979)。

一个由弗朗西斯·培根(Francis Bacon)在一个世纪前开创的研究领域(默顿,1961);从另一个层面上讲,它是一个关于由什么构成医学科学的正确逻辑所做的讨论。它主要关注的焦点是哈维,以及希波克拉底是否早于哈维提出了血液循环理论,如果是,那么他的阐述到底有多大的分量(引起了多大的关注)。皮特凯恩笼统地陈述了这个问题,但实在是过于笼统以至于他按照自己的理解范围去涵盖历史的和科学的事实。他将发现(或其他一些声明)的证据分为两类:一类是基于发明者(或观察者或史学家)的权威,另一类是所给的证明不言而喻。其中第二类属于更高层次,以数学推理为特征(例如,关于总体大于部分的证明)。这是哈维曾经给出的证明类型,并且成为了皮特凯恩鉴定医学证据的标准。其他类型的证明也不是没有价值,皮特凯恩描述了一种非数学证据的分层方法:来自于我们自己感觉的直接证据属于最高层次;其次是第一手证词(如果同一个传说告诉了所有的听众);然后是来自于子孙后代的证词,它被如此一致地重述,以至于可以与来自于第一手资料的记录证据相媲美;最后是口述传统,它取决于最初目击者和其后所有复述者的权威可靠性。

在手册的主要部分,皮特凯恩关注了已有 2000 多年历史的希波克拉底关于血液循环著述的分量(影响力),既包括希波克拉底对事实的声明,也包括其他人之前代表他对优先权的声明。根据皮特凯恩关于证据层次的划分,希波克拉底的观察资料,尽管不是没有价值,但其被授予的分量将低于任何现代的观察。关于优先权的问题,皮特凯恩提了两条定理:从本质上来说对于给予的优先权,发明者必须给出明白无误的陈述和展示,并且这种陈述必须以某种方式公开,以使同时代的听众能有效了解他的发明并且加以复述。

定理之一

他应该被认为人人皆知的发明创造者,他最先制定了这些准则,这些准则比起任何来自于欧几里得(Euclid)公理、定义和假设的建议,可使发明得到更容易的推理;并且制定这些准则的人并不会致力于去导出那些远不如研究主题本身更重要和有用的结论。但是如果他既没有制定那些可易于从中推论出发明的准则,也没有用明确的术语来解释发明本身,仅仅依据他的数据特意地增加许多冗长的、不怎么重要的其他东西,那他将不被认为是所研究主题的公认发明创造者。

定理之二

谁第一个公开提及讨论中的发明,并且后来也被其他人以相同的方式谈到,大家都承认他了解该发明,并且不在同一时间同等地或更明确地坚持其他与该发明相矛盾的事情,那么他应该被公认为该发明的创造者。但是如果他提及的事情只不过是其他人提过的，大家都认为他不了解该发明，并且更频繁、特意地制定出其他与该发明相矛盾的准则，那么他不应被公认为发明的创造者。（皮特凯恩，1688，pp. 4—5；1727，pp. 145—146）

由于坚持他的数学方法，皮特凯恩习惯于用定量的方式来做出决定。作为一个例子，他写道："如果某一位作者在十处地方写着星星的数量是奇数，但是在一处写着星星的数量是偶数，那么我们就相信他认为星星的数量是奇数"（皮特凯恩，1688，p. 5；1727，p. 146）。由于皮特凯恩可以（他的小册子著作译本确实如此）从希波克拉底身上发现的与血液循环理论不一致的引证，要比其给出的关于血液循环理论的少量、零星的声明多得多，因此这个例子似乎是为哈维准备的。

这些定理给出了严格的标准，它们本质上是在数学家爱德华・韦林（Edward Waring）（大约 1736—1798）逝世之后被称为韦林准则的详细和苛求的版本："作为有资格被称为发明者的人必须第一个发表（他的成果），或者至少与他的朋友们交流过该想法。"[①]皮特凯恩坚持认为，一个被认可的概念发明者必须像唐・帕廷金（Don Patinkin）（1983）所称的研究工作的"核心信息"那样提出他的概念。

皮特凯恩定理可以有争议地应用于哈维的例子，但在其他著名争议中将会造成伤害。高斯关于最小平方法发明的声明肯定遭受争议，但或许远不止如此，牛顿关于微积分的发明也在这里遇到了严重的困境。当然，非常值得怀疑的是，皮特凯恩虽然被公认为牛顿学说的坚定拥护者，却在脑海中深藏着莱布尼茨（Leibniz）关于发明微积分的声明，并且写道——那个该时代最为激烈的科学争论（霍尔（A. R. Hall），1980；韦斯特福尔（Westfall），1980），还没有进入全面战争的状态，仅仅处于战争爆发的前期。虽然如此，这个小册子与这个案例的关联性对于主人公们及其拥护者来说都是非常清楚的，并且在当时一定引人注意，例如约翰・克雷格（怀特赛德（D. T. Whiteside），1976，p. 6）。令人困窘的事实是在他 1688 年小册子的某一节中，皮特凯恩第一次以书面形式展示了牛顿二项定理。这个小册子并没有将该定理归功于牛顿（他的名字没有被提到），而是被描述为皮特凯恩的朋友戴维・格雷戈里的发现，尽管事实（在那时被皮特凯恩不恰当地赏识）是格雷戈里通过约翰・克雷格间接地吸收了牛顿提供的

---

① "Is mihi semper dicendus est inventor, qui primus evulgaverit, vel saltum cum amicis communicaverit"（拉丁语，韦林，1785，pp. ⅱ—ⅲ；见爱德华兹，1911，p. 177）。关于此类规则的命名，见第十四章。

大量提示才推导得出了该定理(怀特赛德,1976,pp.5—10;韦斯特福尔,1980,p.513)。

    1692 年 3 月皮特凯恩拜访了牛顿,他得到了一份珍贵的礼物——将牛顿唯一发表过的化学著作的手稿《论酸的性质》[①]展现给世人的特权。为什么是他?因为他是两次冒犯牛顿的小册子的作者而受到优待?这本小册子是否逃过了牛顿的注意?不是的,牛顿曾致信格雷戈里就四个月前该小册子把他的二项定理当作格雷戈里的发现一事进行讨论(怀特赛德,1976,p.6)。牛顿是否因为他与莱布尼茨的争论这一事件更为重大而转移了注意力?或者他曾尝试去赢得当时如此概括性地阐述优先权的唯一作者的忠诚(也许是沉默)?毕竟,牛顿对优先权争议的社会标准非常敏感,在他 1676 年与罗伯特·胡克(Robert Hooke)的通信中清楚地说明了这一点(默顿,1965)。根据怀特赛德所说(1976,p.6),这本小册子如今在剑桥的任何图书馆里都找不到了——难道仅仅是由于一直都如此罕见,或由于它的敏感性本质导致其在 17 世纪 90 年代不受欢迎?不管这些问题的答案如何,我们不必使用低于皮特凯恩证据等级中的最高等级的证据(不证自明的真理)来解释为什么他的"关于发明者问题的答案"在 1712 年没有被牛顿或他指定的委员会在判定微积分优先权时使用,尽管事实是牛顿与他的圈子成员至少到 1691 年 11 月才知道微积分,该委员会包括了皮特凯恩的一位既是朋友又是同事的医生、苏格兰人约翰·阿巴斯诺特(John Arbuthnot)。具有讽刺意味的是,皮特凯恩作为一名研究与分析优先权的先驱者和早期社会科学家,也许对他自己定理的现状感到了满足,但他在用他的著作去解决科学上的困惑时,却在一定程度上遇到了一个糟糕的时机。他的著作符合了一个案例(哈维的),但对另一个更重要的案例却给出了错误的答案(牛顿的),而他小册子里的这一部分由于被英国科学界有意识、有目的的忽略而被遗忘了。小册子里的信息是否被改变、是否对牛顿更有利?不难相信,它的再版会成为牛顿是微积分发明者的十分有利的支撑物。

莱顿、惠更斯与数理医药学

    如果说皮特凯恩对发明社会学的贡献遇到了不合时宜的挫败,那么他在同一本小册子中通过对哈维方法论的评价所含蓄展现的数理医药学的框架,却吸

---

    ①   正式出版首次出现在约翰·哈里斯(John Harris)的第二卷(1710)中,皮特凯恩得到它后一直以手稿的形式传播。见特恩布尔(H. W. Turnbull)(1961,pp.205—214)。

引了一位重要国际观众的眼球。在 1691 年后期,皮特凯恩接受了莱顿大学提供给他的医学教授之职,该大学当时是欧洲大陆最重要的医学院之一(林得博(Lindeboom),1963)。事实上,当皮特凯恩在 1692 年 3 月拜访牛顿时,就显示出他早已担当莱顿大学的职责。这似乎可以解释他也在那一年见到了基督教徒惠更斯,并因此而熟悉惠更斯在概率理论方面的论著。当时惠更斯 63 岁,居住在海牙,但他对牛顿的科学非常感兴趣,因此对皮特凯恩的一次拜访就双方而言都很有吸引力。另一种可能是,皮特凯恩经由约翰·阿巴斯诺特(John Arbuthnot)了解了惠更斯的论著,因为阿巴斯诺特在 1692 年不具名地出版了惠更斯的第一本英文译本(贝尔豪斯(David R. Bellhouse),1989;斯蒂格勒,1986a,pp.225—226)。不管怎样,在接下来这一年皮特凯恩发表的论文里开始显示出惠更斯的影响,使用并引用了惠更斯关于偶然性方面的论著。[①]

在 1657 年,惠更斯已经出版了被广泛认作为数理概率的著作,一本简短的小册子《随机得点的推论》,作为弗兰斯·范·斯古登(Frans van Schooten)数学论文的附录出版(惠更斯,1657)。惠更斯的论著并不被认为首开了这个研究主题,尽管根据皮特凯恩的优先权准则他或许应该是:在访问巴黎时,惠更斯获悉了费马与帕斯卡的讨论,并且在某种意义上对他们一直进行的事情给出了自己的论述。优先权问题事实上并没有出现,因为当帕斯卡的论著最后在 1665 年面世时(帕斯卡死于 1662 年),虽然在一些重要方面明显超过了惠更斯,但却不像惠更斯那本更基础的小册子那样具有简洁清晰的结构。不管怎么说,还是惠更斯的小册子对早期的研究工作更有影响力。在那个世纪的后半叶,是惠更斯而不是帕斯卡被引证、被引用并被翻译(第 12 章)。

惠更斯的小册子由有序的 15 个命题组成,但是只有前面 3 个与我们这里的讨论有关。粗略地翻译过来,它们是:

命题一

如果有相等的机会得到 a 和 b,那么期望值是 $\dfrac{a+b}{2}$。

命题二

如果有相同的机会得到 a,b,c,那么期望值是 $\dfrac{a+b+c}{3}$。

---

① 从最近发现的一封惠更斯与格雷戈里的信中可以看出,皮特凯恩与惠更斯在当时保持着联系是不争的事实;见费密杰(Rienj Vermij)和范·马嫩(Jan A. van Maanen)(1992)。

命题三

如果有机会得到 a 的次数是 p，有机会得到 b 的次数是 q，所有机会有可能均等，那么期望值是 $\dfrac{pa+qb}{p+q}$。

除了第一次以印刷形式展现了概率的一般准则，惠更斯还展现了数理概率历史上的第一个印刷错误，因为最后的期望值被印刷成了

$$\frac{pa+pq}{p+q}$$

两年之后出版的荷兰语版本得到了更正（惠更斯，1659），这个错误看起来没有造成什么混淆。

这些命题对皮特凯恩的影响体现在他出版的医学文章里用到的三个公式（而不是 1688 年夭折的牛顿二项定理的出版），其中两个都是基于惠更斯的命题三。但显而易见，皮特凯恩的数理医药学并非仅仅或者主要是对公式的操纵。皮特凯恩的方法更确切地说是采用了数理逻辑的几何思想并根据第一原则做出推论，试图产生一个医学推理理论，如同探讨天体运动的牛顿定律一样。类似于牛顿，他将通过观察和实验而不依赖于先前所有一般医学理论所需的假设——例如笛卡儿所呼吁的"微物质"或"星际影响"——那样来产生一个理论。并且皮特凯恩理论的第一个原则是哈维的发现：血液循环就是医学的平方反比定律。

分泌的问题

皮特凯恩的专长是一般理论，他讨论了具体的问题甚至是治疗方法，但不同于西德纳姆，是理论而不是治疗方法最让他关注。他在莱顿第一讲的题目是"关于证明医学职业没有受到任何哲学宗派暴政的演说"（皮特凯恩，1727，pp. 5—22），他在演讲中提到，"医生应该建议把天文学家的方法作为他们效仿的模板"，其用语与近两个世纪以后的社会科学家惊奇地相似。皮特凯恩写道，天文学家不会受到流行的、辞藻华丽的言辞的干扰而摇摆，他们"从不解释行星的运动，从不请求关于世界结构的浪漫假说的援助——不管其多么令人愉快并看似合理，而是依据对长时间、长距离观察的比较……"皮特凯恩认为天体范围内被认为正确的事情也适用于人的身体；"两者都可以被合理地猜想，作为物理学探究对象的较小物体，遵循着与天文学家发现的较大物体一样的定律。物体的本

质肯定都是相同的"(皮特凯恩,1727,pp.11—13)。他在莱顿首次学术演讲的某一场中为一位赞助者唱了颂歌:

> 我不得不由于几何学的许多伟大进步、达到如此高的程度而祝贺这个时代和我们的科学,尤其是要感谢牛顿爵士。因为我们必须合理地期望,基于这位伟人所展示的原理的帮助,我们可以更容易地发现对医学使用和人类舒适有帮助的身体动力和特质,并且达到一个更大的确定性。(皮特凯恩,1693;1727,p.56)

皮特凯恩在演讲中提到的最突出的一个理论医学问题就是分泌问题。众所周知,血液在全身运转的过程中,携带了由运动中的不同颗粒所组成的混合液体,并将其传递至身体的不同位置。但是身体如何区分这些颗粒,或者说它们如何被标识或识别? 合适的物质(并且在身体健康的时候,仅仅合适的物质)被运送至合适的腺体是怎么完成的? 为什么更稀薄的液体(也许是汗)不寻找它自己的方式流向所有的腺体而危及身体健康? 不难发现,在生物化学出现以前的近三个世纪里,这是一个令人敬畏的问题,类似于试图了解邮政体系而不知信封上已标记了地址。由"微妙影响"或者"化学酶"吸引血液成分流向腺体的倾向性说法曾经一度很强烈,但是皮特凯恩被要求避免这类骗局并依赖于机械学的解决办法。

在笛卡儿(R. Descartes)的一个版本里(坎宁安,1981,p.79),机械学的解决办法曾经被建议过,之后得到了博雷利(福斯特(Foster),1924,pp.79—80)和其他人的支持和发挥,该办法建议分类由筛选机制去完成。在1693年的论文里,皮特凯恩评论了这种使用惠更斯主张的解决方法,在科学争论中,这种方法很有可能是第一次明确使用数理概率。皮特凯恩将他仔细研究过的假说表示为:"整个情况可以以筛子为例来阐释,它使一种谷物通过,而使另一种停止,不是因为另一种更大,而是有不同的形态;另一个例子是滤网,它可以使一些种类的液体通过,但同时却阻止其他一些似乎更优的结构通过"(皮特凯恩,1693;1727,pp.43—44)。

在1693年的论文里,皮特凯恩考虑了关于这种筛子如何工作的两种解释,并且使用概率来说明这两种情况都不能实现所声明的分泌。他考虑的第一个方案是一张以圆形孔代表毛孔的滤网,而颗粒的形状是小直径小于该圆孔直径、大直径大于该圆孔直径。他把这些颗粒比作"玉米粒"来说明。皮特凯恩所指的"玉米粒"可能不是我们通常所知的这种玉米而是燕麦。他假设,如果燕麦碰撞圆孔时大的直径与筛孔平行,将不能通过,但如果燕麦以某种角度倾斜落下则会通过（见图 11.1）。由于角度倾斜的可能性远远大于平行的可能性，因此谷物大多会通过圆孔，筛子将会无效。他通过惠更斯的概率来进一步阐述这个观点：

> 如果你将玉米粒或任何其他大直径大于、小直径小于圆孔的物体致力于圆孔，其中最大的直径大于圆孔，最小的则不是，那么当最大的直径恰好平行于圆孔时它将不能通过或穿过；在这个例子中这只是个特殊情况；因为它们也可以这样进行，物体落下时较小的直径平行于圆孔，或者如果没有平行但以某种角度倾斜；这种角度有无限个，产生了无限种可能性。因此，无须对数据的任何参考，这种自夸的筛子说法就很容易被驳倒。为了更清楚展现整个问题，让 A 表示可以通过的情况，E 表示不能通过的情况；q 表示通过的机会数，p 表示不通过的机会数；那么所要得到的数量为 $\dfrac{Aq + Ep}{q + p}$，这显然是使用伟大的惠更斯方法证明的。并且由于已证明 p 是有限的，q 是无限的，因此 p 可忽略不计，从而结果可以表示为 $\dfrac{Aq}{q}$，由此可知通过的情况一直会发生。（皮特凯恩，1693；1727，pp. 46—47）

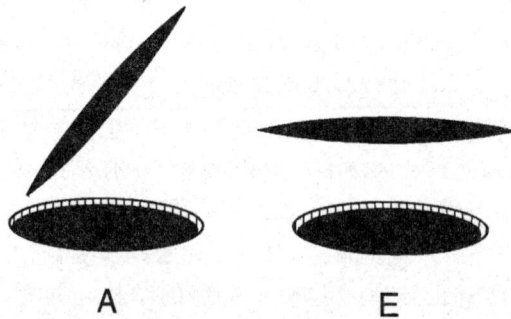

图 11.1 皮特凯恩的第一个例子，展示了燕麦通过(A)和不通过(E)的两种情况。

这种说法有几处难点。一个较小的问题是，严格说来他给出的表达是荒谬的——p 和 q 是数量变量（"机会数"或满足各自条件的角度数），A 和 E 则不是，因此 Aq 和 Ep 的"乘积"没有表达出惠更斯命题三的乘积的数值含义。但这是个小问题，因为表达的直观意义是清楚的，并且现代的数学家可轻易地赋

值于 A 和 E，给出一个与皮特凯恩的目的一致的比率含义。另外需要指出的一点是皮特凯恩夸大了该例子中的比率，这种排除事实上与接近平行的倾向相对应，并且事实上如果最大的直径显著大于圆孔的直径，那么被排除的角度将会占据这些可以通过的大多数。尽管如此，皮特凯恩已经提出了一种貌似真实的说法来说明为什么用一个简单的筛子理论来解释分泌是不充分的，当尺寸相似但形状不同的颗粒以随机的方位到达时，圆形细孔不能有效地加以区分。

皮特凯恩接着考虑了一个更复杂的筛子。正如他所建议的那样，假设细孔有不同的形状，与不同形状设计的颗粒相匹配。例如，一个正方形的细孔与立方体的颗粒相匹配（例如立方体的盐粒），一个三角形的细孔与锥体的颗粒相匹配（见图 11.2）。在这个方案中假设所有颗粒的尺寸大小大致相当，因为一个小的立方体将会很容易通过大的三角形，一个小的锥体可以通过大的正方形。但是皮特凯恩的评论发现这个方案也是有缺陷的。前述的简单圆孔筛子可以让所有（或没有）颗粒都通过，但复杂的筛子将筛选一切，因为颗粒的通过将取决于其以恰好正确的角度到达，皮特凯恩认为这是一种非常小概率的情况。一个立方体不得不非常精确地直线冲击方形孔才能通过，锥体通过三角形也是如此："没有任何分泌是这样进行的。"他再次以惠更斯的术语来表达他的观点：

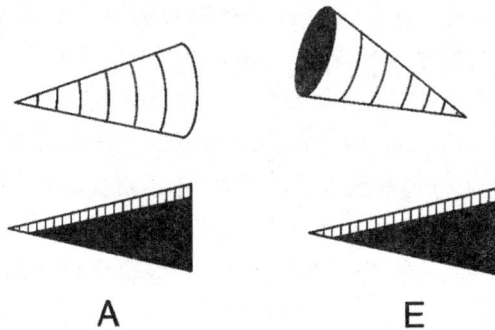

图 11.2　皮特凯恩的第二个例子，展现了锥形粒子通过（A）与不通过（E）的两种情况。

这种推理的动力基于：如果只有唯一的原因导致任何一种分泌，那就有无数的原因去阻塞它；如果每一个阻塞的原因都如同那唯一的原因一样强大，我们就可以断定分泌将永远不会产生。这种说法取决于相同的证据和必要性，这种结论证实了我们承认他绝对是骰子赌博游戏中的胜利者，他通常会赢。

我们用在前面段落中用过的方法来完成对这个问题的解释。让

A 表示通过的情况，E 表示不通过的情况，q 表示通过的机会数，p 表示不通过的机会数：那么数值期望为 $\dfrac{Aq+Ep}{q+p}$，伟大的惠更斯给出了清楚的表达。正如我们之前证明的，由于 q 是有限的，p 是无限的，因此 q 可忽略，乘积将会是 $\dfrac{Ep}{p}$，也就是 E。由此可得的结论是不通过的情况一定会发生。这是有待证明的事情。（皮特凯恩，1693；1727，pp. 51—52）

在基于概率讨论分析了分泌的主要机制理论，以及通过其他讨论排除了化学理论以后，皮特凯恩很自然地就会继续产生他自己的、正确的理论。但是问题太难了，并且他只能满足于少量的观察来认识解决办法的特征。他引用了圆周极值特性来表明细孔必须是圆形的，因为如果他们最初不是圆形的，将马上会被血液的压力挤压成圆形。由于他拒绝了关于分泌解释中颗粒形状不同的假设，那么他剩下的唯一假设就是圆孔的大小不同，并且他指出这种机制作为解释的一部分是必要的。但是这个分析远不够完善，也不被看作一种满意的解决办法。皮特凯恩自己也承认如此，他最终希望他曾清楚阐释的原则能够推进对该现象的解释，"到目前为止还没有完全理解和解决很多前人在产业和好奇心方面没有注意到的问题"（皮特凯恩，1693；1727，pp. 64—65）。[①]

皮特凯恩在莱顿只待了一年。1693 年他回到了爱丁堡，并和伊丽莎白·史蒂文森（Elizabeth Stevenson）结了婚，她是皮特凯恩在爱丁堡一位同事的女儿，是他的第二位妻子（第一位在他离开爱丁堡前已经过世）。显然他的新妻子不愿意居住在欧洲大陆，因此他突然辞去了莱顿大学的职务，重新获得了在爱丁堡的旧职务。莱顿的官员对他的行为非常恼火，由于他的离开直到 1725 年才同意支付给他的遗孀 70 英镑（林得博，1963，pp. 282—283）。

---

① 对现在的读者来说，皮特凯恩给人的印象是谨慎的理论家，他仔细地使用科学逻辑来批判其他的方法并慎重地提出自己的观点，但这种印象随着他在论文中添加非推理的结论而消减了："根据列出的原则可以得出，在呼吸过程中，吸入的空气没有和肺里的血液相混合。"（1727，p. 65）但是甚至哈维也犯过类似的错误，例如他陈述"（鱼）吸收水中的空气并将废气排入水中的说法，纯粹是无稽之谈"。（哈维，1628，p. 9.）

发烧的治疗

　　回到爱丁堡后的几年时间里,皮特凯恩继续发表有关医学文章,虽然在1695 年以后数量很少。他在 1695 年发表的一篇关于发烧治疗的论文,包含了他的唯一一篇关于惠更斯概率的其他参考文献(皮特凯恩,1695;1727,pp.192—211)。皮特凯恩接受了要治疗发烧就应该帮助身体驱逐出导致发烧的因素这种普遍的信念,并且提出了在几种备选的治疗路径中应该如何选择的问题。他的方法当然又是量化,但不同于他早期在医学理论中对概率的使用,他开始注重经验基础。皮特凯恩引用的"数据"来源于尚克托刘斯(Sanctorius),一位意大利的医师(1561—1636),他在 1614 发表的论著中对体重的变化进行了大量的观察。如同皮特凯恩所描述的,尚克托刘斯在第 59 条格言中说道:

　　　　(人体)在一定时间内的排泄物一般呈这样的比例,如果排便量是4,那么排尿量是 16,通过皮肤毛细孔的排泄量为 40 或者更多。(皮特凯恩,1695;1727,p.200)

　　皮特凯恩基于这些数据给出治疗建议。他认为最好的选择取决于医生如何有效地增加排泄量,但他怀疑这样做很有可能会压制其他更大的优点,他逐渐变得强烈支持通过增加排汗量来治疗发烧,不同于经验主义学派的意见。他声称他的结论是依照治疗的相对概率得出的,这可以被认为是早期似然比率推断的一个案例。

　　　　根据这个前提可以延伸出,如果你有任何症状的发烧(同样适用于有任何瘟热症状的动物),通过排汗方式治愈的可能性要 10 倍地大于通过排便的方式。因为第十部分的排汗量,或者通过皮肤第十部分的排汗量——并且这是容易做到的,等同于排便量。因此经由排汗产生的治愈概率 10 倍地大于排便的概率。因为它显示出最后一个部分只有 1 次机会,而有的 10 次机会都不是它的,也就是说有如此多的排汗量与排便量一样多。因此由排便治愈的期望值是 1 到 11,由排汗治愈的期望值是 10 到 11(见著名的惠更斯的书《玩骰子的推理》)。因此排汗治愈的期望 10 倍地大于排便,或者因首次排泄而治愈的期望值

10 倍地大于最后一次的期望值。这就是现在谨慎的医生最可能采取
的治疗方法的一部分。(皮特凯恩,1695;1727,p.204)

　　皮特凯恩继续计算可预计的排汗总量(他告诉我们大约为每小时 5/6 微
量[①];皮特凯恩,1695;1727,p.209),并且指出他的结论和建议的治疗方法与已
被接受的观念背道而驰。在 1694 年的 9 月 23 日,在一封给朋友罗伯特·格
雷的信中他提到了这本小册子,"这本书只是展示了一些空谈者的骄傲"(约
翰斯顿,1979,p.18)。在小册子中,皮特凯恩指出他的目的非常谦虚:"仅仅
为了表现出近来那些认为发烧可以通过净化药物很快得到治愈,而不是通过
排汗方式的人的无知。"(皮特凯恩,1695;1727,p.208)但这种谦虚不太可能
改变怀疑者。

阿波罗数学

　　就在我开展调查研究的这一刻,我收到了馆际互借的消息,被告知《阿波罗
数学》的微缩复印版已经到了,并且我可以使用。但现在我对这本著作的兴趣
已经减少了——根据书商的描述,它显现出已是皮特凯恩著作的第二手资料,
而到现在为止我已经掌握了相当数量的有关皮特凯恩的第一手资料。尽管如
此,一些历史资料仍然暗示皮特凯恩回到爱丁堡以后的情况有些难以追踪,包
括一些迹象表明阿波罗可能不像表面上看到的那样,于是我马上带着十美元
(全部是一角硬币)赶到微缩摄像房,去影印一份以备随时检视。《阿波罗数学:
或者根据皮特凯恩原则利用数学治疗疾病的艺术》(艾萨特,1695)是一本不大
的书,并且没有列出作者或出版者。将这本匿名书归属于爱德华·艾萨特博
士——一位爱丁堡皇家内科学院的成员,似乎是不容置疑的,这与我所知的事
实也一致。这本书以三页长的"致读者"来开始,这与我的期望并无矛盾。作者
谦虚地声称自己没有什么贡献,只是将学说从拉丁文翻译成了英文(说没有这
个工作,该论著"可能在古罗马的毁灭过程中永远毁坏了,好在[译者]已经花费
了大量的心血加以挖掘,从而成为英格兰所有不懂得野兽语言的人进行伟大祝
福的快乐仪器"(艾萨特,1695 年,pp.3—4)。
　　这本书开始时足够冷静,宣扬对知识的探求要适度。但是在第 10 页这一

---

　　①　1 微量等于 1/24 盎司。

面具毫无迟疑地被撕下了——无论艾萨特是怎样的人,但他对数学医学是不友好的。

　　但在所有我见过的错误医学概念和错误观点中,没有如此荒谬和可笑的,它作为我们当中涌现出来的晚期流派,就像乔纳的晚间葫芦,我相信在另外时刻将会消失。我称这个流派为数学派,以区分其他医学流派,如经验派、方法派和理性派等。他的主要资助人是一位医学博士,一个医学专家和博学的数学家。这位博学的先生需要必需的数学知识来帮助医生,这不仅仅作为挖掘和准备我们大脑中一切艺术种子的工具,也作为医学的手段(这是一个错误,很多人陷得比他还深)——但只有与它具有密切关系和高度一致时,没有这种工具,种子就不可能被耕种成它应该有的样子,或者不可能产生更多的果实,例如二十个、三十个,甚至一百个果实。除了玉米,没有什么能够离开太阳的温和照射而生长。但这里不管怎样,如同数学对于医生是必需的,我确信物理学对于一些数学家也是十分必要的,并且需要相当的与时俱进的"剂量"。(艾萨特,1695,pp.10—11)

　　贯穿全书,艾萨特的基调是一直都鄙视皮特凯恩的方法,他的讽刺天赋使得该书让对该争论没有利害关系的人读起来非常有趣。对于"人体是一个机器或其他类似的自动机,必须遵循物理学定律并据以得到最好的处置,因为'没有人能够不懂得它的本质、不懂得它如何形成和如何组装而假装可以修理手表;所以没有人能够不懂数学知识而可以治疗疾病'"这种观点,艾萨特回答道:"谁能说这不仅仅是平行线,虽然直线可以无限地延伸拉长,却永远都不会相交?"(艾萨特,1695,pp.14—15)。在历数了过去取得的一系列与数学无关的饮食、药物、排血、洁净等医学成就后,艾萨特继续写道:

　　再者,这台机器与人造的机器在本质上非常不同,人造的机器可以根据个人的喜好被随意地拆卸组装,并且一旦发现任何差错可以快速地用这个方法加以修理:但是我怀疑这种实验方法用在人体上有一点点危险:因为虽然它容易被拆卸,但问题在于如何把它重新组装在一起并让它运行。我建议这些数学家中的某些人先在自己身上做实验:因为有理由猜测他们的发条装置会出现故障,由此推理,如果实验成功,他们不用怀疑自己的实践行为。(艾萨特,1695,pp.17—18)

攻击是持续不断的。艾萨特对于皮特凯恩为何在莱顿对听众发出如此一堆如同就职演说一样的"胡话",只能通过引用"荷兰是一个自由的国度,人们可以自由地使用自己的舌头,有意识地或者胡言乱语地,只要不带来麻烦或骚乱,证明他们没有对公众安宁造成干扰"来理解(艾萨特,1695,pp. 25—26)。那些试图让哲学影响他们的医学实践的人是"疯狂的脑残"(p. 34)。在某一个争论中,他说:"医生的推理就像瞎眼的木马在深沼泽中挣扎,越挣扎陷得越深……在沼泽中的牲畜是可以被原谅的,因为它的眼睛是瞎的;但我不知道该对教授说些什么,他有眼睛却看不见,虽然还拥有一副数学的眼镜"(p. 105)。在另一个辩驳中,他又说:"这是一盘胡乱搭配的赶时髦的菜"(p. 111)。艾萨特的一些夸张的炮轰针对了更多的目标,甚至是1695年的"发表或灭亡"的实践运动,该运动尽量多地发表论著的倾向性(哪怕没有多大意义)提供了诱人的学术目标:"但是教授必须说些什么,因为他所处的地位迫使他这么做:他作为靠讲话或写作拿公共薪水的人,被迫发表言论,即便他发表的尽是废话;这就像城市里吹笛子的人在街道上从早吹到晚,即使已经严重跑调。因为哑巴教授是没有用处的东西,就像吹笛的人缺少了下嘴唇,或者小提琴没有了琴弦"(艾萨特,1695,pp. 131—132)。

螺　钉

所有艾萨特的好辩激情和谩骂才能提醒我们,其实斯威夫特时代的黎明已经来临,在皮特凯恩和机械论者过度言论的鼓舞下——尽管言辞也很空乏,他的书很容易被当作缺乏科学物质的空洞言辞。然而那将是一个错误,因为在这漫长的、讽刺的、风趣的、持续不断的言语攻击中,一个重要的科学争论产生了。最后,艾萨特抵制皮特凯恩的数学方法向医学领域扩张,他认为这是纯粹的"推理"科学,而医学是实践性艺术。"在人们的头脑中还有什么比想象这种推理科学——仅仅依赖于证明,被运用于建立在经验基础上的实践性艺术更疯狂、更放纵的事情吗?"(p. 18)对艾萨特来说,这种帝国主义(扩张势力)完全是一种滥用:

> 我希望你不要误会我,认为我对数学有争议:这对我来说既不公平也没有道理,因为在我的一生中没有因其而得益或受到伤害;如果我曾经受到过伤害,我也相信你是如此地仁慈而认为我已经原谅它了。我抱怨的不是对数学的使用而是滥用:比起他批判酗酒,我更不

应该被指责，虽然酒一直也不是什么好东西——因为为了增加食欲而喝一点酒是一件事情，而葡萄酒精融入血液是另一件事情；第一件事情会使你精神振作，第二件事情却可能使你窒息死亡。还有什么比将数学强加于其他艺术领域更滥用的事情吗？数学与这些艺术领域的关系或联系并不比音乐与美术、颜色与声音更紧密。数学在科学研究与知识领域中占有一席之地，他们在自然划分的领域内，如果不超出他们自己的范围，就可以与其他学科友好相处；但是如果他们侵入其他领域，他们的命运将可能与彗星一样。（艾萨特，1695，pp.22—23）

艾萨特相信皮特凯恩就像彗星一样，已经陷入太阳空域或渐渐进入太空深处，阿波罗数学的主要部分已经专门详细地验证了这一过程的发生。

艾萨特研究了皮特凯恩那时的所有论著，但最感兴趣的讨论话题是皮特凯恩对于分泌的处理。皮特凯恩在讨论分泌问题的论文里，花费了大部分的技术精力来反驳机械论者笛卡儿以及后来的理论学家——如著名的博雷利——提出的基于筛网理论的解释。具有讽刺意味的是，这也没有逃过艾萨特的注意，他写道："医生开始要拿笛卡儿及其追随者他们自己做实验了，数学家们也概莫能免；无疑会有这样一个声音：没有什么战争比同室操戈更残酷了！"（艾萨特，1695，p.78）

艾萨特把目光都投向了皮特凯恩的第一个案例，这个案例运用了惠更斯的第三个定理来证明筛子不能区分形状不同但尺寸相似的物体，因为它们最终都会通过。皮特凯恩得出的结论是大小不同的孔是筛子唯一有效的方式。艾萨特反对这一点，并且对皮特凯恩造成打击的是，他也采用了数学家们自己的方式。艾萨特不是简单地运用讽刺的才智来争辩，而是创作了一个毁灭性的反例，以至于公正的现代数学家们只能钦佩其足智多谋。虽然他有自己原创的想法，但艾萨特还是以皮特凯恩数学同胞的口吻做出了回应：

对此，机械论者的回答是，没有什么比仅需根据不同体积而不是形状来解释分泌现象，以及不管形状如何只要体积相同物质就能混合地通过洞孔的言论更荒唐。众所周知，当两个螺钉体积几乎一样，直径也没有什么差异，仅仅因为形状有一点不同，即两个螺钉的螺旋线相反时，那么我说大家都知道，只有一个螺钉可以通过（螺母）而另一个不可以。是的，更多的情况是一些物体的体积和直径都比其他小，但这些小的物体不能通过、而大的却可以，（但是我为了得到我想要的任何感谢，已经及时告诉了医生如此之多）这彻底摧毁了医生的看法，

在这一点上他似乎没有很好地请教他的分析,使得自己被一个可怜的副钉挤了出来。(艾萨特,1695, pp.79—80)

这里艾萨特认为皮特凯恩对他所考虑的形状种类太过局限了,皮特凯恩所选择的用来阐释其观点的"玉米粒"并不能涵盖自然界的潜在多样性;"根据少数特例来推出一般结论是危险的"(p.80)。艾萨特发明的两种螺纹不同的螺钉这个反例,是一个无关紧要的巧合,即艾萨特预示了分泌问题的现代解释,至少在生化螺钉被认可之时。重要的是他在数学争论中非常聪明地揭露了数学的局限性,并将问题抛给了有能力的数学家去解决。

但是皮特凯恩的第二个案例又是如何?那里他已排除了分泌问题中不同形状颗粒(如立方体或锥体)通过不同形状洞孔(如方形或三角形)的可能性,因为在无限种角度的可能性中只有一种角度正好形状完全吻合,因此几乎没有细胞可以通过。针对这个问题艾萨特这里也有一个回复,这使得一直被争论的概率问题再次被提起:指出等可能性的事件并非毫无争议地意味着它们一定是等概率发生:当动力学未被理解时,我们模拟投掷一个骰子或旋转一个旋转器,实际上并不需要抓住运动的本质。但艾萨特解释得更好:

> 根据医生的所有推断,没有一种分泌是这样进行的,因为只能找到一个理由来支持它,却有无穷多个理由可能去阻止它……没有什么比这样的推论更荒谬的了。因为,虽然只有一种方法可以实现这件事,有一万种方式可以去阻碍它,但事情如果已决定按某一种方式进行,那么一万种可能的阻碍的总和也只是零。如果医生如此慷慨地向他的对手承认颗粒有特定的形状,那为什么他拒绝承认它们有特定的运动和状态?并且如果他给我一个解释这些洞孔或颗粒为什么是等边三角形或正方形或其他形状的理由,那么我将告诉他当这些颗粒接近于分泌血管的洞孔时,是什么以如此特殊的方式决定了它们的状态。我只知道有一种方式能让绳上舞者(走绳索的人)不会掉下来,那就是让身体保持平衡,因此他也许有很多种方式会掉下来,但大多情况下并不会掉下来:如果猫被人从高处扔下,大多情况下它都不会有事,虽然它可能有很多种方式会从高处掉下来。现在让我们假设这些立方体、锥体或其他形状的颗粒,像绳上舞者能保持平衡或像猫能化险为夷那样巧妙地进入洞孔,那事情就成了。我也许仍会假设这些小颗粒是僵硬顽固的,自负地(就像大多数人一样)只以一种方式通过,就像磁铁矿只被铁器所吸引一样,虽然你可以展示一千种其他东西,

但接触到的指针只以一种方式转动,尽管它可能存在着无数种其他的转动方式。(艾萨特,1695,pp.84—86)

伊恩·哈金(Ian Hacking)(1975,第14章)认为,对等可能性与等概率的识别是17世纪中叶数理概率出现的关键,但后来他在这些观点上发生了概念性分离。从抽象的数学理论层面上看,哈金也许是对的,但艾萨特的观点表明,在讨论一个特殊的话题时情况可能会完全不同。艾萨特强势地指出皮特凯恩的分析严重地依赖于一个没有依据的假设。皮特凯恩关于颗粒在血液里随机运动,并且只有一种途径通过小孔的观点是正确的。但是这个动力学模型并不是唯一的可能性——如果多种形状被允许,为什么不会存在多种多样的运动和引力呢?

当然,艾萨特的观点不应该被过高评价。他对皮特凯恩的批评形式是带有敌意的("例如,一个可能的证明,就是什么都没有证明";艾萨特,1695,p.87),他以一种审判专家的姿态将一切怀疑转化为合理的怀疑,但却没有为这一转化进行辩护或提供其他解释。同时,艾萨特的一些例子也确实非常聪明,表现出了别人没有的、敏锐的数学洞察力。例如,对于皮特凯恩认为毛孔在压力下会变成圆形的观点,艾萨特的嘲讽机智地采取了一种合理逻辑的混合形式("不应该接着认为毛孔会改变形状,就像认为人多吃李子嘴巴就会变圆一样",p.90),并且其所用措辞表明艾萨特没有真正理解皮特凯恩的数学观点——圆形是给定直径时最大面积的形状。艾萨特也不试图去解决那个曾经催生皮特凯恩论文的生理学难题。

一篇关于确定性的文章

在《阿波罗数学》中,艾萨特论述了皮特凯恩的医学,也承诺根据皮特凯恩关于确定性知识的原则来论述确定性问题。艾萨特曾讽刺皮特凯恩的原则"就像高明的神学,[皮特凯恩的数学医学]就像物理学"(艾萨特,1695,p.5)。在这篇关于确定性的论文中,你可以发现关于数学能力的更多证据,以及该医学博士、副教授的渊博知识。它共有26页,并作为《阿波罗数学》的附录单独出现。文章还讨论了皮特凯恩在1688年小册子《对历史问题的解决,或者说,发明者》中提出的关于数学真理的卓越性。在介绍他的知识结构时,皮特凯恩对数学证明("根据他们自己的事实来证明的事情,……有如此事实的这种事情,一旦我们了解了它们的证据,我们就不再会把它们当作其他事情",

皮特凯恩 1688，p. 12；1727，p. 141）与历史真相进行了区分，这取决于权威资料来源的可靠性，以及与事件本身联系的紧密性（事件的真实性通过目击者的几经转手将会严重打折）。作为例子，皮特凯恩首先把一个命题归属于欧几里得，然后又声称毕达哥拉斯（Pythagoras）是第一个发现该命题的人。这种不均等的一分为二奠定了皮特凯恩关于数学医学声明的基础，因为他与哈维的演绎结论继承了超越于艾萨特此类医生临时性经验方法的领先性。当然，艾萨特一点都没有。

根据艾萨特的观点，"任何我们赞成的东西，都会被认为是肯定的或是很可能的：我们首先赞成的东西被称为知识，它是原则与结论的综合……我们最后赞成的东西就被称为观点或猜想"（艾萨特，1695，论文，p. 7）。在很大程度上，艾萨特与皮特凯恩的观点是一致的，但他们在什么样议题属于什么样范畴的问题上产生了分歧。在艾萨特看来，"我确认太阳昨天升起来了"与"我确认太阳明天还会升起来"（pp. 8—9）是截然不同的，只有前者是毋庸置疑的。并且，昨天太阳升起来是一个历史现实，明天太阳会升起来在牛顿时代只是一个数学推断。艾萨特发现，作为一般的规则，一个事件的可靠性会随着时间的流逝而减少的看法是完全不能接受的，难道基督经受磨难这件绝对肯定的事件也会随着时间的远离而受到怀疑？（讽刺的是，约翰·克雷格在 1699 年使用数学方法处理了这个问题，并得到一个让艾萨特深恶痛绝的准确答案：基督到 3050 年复活的可信性将降低为零；克雷格，1699；第 13 章。）艾萨特将会接受这样的建议：起初被勉强宣称的历史将会随时间而消失，但更强烈、更深刻的历史肯定不会被遗忘，例如基督复活。确实，艾萨特认为时间检验是发现虚假历史的最好方式——错的将消亡，越可信的越长久。

然而艾萨特并不满足于驳斥皮特凯恩对历史真相的责难，还试图破坏他在数学上的信心。为此，他引入了"一个三角形的三个角等于两个直角"这个数学命题作为例子（艾萨特，1695，论文，p. 21）。艾萨特认为这并不比历史真相更确定，因为它是以宣布该命题的数学家没有发生判断和记忆失误为假设前提的，"对于那些作为该结论依据的、不一定必要的命题、公理和假设，没有人能够拥有直觉的知识，（即使他有，也容易犯错）……所以数学的确定性必须基于同样的历史根基：因此合乎逻辑的推论是，要么历史与数学一样确定，要么数学与历史一样不确定"（p. 22）。

至此，艾萨特结束了他的论述，满足于他"充分地从谎言中维护了真相，从那些想颠倒世界、想推倒祖先确立的地标的、吹毛求疵的数学家们毫无根据的诽谤和错误观点中维护了物理学和医学"（p. 25）。他的论著，例如《阿波罗》，在那些一度成为哲人话题的讨论中，混合了推理、机智和辩论。他的很多关于真理本质的观点在半个世纪后的苏格兰启蒙运动中再次被提及，这在当时同样不是一件简单的事。当然，艾萨特不是最后一个直接反对皮特凯恩的人。

揭去面具的 Tarrugo

难以想象皮特凯恩会对这么一个严厉的抨击没有做出回应。艾萨特的话语太过尖锐了——他甚至一度指控皮特凯恩"由于冷漠怠慢"而杀人（艾萨特，1695，论文，p.4）。艾萨特自己并不希望他保持沉默，他写道："我那有学问的对手欠我一句感谢，因为我让他睁开眼睛，让他看到有学问的乌合之众对他是多么地有害……但是我担心已为一个不懂得感谢的主人做了太多的工作，他弱视的眼睛不能忍受光明。或许出乎我意料的是，我将遇到截然相反的情况，不得不因为要对错误的引用和翻译等各种情况提出控诉而面临挑战。这就是所有我期待的答案，并且明智的人不会提出责怪。"（pp.25—26）

艾萨特所预期的挑战不用太久就会到来。但是皮特凯恩将如何回应？关于《阿波罗》的作者身份，大概只是一个常识，因为艾萨特在爱丁堡皇家医学院为众人所知（并且在这一年年底之前成为了其中的一员），因此他在这个有趣的抨击秘密中很难长久地保持骄傲。但是，这本书被匿名出版了，并且直接回答将在不平等的立场上参与这场争论。如何应对？面对这个困境，皮特凯恩所使用的办法是一种在以往无数次学术争论中被证明有效的策略——他自己依然立于高地之上，而让一名学生参与攻击。

获此殊荣的学生叫乔治·赫本（George Hepburn），一位与皮特凯恩在莱顿一起做研究并随他一起回到爱丁堡的年轻人。回答的方式是一本与《阿波罗》同年出版的小册子，名为《揭去面具的 Tarrugo，或对最近一本名为〈阿波罗数学〉的小册子的回答》，皮特凯恩医生又在此基础上加了标题"基于数学证明的眼睛内部疾病理论"（赫本，1695）。皮特凯恩通过添加他在眼科疾病数学检验方面的一小段论述，与该小册子一齐作为正式的回复，并且声明他对数学优点深信不疑、永不后悔。首段的"致读者"表明赫本没有打算回避抨击：

针对最近一本粗俗的小册子对皮特凯恩医生，以及所有可用以推进医学确定性的正确方法所做的诽谤，我决定采取回应的态度，希望这不会显得很奇怪。当我在国外替这些方法和论著进行了辩护以后，我认为自己更热衷于在国内替它们辩护。在国外，我不得不面对那些纯朴人的推理论断而做出辩护，他们的出发点是为了追求真理，直到弄清事情真相。但在这里我发现,绅士的、哲学的语言却已被狂妄的谎言和污蔑、粗俗的语言所替代。一句话,这本小册子的论调只是给昆虫带来了起源和营养的粪堆而已。(赫本,1695,p.i)

赫本告诉我们,标题《揭去面具的 Tarrugo》来源于一场"很多年前演出的、名为 Cannongate 的滑稽剧里的人物",该人物因"欺骗、说谎、滑稽……"而出名,被称为数学疯子与狂人(赫本,1695,p. ii)。看起来他所指的很可能是《Tarugo 的诡计或者咖啡厅》,一部 1688 年由著名的修复剧作家托马斯·赛得瑟夫(Thomas Sydserf)①所写的喜剧,虽然主角是一个名副其实的无赖,但在剧里他的直接称呼是数学家②。不知赫本是否清楚《阿波罗》的真正作者身份,因为他在任何地方都没有说明这一点;艾萨特的名字始终没有被提到,尽管其中一些地方间接表明他至少知道艾萨特所属团队的一些成员。

赫本的小册子充斥着夸张的谩骂,但他不像艾萨特那样风趣,大部分内容只是义愤填膺的发泄。艾萨特几次被称为笨蛋或傻瓜。赫本反击了艾萨特对无神论的指责,并且大部分内容都是指责艾萨特缺乏数学知识:

> 医学和人类可以感激于这群无知之徒的东西是多么得少! 他们不仅否定数学推理在医学中的应用,而且大声抱怨数学方法无用,还认为把数学应用于物理学有害! 然而,这些抱怨将数学应用于物理学的人完全不懂数学。我们能期望从他们那里得到怎样的、关于数学科学应用和所取得成就的高尚论述? 他们当然还不如学校的孩子。(赫本,1695,p.5)

赫本的辩护姿态意味着他比皮特凯恩更强调数学的能力。我们知道"在自然界除了体积、形态或运动,什么都没有改变过或发生过:因此没有人可以假装拥有完美的数学知识,因为拥有完美的数学知识就意味着拥有一切关于自然界的知识"(p.1)。如果这个观点得到更进一步的延伸,就可以被诠释为早期的拉普拉斯决定论,但是赫本没有沿着这条路继续发展,并且这绝不意味着赫本对所做的扩展感到满意。然而,他对数学能力的信念不应被低估,他提出的言论

---

① 赛得瑟夫,一个苏格兰人,因他母亲之故而与皮特凯恩有亲戚关系,因此认为是皮特凯恩建议赫本如此命名似乎站得住脚。见里奇(Robert Peel Richie)(1899,p.161)和皮特凯恩(1972,pp.5—6)。

② 这场交易是两个人在咖啡厅里进行的:"我被告知,咖啡会激发一个人在数学上的灵感。""迄今为止它只能让人不瞌睡,你知道,这是阻碍数学进步的现成方式"(赛得瑟夫,1668,p.23)。

仍会在一些大学的大厅里得到认可："不需要提醒你也知道,数学家在形成正确结论方面是最有技巧的,因为他们对此最擅长"(p. 28)。

这本小册子不完全是争论性的,赫本确实在不同程度上成功地回答了艾萨特提出的大量问题。例如,艾萨特赞扬了希波克拉底和伽林的方法,他们将治疗基于经验之上而不是数学。赫本指出,希波克拉底的大部分格言是错误的,并且将其归因于他没有遵守天文学家的观测方法。赫本说,天文学家们会让他们的观测"明白清楚并得到很好的证明,⋯⋯相反,希波克拉底在许多最重要的观测时刻却都忽略了观测的实际情况和环境"(p. 8)。因为希波克拉底和其他经验主义者没有进行观测记录,更不用说对可能影响观测结果的实际环境差异进行关注了,因此观测结果确实显示出存在差异。"因为他们没有考虑气候与饮食对观测结果的影响;如果他们考虑了这些因素,那么在不同地方进行同类的观测就会发现同样的结果"(p. 11)。相反,天文学家在把不同地方的观测结果进行综合时,就会考虑不同的折射度等因素。这是一个美妙的统计学观点,即使我们可以指责赫本因轻视在医学观测中考虑条件差异的难度而过于乐观。

对于艾萨特的抱怨"在人们的头脑中还有什么比想象这种推理更科学——仅仅依赖于证明,就被运用于建立在经验基础上的实践性艺术——更疯狂、更放纵的事情吗?"(艾萨特,1695,p. 18),赫本用一个航海的例子加以回应。航海是与医学一样的实践艺术,但它正是依靠艾萨特想从医学中除去的数学而实现了精确可靠。"但 Tarrugo 将告诉我们天文学或数学科学比医学更接近自然⋯⋯因此你的船将被引导进入希波克拉底的旧时代:它们沿着海岸线爬行[那里经常发现岩石]"(赫本,1695,p. 20)。对于人体完全不同于人工机器——"它可以根据需要进行拆卸与组装"这一观点,赫本从反面进行了回答,正如已经所做的:"没有什么完全违反常理的话比这更简短的了,难道我们没有为了了解人体各部分的组织、用途和功能,以及人体能够或已经承受了多大的、来自于其他人体的手术所造成的伤害而打开、解剖和观察它们?"(p. 26)

艾萨特对皮特凯恩关于分泌问题的批评似乎入木三分,尤其是反向螺纹螺钉(两个能够轻易地被对方洞孔筛选出的相似形状)和绳上舞者(他假设只有一种正确的情况,虽然可能存在无限多种姿势)的例子。赫本不能有效地回答这些问题,虽然他三番五次地嘲笑这些例子。对于第一个例子,他简直怒不可遏地说"这绝不是皮特凯恩的本意":

> [艾萨特]很勇敢地断言,虽然有些(细胞)颗粒在每一方面都小于洞孔,但仍将不能通过。这进一步证明了他的粗鲁愚蠢:他曾经告诉过我们两个大小一样但螺纹相反的螺钉,其中的一个螺钉将不能进入

> 另一个螺钉能够进入的螺孔。这个傻子并没有理解博士(皮特凯恩)的教导。聪明人一看就知道,这两个钉子没有被假设具有相同的形状,并且对于螺帽通道来说,它们的直径不一样。我现在明白了,这家伙不知道什么是直径……所以我任由他对他的螺钉去胡说八道。(赫本,1695,pp.35—36)

但是赫本确实没有试图去理解艾萨特,并且在发现皮特凯恩的命题只能勉强成立这一事实时,只能采取回避的态度。

对于艾萨特的其他例子,赫本不能接受血液里每一颗粒都有特定运行方式的观点:"因为虽然人可能是绳上舞者或舞台演员,但是人体的各部分没有这么精巧。"(p.26)艾萨特的观点将特别不受欢迎,因为它与笛卡儿的生理学教义是如此的相似,而笛卡儿的批评是皮特凯恩主要的针对目标。至少粗看第一眼,绳上舞者仅仅是笛卡儿认为需要发明的"诗意般的机械"的翻版,而这正是皮特凯恩认为应该清除的一种机制(坎宁安,1981,p.89)。也许被这件事弄昏了头脑,赫本显然没有理解清晰地刻印在艾萨特头脑中的新概念,那就是等可能性必然是等概率。赫本没有提到磁铁的例子,而是着重关注于更丰富多彩的例证。对于整篇文章,他写道:"当树会讲话的时候,这件事可能就过去了……他的整本小册子(除了他扮演喜剧演员的地方)是一本毫无意义的、建立在受一些哲学流派指教的愚蠢观点和谎言之上的论述。在这里,他强烈地试图——当然是基于血液的每一部分都像一个理性的、会思考的绳上舞者这样的假设——去破坏一个论证;他真应该再加上一点,它们也都像喜剧演员一样。"(赫本,1695,p.38)

余 波

赫本的辩护在某些观点上很准确,但在其他问题上却采取了回避的方式,总体上看措辞尖锐。他的这本小册子不能算很成功,但我们也很难知道为什么赫本的努力招致了比曾经刺激他的(艾萨特)小册子更猛烈的进攻。毕竟,当赫本放荡地进行侮辱时,它们自然地就被拿来与艾萨特的一些说辞做比较了。艾萨特虽然没有被提到名字而被称为无知的笨蛋,但起码没有被指责为杀人犯。比较而言,现代学术争论显得平淡无奇(至少在他们正式出版的论著里),但是按照斯威夫特时代的标准,赫本似乎应该为没有达到斯威夫特院长(或艾萨特)的机智水平而感到内疚。然而赫本受到了被同行排斥的严厉惩罚。

赫本遭受官方严厉反击的原因，在于他与皮特凯恩的同事经历。皮特凯恩从莱顿回来之初是很平静的，但是到了1695年，一系列因素导致了爱丁堡皇家内科医学院的"暴动"（坎宁安，1981，p. 94）。争议的产生有很多方面的原因。皮特凯恩尝试改变考试制度以便接近于莱顿的做法，此举被更传统的内科医生视为威胁（里奇，1899，pp. 160—189）。并且此时，经验主义学派与理论学派在关于治疗发烧问题上的争论爆发了。西德纳姆的弟子安得烈·布朗（Andrew Brown）出版了一本册子，里面包含了皮特凯恩和其他一些人的回应论文，但很多是匿名的（坎宁安，1981）。其中有一篇是皮特凯恩于1695年发表的关于发烧疏散治疗的论文，讨论了先前艾萨特《阿波罗数学》里认为的引起发烧的最接近原因。由于政治分歧，争论毫无疑问被进一步加剧了：皮特凯恩和他最亲密的伙伴们（包括他的岳父，即杰出的医生阿奇博尔德·史蒂文森（Archibald Stevenson））都是詹姆斯二世保守党的党员，仍然忠于詹姆斯国王，不能接受1689年导致奥兰治家族的威廉（William）和玛丽（Mary）流亡到英国的光荣革命；而他们的对手大部分（包括艾萨特）都是辉格党人。[1] 此外，皮特凯恩在使用自己的智慧应对对手的能力方面也较有欠缺。

随着多方面争执在后台酝酿积累，到1695年11月事件终于爆发了，皮特凯恩及其盟友的对手数量远远超过他们，这些对手在医学上更为传统，其中包括在一个月前刚被任命为学院研究员的艾萨特（豪伊（W. B. Howie），1967，p. 273）。赫本没有遵循匿名出版的传统，也许他终将为这个大胆的行为而后悔，但他在1695年11月22日的学院会议上替自己进行了辩护。表面上看，这个指责是由一名学院研究员在未经许可的情况下发布的。皮特凯恩为了支持赫本，以正式抗议的方式介入了这场争论，但是没有用。调查委员会认为《揭去面具的 Tarrugo》是"一篇诽谤、丑恶、错误的和傲慢的文章"，并且皮特凯恩被学院投票暂停职务，直到他的六名支持者以罢工的方式加入他的阵营才结束。赫本被"开除"了，并且之后他完全不再被提起，这意味着他永远被除名了。皮特凯恩有足够的声誉，因而尽管被停职仍可开展实践工作，并且在经过数年的昂贵诉讼后，终于恢复了一定程度的平静：1704年皮特凯恩和其他人被宣布特赦、恢复原职（但赫本除外）（里奇，1899，pp. 172—174，pp. 177—180）。赫本被认为年纪很轻就过世了，也许在1704年就已不在人世。里奇（1899，p. 189）坚信赫本在1700年1月31日前就去世了。

皮特凯恩死于1713年。作为一名医生，他显然算得上那时最好的，而且在

---

① 格里尼（1986）讨论了那时关于宗教分歧和固定政治标签问题的争议。事实上，西蒙·谢弗（1989）强调了科学问题争议的政治方面。

某一方面肯定有些不同寻常：他被认作"一点也不关心报酬，……他与那些对他来说只有善意别无他求的人相处得非常快乐，远远超过了那些地位最高的人"。据告知，他对于所卷入纷争的可能反应是"藐视很多人，但不憎恨任何人。他爱他的朋友，嘲笑他的敌人"（皮特凯恩，1727，译者塞韦尔（G. Sewell）的序言）。众所周知，他这一生喜爱喝酒，与他同时代的著名长老派教会历史学家罗伯特·伍德罗（Robert Wodrow）形容他"每天喝酒两次"。但尽管如此，并且皮特凯恩对宗教持有怀疑态度，伍德罗仍然对皮特凯恩怀有钦佩之情（麦克里（M'Crie），1842，1：437；林曼（Lenman），1980，p. 224）。他将死之时留下了一瓶大香槟酒，要求"在重建后被打开"——意在希望斯图亚特王朝能够重建。然而这瓶酒在 1800 年，即在他诞辰 148 周年时，因纪念他坟墓的重建而被打开喝掉了（里奇，1899，pp. 185—186）。

结　论

这场于 1695 年在爱丁堡爆发的短暂争议是近代的一件事：数学试图扩大它的领域范围，而那些占据原有领域的学科感到了威胁，并把雄辩术与逻辑相结合来进行攻击。在看待这场争斗时，因争斗的热度和火力而眩晕双眼、忽略知识内容的情况并不少见，但这将是一个严重的错误。皮特凯恩对笛卡儿生理学和经验学派的批评，以及对医学中牛顿实验逻辑的拥护是有价值的，并且间接地产生了持续的影响：19 世纪一些最有影响力的医生，包括乔治·切恩（George Cheyne）、理查德·米德（Richard Mead）和赫尔曼·布尔哈夫（Hermann Boerhaave），都是皮特凯恩在莱顿的学生；皮特凯恩对他们的工作产生了强烈的、公认的影响，同时也对其他一些人产生了影响，例如曾间接向皮特凯恩学习的杰姆斯·基尔（James Keill）（格里尼，1985；布朗，1981；金，1978，pp. 121—124；谢弗，1989，pp. 182—183）。在医学历史上，皮特凯恩不被认为是成功的，因为他不能像指出别人方法的错误那样解决问题。事实上，他的一些尝试以现代的眼光来看是荒谬的。然而，正是皮特凯恩对待医学的科学态度所提供的方法论，导致了现代医学的显著进步。皮特凯恩之所以失败，是因为他走得太远、太快；缺乏现代生物科学知识，任何接近于牛顿医学的愿望都是无法达到的。

另一方面，艾萨特的反击非常出色，这不仅因为他的天赋和智慧，同时也因为其科学性。他本可以轻松地求助于教条，并且非常准确地指出皮特凯恩的工作缺乏实际进展，但他却熟练地把科学争论解剖开来。他的反例尤其聪明（即使它们的作用只是使他的对手感到不舒服而没有得到当时唯一观众的赞赏）。最后,艾萨特把关注点放在了仍然经常是争论的薄弱点上——把概率应用于非实验的状态:什么是等可能性事件?

　　1695 年爆发的争论在过去的几个世纪中经常以不同的面貌重现。19 世纪数学和统计推断对社会科学的渗透,以及在 21 世纪的再三重现,提供了很多案例。19 世纪 30 年代至 40 年代,阿道夫·凯特勒和西缅·丹尼斯·泊松对数理社会学的声明招致了奥古斯特·孔德(Auguste Comte)和路易斯·潘索(Louis Poinsot)的嘲笑(斯蒂格勒,1986a,pp.194—195)。半个世纪后,数理经济学家斯坦利(W. Stanley)、列昂·瓦尔拉斯(Leon Walras)和埃奇沃思也招致了相似的反对意见,21 世纪关于社会数据的统计分析带来了更激烈的争论。在某些方面,三个世纪以来的争论内容发生了一些变化,问题包括:何时进行分组观测是合适的、数学模型能否抓住不易计量现象的重要特征、假设的概率分配基准能否真实代表实际的动态机制,等等。所有这些问题在 1695 年的爱丁堡争论中已经出现,并且在当今的争论中也很常见。当我们处理这些问题的能力明显改进时,这些问题的持久存在也表明了它们不太可能很快消失。

第十二章　概率论的黑暗时代

17 世纪下半叶被称为概率论的黑暗时代。起初,概率论随着 17 世纪 50 年代帕斯卡、费马和惠更斯等论著的出版而显得非常辉煌,并且最终由蒙特莫特(P. R. De Montmort)、伯努利和棣莫弗的伟大论著驱散了曾经一度的黑暗,这些论著都发表在 1708 年至 1718 年这十年间。但在这两次论著集中发表的中间时期,所有一切都显得黑暗和寂静。然而,就像一千年前历史的黑暗时期一样,对其进行一个近距离的观察和加入新的信息,有时可以揭示出其微弱的光芒,这从未引起过怀疑。

人们普遍认为,概率论的第一本印刷出版物是由克里斯蒂安·惠更斯所写、只有十五页的拉丁文小册子,它也是弗兰斯·范·斯古登于 1657 年在莱顿出版的数学教材的附录,该书两年后在荷兰再次出版。具有讽刺意味的是,惠更斯以一种最不确定的方式开展了这个主题的研究:在书中它的标题是 *De Ratiociniis in Aleae Ludo*("论赌博中的计算"),但是小册子上的标题却是 *De Ratiociniis in Ludo Aleae*。1655 年 7 月到 12 月,惠更斯在巴黎访问(布鲁格曼斯(H. L. Brugmas),1935,p. 40)。在那次旅行中,他学习了帕斯卡和费马关于得点问题的未出版著作(关于中止的骰子游戏中赌注公平分配的测定问题)。在法国人研究工作的基础上,惠更斯在小册子中给出了有关概率的十四个问题的答案。在 1654 年末,帕斯卡就赌注问题给出了他自己的解释,其中包括关于得点问题的成功处理方法。但是直到 1665 年也就是在帕斯卡死后三年,论著才正式出版。这本死后出版的著作《论算术三角形》,给出了关于二项式系数的充分讨论及其在概率问题中的应用。因为帕斯卡的论著,我们第一次知道二项分布。他说明了一般情况下如何简便地计算二项式系数,以及如何被用来求解概率的值。爱德华兹(1987)对帕斯卡所做的工作进行了详细的描述。

在英国的概率

　　对帕斯卡和惠更斯的公开回应就是沉默。艾萨克·托德亨特（Isaac Todhunter）（1865）广博的概率学历史，也只提到了从帕斯卡和惠更斯的论著发表到 1690 年这段时间出版的涉及概率论的三篇（本）论著：1670 年，惠更斯的小册子被一个名叫卡拉密耳（J. Caramuel）的耶稣会信徒学者再次印刷出版；1679 年，一个法国数学家苏维尔（J. Sauveur）发表了与巴塞特（Bassette）游戏有关的几个公式；1685 年和 1690 年，雅各布·伯努利从骰子游戏中推导出了两个无穷级数。

　　然而在 17 世纪 90 年代，在英国出现了一连串的活动，四篇（本）论著出版了：一本是 1692 年约翰·阿巴思诺特对惠更斯的译本，一篇是 1693 年弗朗西斯·罗伯茨（Francis Roberts）关于彩票的注解（罗伯茨，1694），两篇是 1699 年关于概率在证据中的应用，其中一篇由在第十三章所提到的约翰·克雷格所写，另一篇现在为人所知，由乔治·霍泊（George Hooper）所写（霍泊，1699）。人们自然会问，这些出版物是早期英格兰传统的一部分，还是标志对概率论研究的全新兴趣？

　　事实上，英格兰人对机遇和不确定性的兴趣有很长的历史。英国皇家造币厂的官方程序需要随机抽样，也容许一定的变异性，这要追溯到 12 世纪（参见第二十一章）。在 1619 年，清教徒牧师托马斯·盖塔克（Thomas Gataker）写了一篇有影响的文章——抽签的本质与运用，这篇文章攻击了关于彩票与抽签结果是由上帝意志决定的注解，认为这种机会性事件不由神的法则，而是由自然法则所决定，尽管它们的原因我们现在还不知道。贝尔豪斯（1988）深入地讨论了盖塔克的工作并做出了回应，同时把它归类于 16、17 世纪英国清教徒的决疑论中。基于这种背景，我们可以期望到了 17 世纪 60 年代，英国数学家对于惠更斯和帕斯卡的论著是能够接受的。

理查德·坎伯兰（Richard Cumberland）与自然法则

　　1657 年，范·斯古登的书一出版就在英国闻名。例如，艾萨克·牛顿在 1664 年买了一册（韦斯特福尔，1980，p. 98），并且怀特赛德（1967—81，1：58—62）复印了牛顿在当时所做的三页注解，显示出他对惠更斯的小册子进行了非常仔细的研读(并且甚至在一些细节方面进行了扩展)。惠更斯的小册子曾被很多读者关注,这一迹象可以从理查德·坎伯兰于 1672 年在伦敦出版的一本关于自然法则的论著中发现。坎伯兰,当时任职于剑桥大学,后来成为彼得堡的主教,写这本书的目的主要是驳斥托马斯·霍布斯(Thomas Hobbes)哲学中一些他认为肯定错误的法则。坎伯兰生于 1631 年,死于 1718 年。他是一个卓越的早期实用主义哲学家。他认为适当的过程就是追求最大的效果,人类行为的随机("偶然")影响,可以按照计算机会的规则和列举所有可能的情况而予以赋值。坎伯兰明确引用了惠更斯的文章(1672,p. 183;1750,p. 283),并提出了涉及一个和两个骰子的简单计算,直接类推用于评估农业、商业,以及"几乎所有与人类产业有关的和繁忙的职业"中的偶然影响(坎伯兰,1672,pp. 322—323;1750,p. 467)。

坎伯兰在归纳推理方面显示出了一种自然倾向。他认为,通过观察发现的动物物种喜欢生活在和平环境而不喜欢生活在敌对状态的倾向,显示出动物喜欢和平而不是敌对的本质倾向(以及由此推论,人类也是如此)。这个观点紧紧地依赖于类推:"因为这里所举的这个例子与机会理论中的一样;一个更自然的假设是,第一次抛掷一颗骰子时,六点不会出现的可能性大于六点出现的可能性;因为有五种可能性出现的点数不是六,只有一种可能性会出现六点。"(坎伯兰,1672,pp. 119—120;1750,pp. 193—194)

坎伯兰再次声称单个人对共同利益的追求(而不是他所认为的霍布斯自我推销那样的自私行为)会更经常地使个人受益,因此具有更大的价值:"由所有我们所熟知的其他行为造成的影响,都是自然地带有偶然性的,由此可以推理,人类的理智忠实地执行着其职责。假如它指引我们选择事件,那么这些事件通常是会经常发生的。因此,我们用一个固定的值去估计那些最常发生的偶然性事件。"

坎伯兰承认,在极少数情况下,一个人能从武力和背叛中得到好处,但这并没有使用他们的睿智。

　　　　例如,一个人在第一次抛掷一对骰子时,如果能够得到两个六点,那他就赢了另一位下了对等赌注而在第一次投掷中没有出现两个六点的人。然而,尽管投掷这么幸运,但可以证明以下结论是正确的,(也即根据骰子立方体的本质)第一次投掷中不利于出现两个六点的几率是 35:1。因此,在赌博中赢的机会也就是下注的机会,即 35:1,我们称它为"赔率"。机会数值之间的差异,能够而且可以当作好礼对其进行估计,即进行机会收益估价,作为对能做出更慎重选择的智者的自然回报。我们以同样的方式可以判定,关于损害或者损失,是对不能进行明智选择的愚蠢者的自然惩罚。(坎伯兰,1672,pp. 322—323;1750,pp.466—467)

因此,坎伯兰认为生活中的决定应该建立在期望效用上,他用骰子游戏所做的类推,表明他已经清楚理解惠更斯小册子的基本原理。

托马斯·斯特罗德(Thomas Strode)

托马斯·斯特罗德在数学历史的舞台上是一位不引人注目的小人物,如果他被提到,通常是作为 1676 年来自约翰·柯林斯(John Collins)的一封信的收信人,这封信被当作牛顿与莱布尼茨谁是微积分创始人的争论的证据(怀特塞德,1967—81,vol.8)。对于我们来说这并不惊奇,一个能产生牛顿的时代也是一个充满数学好奇心的时代,在一定程度上看,这种好奇心通常只驻留于有能力进行原创性研究工作的人身上。

仅有的关于托马斯·斯特罗德一生的描述主要来源于这样一个事实,那就是他于 1642 年至 1645 年期间就读于牛津大学,因而引起了安东尼·伍德(Anthony à Wood)的注意。伍德于 1691—1692 年在《牛津的雅典》中发表了"曾在最古老和最著名的牛津大学接受过教育的所有作者和主教的确切历史"一文。伍德告诉我们,斯特罗德是萨默塞特郡(Somerset)一位绅士的儿子,1642 年他十六岁时被牛津大学录取,因此斯特罗德应该在 1626 年左右出生。他曾拜学于罗马天主教学者亚伯拉罕·伍德海(Abraham Woodhead),并且在 1645 年,伍德海带着他和另一个学生托马斯·卡尔佩泊(Thomas Culpeper)在法国长途旅行。在国外待了四个学期之后他们回到英国,斯特罗德定居于马帕斯顿(Maperston),并且"继承世代从事的数学"(伍德,1721)。斯特罗德也一定学习过法律,因为 1657 年他被允许进入内殿法律学院担任法律顾问(福斯特,1892)。斯特罗德在 1690 年之后的某个时间去世,有资料表明他是 1699 年逝世的。

可以推测,斯特罗德的数学兴趣是由他的导师伍德海激发的,因为伍德海是一位众所周知的非常优秀的数学教师。除了指导斯特罗德和卡尔佩泊这两个学生外,伍德海还特别担任了英国白金汉(Buckingham)公爵和卡佩尔(Capell)勋爵的数学教师。然而,伍德海似乎没有发表过什么文章,在他的学生中只有斯特罗德具有开展原创性数学研究的天赋(卡尔佩泊发表了几篇关于利息和高利贷的文章)。

斯特罗德的论著

斯特罗德仅出版了两本著作,一本是关于概率论的。1678 年这本书出现在伦敦,标题是"关于数量的组合、选择、排列与组合的简短论述:通过几个关于数幂差异新思考的例子加以说明"。这本书的确是一篇非常短的论述,总共只有55 页,其中还包括两页序言和勘误表。斯特罗德的论文并不是不被他同时代的人所了解,它被 1710 年约翰·哈里斯发表的一篇关于组合百科文摘的文章所引用。但斯特罗德的论著却被数学历史忽略了。据推测,可能是因为作为一本关于概率的著作达不到帕斯卡早期论著的水平,而作为一本关于组合方面的著作很快就被 1685 年约翰·沃利斯(John Wallis)的著作所超越。一位稀有书籍的出版商使得这本书引起了我的注意。托德亨特并不了解这本著作,也不了解以这本著作作为唯一参考文献的后续作者,但我知道他曾引起爱德华兹不经意的注意(1987,p.47)。然而,以下几点原因使得斯特罗德的论著仍然值得我们去关注:作为原创性的著作,作为英国可能的第一本概率论方面的数学专著,以及作为当时(对概率论)理解水平的写照。

斯特罗德的序言帮助该著作定位于一个正确的历史位置,他解释说这本书最初是在不了解帕斯卡论著的基础上撰写的。与帕斯卡的论著相比照,这本书只是做了些细微的修改。

尊敬的读者:

一年多以来,在一位非常值得尊敬和热心公益的朋友的请求下,我同意将这些论文公之于众。在了解到一些法国作者已经就该主题撰写了论著后,我暂停了出版;在详细地了解了这些作者并且领会了他们关于这方面工作所做的讨论之后,我很乐意(防止任何滥用)继续进行出版。我在那些著作之外增加了两件事:第一件事是针对别名为马尔伯朗奇(N. Malebranch)的《数学原理》,即给出了 24 个字母若干种组合的数目,并且还基于两个目的,一是纠正该论著的一处打印错误——在此我假设仅此而已(因为图表的数字,从最初到最后都是正确的)。另一个是展示出他省略掉的运算方式。第二件事是针对帕斯卡先生的小册子《算术三角形》,给出了一种我在之前偶然发现的证明。你会在第 33 页中发现这个内容,但是它被放错了位置,应该放在第 42 页。[①]

---

① 斯特罗德论著的这个序言和其他几页被斯蒂格勒(1988a)进行了照片复制。

　　对马尔伯朗奇的参考是错误的，尽管在当时这个错误很常见。有疑问的这本书事实上由珍·帕莱斯泰特（Jean Prestet）所写（安德烈·罗比内特（André Robinet），1967），也没有特别值得注意之处（它没有讨论概率问题）。另外一种说法是，斯特罗德宣称他在知道帕斯卡的论著之前就完成了他的著作，这从历史上来看更让人觉得有趣。这种声明似乎貌似合理。这两本书在数学风格上明显不同，并且在他们重叠的部分，帕斯卡通常会讨论得更为深入。此外，斯特罗德将其归功于帕斯卡的第 33 页论证这部分，很显然是后来加上的。

　　虽然斯特罗德在撰写著作的绝大部分内容时并不知道帕斯卡的论著，但他似乎知道惠更斯的小册子。他没有直接引用惠更斯的论文，但在与组合有关的部分他确实参考了"弗朗西斯·斯古登的汇编"，它只能作为对斯古登的一个参考（1657）。他参考的另外一些数学书包括约翰·沃利斯的《无穷算术》（1656）和同时代托马斯·贝克（Thomas Baker）关于研究进展的著作。

斯特罗德关于组合数学

　　斯特罗德论著的前三分之一部分与计数有关。斯特罗德讨论了组合问题，并且说明了如何利用算术三角形确定它们的数目。他把这个叫作所垛积数（形数）表。他说明了如何在不建立表格的情况下利用乘法来计算组合数目。当然，所有这些内容、甚至更丰富的内容在帕斯卡的论著中都有，但他是在没有得益于帕斯卡的前提下做到这一点的，我们至少可以把它作为证明斯特罗德是一位有才华数学家的证据。他对塔凯特（A. Tacquet）进行了非特定的参考，但他自己给出了一个等价的公式

$$\binom{n}{k} = \frac{n(n-1)(n-2)\cdots(n-k+1)}{1 \times 2 \times 3 \times \cdots \times k}$$

这是一个了不起的成就，尽管早期的数学家已有所掌握（爱德华，1987）。

　　斯特罗德接着讨论了选择问题。从 n 中取出 k 的所有组合数目就是可能形成的所有非空子集的数目，它可以由如下公式给出

$$\sum_{k=1}^{n} \binom{n}{k} = 2^n - 1,$$

斯特罗德将这一结果归功于霍布斯。然后他给出了计算"变化数"（现在我们称之为排列）的规则。他甚至讨论了并不是所有元素都可区别的情况。斯特罗德并没有用到抽象的数学符号，但是如果用 P_k^n 表示从 n 个可区别的元素中同时抽取 k 个元素的排列数目，斯特罗德给出的计算方法是

$$P_k^k = k!, \quad P_k^n = \binom{n}{k} \times P_k^k。$$

他甚至解释说,如果 n 中包括一个含有 r 个不可区别元素的子集,则有

$$P_k^n = \binom{n}{k} P_k^k / P_r^r;$$

如果有 R 个子集,它们分别含有 $r_1, r_2, \cdots, r_R$ 个不可区别的元素,则有

$$P_k^n = \left\{ \binom{n}{k} P_k^k \right\} / \prod_{i=1}^{R} P_{r_i}^{r_i}。$$

在描述最后这个规则时,他比帕斯卡更进了一步。

这些关于计算方法的讨论通过一系列的例子来完成并且得到了扩展,有些例子属于普遍的类型:从 24 个拉丁字母表中任选三个字母可以构成的单词数量为

$$\binom{24}{3} P_3^3 = 2024 \times 6 = 12\ 144;$$

七大行星(假设包括地球和月亮)出现重合情况的总数为:

$$\binom{7}{2} + \binom{7}{3} + \binom{7}{4} + \binom{7}{5} + \binom{7}{6} + \binom{7}{7} = 2^7 - 7 - 1 = 120。$$

但是有些问题却是棘手的,当被问到如果一只羊可以交换 $\binom{100}{50}$ 颗大麦粒,那么 100 只羊值多少颗大麦粒时,斯特罗德用了三页纸来进行解答,运用了对数方法和关于地球尺寸的最新数据来进行计算:"即使整个地球都覆盖着十英尺厚的 Guiney(译注:英国古代货币单位,折合 21 先令),也不够支付 100 只羊;就算整个地球都换算成大麦,仍然没有足够的大麦来交换那 100 只羊。"

斯特罗德在描述其他大数字时也很富有想象力。为了告诉读者从一副 52 张的纸牌中能够抽取多少手不同的 12 张纸牌组合的直观感觉,他写道:"如果 1000 个人每天(除了星期天)花 12 个小时从一副牌中抽取 12 张牌,按照每小时每个人操作 1000 次计算,他们也不可能在 54 年时间里完成所有的、由 12 张不同的牌组成的组合。"斯特罗德给出的数目是

$$1000 \times 12 \times 1000 \times 54 \times 6 \times 52 = 2.02 \times 10^{11},$$

它是

$$\binom{52}{12} = 2.06 \times 10^{11}$$

的一个不错的近似值,正如斯特罗德所说,尽管它小了一些。

斯特罗德关于骰子的得点几率

论著的一部分是关于骰子的,并且斯特罗德给出的关于几率计算的应用要

比已掌握的早期文献更为复杂。最早提及骰子在第 15 页,举例说明了我前述的排列数目的计算规则。例如,如果有 3 个骰子,产生结果(1,1,2)的数目就是全部排列的次数 3;如果是 4 颗骰子,结果(1,1,2,2)和(1,2,3,4)可以分别有 6 种和 24 种变化或排列;如果是 6 颗骰子,结果(1,1,1,1,2,2)(1,1,2,2,3,4)和(1,1,2,3,4,5)分别有 15 种、180 种和 360 种不同变化。在说明投掷一组 n 颗骰子的总排列数目是 6^n 以后,他给出了当 $n=2,3,4,5,6$ 时的结果。斯特罗德接着分别计算了投掷 2 颗、3 颗和 4 颗骰子时所有的得点总数及其概率,并绘制成了概率分布图。他是利用他的计数规则完成计算的。他先列出所有可能得到的得点总数,然后根据排列原理,列出每一个可能得点总数的获得方式,最后归纳计算出在总机会数 6^n 中,与每一个可能得点总数相对应的机会数。以 3 颗骰子为例,得点总数 6 有三种可能的产生方式,即(1,1,4)、(1,2,3)和(2,2,2),相应地,它们又分别有 3 种、6 种和 1 种不同的排列,因而在 $6^3=216$ 种排列的可能性(总机会数)中,产生得点总数 6 的机会是 3+6+1=10 种。这个过程是有序的,并且进行得正确无误。

斯特罗德使用把所有可能结果进行列表的方式来回答赌徒们感兴趣的一个更深入的问题。在 4 颗骰子的 1296 种投掷结果中,他发现得点数双双成对的情况有 216 种(如他所指的事件“巧了又巧”),不会出现成对的情况有 360 种,出现一个成对的情况有 720 种。

在两页附录中(pp.52—53),斯特罗德讨论了如何将他的方法和结论推广到超过六个面的骰子的情况,以及如何根据他的垛积数(形数)表轻易地计算出相关得点总数出现的机会数。用现代符号来表示,斯特罗德发现,如果投掷 n 颗有 s 个面的骰子,那么所有可能的结果有 s^n 种,得点总数等于 k 的机会数是

$$\binom{k-1}{n-1}$$

只要满足 $k<n+s$。也即

$$P(\text{总数}=k)=s^{-n}\binom{k-1}{n-1}\quad\text{当 }k=n,\cdots,s+n-1。$$

当 $s+n\leqslant k\leqslant(n-1)s$ 时,他意识到需要更复杂的计算,但是对于 $k>(n-1)s$,

$$P(\text{总数}=k)=P(\text{总数}=n(s+1)-k)。$$

斯特罗德在骰子上的研究成果超过了当时发表的任何其他成果。1576 年去世的卡达诺(Cardano),留下了一篇计算 2 颗和 3 颗骰子的得点几率的短文,在 1663 年才发表(托德亨特,1865,p. 3)。伽利略(Galileo)同样也讨论了 3 颗骰子的情况,虽然他在 1642 年就去世了,但成果在 1718 年才被发表(托德亨

特,1865,p. 5)。不管是卡达诺还是伽利略,他们概括形成的计算规则与斯特罗德是一样的。帕斯卡和费马所做的研究在某些方面超越了斯特罗德(比如他们处理得点问题),但是都没有考虑任意颗数、任意面数骰子的得点总数分布的一般问题,并且他们 1654 年的信函直到 1679 年才公之于世。惠更斯和帕斯卡的小册子显示出了他们能够处理斯特罗德所涉及问题的数学素养水平,但这些作者的兴趣在别处:他们想知道如何划分被遮断游戏的赌注,并且想知道投掷两颗骰子时,要掷多少次才会出现 12 点。他们所讨论的问题被认为比斯特罗德的更难,但斯特罗德关于如何确定得点总数的分布问题更显现出其历史重要性。

斯特罗德关于微分方程积分的论述

斯特罗德再一次将"数学目光投向骰子"(pp. 22—24)。他解释道,如果投掷两颗骰子,那么两颗骰子出现的点数都小于某一数值的机会数,就是这个数值的平方,他还把这个结论推广到了骰子数目大于两颗的情况。对于两颗骰子的情况,用现代的符号来表示他得到的概率是

$P(两个骰子的点数都小于 k) = k^2/6^2,$

对于 m 颗骰子,相应的概率是

$P(所有骰子的点数都小于 k) = k^m/6^m。$

这引导他转向一个令人感兴趣的问题,这可能是最早出现的关于有限差分积分的结论之一。斯特罗德较详细地解释了他运用归纳法发现的一个法则,基于该法则,他可以使用他的形数表来解决下面这种类型的问题:给定一个数的任何幂及其差分,就可以得到另一个幂及其差分。例如,给定 $3^3 = 27$ 及其(向后)差分,

$\nabla 3^3 = 3^3 - 2^3 = 19, \nabla^2 3^3 = \nabla 3^3 - \nabla 2^3 = 19 - 7 = 12,$

且 $\nabla^3 3^3 = 6,$

求解 10^3。斯特罗德的解答是

$$10^3 = 3^3 + \binom{7}{1}\nabla 3^3 + \binom{8}{2}\nabla^2 3^3 + \binom{9}{3}\nabla^3 3^3$$

一般地,当 $N > n$ 时,我们可以把他的规则表示为

$$N^k = \sum_{j=0}^{k} \frac{(N-n)^{[j]}}{j!} \nabla^j n^k$$

其中,$h^{[j]} = h(h+1)\cdots(h+j-1)$ 是递增因子。从斯特罗德的讨论中可以很清楚地看出,他是通过对差分方程 $\nabla^k n^k = k!$ 进行积分发现这个关系式的。当然,这个公式是插值公式

$$f(x+h) = \sum_{j=0}^{\infty} (h^{[j]}/j!) \nabla^j f(x)$$

的一个特例,是通常被称为牛顿差分插值公式这一类的公式之一。它们与泰勒定理中的有限差分相似。斯特罗德对他研究结果的概括没有超越单项式及其差分,但在这方面他早于了牛顿后来发表的著作。关于这个关系式的其他版本被发现有更早一些的,包括哈里特(T. Harriot)、格雷戈里和牛顿,但都没有在1678 年之前发表。在早期发表的论著里,布里格斯(H. Briggs)和墨卡托(G. Mercator)表明自己熟悉这个公式的前身,参见怀特塞德(1961,pp. 232—252; 1967—81,4∶14—73)和赫尔曼·戈德斯坦(Herman H. Goldstine)(1977,pp. 68—84)的论著可以查阅这些文献及其他一些参考文献。如果牛顿知道斯特罗德的工作,这将是一个有趣的事情。

斯特罗德论著的其他部分,主要是在他阅读了帕斯卡论著之后所增加的讨论内容。被认可的增添部分从第 33 页开始,斯特罗德提出了一个把它归功于帕斯卡的规则,我们可以把它表示为

$$\binom{n}{k} = \frac{n-k+1}{k}\binom{n}{k-1}。$$

斯特罗德接着给出了一个形数表。当 $0 \leqslant n \leqslant 30, 1 \leqslant m \leqslant 12$ 时的列表为

$$\binom{n+m-1}{m}。$$

之后,在附录中他添加了当 $31 \leqslant n \leqslant 100, 1 \leqslant m \leqslant 7$ 时的形数表。然后,他又回到对帕斯卡的讨论。斯特罗德报告说,帕斯卡为了构建形数表,给出了该规则的十九个结果,他重复了其精选的五个公式。用现代的符号表示,它们是

$$\binom{n}{k} = \binom{n-1}{k-1} + \binom{n-2}{k-1} + \cdots + \binom{k-1}{k-1},$$

$$\binom{n}{k} = \binom{n-1}{k} + \binom{n-2}{k-1} + \cdots + \binom{n-k-1}{0},$$

$$\binom{n}{k} = \binom{n}{n-k},$$

$$\sum_{k=0}^{n} \binom{n}{k} = 2 \sum_{k=0}^{n-1} \binom{n-1}{k},$$

$$\binom{n}{k} = \frac{n-k+1}{k}\binom{n}{k-1}。$$

斯特罗德还出版了另外一本书,一篇关于刻度盘的短文,旨在解释大地测量仪的使用(斯特罗德,1688)。那本著作在 1679 年被再版,并且被泰勒参考(1954, pp. 224—225,405)。

结　论

　　当理查德·坎伯兰的论著在早期实用主义的发展中发挥作用时,托马斯·斯特罗德似乎对数学概率的发展没有太大的影响。那些超越帕斯卡的小进步,很快就被 18 世纪作为数学研究一个领域的概率论的全面崛起所取代(哈金,1975;斯蒂格勒,1986a)。就算棣莫弗知道斯特罗德的论著,他也不会认为对其引用很有必要。相反,对于概率论历史学家来说,斯特罗德(以及坎伯兰)工作的重要性在于,即使是在 17 世纪末概率论的黑暗时期,将数学应用于几率计算的思想也是广泛存在的,并且也没有遭到受过良好数学教育的人的明显抵制。

第十三章 约翰·克雷格与历史事件的概率

> 我认为在任何正常运作的共和政体中都将一直存在两位守护天使,一位是统计学家,另一位是历史学家。统计学家时刻掌握着人类的脉搏,当事物偏离其本来面目时,他就会发出必要的警告。如果把统计学家比作医生,那么历史学家就像一位牧师,他守护着人类最珍贵的遗产,守护着无论在什么情况下都不可能从他那里拿走的财富,因为过去是不可磨灭的。
>
> ——乔治·萨顿(1935,p.23)

像乔治·萨顿那样,我们总认为过去是不可更改的。然而我们也同样知道历史记录可能存在极度的不确定性。可以这么说,某些不可靠的历史学家对过去的论断往往是脱离实际的。"写在岁月的沙滩上"这句隐喻可能源于某位统计学家之口,因为统计学家和概率学家们早已尝试借助他们的方法来确定历史事件的发生概率。18世纪中叶到19世纪期间,神奇的概率受到了数学家们的极力追捧(克鲁斯卡尔,1988)。然而,我所关注的却是约翰·克雷格于1699年出版的那本著作,当时这本著作并没有受到大众的广泛关注。长期以来,克雷格的研究方法一直被大众所嘲笑,但我希望读者们相信,克雷格的思想从许多方面看来都超越了其时代整整三个世纪,他的著作可以说是对社会进程进行数学模拟的一次卓越的早期实践。从某种意义上看,他的著作开创了现代逻辑回归理论的先河。

约翰·克雷格和基于证据的概率

约翰·克雷格是一位苏格兰数学家,他与牛顿同时代。尽管对微积分理论也做出了较大贡献,但克雷格(Craig,有时也被拼写为Craige)更为人所知的却是其早年对牛顿微积分的深深痴迷。克雷格的出生日期不详,于1731年去世。

在 1685 至 1718 年间,他出版了多部关于数学的著作。作为一名独立的思想家,他所有的荣耀都汇聚在一本名为《耶稣教神学数学原理》(克雷格 1699,1964;纳什,1991)的著作中。这本著作写于 1696 年并于 1699 年出版,其大部分内容是关于如何依据历史资料借助数学方法来确定历史事件发生概率的问题,尤其关注对耶稣故事的考证。

由于对研究方法的曲解,当时有些评论家对待克雷格采用数学分析方法来研究历史事件发生概率的做法并不友好。奥古斯塔斯·摩根(1837)在《百科全书》中称,"用数字推理的方法来研究历史事件是一种非常愚蠢的做法"(p.136)。拉伯克(J. Lubbock)和德林克沃特(J. Drinkwater)(1830;在《托德亨特》(1865,p.54)中被引用)认为,"这种做法是对牛顿基本原理的疯狂恶搞"。查尔斯·古罗(Charles Gouraud)在他的概率书中同样认为克雷格的方法"相当怪异"(查尔斯·古罗,1848,p.35)。尽管卡尔·皮尔逊(1978,pp.465—466)十分赞赏这种方法的独创性,但他还是认为这种方法"完全主观武断"。如今看来,以上种种非议都是站不住脚的。

通过提出一系列非数学化的定义,克雷格开始了探索之旅,他首先定义了概率:

> 概率是依据某些事实推断某一事物成立与否的外在表现,然而并不能绝对认为该事物一定成立或者不成立,至少我们无法察觉到该事物发展的既定轨迹。

概率的判定既可以依据我们的自身经历,也可以借助他人的证明。根据途径的不同,克雷格将概率分为"自然概率"和"历史概率"两类。克雷格的关注焦点主要集中在概率变化上,即概率如何随不同影响因素的变化而变化。例如,当早期证人的数量、陆续提供证据的后续证人的数量、所研究历史事件距今的时间和空间距离等因素发生变化时,历史事件发生的概率将如何变化。克雷格将概率变化称为"怀疑程度变化",怀疑的内涵可通过以下定义来解释:

> 对历史事件发生概率的怀疑就是对历史事件正反矛盾面的思考。
> 怀疑速度是一种能力,这种能力将驱动思想穿越特定的时空去见证历史事件的正反矛盾面。
> 需要注意的是,这里所指的这种基于思维判断而得到的对历史事件发生与否的认可程度可能并不符合某些历史证据。当然,我把思维看成一个动态过程,把历史证据看成将思维带向正面或反面的驱动力。

乍一眼看去,上述定义显得非常模糊,好像我们正在读一本思想怪异的书。像"怀疑速度"和"思维是一个动态过程"这类描述为 19 世纪的评论家指责克雷格的做法提供了充足的理由。但是,评论家们的恶意诋毁并没有使克雷格的思想陷于平淡无奇,他的数学分析方法依然给我们呈现了一幅别样的景象:例如,对于距离为 D,时间为 T,并由 M 位后续证人影响的历史事件而言,其发生概率可表述为

(1) $P = x + (M-1)s + T^2 k/t^2 + D^2 q/d^2$,

其中,x 表示第一位证人认为某一历史事件发生的概率,s 表示剩余的$M-1$位证人对第一位证人的判断所持的怀疑程度,k 表示经过时间 t 之后怀疑的上升程度(其他条件保持不变),q 表示经过距离 d 之后怀疑的上升程度(其他条件保持不变)。这不得不表明克雷格的思想已经脱离了其时代的束缚,俨然成为了 20 世纪一位德高望重的统计学家。

必须明白的是,克雷格定义的"概率"和我们目前所定义的"概率"是不一样的。其所处的时代还没有出现蒙特莫特、伯努利或者棣莫弗的任何著作,因此,那时候的概率可能并非一种用于评估不确定性事件发生的工具,其值也可能并非为 0—1 之间,计算独立事件同时发生的概率也并非采用乘法。尽管支撑现代概率成立的数学依据无可厚非,但不可否认的是,那些数学依据正是基于克雷格的研究才得以形成的。受限于当时的时代背景,克雷格不可能用现代人的思考角度来开展颇有成效的研究。我建议,可以将克雷格定义的概率 P 近似地与历史事件发生概率的对数似然比等同起来。

克雷格和对数似然比

为了更精确地说明问题,我们令 E 表示到目前为止所有能搜集到的有关某历史事件发生与否的证据资料,令 H 表示该历史事件,比如耶稣复活这一历史事件。那么,我认为克雷格定义的概率 P 本质上就是该历史事件发生概率的对数似然比,其公式如下:

(2) $P = \log\left(\dfrac{\Pr\{E \mid H\}}{\Pr\{E \mid \text{not } H\}}\right)$。

我们注意到,如果 $\Pr\{H\}$ 表示的是历史事件 H 的先验概率,且与任何证据资料无关,那么历史事件发生 H 的后验概率就是

$$\frac{\Pr\{H \mid E\}}{\Pr\{\text{not } H \mid E\}} = \frac{\Pr\{H\}}{\Pr\{\text{not } H\}} \cdot \frac{\Pr\{E \mid H\}}{\Pr\{E \mid \text{not } H\}},$$

所以,后验概率的对数表达式就是

$$\log\left(\frac{\Pr\{H \mid E\}}{\Pr\{\text{not } H \mid E\}}\right) = \log\left(\frac{\Pr\{H\}}{\Pr\{\text{not } H\}}\right) + \log\left(\frac{\Pr\{E \mid H\}}{\Pr\{E \mid \text{not } H\}}\right)。$$

如果我的解释是成立的,那么克雷格的概率 P 便意味着对数概率随所有证人提供的有益证据的变化而发生的变化,公式(1)就相当于一个关于后验对数概率的二次模型。设 t 为时间单位,d 为距离单位,(1)式就转化为下式:

$$P = x + (M-1)s + T^2 k + D^2 q。$$

从而后验对数概率就可表示成

$$(3)\ \log\left(\frac{\Pr\{H \mid E\}}{\Pr\{\text{not } H \mid E\}}\right) = \alpha + Ms + T^2 k + D^2 q$$

其中,$\alpha = \log[\Pr\{H\}/(l - \Pr\{H\})] + x - s$;$M,T$ 和 D 为解释变量;α,s,k 和 q 为系数。

　　如今,把如此深奥的现代对数似然比思想归功于一位 17 世纪的数学家确实需要一些认证和解释说明。首先,需要强调的是克雷格并没有注意到他的概率与对数似然比之间存在着某种复杂的数学关系;他当然也不可能描述这一数学关系,因为他无法以现代意义的概率概念作为参考。相反地,他一切从零开始,其基本观点是基于证据或数据来得到似然可能性的改变量,而不是“可能性的分位数”。当然,克雷格的基本观点(克雷格所定义的概率)与对数似然比是不同的,这也可从以下两点找到理由:一是克雷格所定义的概率是建立在数据可以引起证据权重改变的观点之上(证据是强劲的驱动力,可以驱动思维的运行);二是从他建立命题的顺序可看出他有一套自己痴迷的测量方法,这套测量方法以零为基准,零代表数据不存在任何净证明价值。

　　基于一系列定理、引理以及先前的定义,克雷格推出了公式(1)(其他公式都与公式(1)相关)。在我们看来,这种推理过程其实并不缜密,因为他的论据可以循环:克雷格解释那些“含糊其辞的假设”时所采用的方法可直接得出结论。如果把假设视作一系列定义,而每一个定义都能为最初有关“怀疑速度”的模糊想法给出一个精确、直接的数学表达式,这种推理过程就显得更加准确和严密。克雷格的定理Ⅱ是:

　　　　历史事件的发生概率与早期证人的数量成正比。

因此,克雷格定义的概率 P 将随着早期证人数量的增加而线性增加。这种性质对于对数似然比的情况也常常具备。令 $\Pr\{E_i \mid H\}$ 和 $\Pr\{E_i \mid \text{not } H\}$ 为第 i 个早期证人可提供证据的概率,且这些证据可以证明曾经发生过某历史事件 H。克

雷格明确指出，所有早期的证人都同等可靠，并且更进一步地，"任何被第一位证人的证据所认定的历史事件（不矛盾的）都存在一定的可能性"（定理 I），用数学语言来描述就是 $\Pr\{E_i|H\}>\Pr\{E_i|\text{not }H\}$。如果假设每个证人的证据都是相互独立的，那么在有 n 位早期证人（具有可利用的证据，即 $E=\bigcap_{i=1}^{n}E_i$）的情况下，我们就可以得出

$$\log\left(\frac{\Pr\{E\mid H\}}{\Pr\{E\mid \text{not }H\}}\right)=\log\left\{\prod_{i=1}^{n}\frac{\Pr\{E_i\mid H\}}{\Pr\{E_i\mid \text{not }H\}}\right\}$$

$$=n\log\left(\frac{\Pr\{E_1\mid H\}}{\Pr\{E_1\mid \text{not }H\}}\right)$$

$$=nx\text{。}$$

因根据定理 I 有 $\Pr\{E_1|H\}>\Pr\{E_1|\text{not }H\}$，

$x=\log(\Pr\{E_1|H\}/\Pr\{E_1|\text{not }H\})>0$

从而，历史事件发生概率的测度将随着早期证人数量 n 的增加而线性增加。

我们稍后将看到克雷格是如何试图将他的 P 的零值与历史概率的"不存在"相对应的；也就是说，零值意味着搜集到的证据并不能提供任何净证明价值。有两个事实为我将克雷格所定义的概率视为对数似然比提供了直接证据，其一是历史事件发生的概率与早期证人数量之间存在线性关系；其二是概率零值意味着没有任何相关证据。那么，概率与陆续提供证据的证人数量、所研究历史事件距今的时间和空间距离之间又存在怎样的联系呢？我们不得而知。实际上，克雷格并没有为历史事件发生的概率构建一个系统的理论，鉴于他试图直接测量证据的变化，而并非以基于测量证据总量的现代概率为基础展开研究，从而他得到的只不过是一个有点特别的模型。这个模型也只是近似地描述了克雷格希望呈现的过程。一些迹象表明，克雷格本人也意识到了这个问题。

证据在间接证人中传递

克雷格的问题是：证据并不只是随着早期证人的增加而累积，它也可能会削弱，比如，当证据通过了不能完全信赖的记者们之手时。同时，从代数计算方法来看，克雷格所定义的概率 P 并不只会增加，当间接证人提供的后续证据对原来确定的概率产生怀疑时，它也是有可能减小的。克雷格的定理 III 是：

　　　　　　通过单个连续证人传递的对历史概率的怀疑程度（其他东西相
　　　　等），随着将历史事件流传下来的证人数量的增加而同比例增加。

基于其所构建的模型，克雷格根据第一位证人得出某历史事件发生的概率，然
后以减项的方式把累积的怀疑程度包括进来。如果有 $M-1$ 个连续间接证人，
那么克雷格的概率表达式为

$$P = x + (M-1)s,$$

其中，$s<0$ 表示由于证据通过证据链的某一环节时所产生的"怀疑"。所有连续
间接证人都同等可信，因此每一个间接证人对历史概率的消减程度也相同。
　　很明显，上述概率计算方法给我们带来了困扰：如果 M 增大到一定程度，P
将变为负值。我对此的理解是，即便能获得支持历史事件发生的证据（$s>0$），
基于上述方法的计算结果也是一个比先验概率更小的后验概率。克雷格对此
似乎也并不满意，后来又增加了认为历史事件发生的概率不可能为零的定
理Ⅵ：

　　　　　　尽管通过一位历史学家和一组证人传递的历史事件发生的概率
　　　　会不断地减小，但是概率在任何时候都不会完全消失殆尽。

克雷格运用反证法来证明定理Ⅵ：假设一系列相互独立的证人的数量为 a，且 a
值非常大，那么根据定理Ⅱ可得到该历史事件发生的概率为 aP。很明显，当 a
值无穷大时，aP 不可能为零，从而 P 值也不可能为零。尽管这个论证过程的确
能得到 P 值不为零的结论，但这并没有使上述概率计算公式变得完美无缺。克
雷格意识到了这一点，他又添加了一个备注，这个备注的大致意思是说 P 值可
以无限小，而 P 值取零的情况应与 P 值无限小的情况相对应。克雷格对 P 值
为负的极端情况并不感兴趣，他坚持认为 P 值只可能在无穷小的情况下取零
值，且一定不可能取负值（一旦历史事件发生的概率为零，就表明这个历史事件
是不存在的，它不可能变得"更加不存在"）。

克雷格模型的现代概率版本

　　为了更好理解克雷格模型的本质含义，我们试图建立一个可大致反映其思
想的另一个模型。假设有一位早期证人，若某一历史事件确实发生过，则他认
为 H 发生过的概率为 p_1；若某一历史事件没有发生过，则他认为 H 发生过的

概率为 p_2。否则,该早期证人认为历史事件未曾发生过(not H)。我们不妨设 $p_1 > p_2$。进一步地,假设每下一位证人与其前一位证人观点相同的概率为 r,与其前一位证人观点不同的概率为 $1-r$(认为某历史事件 H 发生过的概率为 q,认为没有发生过的概率为 $1-q$)。

在任何阶段,我们可利用的数据或证据只源于离我们时代最近的证人的证言。若 E_k 表示在第 k 阶段可利用的数据(对 H 或者 not H 的判断),那么连续的传闻证言便可构成一个两态马尔可夫链(Markov chain),其初始概率为

$$\Pr\{E_1 = H \mid H\} = p_1,$$
$$\Pr\{E_1 = H \mid \text{not } H\} = p_2,$$

转换概率为

$$\Pr\{E_i = H \mid E_{i-1} = H\} = r + (1-r)q,$$
$$\Pr\{E_i = H \mid E_{i-1} = \text{not } H\} = (1-r)q.$$

令 $\Pr(H) = \Pr\{E_k = H \mid H\}$,以及 $\Pr(\text{not } H) = \Pr\{E_k = H \mid \text{not } H\}$,则第 k 阶段的似然比为

$$P_k(H)/P_k(\text{not } H)。$$

已知 $P_1(H) = p_1$,且 $P_k(H)$ 满足

$$P_{k+1}(H) = P_k(H)r + (1-r)q$$

因此容易得到

$$P_k(H) = (p_1 - q)r^{k-1} + q$$

同理可得

$$P_k(\text{not } H) = (p_2 - q)r^{k-1} + q,$$

以及对数似然比为

$$l_k = \log\left(\frac{P_k(H)}{P_k(\text{not } H)}\right) = \log\left(\frac{(p_1 - q)r^{k-1} + q}{(p_2 - q)r^{k-1} + q}\right)$$

若 $p_1 > p_2$ 且 $r < 1$,那么不难发现 l_k 将随着 k 值的增加而减小,且趋向于零。这就意味着第一位证人的证明力度会随着后续证人的不断重述而逐渐消退。

基于克雷格的分析,我们可以把 $l_1 = \log(p_1/p_2) > 0$ 看作由第一位证人得出的某历史事件发生的概率,把 $s_k = l_k - l_{k-1} < 0$ 看作由第 k 个证人引起的怀疑($k > 1$)。由于所有后续证人都同等可靠(根据克雷格的意思),我们可能会假设 $s_2 = s_3 = \cdots = s_k$。其实,这种假设并不正确,原因是当早期证人的证明力度不断削弱时,其怀疑程度 s_k 会随着 k 值的增加而不断减小[当 k 值很大时,s_k 近似等于 $-r^{k-2}(1-r)(p_1 - p_2)/q$]。对此,克雷格十分直观地诠释了可靠性理论的基本原则:并行运作的系统(比如像早期证人)比依次运作的系统更为可靠。克雷格视怀疑程度为一个常量,其推导结果不得不归为特殊模型,在极端情况下,这

个特殊模型并不成立。我们当然可以捏造一个符合克雷格 s_k 值恒定假设的概率模型，而构建该概率模型的前提只能是证人行为变得不正常、证人对已知事实撒谎或者胡乱地改变 r 值和 q 值。然而，当后续证人链较短、即 k 值较小时，克雷格的公式还是成立的。

克雷格关于时间效应的分析

至此，我们已经解释了克雷格公式(1)中有关概率 P 的两方面内容：一是基于第一位证人得出的历史事件发生的概率，即 x；二是因后续证人的怀疑而降低的概率，即 $(M-1)s$。接下来，克雷格从考虑证据在证人之间的简单传递效应，转向考虑其时间效应和距离效应。这里的时间效应可更确切地描述为时间微分效应或者时间边际效应，在考虑证人数量的情况下也可被描述为时间剩余效应。克雷格认为时间效应可以用时间和距离的二次方来描述，尽管支撑该观点的论据并没有很强的说服力，但在一个盛行把牛顿原理进行类比的时代，这样的观点依然能引起人们的关注。

克雷格毫无疑问地认为时间可以降低历史事件的发生概率 P。也就是说，时间只能增加怀疑程度。那么时间增加怀疑程度的速度是多少呢？克雷格认为怀疑的速度（变化率）将随着时间的流动而呈线性增长，并将此归纳为引理 I：

相等的时间间隔所产生的怀疑速度呈算术级数增长。

很明显，克雷格所建立的引理 I 套用了牛顿在研究受恒定重力影响的物体加速度时所应用的模型。他用"怀疑"代替了牛顿模型中的"物体"，用"引起怀疑的原因"代替了"重力"。他认为在给定的一段时间(用 t 表示)内，引起怀疑的原因将使得怀疑的速度增加一个确定的量(用 g 表示)。那么如果仅仅考虑时间因素，当时间间隔拓展为 $2t$ 时，怀疑的速度会增加多少呢？即使引起怀疑的原因在时间间隔 t 内暂时终止对怀疑速度的作用(也就是说，时间的加速效应暂时停止)，怀疑的速度也会在时间间隔 $2t$ 内增加 g。如果引起怀疑的原因在整个时间间隔 $2t$ 内均产生作用，那么这些原因又将进一步促使怀疑的速度增加 g，即一共增加了 $2g$。因此，怀疑的速度是呈线性增长的，这很容易得出进一步的结论：怀疑的绝对量与时间的平方有关，且随时间的增加而增加。克雷格将上述结论归纳为定理 IV：

在其他影响因素保持不变的情况下,对某历史事件发生概率的怀疑程度与该历史事件发生距今总时间的二次方成正比。

根据定理Ⅳ,克雷格得出了另一个推论:如果怀疑程度在单位时间 t 内的增加量为 k,那么在时间间隔 T 内怀疑程度的总增加量就是 $T^2 k/t^2$。这个推论很好地解释了克雷格公式(1)中关于概率 P 的第三方面内容。克雷格对距离效应的论证过程与论证时间效应相似。他将距离效应的论证过程归纳为定理Ⅴ,且将距离效应的数学表达式定义成公式(1)中的最后一项 $D^2 q/d^2$。随后,克雷格继续将公式(1)一般化。他将只有一位早期证人的情况推广到有 b 位早期证人的情况(用 bx 代替 x),将只有一条证人链的情况推广到有多条证人链的情况〔他可能只是简单地将公式(1)与证人链的条数相乘〕。接着,克雷格阐述了一般化以后的公式的用途,比如如何利用公式来比较不同历史事件的发生概率,如何利用公式得出某一历史事件的发生概率是另一历史事件的两倍,以及如何从不同的证人链或者从不同的时间跨度出发用不同的方式来描述同一历史事件。

尽管克雷格建立了一套独立的论证框架,他得出的关于怀疑程度与时间二次方以及距离二次方均成正比的结论似乎并没有太强的说服力。实际上,克雷格的论证过程可能就是错误的。如果能把克雷格所说的怀疑视为一个改变量(历史事件发生概率的改变量),同时直接类比牛顿原理来得出怀疑是线性增长的结论,难道这样不是更合理吗?实际上,怀疑本身就是呈线性增长的,而并非如克雷格所想的那样——怀疑的速度呈线性增长。克雷格认为后续证人之间的证据传递效应可以使怀疑呈线性增加,而不是使怀疑的速度呈线性增加,但当他处理时间效应和距离效应时却认为时间和距离能使怀疑的速度呈线性增加,而不是使怀疑呈线性增加,他如此处理以上两种效应的方式是不是违背了一致性原则呢?当然,无论我们如何“修正”克雷格模型(用 T/t 代替克雷格模型中的 T^2/t^2),同样无法避免原来的不足之处。因此,克雷格公式并不是一个完全合理的模型,它只是一个近似合理的模型而已。只有当时间处于一定范围内时,该公式才成立,否则就会出现概率为负的情况。在我们看来,概率为负就意味着后验概率低于先验概率。

尽管如此,从定性角度来看,当 T 处于一定范围内时,克雷格的结论仍然是合理的。我们可以想象:当只有一位证人拥有证据时,该证人只能将证据传递给自己,也就是说他是自己的后续证人。从而对于克雷格而言,他就可以得出怀疑将随时间的变化而呈线性增长的结论;同样,对于只有一位证人拥有证据的模型,我们可以用 $\beta(1-\alpha^T)$ ($\beta<0, 0<\alpha<1$)来代替克雷格模型中的 kT^2/t^2。

但如果把克雷格定义的概率 P 精确地解释为对数似然比,那么在某些条件下这种解释往往不成立。然而,从直观上看,克雷格定义的概率 P 仍然可以与对数似然比近似地等同起来,或者可以被视为一种测定可能性变化量的另一类手段。

克雷格对耶稣故事发生概率的分析

作为一个公式的主要应用领域,克雷格对有关耶稣故事历史证据的可靠性开展了调查研究。其中,对耶稣故事的争论焦点主要集中在耶稣复活的时点上。路加福音书(18:8)中曾暗指耶稣复活的时点与信仰消失的时点是一致的。然而,如果路加福音书的观点成立,那么当上帝降临的时候,他还能够在世间找到信仰吗? 诚然,在克雷格所处的时代,有一部分人认为在信仰消失时耶稣复活是迫在眉睫的。如果克雷格可以运用他的分析方法来确定一个时点,并且在该时点上耶稣故事历史证据的价值刚好减小至可以忽略,那么他就可以解决确定耶稣复活时点的问题了。

首先,根据四福音书提供的证据,克雷格改进了他的分析方法。原先,克雷格公式只是基于口头证据构建,即所利用的证据都是通过口头复述传递而获取的。然而现在,与口头证据不同的是,每一本福音书都可被视为历史学家对耶稣复活所做的一次现场版记录,同时历史证据并非以口头复述的方式传递,而是通过抄写的方式得以传递。可想而知,书面记录的证据比口头复述的证据更为可靠。忽略距离效应的影响,克雷格构建了计算耶稣故事发生概率的公式

$$P = cz + (n-1)f + T^2k/t^2$$

其中,$c=4$ 表示早期历史学家的数量(即马太、马可、路加和约翰四人),n 表示对早期历史学家记录的关于耶稣复活时点证据的后续复制次数,f 表示每一次复制所引起的怀疑,T^2k/t^2 表示经过时间间隔 T 年后所产生的怀疑(k 表示在时间间隔 t 年中所产生的怀疑,$t=50$ 年记为一个单位)。

为得出概率 P 值,克雷格需要确定 z(基于一位早期历史学家而得到的历史事件发生的概率)、n、f 和 k 值。他认为 n 大致与时间成正比,根据每两百年出现一次复制,便假设 $n=T/4t$。设一个同时代目击证人的口头证据所对应的概率值为 x。首先,克雷格令 $z=10x$,表示一位早期历史学家的书面记录证据等价于 10 位独立目击证人的口头表述证据。其次,设 $f=-x/100$ 表示由一次复制所引起的怀疑,它等价于只要 100 次复制就可将一位目击证人的口头证据

降低至忽略不计。最后，设 $k=-x/100$，表示在时间间隔 50 年中所产生的怀疑等价于由一次复制所引起的怀疑。从而得到

$$P = 40x - \left(\frac{T}{4t} - 1\right)\frac{x}{100} - \frac{T^2}{t^2} \cdot \frac{x}{100}。$$

当 $T = 1696$ 时，$P = 28x$。其具体含义就是：对于耶稣故事这一历史事件的记录，相当于最初有 40 位独立目击证人提供了证据；经过 1696 年之后，该历史事件的概率就减低至相当于只有 28 位独立目击证人提供证据。克雷格计算后发现：基于书面记录证据而得到的该历史事件发生的概率将到 3150 年才会减低至零（而基于现代方法对相同数据的重新计算表明概率将在 3156 年减低至零）。克雷格的结论表明那些认为耶稣即将复活的人犯了一个严重的错误。实际上，耶稣需要再过 1454(=3150－1696)年才会重现。

以目前的眼光来看，我们可以发现克雷格的研究确实存在较多的缺陷。他所谓的"历史事件发生概率"虽然可以近似等同于(在某些情况下甚至可以精确等于)对数似然比，但是其所默认的证人之间的独立性假设却站不住脚，即便把"独立"放宽至"条件独立"，该假设也同样不成立。马太、马可、路加和约翰四人真的是耶稣故事的、独立的记录者吗？现代学术研究已经否认了上述四人的独立性，并进一步指出：耶稣自受难后至少需要经过一代人的时间(一般认为 30年)才得以复活，这是耶稣复活的最早时点。在某些情况下，克雷格公式只不过是一个近似于合理概率模型的特殊模型，这里的合理概率模型是指基于信息依次传递假设而建立的模型。之所以谓之"近似"，主要是出于对克雷格公式在极端情况下不成立，且不适合于外推性质的考虑。但是，克雷格用公式解决历史事件发生的概率问题时却用到了外推法。另外，解决问题的必要前提是需要事先确定系数值。由于当时没有可靠的统计数据可以采用，克雷格只能通过主观猜测来确定这些系数值。遗憾的是，克雷格并没有为其结论所依赖的主观猜测(由主观猜测确定的系数值)进行敏感性分析。

然而从历史研究的另一个角度看，尽管克雷格的研究确实存在一些缺陷，但上述的对公式的指责抱怨是吹毛求疵的，克雷格公式实际上是以巧妙新颖的方式对测度历史事件发生概率这一非常棘手问题所做的一次挑战。自克雷格时代以来的漫长岁月中，也有其他人对证据的可靠性展开了研究。综观相关文献，最早明确采用数学方法来解决该问题的研究成果于 1699 年被匿名发表在《英国皇家协会哲学学报》上(北伊利诺斯大学的布朗·格里尔(Brown Grier)[1982]已证实这项研究由乔治·霍泊所做，并且找到了霍泊于 1689 年在一本宗教册子上发表的关于该研究成果的文章，这是一篇早期非代数版本的论文)。毫无例外的是，克雷格以外的其他研究者都把问题过于简单化了(既没有考虑

时间和距离的变化,也没有考虑口头证据与书面证据的差别)。同时,其他早期研究者对隐含的证人独立性假设的敏感性比克雷格还要强烈得多。克雷格系数的字面理解需要依赖独立性假设,但除了外推外,克雷格模型的大致有效性并不依赖独立性假设。其他替代模型所提供的只不过是概率的乘积,并且其显而易见的观察结论是足够多的概率之乘积就接近于零。以克雷格的聪明才智,他本来可以进一步得出他所定义的概率其实就是一个对数似然比的结论(1696年时他没有建立更完善的替代模型),但尽管如此,我们仍然不得不承认他是个天才。我们甚至在他的公式中发现了逻辑回归方法的雏形,这个方法是现今统计方法领域的"新"热点之一。基于二分法假设将历史事件例如耶稣故事划分为两种可能状态(真实或虚假)的方式可能十分值得怀疑,但基于二分法前提运用对数似然比的方法却十分值得赞赏。此外,即便缺乏统计数据,克雷格在运用公式时再次展示出了他的机智过人之处。他发现后续证人数量与时间之间存在共线性,并巧妙地利用这一共线性消除了公式中的一个系数:他将公式(3)(其中 $M=$ 间接证人数量)

$$\log\left[\frac{\Pr(H \mid E)}{\Pr(\text{not } H \mid E)}\right] = \alpha + Ms + T^2 k + D^2 q,$$

转化为

$$(4) \quad \log\left[\frac{\Pr(H \mid E)}{\Pr(\text{not } H \mid E)}\right] = \alpha + Ts' + T^2 k + D^2 q。$$

同时,克雷格也远远领先于同时代的人发现了用一个共同的尺度将所有变量联系起来的价值,比如采用他的单位量 x 作为单个证人的证据价值。如果不采用这种做法,公式中的不同项之间便失去了可比性,那么确定系数也将变得十分棘手。在缺乏统计数据的前提下,克雷格的著作确实称得上是早期将数理统计方法应用于社会科学领域的一个杰出典范。

附录:一项实证检验

直观上看,基于一定的限制条件,克雷格公式对历史证据可靠性消减过程的描述是合理的,至少在定性上与其他更详细描述信息传递过程的模型相吻合。但是仍然存在的一个基本问题是:它是否符合实际? 能否经受得住实证分析的考验? 克雷格自己将公式应用于耶稣故事的考证时受到了统计数据不足的限制,结果是他不得不主观地去估计系数的值。除了耶稣复活这一历史事件,对其他任何历史事件而言,我们都无法证明克雷格的推断是科学的。为了对克雷格公式进行实证检验,我建议把该公式应用于一个距今时间更短历史事件的研究,即法国科学家皮埃尔·西蒙·拉普拉斯的诞生问题。

将克雷格模型用在拉普拉斯身上颇具讽刺意味,因为拉普拉斯本人正是众多对克雷格模型持否定意见的人员之一。在他著名的"关于概率论的哲学探讨"中,拉普拉斯否定了克雷格得出的关于耶稣复活时间的结论(拉普拉斯把耶稣复活描述为世界末日),他写道:"克雷格的分析过程与他关于世界持续时间的离奇假设一样都是错误的。"(1814,p. 85;1951,p. 125;1995,p. 74)我们暂且把无情评论放在一边,就拉普拉斯在统计学发展史上的重要地位而言,关于他本人的历史事件就十分适合用克雷格公式进行检验。另外,十分感谢19世纪数学史书编撰者巴达沙利·邦康姆帕格尼王子(Prince Baldassare Boncompagni)的辛勤付出,他为我们提供了诸多有关拉普拉斯的有效统计数据,这些统计数据比那些用于研究耶稣复活事件的统计数据更符合我们的要求。1882年,邦康姆帕格尼对65个关于拉普拉斯出生日期或死亡日期的生平记录(如表13.1所示)进行了汇编。通过对档案的深入研究,邦康姆帕格尼得出了一个确切的结论:拉普拉斯的出生日期是1749年3月23日,死亡日期是1827年3月5日。确切地说,邦康姆帕格尼对拉普拉斯生平的记录可能偏好于选择这两个日期,尽管这种偏好程度是比较小的。表13.2列示了将以上65个生平记录按照出生日期和死亡日期交叉分组后的结果。

在50(26+24=50)个列示了出生日期的生平记录中,有26个(52%)是正确的。有意思的是,我们发现那些不属实的生平记录并非由那些一贯粗心大意的历史学家提供:不属实的出生日期与死亡日期之间呈现负相关。交叉分析表明,作者们更倾向于找到其中一个正确的日期,而不是让它们随机地发生错误。

表13.3列示了按照时间分组排列的出生日期数据。该表给我们的一个初步印象是:至少从定性角度判断符合克雷格的假设。随着时间的由远及近,记载日期的可靠性呈现一个明显的下降趋势。颇有趣味的是,在拉普拉斯时代提供的8个生平记录中有7个是正确的,似乎拉普拉斯当时看着传记作者一样。表13.4列示了按照语言种类划分的出生日期数据。为把法语记录和非法语记录区分开来,我们粗略地将法语记载的记录与拉普拉斯出生地的距离设为$D=0$,将用邻国语言记载的记录与法语之间的"语言距离"设为$D=1$。表13.4的数据规律支持可靠性随着距离增加而不断降低的结论。

表 13.1　65 个拉普拉斯生平记录的出生日期(B)、死亡日期(D)和记录语言(L)

编号	年份	B	D	L	编号	年份	B	D	L
1	1799	C	N	G	28	1837	C	5	F
2	1802	C	N	F	29	1839	N	6	I
3	1812	C	N	E	30	1840	22	C	F
4	1818	C	N	F	31	1841	C	C	F
5	1823	28	N	F	32	1841	N	6	F
6	1826	C	N	F	33	1842	22	C	F
7	1826	C	N	F	34	1842	C	C	F
8	1826	C	N	F	35	1843	N	6	F
9	1827	N	C	F	36	1845	C	7	F
10	1827	C	C	F	37	1847	22	C	F
11	1827	C	C	F	38	1847	C	C	I
12	1827	C	C	F	39	1847	C	C	I
13	1827	N	C	F	40	1848	N	6	I
14	1827	N	6	F	41	1848	C	C	F
15	1827	N	C	G	42	1848	22	C	F
16	1828	N	C	F	43	1849	C	6	F
17	1828	27	6	F	44	1851	28	5	G
18	1828	N	C	I	45	1852	28	C	F
19	1828	28	6	F	46	1853	N	C	E
20	1829	C	5	F	47	1854	28	C	F
21	1830	28	C	F	48	1855	28	C	F
22	1833	N	C	F	49	1855	22	7	F
23	1834	28	6	F	50	1856	N	5	E
24	1834	N	6	F	51	1857	C	C	F
25	1835	28	5	G	52	1859	C	C	F
26	1836	C	7	F	53	1860	C	C	F
27	1836	C	7	F	54	1863	28	C	G

续　表

编号	年份	B	D	L	编号	年份	B	D	L
55	1866	N	C	I	61	1877	28	C	G
56	1867	28	C	F	62	1877	28	C	G
57	1872	C	C	F	63	1881	28	C	G
58	1872	28	C	G	64	1881	28	C	G
59	1873	28	C	F	65	1881	28	C	G
60	1876	C	C	F					

数据来源:邦康姆帕格尼(1882 年)

注:C=正确,N=没有,F=法语,G=德语,I=意大利语,E=英语,B栏和D栏中的数字表示3月份的日期,但是数字"5"表示"5 月 5 日"。

表 13.2　65 个拉普拉斯生平记录的交叉分类

出生日期	死亡日期			
	正确	错误	没有数据	合计
正确	13	6	7	26
错误	17	6	1	24
没有数据	8	7	0	15
合计	38	19	8	65

数据来源:邦康姆帕格尼(1882 年)

注:例如,在 65 个生平记录中,有 17 个生平记录给出了错误的出生日期和正确的死亡日期。注意第 3 列中的 0 表示结构零,即只有至少给出一种日期的生平记录才被纳入研究范围。较常出现的错误出生日期是 3 月 22 日(出现 5 次)和 3 月 18 日(出现 18 次);较常出现的错误死亡日期是 3 月 6 日(出现 10 次)、3 月 7 日(出现 4 次)和 5 月 5 日(出现 5 次)。

表 13.3　邦康姆帕格尼关于拉普拉斯出生日期的数据
(按照生平记录发表时间为序划分为大致相等的三个组)

出生日期	1799—1830	1833—1849	1851—1881
正确	11	10	5
错误	4	6	14
没有数据	6	6	3
合计	21	22	22

表 13.4　邦康姆帕格尼关于拉普拉斯出生日期的数据(按照语言种类划分)

出生日期	法语	其他语言
正确	22	4
错误	15	9
没有数据	8	7
合计	45	20

注:"其他语言"包括德语(共 11 条记录,其中 10 条记录了出生日期)、意大利语(共 6 条记录,其中 2 条记录了出生日期)和英语(共 3 条记录,其中 1 条记录了出生日期)。

正如我前面的解释,作为一个关于时间和距离的二次函数 $f(T, D)$,克雷格模型相当于一个对数似然比,依照先前的标记方法,我们有

$$(5)\ \log\left(\frac{\Pr\{E \mid H\}}{\Pr\{E \mid \text{not } H\}}\right) = f(T, D),$$

就现在这个历史事件而言,H 表示"拉普拉斯的出生日期是 1749 年 3 月 23 日"这一假设(感谢邦康姆帕格尼,现在知道这个假设是正确的),E 表示某一生平记录(自拉普拉斯出生后 T 年发表,与法国的距离为 D)记载拉普拉斯于 1749 年 3 月 23 日出生的证据。由于所有数据都依赖单一的假设 H,在未建立进一步假设的情况下,我们显然不能直接对克雷格模型求解(我们无法估计 $\Pr\{E \mid \text{not } H\}$)。因此,我们这里需进一步建立的主要假设是 $\Pr\{E \mid \text{not } H\} = K \cdot \Pr\{E \mid \text{not } H\}$,其中比例系数即常量的 K 取值,与 T 和 D 无关。基于这一假设,克雷格模型(5)可以转化为

$$(6)\ \log\left(\frac{\Pr\{E \mid H\}}{\Pr\{\text{not } E \mid H\}}\right) = \log K + f(T, D)。$$

同时,我们可以采用逻辑回归分析方法来拟合这个模型(根据接下来将要提到的更进一步的假设),从而求得函数 $f(T, D)$ 中系数 T 和 D 的估计值。

对假设 $\Pr\{E \mid \text{not } H\} = K \cdot \Pr\{\text{not } E \mid H\}$ 的合理性可做如下解释:因为先验概率 $\Pr\{H\}$ 和 $\Pr\{\text{not } H\}$ 并不依赖于 T 和 D,所以可得 $\Pr\{E \bigcap \text{not } H\} \propto \Pr\{\text{not } E \bigcap H\}$。设 "not H"=$\bigcup H_i$,"not E"=$\bigcup E_i$,其中 H_i 和 E_i 分别代表一年中除 3 月 23 日以外的不同日子。然后可得以下两个等式:$\Pr\{E \bigcap \text{not } H\} = \sum \Pr\{E \cap H_i\}$,$\Pr\{\text{not } E \bigcap H\} = \sum \Pr\{E_i \cap H\}$。至此,在一定程度上认为存在"时间对称性"似乎是合理的——例如,可以认为传记作者把 3 月 23 日错写成 3 月 28 日的可能性与他们把 3 月 28 日错写成 3 月 23 日的可能性是一样的。这就意味着对所有的记录都可得到如下关系,即 $\Pr\{E \mid H_i\} = \Pr\{E_i \mid H\}$。并且,如果所有出生日期的先验概率都是相等的,那么就有 $\Pr\{H_i\} = \Pr\{H\}$ 和

$\Pr\{E\bigcap \text{not } H\}=\Pr\{\text{not } E\bigcap H\}$。这样我们就可以推出 $\Pr\{E\,|\,\text{not } H\}=K\cdot\Pr\{\text{not } E\,|\,H\}$，其中 $K=\Pr\{H\}/\Pr\{\text{not } H\}$ 为先验概率，并且事实上我们可以直接利用公式(6)得到后验概率的对数形式。（实际上，表 13.2 注解中的数据已经表明，除了一些的取值外，$\Pr\{E_i\bigcap H\}$ 均接近于零。）这让我们有理由接受这个假设，并且通过估计(6)的具体形式得到可用于检验克雷格模型的系数值。

考虑到只有 $n=50$ 条记录记载了拉普拉斯的出生日期。设 $Y_i=1$ 表示第 i 个生平记录是正确的，$Y_i=0$ 表示第 i 个生平记录是错误的。那么"$Y_i=1$"就是一个正确证据的实例，相当于前文所讨论的"E"。令

$$(7)\quad E(Y_i)=\mu_i=\Pr\{Y_i=1\mid T_i,D_i,H\},$$

并将(6)转化为

$$(8)\quad \log\left(\frac{\mu_i}{1-\mu_i}\right)=\beta_0+\beta_1 T_i+\beta_2 T_i^2+\beta_3 D_i,$$

式中 H 仍然表示"拉普拉斯的出生日期是 1749 年 3 月 23 日"这一假设，T_i 表示拉普拉斯出生后所经过的年份数，D_i 表示与法国的距离（若记录语言是法语，则 $D=0$；若记录语言是其他语言，则 $D=1$）。基于 GLIM 软件可将这个模型拟合成一个简单的逻辑回归模型。这就意味着时间和距离囊括了不同生平记录之间的依赖关系，并且在给定的 T_i 和 D_i 下，不同的 T_i 之间是相互独立。特别地，我们可以间接得出一个更进一步的假设，即研究中所涉及的生平记录其实是一个连续不断的过程投射在某些时点上的观察值，这些生平记录本身并不影响该过程的运行轨迹。即使大部分生平记录的可信度都较低，这个假设不可能总是脱离目标。值得注意的是，有一部分生平记录被认为是"权威的"，然而所有生平记录是一个整体，这些"权威的"生平记录并不显著地影响模型的构建。需要指出的是，尽管用一个更加精确的模型来拟合这些数据的做法可能更为可取，但我的主要目的是试图基于克雷格模型（没有尝试用其他更精确的模型）对这些数据的拟合来回答以下问题：距离效应是否显著？时间效应是否显著？时间效应是否如克雷格假设的那样为二次方的形式？我们注意到模型(8)实质上就是克雷格模型(1)，对这个结论我在前面已做过解释：克雷格通过用时间代替后续证人数量的方式消除了共线性。另外，由于受到距离量化方式的限制，我们无法进一步确定 D^2 项的系数估计值。

表 13.5 总结了分析结果。表中数据表明，T^2 项对克雷格概率的影响并不显著，我们只需通过设立 T 项就可完全描述时间对概率的影响。最后我们得到一个简化模型：

$$\log\left(\frac{\Pr\{E\mid H\}}{\Pr\{\text{not } E\mid H\}}\right)=2.19-0.046\,3\,T,$$

其中，$T=$ Time，表示自 1800 年以来的年份数。如果把距离视作自变量的话，该模型的可靠性将得到小幅提升。克雷格认为，如果生平记录离法国的距离越大，则该记录的可靠性就越低，表中数据所反映的规律同样符合该结论。然而，距离效应并非如克雷格模型所认为的那样具有可加性，而是具有可乘性，这种可乘性可在模型 G 中得以体现。模型 G 为：

$$\log\left(\frac{\Pr\{E \mid H\}}{\Pr\{\text{not } E \mid H\}}\right) = 1.29 - 0.021\,4T,\text{若 } D = 0$$

$$= 4.69 - 0.108\,4T,\text{若 } D = 1$$

因此，其他语言记录的信息衰减率——生平记录中出生日期记载正确的概率的对数形式，应为法语的 5 倍。基于我们的假设，对于给定的生平记录而言，其内容属实的后验概率也同样适用于上述结论。

表 13.5　基于出生日期数据的逻辑回归分析结果（用 GLIM 软件）

模型	模型中的项	系数估计值	标准误差	偏差	自由度
A	常数	0.08	0.28	69.2	49
B	常数	0.38	0.33	66	48
	距离	−1.19	0.69		
C	常数	2.19	0.84	60.4	48
	时间	−0.046 3	0.017 2		
D	常数	2.17	0.84	59.3	47
	时间	−0.041 9	0.017 5		
	距离	−0.8	0.78		
F	常数	2.43	1.71	60.35	47
	时间	−0.058 1	0.074 9		
	时间平方	0.000 13	0.000 77		
	常数	3.06	1.8	58.9	46
	时间	−0.087	0.079 8		
	时间平方	0.000 5	0.000 85		
	距离	−1.01	0.87		
G	常数	1.29	0.96	56.3	46
	时间	−0.021 4	0.021		

续 表

模型	模型中的项	系数估计值	标准误差	偏差	自由度
	距离	3.4	3.4		
	时间距离	−0.087	0.067		

注:时间=自1800年以来的年份数

邦康姆帕格尼关于拉普拉斯死亡日期的数据表现出与出生日期很不相同的规律。表 13.6 概括了经表 13.7 分析证实的结果,我们发现时间效应并非线性。我们选择的模型(模型 E)实际上已经包含了克雷格模型中的 T^2 项,这也同时反映出概率将随着时间的增加而不断减低的性质。模型 E 为:

$$\log\left(\frac{\Pr\{E\mid H\}}{\Pr\{\text{not } E\mid H\}}\right) = 11.0 - 0.58T + 0.007\,3T^2 \text{。}$$

当 $T=40$ 或者说在 1840 年时,模型 E 的取值达到最小。也就是说,在拉普拉斯死后的 20 年内,其死亡日期证据的可信度就达到了最低,而这个时点却远远早于邦康姆帕格尼对拉普拉斯的研究时点。从统计角度看,距离效应(用语言种类度量)是不显著的;通过添加一个线性交叉项,将模型 E 转化为模型 F(正如模型 G')的做法也仅能极小程度地提高模型精度。

表 13.6 邦康姆帕格尼关于拉普拉斯死亡日期的数据
(按照生平记录发表时间为序划分为大致相等的三个组)

死亡日期	1799—1830	1833—1849	1851—1881
正确	9	10	19
错误	4	12	3
不确定	8	0	0
总计	21	22	22

表 13.7 基于死亡日期数据的逻辑回归分析结果(用 GLIM 软件)

模型	模型中的项	系数估计值	标准误差	偏差	自由度
A	常数	0.69	0.28	72.6	56
B	常数	0.58	0.33	72.2	55
	距离	0.38	0.62		
C	常数	−1.64	0.95	65.3	55
	时间	0.052	0.021		

续　表

模型	模型中的项	系数估计值	标准误差	偏差	自由度
D	常数	−1.68	0.96	65.1	54
	时间	0.055	0.023		
	距离	−0.29	0.71		
E	常数	11	5.7	57.4	54
	时间	−0.58	0.29		
	时间平方	0.007 3	0.003 5		
F	常数	11.1	5.7	57.1	53
	时间	−0.58	0.29		
	时间平方	0.007 3	0.003 6		
	距离	−0.42	0.76		
G	常数	11.8	5.7	55.4	52
	时间	−0.64	0.3		
	时间平方	0.008 5	0.003 7		
	距离	3.9	3.8		
	时间距离	−0.103	0.086		

注:时间=自 1800 年以来的年份数

　　根据拉普拉斯出生日期数据的分析结果显示,像克雷格这样简易的模型——认为历史证据可信度单调递减,不适合于大量的实证应用。虽然拉普拉斯的数据具有收敛性,但是历史学家们毫无疑虑地认为数据并不总是向错误的方向收敛。

Ⅳ. 对发现的提问

第十四章　斯蒂格勒命名定律

看过罗伯特·金·默顿关于科学奖励制度著作的读者们，无一不被其关于科学社会体系中的命名问题的深刻见解和生动讨论所折服。入门者应该阅读（并反复阅读）他在 1957 年所做的名为"科学发现中的优先权"的演说，为方便表述起见，在此我必须重复他关于命名的定义，即"以科学家的名字来命名他们所全部或部分发现的科学规律，例如哥白尼（Copernicus）学说、胡克（Hooke）定律、普朗克（Planck）常量或哈雷（Halley）彗星"。默顿继续讨论实际命名过程中会出现的三个等级：最高层次是少数几个人，其所处的整个时代都以之命名；第二层次是一大批被冠以某些科学领域"之父"的科学家；第三层次则是成千上万以其人名为某些理论、定理、假说、工具、常量和分布命名的科学家（默顿，1973，pp. 298—299）。这里，我将尝试以一个局外人身份并结合自己研究的统计领域，就社会科学领域第三层次人名命名奖励制度的一些案例进行分析和解读。

我选择将"斯蒂格勒命名定律"作为我想陈述和讨论的论文标题。乍看之下读者可能觉得标题公然违反了"谦虚的制度标准"（默顿，1973，p. 303），作为统计学家想必比其他学科的学者更懂得该标准的重要性，而我却在此狂妄自大。默顿的《社会科学》措辞含蓄，如果我们看到特别直白的表述，那要么是极其偶然，要么很可能是个小错误。延续默顿自我证实假说的传统，我尝试建立自我证明的定理。"斯蒂格勒命名定律"最简洁的表述是"没有什么科学发现是以他的最初发现者命名的"。

对于所研究学科的历史稍有了解的科学家都能举出很多例子来佐证该定律。事实上，不论是业余的还是专业的科学历史学家，我猜测在他们的研究中都曾饶有兴趣地发现（通常伴随着毫无掩饰的哈哈大笑）一些以名人命名的研究结果却是上一辈研究者首先发现（或更好地理解）的同名成果。对任何科学领域的详细研究都表明，这种"发现早于正式命名"的现象在社会科学领域非常普遍，甚至默顿的著名假说"所有的科学发现基本上都是多重的"（默顿，1973，p. 356）也是如此。

　　默顿的假说与斯蒂格勒定律(下文以"定律"来代替)有关联也存在明显区别。也许该定律看起来比默顿假说更强烈,因为该定律指出一些发现总是以多重发现者中错误的那个人来命名。但这不是该定律的推论;有些发现被冠以的人名可能都算不上是发现者之一,更别说是最初的发现者了。仔细翻阅经济学家罗伯特·吉芬的著作我们就会发现,该著作根本没有关于公众所熟知的"吉芬矛盾"的表述(更别说证明了),即使该表述早就已有记载(在吉芬出生前由西蒙·格雷(Simon Gray)出版)(斯蒂格勒,1947)。并且马太(Matthew)并没有发现马太效应(默顿,1973,pp. 439ff.)。

　　任何领域的历史通过仔细审查都可以得到很多证据来支持这个定律。在数理统计领域里,拉普拉斯在傅里叶正式发表关于傅里叶变换的论文之前就曾使用过傅里叶变换,约瑟夫-路易·拉格朗日(Joseph-Louis Lagrange)在拉普拉斯本人开始其科学生涯之前就陈述过拉普拉斯变换,泊松在1824年发表了柯西分布,比柯西偶然接触到这个分布时要早29年,在切比雪夫出版第一本关于切比雪夫不等式著作的前10年,比安内梅就已阐述并证明了切比雪夫不等式,并更具一般性。(顺带提一句,这些案例都是有证据的,有些甚至被引用来佐证后来者在从事研究工作时已熟悉前人的工作。这些不是多重发现的例子。)类似的例子举不胜举,但也不是所有的例子都是发现早于命名:联立不相容线性方程的"梅尔方法",在梅尔逝世25年后才首次出现在拉普拉斯出版的著作里;最近一位学者(田-色(Tian-Se),1978)指出作为最著名数学关系式之一的毕达哥拉斯定理,在毕达哥拉斯之前就已被发现,但首次证明则是在毕达哥拉斯之后,事实上毕达哥拉斯本人可能并不知晓该定理在几何上的重要性。虽然这样的例子和其他这样的逸事还有很多很多[1],但是真正替该定律辩护还需要对相当多的、定义不清的错误命名案例进行大量艰难的检查,这超出了我原本预计的工作量。相反,我应该认定该定律是正确的,并集中精力引证各种理由来证明它的普遍性以及科学奖励制度的含义[2]。

----

　　[1]　事实上,该定律曾经被G. J. 斯蒂格勒(1966,第77页)举证和自我举证:"这里的P代表赫尔曼·派许(Hermann Paasche),和拉斯贝尔斯一样,并不是第一个建议以自己名字命名指数的人。如果遇到理论以正确发现者命名的案例,我们会标记出来。"

　　[2]　我的一些同事在评价这篇文章的草稿时,曾暗示"谦虚标准"不应该作为避免该定律获得自动命名名称的唯一原因。他们甚至大胆地提出该定律是错误的,并且帮助搜集了很多被认为是反面的例子。事实上,如果没有不定期地加深对归属的争论(关于该问题的一个讨论,见默顿,1967,pp. 20ff.),或者没有新的(或更早的)多重发现,那么该定律的绝对真实性将不被维护,但这将不是争论主线的关键所在。而定律的例外情况只有在经过争论和就事论事的讨论后才能被认可,所有真正必要的就是读者认同定律的普遍真理,以及认同以命名作为原始发现指向标的不可靠性。基于此,所举的例子(以及读者自身经历中的例子)应该足以证明这一点。

　　一位科学历史学家曾对该定律解释道："每一项科学发现都以最后的发现者命名，这对于应该享有盛誉的前辈太过吝啬了。"（我没有甄别这种说法的来源，这是由于信息不足而非吝啬。）这种对错误命名现象的解释是幽默的，但确实是错误的。严格地阐释这种说法则意味着，任何发现都不会有一个持久的名字（由于吝啬而没有显示前人的贡献）。显然，在目睹上述毕达哥拉斯定理和帕斯卡三角算术后（事实上帕斯卡的老师赫里贡（Herigone）更早就正式发表了〔大卫，1962，pp. 81—82〕，在中国则早就被人所知晓），这种解释是很容易被推翻的。虽然我们粗略地将这个陈述解释为把错误命名归咎于不充分的引证和缺乏正确的历史知识——这种行为被默顿（1965，pp. 218—219）称为修订综合征——但它是错误的：时常有后来者被认为是发现者，尽管这份荣誉应该授予某位前辈或被大量事实所证明的另一位候选人，正如我们接下来要看到的[①]。

　　以人名命名也不是随意的。正如我前面所说，把它们当作辨别发现原创者的方法是错误的，但是以一个与发现一点关系都没有的人来命名的情况也是很少见的，以对自身科学没有做出重要贡献的人来命名的情况总体上也很少。如果不是由于忽视或随意，也不是由于愚蠢或欺骗等其他原因，那么是什么导致了错误命名定律的产生？我认为人名命名实践过程不能达到预设实践初衷（即纪念发明的原始发现者）是实践起到真正作用的必然结果，就像默顿教导我们那样的，这是科学奖励制度的关键部分。

　　我从两个方面的观察来讨论。首先，科学发现命名并非由科学历史学家或科学家个人决定，而是由实践科学家团体（他们大部分没有专业历史知识）来确定的。其次，除非命名者（或命名的接受者）在时间或地点（或两者皆是）上离获此殊荣的科学家足够久远，否则很难被命名或被公众普遍接受。我将展示与这些观点相关的证据（尤其是关键的第二点），但是先让我们停下来想一想为什么这两个观点是正确的，并且它们是怎样与命名奖励功效相关联的。

　　最受尊敬的人名命名是科学奖励机制的最高荣誉——一位科学家的名字因为其研究工作持久的重要意义而被载入文献，即使他的论著不再被直接引用，但很久以后大家仍会铭记他（科尔和科尔，1973，p. 31）；这意味着达到了一种智力上的不朽。如果这种说法是对的（必须被广泛认为是对的，否则人名命名将会失去其作为科学奖励的重要作用），那么人名命名作为一种奖励必须基于其在科学上原创性的贡献，更重要的是由科学家团体授予的命名必须基于其发现的价值而不是出于私交、国家联系或科学流派的政治压力。科学历史

——————————
① 　对于定律的相似表述，见萨缪尔森（1966，p. 1503）。

学家也许会列出候选人名单，但是如果命名被认作一种荣耀的话，科学家团体会求助于该领域内的专家而不是不精通任何研究领域的历史学家来做出指导。但必须正确做到的是——研究成果被申请命名的科学家只能被依据科学判断而做出公正的评价。一项命名的奖励也许可以由亲密的朋友、学生或政治团体来尝试提出，但这将不会成功。这需要有一定距离的团体来认可，并因此保证其在以后历代科学家中享有不朽的声誉，这就是给予发现者最特别的奖励。

　　一些第一次接触到该定律的科学家，只是稍作停顿就会详细列举一串假定的反例。这些例子中的许多在经过进一步检查后可用于证实该定律（尽管可能需要更进一步的研究），但其他例子则模棱两可，需要更权威的研究来分开处理。人名命名长短不一（从"F-统计量"到"费雪-奈曼-哈尔莫斯（Halmos)-萨维奇（Savage)因式分解定理"），语气也多种多样（从冗余的"高斯线性模型"到带点指责性的"所谓的柯西分布"）[海德（C. C, Heyde)和尤金·森尼特（Eugene Seneta)，1977，p. 90]，用任何一个简单陈述的理论来容纳所有现在的习惯用法都是不可能的。很大一类例子乍看之下属于人名命名（由于在时间和空间上接近于命名者个人，因此也显示其不符合该定律），但实际上是一种引用的简短方式：当被引用文章中的常识（通常是重要的）随着时间的流逝而褪色，这种看似的"人名命名"也会逐渐消退，并在需要时被更具体的专业术语所代替。如果被提出的发现不能生存一个学术代，该定律则不适用。我没有打算将排除命名和发现处于同一个时代的可能性，虽然这种案例很罕见，而且从我第二个观点来看，命名者应该与获得殊荣的科学家在时代上或学科上相差较远。然而，我的确坚持认为人名命名已广为接受，而且时间是最简单的检验方法。

　　另外一组需要被分开对待并接受更深、更彻底研究的人名命名现象是多人授奖形式，例如之前提到的"费雪-奈曼-哈默斯-赛威爵因式分解定理"。这个事例，是对所涉及的两位对手（如果从哲学意义上看，这个单词至少代表三位）和跨越两大洲、四分之一世纪研究成果的肯定与赞扬，是典型的出于公平另辟蹊径而不简单以个人命名的案例[1]。这种一网打尽的方法——表明一个思想的形成与发展是科学团队集体的产物而不是单个人的成果，很可能对人们认可的原创者造成伤害（虽然很少人会认同这点，但事实就是如此），并且无论如何，名单中所包含的名字随时间推移而产生的变化，使得对这些案例的研究变得极为困难。

---

　　① 在更标准的社会学术语中，我所谓的公正被称为普遍主义者标准（Merton，1973，p. 270).

奖励体现出公平的必要性,以及大家对让命名者与获得殊荣的科学家保持距离是最好方式的一致认可,必然要求科学家不能推荐同事来参与命名认定,也不允许职业同行进行尝试。这方面的一个著名例子就是关于天王星的命名,它是1781年威廉姆·赫歇尔在英国发现的。赫歇尔试图将其命名为"佐治亚行星"以纪念他的赞助人英国国王乔治三世,但这个名字仅限于英国知道,欧洲天文学家认为这个名字太过于国家主义而予以拒绝(尽管它遵从该定律)。法国天文学家约瑟夫·拉朗德(Joseph Lalande)建议将这颗行星命名为"赫歇尔行星"以解决这个困境。这个名字在欧洲大陆虽不陌生(虽然在英国很少这么称呼),但既由于以一个凡人的名字来命名不能被接受,又由于该定律不可动摇的作用,"赫歇尔行星"最终屈服于波德(T. Bode)的建议而改为"天王星"(西蒙·纽科姆(Simon Newcomb),1878,p. 355)。

这里有另一个有趣的现象可被用来解释公正的必要性。我知道一些著名的关于挑战人名命名奖励的例子,但奇怪的是,这些挑战经常由受人尊敬的科学家的学生或同胞以他国科学家的名义而提出。例如,关于比安内梅在1853年就已经发表了后来所知的切比雪夫不等式(出现在切比雪夫1867年后的一篇论文中),切比雪夫非常了解比安内梅研究成果的声明,就由切比雪夫最著名的学生马尔科夫非常令人信服地提出,并在最近的一本书里频繁被提到,而该书的作者之一出生于乌克兰(赫德和色尼特,1977,pp. 121—124)。这种现象有多普遍,我缺乏客观的证据,但如果像我推测的那样具有普遍性,那么它就意味着对基于紧密关系进行命名指认的否定事实上可以成为科学行为的标准,它将在防止把人名命名行为退化为区域主义或派别主义、导致产生无效激励后果方面发挥作用。

罗伯特·金·默顿在一封信中向我提供了一个关于错误命名的极端案例,以及对定律和我所展现例子的重要支持。我参考了常用的科学单位命名情况(例如瓦特、欧姆、伏特),它们都以某个非最初发现者的姓名来命名。这个行为具有深远意义,因为它在很多案例中完全被制度化,通过标准部门或术语委员会的设计保证了定律的准确性。当这些委员会寻找合适的个体或单位进行命名时,他们通常会瞄准那些值得纪念的科学家而不是单位的发明者。老姓名贴在新单位的搭配证明了定律的有效性,恰如委员会等团体体现出公正命名的国际特征。

如果我的阐述能被接受,如果只有在很久以后或相隔很远距离才能命名,那么只有当一线的科学家(通常对历史上了解不够多)对普通价值认识的兴趣超过孤立的成就(即使很显著)时,该定律才能成立。大部分的命名指派是错误的,这点并不惊奇,甚至严格地说,(我大胆估计)那些被普遍接受的命名都是错误的。这种指派的极端错误为远距离与公正性的关系提供了额外的证据,这有助于保证它的声望与存在。

在文章的剩余部分,我希望通过对统计领域一个命名被接受的模式,以及此类命名被接受的比率和形式的研究来展现一个证据。为了与默顿的习惯保持一致,这项研究将是定量的。

我所选择研究的发现是概率密度分布函数

$$f(x) = \frac{1}{\sqrt{2}\,\pi} e^{-x^2/2}。$$

这个分布现在通常称之为"正态分布"或"高斯分布",以伟大的数学家高斯来命名,他在 1809 年发表的第一篇关于该研究主题的文章中建立了该分布与最小平方方法之间的联系。当然,定律告诉我们尽管 $f(x)$ 目前被称为高斯分布,高斯确实也做过相关研究,但在他之前必然已经有人做过这方面的研究。事实正是如此,高斯在 1809 的书里引用了拉普拉斯的与 $f(x)$ 有关的研究,而拉普拉斯早在 1774 年就已涉足该分布的研究。[①] 但是现在很少有人称它为拉普拉斯分布甚至拉普拉斯-高斯分布,我们必须追本溯源。这项研究是值得鼓励的,因为现代历史知识表明该分布最早源于 1733 年棣莫弗发表的文章(海伦·沃克(Helen H. Walker),1929,pp. 13—19)。有趣的是,拉普拉斯和高斯都知晓棣莫弗的工作,这个事实证明他是正态分布的开创者,而据我所知却没有人称该分布为"棣莫弗分布"。

我选择 $f(x)$ 这个分布来开展研究主要出于两个原因。首先,它至少从 1810 年起就在数理统计领域占据中心地位,因此它符合命名奖励所要求的很长时间。其次,有几个来自不同国家的主要候选人竞争这份奖励,并且国籍与命名接受之间的关系有待考察。该分布有几个流行的(一直存在的)称呼,例如"误差曲线"或"正态分布"都可作为备选的命名,因此,一个命名的使用可以被认为只是一种选择而非必然。[②]

$f(x)$ 分布的命名情况可通过检索统计杂志和研究文章的模糊标题来得到一些启示。最综合的一个索引是《统计学与概率论索引:排列索引》(罗斯(I. C. Ross)和图基,1975)。这个索引涵盖了 1966 年以后的文献,拥有 1945 年以后的大多数文献标题。我发现该索引给出了 1099 个用"正态""高斯""拉普拉斯-

---

① 拉普拉斯首次遭遇的 $f(x)$ 是作为概率后验分布的近似,与高斯的 $f(x)$ 很不相同。如果真要考虑该分布与最小平方方法的联系,那么它最早由美国的罗伯特·阿德里安(Robert Adrian)于 1808 年在一本晦涩的杂志中公开发表,比高斯还要早一年。

② 与威廉·H. 克鲁斯卡(William H. Kruskal)一起基于各种联系开展的、关于"正态分布"名称使用历史的研究,将在最后一章介绍,并且克鲁斯卡曾进行来了简要的陈述(1978)。

高斯"或者它们的变体来表示的关于 $f(x)$ 的标题。在这些索引中,18%(199个)提到高斯,1%(7个)提到拉普拉斯-高斯,用人名命名总共是 19%(206个),剩下的索引都是用"正态分布"来命名的。在另一个索引——《被选择统计杂志中作者与排列标题索引》(乔安娜(B. L. Joiner)等,1970)里,只有 11%(330中的42个)是人名命名,但这个索引只基于 6 份英美杂志(大多始于 20 世纪 60 年代),缺失了我们想要见到的欧洲大陆命名的习惯。一份更好的具有世界广泛性的检索是《当前统计索引》,它从 1975 年起每年出版一次。1975 年那一卷,人名命名情况占总数的 28%(159中的44个);1976 年那一卷占 30%(185中的56个)。所有这些参考文献中的人名命名都是"高斯分布"而不是"拉普拉斯分布"。基于这些数据,我们可以公正地说,现在所有理论统计或应用统计研究文章关于 $f(x)$ 的标题中,有 20%—30% 使用人名命名,并且几乎都是"高斯分布"。接下来的问题是,这个水平是如何达到的呢? 什么时候、什么地点、以多大的比率用 $f(x)$ 来纪念这位"科学巨人"?

排列标题索引不适合更早期的文献,即使变换文献搜索特征(例如从专著变换到论文)也不太有效,特别是统计学。于是我尝试一种更稳定的信息来源:教科书。我们希望比起一线的科学研究文献,教科书对名字命名的使用更传统和更慷慨。因为教科书为了追求大的市场,需要反映科学团体的主要观点和实践体会,比一线文献对新的名字命名更有抵抗力,一直等到科学团体的认定才会改变。但是一旦改变后的名字命名被部分人接受了,那么教科书会比科学团体更宽容,会同时列出若干可供备选的命名(然而,研究论文通常只会使用一种命名)。

我选择了 80 本教科书来进行研究,时间跨度从 1816 年到 1976 年。虽然研究的重点不同——从测地学用到的最小平方法到经济学和社会学用到的相关性,层次也有所不同——从初级到高级,但这些书都可被归为统计类教材。这些书都明确地提到了 $f(x)$ 分布。这些选择不是随意的。我对自己设在现代行为研究中心的图书室进行了仔细的查阅,并选择了斯坦福大学图书馆一些更老的课本,这些书还未被放入难以进入的"备用仓库"。如果说这些选择有偏差的话,那么我认为这些偏差主要是倾向于选择那些著名作者、使用频率高和经常被重印的课本(虽然不存在一本书包括几个版本的情况)。对教科书进行有意识的选择是一项负担较重的任务(特别是最近的英语课本),因此我努力尝试选择那些大众的课本,避免过度集中于某个方向。

每本书都按出版的国家和年份来分类,从中比照作者是如何描述 $f(x)$ 分布的。(一些作者用了不止一种描述。)数据见表 14.1,并概括于表 14.2。关于表 14.2 的分组,做出如下简要说明:所有书按照人名命名(作者给出至少一种人名描述)或其他(作者未给出人名描述)来分类。这种分类和表14.1有些细微的不同,表14.1中非人名命名表示作者至少使用过非人名命名的表述(但同时也可能使用人名命名)。国家的分类按照所使用的语言不同,分为德语国家(德国和奥地利)、法语国家(法国和比利时)、其他欧洲大陆国家(意大利、荷兰、罗马尼亚和北欧国家)和英美国家(英国和美国)。大部分的人名命名(都在1920年以前)都用"高斯分布"。

表 14.1　80本教科书的命名数据,按出版年份和国家来分类,依照使用 $f(x)$ 的名字可分:高＝"高斯分布",拉＝"拉普拉斯分布",非＝"非人名命名"

年份	国家	高	拉	非	年份	国家	高	拉	非
1816	法国			•	1906	奥地利			•
1837	法国			•	1906	德国	•		
1838	英国			•	1908	德国	•		
1843	法国			•	1908	法国	•		
1846	比利时			•	1909	德国			•
1852	比利时			•	1909	法国	•		•
1860	德国			•	1911	英国			•
1867	意大利			•	1912	英国	•		•
1869	比利时			•	1917	丹麦			•
1872	德国	•		•	1919	英国			•
1874	英国			•	1920	意大利	•	•	•
1877	德国			•	1921	美国			•
1877	美国			•	1921	意大利	•		•
1878	法国			•	1921	英国			•
1879	意大利			•	1921	法国			•
1879	英国			•	1921	奥地利			•
1884	美国	•		•	1923	美国			•
1888	英国			•	1924	法国		•	
1889	英国			•	1924	英国			•
1889	法国		•		1925	美国			•
1892	美国			•	1925	英国			•
1892	美国			•	1928	法国			•
1896	美国			•	1928	美国	•		•
1896	法国		•	•	1930	法国			•
1897	德国		•	•	1931	瑞士			•
1901	英国			•	1931	意大利			•
1903	荷兰			•	1931	美国			•
1903	丹麦			•	1937	美国			•
1906	英国			•	1937	美国	•		•
1906	意大利			•	1939	美国			•

年份	国家	高	拉	非	年份	国家	高	拉	非
1939	英国			•	1962	英国			•
1947	美国			•	1963	罗马尼亚	•	•	•
1948	法国	•	•	•	1965	美国			•
1950	美国			•	1967	美国			•
1950	美国	•		•	1968	美国			•
1952	美国			•	1968	美国			•
1956	奥地利	•		•	1969	美国	•		•
1957	德国	•		•	1970	美国			•
1957	法国	•		•	1970	美国	•		•
1960	美国			•	1976	美国			•

　　表 14.2 最明显的特征或许就是关于 $f(x)$ 人名命名被接受速度的缓慢，以及英美与欧洲大陆的文献在人名命名接受程度上的不同。第一次以人名来命名 $f(x)$ 是 1872 年赫米特在德国出版的一本书，在书的案例里提到了高斯，而这也已经是在高斯的相关论著出版 61 年，即高斯逝世 17 年之后的事了。也许部分原因在于高斯和赫米特来自同一个国家，现在这个称呼的使用频率在缓慢增加。一本美国课本（由 W. T. 赖特（T. W. Wright）撰写）在 1884 年使用了该命名，但更可能的是，1889 年 J. 伯特兰（J. Bertrand）对"高斯法（loi de Gauss）"这一称呼的使用标志着该命名被更大的科学家团体所接受。自此以后，这种命名方法似乎传开了，在一战后传到了现在的意大利，并在我检查过的二战后 5 个欧洲国家的课本里都有提到。法国在战争期间对该命名使用频率的明显减少，或许表明再公正的科学奖励对政治事件也没有免疫力。

　　相对而言，英美文献对人名命名的接受程度自 1884 年起就未发生显著变化。我认为，这种低接受率可以作为英美国家比欧洲大陆对人名命名的使用率普遍较低的一个例子，但现有的数据不支持验证这一假设。

14.2 从 1816 年到 1976 年出版的 80 本书,按出版年份和国家分类,依照 $f(x)$ 是否使用人名命名可分为"使用人名命名"和"其他"(没有使用人名命名)两类

出版时间 地区 类别	a. 1816—1884 年出版			b. 1888—1917 年出版		
	人名命名	其他	总计	人名命名	其他	总计
德语国家	1	2	3	3	2	5
法语国家	0	7	7	4	0	4
其他欧洲大陆国家	0	2	2	0	4	4
欧洲国家合计	1	11	12	7	6	13
英美国家	1	4	5	1	8	9
合计	2	15	17	8	14	22

出版时间 地区 类别	c. 1919—1939 年出版			d. 1947—1976 年出版		
	人名命名	其他	总计	人名命名	其他	总计
德语国家	0	1	1	2	0	2
法语国家	1	3	4	2	0	2
其他欧洲大陆国家	2	2	4	1	0	1
欧洲国家合计	3	6	9	5	0	5
英美国家	2	11	13	4	10	14
合计	5	17	22	9	10	19

这些数据另一个有趣的方面是提到拉普拉斯的模式,他是除高斯外唯一一位被提到的候选人。最早提到"高斯-拉普拉斯分布"的是 1920 年出版的一本意大利著作,在接下来提到拉普拉斯的四本著作中有三本属于法国。这看起来似乎是一个世纪以后(拉普拉斯死于 1827 年),法国作者意识到以拉普拉斯命名作为奖励已经有足够久远的时间。我认为拉普拉斯与 $f(x)$ 的历史性联系比起高斯更密切(也更早),虽然"高斯-拉普拉斯分布"这个称呼现在不太常用。这可能是由于命名的惯性(一旦确定一个命名就很难更改)或由于命名的马太效应:把 $f(x)$ 命名为高斯分布也许仅仅显示出科学团体认为高斯是更伟大的数学家。无论如何,通过"拉普拉斯分布"的广泛传播,拉普拉斯近些年受到了命名的奖励——也许只是安慰奖,以认可其重要性略低的分布

$$g(x) = \frac{1}{2}e^{-|x|}。$$

我所展现的数据范围十分有限,只关注了一个领域内的一个例子。它确实

支持了一种观点：人们必须距离足够久远才能获得科学团体的颁奖，因此导致了所展示案例符合定律的可能性。根据发现的重要性、涉及的国家以及所涉领域机构组织的不同，对其他领域的其他发现的研究也可能显示出发现与命名奖励之间的时间差会有很大的不同。① 我们希望不久的将来，罗伯特·金·默顿及其同事与学生，将会提供给我们更多关于命名问题的答案，以完成——为了该定律，被称之为科学奖励制度的默顿理论。

---

　　① 将来开展命名研究的一个重要来源将是詹姆斯·罗夫那（James A. Ruffner）(1977)，但即使是大卷的论著也难免有错误和遗漏。例如，查阅《社会语言》1978 年第 7 期第 149 页的简要回顾。其他一些与我所举例子相关的证据可查阅比伏(1976, pp. 89—98)。比伏认为 1961 年以后，考虑到不同科学团体的规模差异，物理领域用人名命名来纪念 20 世纪的发现远远少于早期的科学家人名命名：比伏的横截面分析表明，人名命名的数量似乎没有呈指数增长。我认为最可能的解释就是人名命名的平均长时间（比如说 30 年到 60 年）的滞后，正如目前历史纵向研究的结果，因此至少与我展示的案例相一致。比伏的不同结论（基础发现变少了或者命名实践发生了显著的变化），在我看来没有得到这些数据的支持。

第十五章 谁发现了贝叶斯定理

　　20世纪50年代,格洛克·马克思(Groucho Marx)的智力竞赛节目"以命相赌"是(至少是我们家庭生活中)最著名的电视节目之一。节目中的议题尚属其次,最重要的是该节目幽默有趣,经常有些运气不好的竞赛者在节目的最后环节发现自己已经破产。然后格洛克会给这些倒霉者一个带奖金的问题,经常提问"谁被埋在格兰特(Grant)的坟墓里?"我已经知道这些问题比第一眼看到时的印象要复杂。在科学界,切比雪夫不等式、傅里叶变换或贝叶斯定理都是以科学家名字命名的发现,表面上看它们似乎都是以第一个发现者命名的。但事实不是如此,相反地,没有一项发现或发明以第一个发现者命名的现象似乎成为了科学社会学的一个定律("斯蒂格勒命名定律",第十四章)。接下来将通过贝叶斯定理这个案例,来探讨谁是第一个发现贝叶斯定理的人,并以此验证该定律的正确性。

　　首先,最明显的答案,可能如同格洛克在"以命相赌"节目中给出的答案,是贝叶斯本人。事实上,托马斯·贝叶斯(1702(?)—1761),一名从1731年起就居住在坦布里奇·韦尔斯的不信奉国教的牧师,与贝叶斯定理确实有历史性的联系(例如可参考斯蒂格勒,1982c;戴尔(A. I. Dale),1991)。理查德·普莱斯(Richard Price)在贝叶斯的论文手稿中发现了该定理并于1764年安排其发表在出版的遗作中,迄今为止未见有更早的相关报道。但是,命名定律告诉我们这种情况也未必就是确定无疑的,并且可以肯定的是,一些有意思的证据果真在最近被发现了。

　　这个证据就是大卫·哈特利(David Hatley)1749年出版的《人之观察》一书中的一个段落,关于其意义,首次做出公开评论的显然是英国心理学家伯纳德·辛格(Bernard Singer)(1979,p. 6)。该段落通过桑迪·扎贝尔(Sandy Zabell)独立地吸引了我的注意。哈特利的书并不难懂,他作为社会心理学的创始人而闻名,这本书是他的主要著作。但是,他关于概率的评论似乎逃过了世人的注意,直至最近才被人发现。在书的"主张和赞成的本质"这一节中,哈特利讨论了概率在证据评估中的作用,我们这儿只关注第338页和339页上的两个分段。第一分段引用了棣莫弗的名字（"棣莫弗已经说明，……"），明确、直接地提到了棣莫弗二项式极限定理，或者至少涉及该定理的一些结论。第二分段抓住了我们的眼球，使我们激动起来，正如哈特利所说，

> 一位聪明的朋友在与我通信中提到了逆（概率）问题的解决办法，并展示了什么是期望，如果一个偶然事件发生了 p 次、失败了 q 次，那么导致该事件发生或不发生的理论比率应该在任何给定的程度上偏离于 p 对 q 的比率。这位朋友的解决办法是，足够多地重复该试验，可以保证偏离不会太大：这表明对于自然界未知的探索，我们可以通过大量的观察得到结论。（哈特利，1749，p.339）

这是关于贝叶斯问题及其相关解决办法的简洁陈述。我们不禁要问：我们得到了什么？贝叶斯定理在贝叶斯死前 12 年、在普莱斯出版发表之前 15 年就已经被发现？谁是哈特利提到的聪明朋友？他显然不是棣莫弗，因为"聪明的朋友"与前一分段把该逆问题明确地归属于棣莫弗故意形成了对比。他可能是贝叶斯吗？如果不是，那又会是谁？

这是一件值得赫丘里·波罗（Hercule Poirot）或尼罗·伍尔夫（Nero Wolfe）探究的侦探案件：一具尸体（比喻论著，贝叶斯定理）被发现了，并且只有一条传闻（普莱斯的证词；贝叶斯的手稿不存在）被用来证明贝叶斯是凶手，因为贝叶斯本人已经过世，无法代表自身来证实。后来，一些新浮现的证据显示，在贝叶斯出现在现场以前该尸体就已存在了。因此，是时候该重新梳理这个问题了。

我们应该从哪里开始呢？一个单纯的方法就是白手起家，即从 18 世纪的数学家名录开始。例如，打开泰勒（E. G. R. Tayllor）（1966）的《英国汉诺威时期（1714—1840）的数学从业者》或沃利斯（P. J. Wallis）（1976）的《大不列颠时期（1701—1760）数学家索引》的第二部分，我们会发现伦敦西新街的约翰·古德大约在那个时间段教授数学课程。那么我们正在讨论的（贝叶斯）定理会是古德发现的吗？但依赖名录这个方法显然行不通。沃利斯罗列了大概 4500 个名字，我们怎样从古德、杰弗瑞斯（H. Jeffreys）、费雪、科克伦（W. G. Cochran）、考克斯（D. R. Cox）或巴纳德等所有被纳入沃利斯索引的、值得尊敬的名字中做出判断？这个没有导向性的搜索很快就被证明是行不通的。也许约翰·道特（John Doubt）或约翰·普利特（John Pretty）是发现者，或者定理是由詹姆斯·肖特（James Short）在其某一著名的短篇论证中证明的，或者可以追溯到莎丽·斯威特利浦斯（Sally Sweetlips）（沃利斯，p. 111）、本杰明·巴斯塔德（Benjamin

Bastard)(p.8)、福尔摩斯(Holmes)与华生(Waston)的合作(pp.57,122)、雷德福德(Redford)与纽曼(Newman)的合作(pp.94,82),以及奈特(Knight)和戴(Day)(pp.66,30)。显然,我们需要一个更科学的方法。

我打算从对哈特利朋友的研究工作有显著启发的人——棣莫弗入手。棣莫弗的极限理论起源于他1730年的《分析杂说》,第一次出现在1733年的拉丁文小册子中,最后以英文形式出现在1738年《机会原理》的第二版中。哈特利提到的"聪明的朋友"必然读过棣莫弗的著作。1730年的《分析杂说》作为众多著作中的第一本,不同一般地拥有它的读者名单。这本著作,像当时的许多著作一样需要提前订阅,并且订阅者的名字会被印在书中(见图15.1)。那位"聪明的朋友"会不会在名录中呢?

到这个时候,情况开始好转,因为名录中只有62个名字,其中一部分人名可以被剔除,包括国外订阅者、图书馆订阅者,以及只是为了资助贫困的棣莫弗而订阅的皇室贵族。但即使这样还剩下许多名字,包括约翰·阿巴斯诺特、约翰·克雷格、柯林·迈克劳林(Colin Maclaurin)、詹姆斯·斯特灵(James Stirling)和布鲁克·泰勒(Brook Taylor)。难道可能是戴安娜·斯宾塞(Diana Spencer)女士?或者哈特利正在给我们提示——这位"聪明的朋友"就是约翰·弗兰德(John Friend)博士(译著:弗兰德的英语与"朋友"相同)?不,太多的怀疑对象使得我们难于给出判断结论。但我们唯一可以确定的是,托马斯·贝叶斯不在名录中。

此时此刻,我把精力全部投向明确的证据源头大卫·哈特利身上。也许我能发现哈特利的朋友列表。这里,我发现的第一条重要线索是,哈特利在各个时期都活跃于伦敦的科学界,成年后他大部分时间都在巴斯度过。他热衷于新产品的创新,但却不常有好的结果。有一位斯蒂芬(Stephens)夫人声称她找到了治疗肾结石的方法。哈特利遭受肾结石的折磨,因此他全盘接受斯蒂芬夫人的治疗并花费大量精力来宣传推广该疗法。斯蒂芬夫人的治疗方法并没有被公开出来(这是商业机密),但是疗效确实值得怀疑。哈特利本人于1757年死于肾结石,享年52岁。传闻哈特利死前共摄入超过200磅的肥皂(特纳,1883,pp.91—93)。看来斯蒂芬夫人不像是哈特利提到的那位"聪明的朋友"。

哈特利的另一项爱好是由诗人约翰·拜伦(John Byrom)创造的速记方法。作为皇家学会的成员和圣歌"教徒们,醒来吧,向早晨致敬"的作者,拜伦于18世纪40年代的早期向哈特传授了这套速记方法并收取了5英镑的费用,哈特利从此对速记饶有兴致。出于热情,哈特利将速记作为自己的一项事业,他寻找捐赠资助来发展拜伦的这套方法,并着力使这套方法出版,为公众所使用。现在,拜伦留给世人他的大量日记,这些日记记录了他所有的活动和会话,当然

L.

R*T. Hon. Earl of* Lincoln.
　Rt. Hon. Lord Visc. Lonsdale.
Rt. Hon. Lord Lynne.
Mr. Colin Mac Laurin, *Math.*
　Prof. Edinb.　　　　　　6
Isaac Leheup, *Esq;*

M.

H*IS Grace the Duke of* Mon-
　tague　　　　　　　10
His Grace the Duke of Manchester.
Rt. Hon. Lord Monson.
Mr. John Machin, *Ast. Pr. Gr.*
　Sec. R. S.
Nicolas Man, *Esq;*
Mr. de Maupertuis, *Acad. Par.*
　& R. S. S.　　　　　4
Richard Mead, *M. D. Med. Reg.*
Abraham Meure, *Esq;*
Edward Montague, *Esq;*　　5
Col. John Montague.　　　4
Rev. Charles Morgan, *D. D. Ma-*
　ster of Clare-Hall.

N.

H*IS Grace the Duke of* New-
　castle.
Hon. John Noel, *Esq;*
Rev. William Nicolls, *D. D. Vi-*
　car of St. Giles Crip.

O.

R*T. Hon. Earl of* Oxford,　3
　Crew Offley, *Esq;*
Robert Ord, *Esq;*
Mr. Edmund Overall.
James Ord, *Esq;*　　　　2

P.

R*T. Hon. Lord* Paisley.
　Rt. Hon. Lord Parker.　6
Rt. Hon. Lord Percival.
Mr. Parker, *Fellow of Qu. Coll.*
　Cambr.
Robert Paul, *Esq;*
Edward Pawlet, *Esq;*
Hon. Henry Pelham, *Esq;*
Thomas Pellet, *M. D.*　　3
Henry Pemberton, *M. D. Med.*
　Pr. Gresh.
Henry Plumptre, *M. D.*
His Excell. Stephen Pointz, *Esq;*
Uvedale Price, *Esq;*

R.

H*IS Grace the Duke of* Rich-
　mond.　　　　　　　5
Andrew Ramsay, *Esq;*
John Robartes, *Esq;*
Mr. Benjamin Robins.

S.

R*T. Hon.* Robert *Earl of* Sun-
　derland.
Rt. Hon. Earl of Sussex.
Rt. Hon. Lady Diana Spencer.
Nicolas Sanderson, *L. L. D. Math.*
　Prof. Luc.
Exton Sayer, *L. L. D. Chanc. of*
　Durham.
Hon. Augustus Schutz, *Esq;*
John Selwin, *Esq;*　　　　2
Mr. James Sherard.
　　　　Skeen of Skeen, *Esq;*
Robert Smith, *L. L. D. Math.*
　Prof. Plum.　　　　　6
　　　　　　　　　　　Mr.

图 15.1　来自于棣莫弗订购名录的一部分(1730)

也包括速记方面。幸运的是,这些日记在 19 世纪 50 年代被抄写、翻译并出版
了(拜伦,pp. 1854—1857)。据此我们知道在 1725 年至 1750 年间,拜伦在哪,
见过了谁,他们讨论了什么。拜伦在哈特利的家里和皇家学会频繁地会见哈特
利。他见哈特利的妻子似乎更频繁,虽然他几乎没怎么记录给哈特利妻子上速
记课的细节,而只是说"她似乎很喜欢这些课程"。

拜伦从未与哈特利讨论概率论或任何与之相关的问题。来自于拜伦四卷日记的主要证据是否定的。他记录了数百名与他有联系的人,其中很多人也与哈特利有联系,但托马斯·贝叶斯从未被提起。我们产生的怀疑是,把一名无关的人错误地当成了定理的创始人。但如果不是贝叶斯,那会是谁呢?

我们第一个真正的怀疑来源于两个不同的渠道,一个是哈特利著作 18 世纪版本的序言中关于哈特利生平的梗概(皮斯特瑞(H. A. Pistorins),1801),另一个是哈特利与好朋友约翰·李斯特之间大量通信的集子,其中很多通信被收集于 1938 年出版的《哈利法克斯古社会研究学报》(崔格(W. B. Trigg),1938)。约翰·李斯特不在我们怀疑的范围内,因为通信显示他对数学一无所知,但是他能帮我们寻找到其他人。在哈特利交往的朋友中,一位卓越的数学家引起了我们的注意,他在哈特利著书时曾教给哈特利数学。这个人就是尼古拉斯·桑德森(Nicholas Saunderson)。

桑德森(Saunderson,有时也拼写为 Sanderson)现在不为公众所熟知,尽管他应该享有盛誉。桑德森是剑桥大学第四届卢卡斯数学教授,而牛顿是第二届。1711 年,29 岁的桑德森作为继任者接替了牛顿的职位。原本第三届继任者是威士顿,但其由于发表了当时不受欢迎的宗教观点而被解雇,牛顿帮助桑德森被认定为该职位的合适人选。桑德森以教学优秀而著称(他生平未出版任何著作),但他所达到的最显著成就是精通数学和自然哲学的各个领域,尽管他在 12 个月大时就不可挽回地双目失明。在那个盲人不被重视的年代,桑德森出身卑微但却在 30 岁以前享有了英国最有声誉的职位。对此,法国哲学家狄德罗非常感动,在其最早之一的著作里花了很大的篇幅——"一封致盲人的信"——来谈论桑德森(狄德罗(D. Diderot),1749)。

桑德森几乎讲授了当时的每一个数学话题。讽刺的是,他虽然双目失明,专长之一却是光学。他发明了一种名为"可触算术"的计算方法(斯卡夫(W. L. Schaaf),1981),他用安置在黑板上的钉子来代表数字。他通过将丝线缠绕在钉子上来代表几何图形。他被形容为一位自己不能使用眼睛,却教别人使用自己眼睛的教授。桑德森坦率的性格也非常著名,有关他生平的一些记录隐隐暗示了他放荡不羁的一面。

但这并不足以说明桑德森就是值得注意的人。如果他被列入怀疑人选则需要更多的线索。我们需要有他与哈特利密切联系的证据,需要有他与棣莫弗关联的证据,我们迫切希望他的手稿里有关于贝叶斯定理的要点(确凿的证据)。我们要面对一件棘手的事实,那就是在 1739 年,也就是在哈特利的书面世 10 年前,桑德森死于败血病。

要处理上述三个问题是简单的。桑德森死得早,但是哈特利完成他的书稿也很早。哈特利写作《人之观察》始于 1730 年,他与李斯特的通信显示该书稿肯定完成于 1739 年,最终完善于 1745 年。我们不知道那至关重要的一段内容是什么时候加上的,但一定是在桑德森逝世前。哈特利与桑德森之间的联系是紧密的。在哈特利离开剑桥后他们仍然保持着联系,当桑德森逝世后,哈特利是积极参与并推动完成桑德森最后项目的人之一。桑德森生前曾被朋友说服写作了两卷《代数学》教材,哈特利帮助他预订筹款,正如他曾吹捧拜伦的速记方法和斯蒂芬夫人的结石治疗方法一样。无疑,桑德森是哈特利的聪明朋友之一,但他是否就是我们正在寻找的那位"聪明朋友"?

桑德森与棣莫弗也是有联系的。在棣莫弗《分析杂说》的订阅者名单中出现了桑德森的名字,正好列在戴安娜·斯宾塞女士下面。零碎的细节开始拼凑起来。当棣莫弗于 1711 年完成他的《机会原理》的第一版时,正是尼古拉斯·桑德森把第一份副本带去了剑桥,带给了牛顿的编辑和合作者罗杰·克斯(Roger Cotes)(克斯写道,偶尔一个场合,觉得桑德森"似乎非同寻常的聪明"(里戈(S. P. Rigaud),1841,pp. 261—262)。在 1740 年桑德森生活记录的一份特殊名单里,有多位"伦敦著名的数学家,他们高度重视与桑德森的友谊,维护他的观点和判断,时常与他讨论写作和设计"(桑德森,1740),而棣莫弗正是其中的一位。

但哪里才有确凿的证据? 我不得不坦白我的失败。1740 年桑德森的生活记录告诉了我们一些他的品位和兴趣:"一份建议必须要有它的应用价值才能吸引他人的注意力……他认为数学是哲学的关键,是指引我们穿越自然迷宫的线索……为了方便学生使用(素材),我们的教授几乎写过关于数学中任何部分的内容。"但是这些手稿在哪里? 它们留给了"照料与处理"者约翰·罗巴茨(John Robartes),他是拉德诺郡的一位伯爵,是桑德森的第一位学生。一些关于微积分的手稿在桑德森逝世后被出版。自然地,我开始寻找桑德森的一些遗留手稿。从皇家委员会历史手稿处的玛格丽特·斯威特(Margaret Sweet)那里得知,约翰·罗巴茨死于 1757 年的 7 月,这是统计史上一个悲伤的月份,由于没有继承人,以致手稿的下落无人知晓。它们既不在剑桥也不在牛津。牛津大学图书馆寄给我一份他们保存的桑德森一些讲座笔记的复印件,但都不是关于概率论的。在我的请求下,乔治·巴纳德(George Barnard)拜访了伦敦大学学院图书馆,阅读了 1731 年约翰·韦斯特(John West)记录的桑德森关于物理、天文、历法等方面讲课的笔记,这些讲课发生在棣莫弗的《分析杂说》出版以后(但在他的极限定理出版以前)。这些资料同样令人失望,其中都没有关于概率论方面的提议。牛顿数学报的编辑怀特赛德说没有其他关于桑德森的报纸了。也许这些资料还未被发现,但是我们必须接受现在没有有效资料的事实。

　　我们锁定了桑德森为最大的被怀疑对象，但不应放弃寻找其他被怀疑者。事实上，对桑德森的发现为我们提供了其他一些线索。哈特利是桑德森的好友，桑德森永远活在哈特利心中。桑德森死后，哈特利仍为他的《代数学》争取订购，这样桑德森的遗孀还可以借此获得经济支持。我们可以肯定，哈特利所有在数学方面有独创精神的朋友名字一定在订阅者名单里，但可惜名字太多了，事实上都超过了 600 位。我们是否该怀疑查尔斯·菲克（Charles Feak）或威廉·米克（William Meeke）？或米利特·瑞德赫（Millinent Redhead）先生？或本杰明·瑞奇（Benjamin Wrench）先生？也许是剑桥克莱尔礼堂那位神秘的比格先生？这个名录甚至包括了第十一章提到的数学摔跤手、邦尼学校的托马斯·帕肯斯，更别说伟大的伏尔泰了。通常的数学家（棣莫弗、斯特灵）都在名单内——但这也向我们透露了一个信息——托马斯·贝叶斯不在名单内。名单包括了所有可能的潜在被怀疑者（当然更别说是桑德森了），但与贝叶斯关系最密切的是来自林肯郡、萨特顿的"萨贝肖·贝特（Trubshaw Bates）先生"。

　　这是否意味着可以排除贝叶斯了呢？不一定，普莱斯似乎曾经在贝叶斯的个人物品中发现了冒过烟的手枪（译注：意思是在贝叶斯的各种资料中发现过关于该定理的证据）。哈特利有没有可能在出版桑德森的《代数学》后遇见过贝叶斯？毕竟，贝叶斯直到 1742 年才入选皇家学会。事实上，哈特利与李斯特的通信显示，哈特利在 1741 年夏天花了十个星期的时间住在坦布里奇·韦尔斯。但是在他提到的所有见过的人当中，贝叶斯并不在列。事实上，坦布里奇·韦尔斯在那时是一个繁荣的旅游胜地，我们完全可以想象，哈特利在没有见到安静的贝叶斯先生以前就结束了这次旅行。一个可能性的解释是 1741 年哈特利正沉迷于拜伦的速记方法（他甚至劝说可怜的李斯特去尝试），而据说贝叶斯采用的是一种由以埃利沙·科尔斯（Elisha Coles）发明的速记方法（贺兰德（J. D. Holland），1962）。他们实际上使用了不同的语言。

　　是该尝试得出答案的时候了，是该将所有被怀疑者请入大厅作为最后场景的时候了。这些人包括桑德森和贝叶斯，我们也可以加入几个其他没有希望的候选人，但我们选定这两位为主要的被怀疑对象。现在该由真正的侦探来还原案件的线索，或者在敏锐的指认和感性的招供下得出一个精彩的新推断。由于我们所有的证据都已经展现，因此我们必须尝试一种不同的解决方法。我打算就运用贝叶斯定理来解决这个问题。

　　让我们来回顾一下我们所掌握的证据。一些证据来自于哈特利已出版的论述，从中我们可以得知某一位不知名的统计学家是哈特利的朋友（并且这人不是棣莫弗）。事实上正如大家所知，桑德森是哈特利的一位朋友，而贝叶斯

（根据现有了解）与哈特利没有关联，这个指向有利于桑德森。进一步地，这位神秘的陌生人一定是由于读了棣莫弗的著作、被激发出了灵感而从事该定理的研究。并且我们的证据表明桑德森曾订阅棣莫弗的著作并且认识棣莫弗，而贝叶斯却没有这种联系——这些证据似乎对桑德森更有利。

　　事实是否就是，桑德森和贝叶斯都是非常有天分的聪明人，桑德森由他的朋友来证明，而贝叶斯主要由理查德·普莱斯发现的遗留手稿来证明？事实是否就是，不管谁是那位聪明的朋友，他们都没有发表过这个定理，但都认为这个定理足够重要以至于吸引了并不是数学家的哈特利？现有的手稿证据是偏向贝叶斯那一边的，但这个结论也是存在疑虑的。桑德森英年早逝，有充分的理由来解释为什么没有出版这个定理，而贝叶斯（如果他真的就是那个发现者）在哈特利那本书面世后保持沉默了 12 年。我们也许可以将此解释为，贝叶斯在1749 年或更晚一点看到哈特利的著作时，由于发现自己的研究已被抢先公开而保持沉默。或者是不是贝叶斯由于读过哈特利的著作而受到启发、普莱斯所发现的手稿只是他通过自己的方式来进行研究的一种尝试？也许我们无从得知，但是我们应给予贝叶斯应该得到的一切。

　　这里仍然存在着那位"聪明朋友"是第三人的可能性。现在，很多那个时代的天才数学家可以被排除在外（包括托马斯·辛普森（Thomas Simpson）、萨缪尔·克拉克（Samuel Clark）、威廉·艾默生（William Emerson）、亚伯拉罕·棣莫弗，甚至奥古斯塔斯·德·摩根的祖父，詹姆斯·道森（James Dodson）），因为他们都在 1749 年后才出版概率方面的书籍，并且他们自己一定不会错过拥有如此伟大成就的机会。当然，还有许多人等着我们去发现，但当前先暂时认定是桑德森和贝叶斯。

表 15.1　贝叶斯定理分析显示桑德森与贝叶斯的几率之比为 3∶1

数据	概率	
	假设是桑德森发现	假设是贝叶斯发现
桑德森是哈特利的朋友； 贝叶斯与哈特利无关	3/4	1/4
桑德森与棣莫弗有关； 贝叶斯与棣莫弗无关	3/4	1/3
两者都有创造性	1/3	3/4
联合的（乘积）	3/16	1/16

表 15.1 里显示了一些简单数据,这些数据是基于对所有证据的艰难评估,并通过对事实和猜测分析量化而得到的。其中有两种假设,分别是"桑德森发现"和"贝叶斯发现",以及三类数据:这两位候选人与哈特利的友谊、与棣莫弗的友谊,以及他们的创造性才能。这三类数据用概率表示,并且近乎独立,虽然在这一点上还存在争议。根据戴蒙·鲁尼恩(Damon Runyon)的规则,生活中任何比例都不会超过 3:1,这里个体的概率也受到该规则的限定,它们仅仅是粗略的估计结果。这些数据反映了我们对棣莫弗的来龙去脉知道得要比哈特利的少,如果贝叶斯真的是该定律的创始人,那么他在独创性方面的声望与该定律的联系是很紧密的,因此我们给了他较大的概率。结果用拉普拉斯的无差异法作为我们的先验观点,桑德森和贝叶斯的概率之比 3:1,桑德森更可能是该定理的最早发现者。这个结果并不足以证明什么,但却足以反驳其他论断。[1]

让我们继续搜集证据,寻找(哈特利)伦敦住所的阁楼以及哈特利在坦布里奇·韦尔斯的来客登记。或许在某个地方,确凿的证据在等着我们。作为我来讲,我打算重新开始搜寻证据,直至找到真正发现贝叶斯定理的人。

---

[1] 在被反驳后,倾向于贝叶斯优先权的辩护者开始评估(爱德华,1986;戴尔,1988)、开始质疑哈特利事实上是否提及过贝叶斯定理问题,并提出相反意见,认为那位"聪明的朋友"也许就是棣莫弗,这种情况与我考虑的哈特利证据不一致。其他一些人(吉勒斯(D. A. Gilles),1987;哈尔德(Hald),1998,p. 132)倾向于贝叶斯本人,但他们没有给出任何新的证据,他们只是通过先验概率坚定地站在贝叶斯这一方。

第十六章 丹尼尔·伯努利,莱昂哈德· 欧拉与极大似然法

统计概念的历史通常以定义的细微问题为转移,也取决于视什么为概念的关键组成部分。对目标的简单表达是关键吗? 或者我们是否需要对追求目标的含义进行研究,也许还包括需要对拥有固有特性的特定条件进行详细说明的异常现象的发现? 或者需要对这些条件进行详细、成功的探究? 就极大似然方法来说,这些考虑必然会出现。如果研究的对象是极大似然的方法论与大样本参数设置的有效性,那么论证可能首先从埃奇沃思(1908—1909)(见普拉特(1976),或费雪(1912 或 1922 或 1935)(见爱德华兹,1974),甚或沃尔德(1949)和勒卡(Le Cam)(1953)开始。人们认为,如果我们仅仅关注能使似然功效最大化的估计值选择思路的导入,而不是担心数学的严格精确和推断的更深层次问题——包括对统计信息的解释,那么问题将会被简单地解决,但事实并非如此。因为即使在那个层次上,也会出现一些解释的困难。高斯在 1809 年得到最小平方方法的时候借助了最大似然法吗? 或者他的一些研究进展是否会让你相信他是在默认值的情况下实现了后验密度的最大化?

最早被引用来阐明极大似然法的最早期论著之一是丹尼尔·伯努利于1778 年在圣彼得堡出版的一篇短文(伯努利,1778)。伯努利不是唯一早期提出该问题的人。悉宁(1971a)发现海因里希·兰伯特于 1760 年出版的一本著作中有一节内容肯定早于伯努利提出了该问题,并且可以被理解为原理性的介绍,即使他既没有给出正确的例子也没有提出实际的操作方法(也见哈尔德(Hald),1998,pp. 79ff.)。然而,伯努利的论文得到了最大的关注,这是由于它清晰易懂,并且伯努利在当时的知名度和影响力巨大。但是,尽管伯努利的论文表达清晰,并有大量后继的历史讨论,但文章中仍然存在一个不确定的因素或让人困惑的地方。为了扫除这个困惑,并且阐明伯努利和他同时代人莱昂哈德·欧拉(Leonhard Euler)对该话题的理解,我将根据另一篇也由伯努利所写、貌似可以追溯到 1769 年的未出版手稿来重新进行审视伯努利的论文。

伯努利 1778 年的论文

伯努利发表的论文包括 20 节,共有 30 页。这篇有些散漫的论文讨论的重点在于什么可被称作数学哲学、什么是天文学的误差本质和如何通过数学方法最好地处理误差——如果这些方法经得起检验的话。正式的分析直到第 11 节才被引入,并且第 15—20 节主要是给出例子并进一步探讨哲学问题。然而,历史评论主要聚焦于第 11—14 节的分析,这部分内容与现代观点最为接近。见托德亨特(1865)、皮尔逊(1978)、悉宁(1972a、b)、爱德华兹(1974)和哈尔德(1998,pp. 84ff.)。

简单地概述,伯努利的论述大致是这样的:将所有观测值求算术平均的这种通常做法是不对的,因为它将所有观测值等同加权,而事实上它们不具有等权的合理性。确实,他注意到,天文学家似乎也知晓这一点,因为他们在求平均数时会舍弃极端值——那些与被保留下来、被认为合理的值相差很大的数值。伯努利没有说明各种大小的误差概率可以被精确地确定,但他认为它们的特征可以进行定性的描述。在这点上,他似乎跟随了拉普拉斯 1774 年的做法(斯蒂格勒,1986b)——以误差曲线应有的一系列特性为开端,但他既没有引用拉普拉斯,也没有引用其他作者的成果。

伯努利认为误差大于或小于真实值是等可能的,因此围绕该值的误差概率范围是对称的。而且,接近真实值的观测值比远离真实值的观测值更有可能发生,超过某个最大误差极限的误差不可能产生。当然,这不是准确地提出概率的可能范围,但伯努利认为可以由半椭圆或甚至半圆来近似地估计。除了指出这种估计结果将优于简单算术平均外,他没有进行更多的阐述,接着他以半径为 r 的半圆曲线为假设来分析问题。

伯努利将让天文学家主观决定半圆的半径 r,以此作为难以超出的最大误差。如果用 x 代表真实值与最小观测值 A 之间的距离,并且如果观测值被记为 $A, A+a, A+b, A+c, \cdots$ 伯努利建议选择修正量 x 应用于观测值 A,以便能够最好地确定真实值——那个能使观测值整体概率最大化的值,即

$$\sqrt{(r^2-x^2)} \times \sqrt{(r^2-(x-a)^2)} \times \sqrt{(r^2-(x-b)^2)} \times \sqrt{(r^2-(x-c)^2)} \times \cdots$$

他指出这等价于最大化

$$(r^2-x^2) \times (r^2-(x-a)^2) \times (r^2-(x-b)^2) \times (r^2-(x-c)^2) \times \cdots$$

为了解决这个问题,他使用了导数,使导数为 0 来解出 x。真实值为 $A+x$。

自然地，实际情况并不像这篇概述所说的那样顺利。伯努利不仅仅是寻找极大似然估计的先驱者，也是在实际寻找估计的过程中发现问题的先驱者。如果只有单一的观测值，那一切都好办：接下来的步骤会将该值认为是真实值的最佳选择。但是如果有两个观测值，问题就出现了——我们现在所称的似然等式，在这种情况下，将有三个根而不是一个，即有三个预期的结果。这时，伯努利将会简单地选择中间的那个根，并称之为唯一"有用的根"。如果有三个观测值，情况将更加糟糕——所要求解的是五次方等式，因此需要求出五个根。伯努利再一次没有做出解释而选择了唯一"有用的根"作为估计值，他给出的这个根是一个有理近似值。他指出他的结果与一般的均值有很大的不同。他没有为复杂的方程式辩解，虽然他承认需要很长的计算，并且将三个观测值的等式形容为"巨大的"和"不可置信的"。诚然，他思考得更多的是"纯哲学而不是数学的"含义。他还认为，出于计算的需要，观测值不能不经仔细的研判就被舍弃。他还关注了其他一些误差曲线，例如抛物线

$$\frac{\rho}{r^2}(r^2 - x^2)$$

将会给出完全相同的结果。

欧拉，作为一名讨论者

伯努利已将自己的论文送至圣彼得堡出版，据猜测，他对于他的朋友、前同事、前同僚巴塞尔（Basel）的儿子——莱昂哈德·欧拉，将其评论添加至该出版的版本中（欧拉，1778），一点都不会感到吃惊。事实上，伯努利在出版前发现欧拉的举动时，他开始至少是十分高兴的（悉宁，1972a，p.51）。欧拉比伯努利小7岁，也许是那个世纪最伟大的分析家和有史以来最多产的数学家。他在任何数学科目上都不沉默，并且经常对其他出版的论著发表评论。欧拉与伯努利曾经于18世纪30年代早期在圣彼得堡短暂相遇，并从那以后一直保持联系。但他们长久的交情并没有阻止欧拉对伯努利方法的批评，虽然他的批评很委婉。

欧拉在几个非常短的段落里概括了伯努利的方法，他省略掉了平方根，并且当真实值为 $II+x$ 时，直接将 $r^2-(x-a)^2$ 作为 $II+a$ 的拟合度。欧拉看到，伯努利将这些算式相乘以寻找最大值的方法没有支撑的论据；事实上，他巧妙地提出了数学反对意见。欧拉质疑道：如果有一个观测值与 x 之间的数量差异为 r（或略微小于 r），那么对于这个观测值而言 $r^2-(x-a)^2$ 就为0，各项之乘积也会同样为0——这个值绝不可能被认为是最大值。欧拉还说道，这就违背了

概率论的原则:一个无感知价值的观测值被引入分析应该不会产生任何影响,但根据伯努利的准则,它破坏了整体的价值。

作为替代,欧拉建议根据观测值 $\Pi+a,\Pi+b,\Pi+c,\Pi+d,\cdots$ 的加权平均数来估计 $\Pi+x$,即

$$x = \frac{a\alpha + b\beta + c\gamma + d\delta + \cdots}{\alpha + \beta + \gamma + \delta + \cdots},$$

这里的权重由 $\alpha = r^2 - (x-a)^2, \beta = r^2 - (x-b)^2, \gamma = \gamma^2 - (x-c)^2, \delta = \gamma^2(x-d)^2, \cdots$ 来决定。欧拉解释了如何去求解 x,他给出了一个连分式作为结果,并继续解释道,可将其视为不同于伯努利的最大值求解方法,即选择 x 使

$$\{r^2 - (x-a)^2\}^2 + \{r^2 - (x-b)^2\}^2 + \{r^2 - (x-c)^2\}^2 + \cdots$$

最大化。现代统计学家将会认识到欧拉的解法在数学上等同于 M-估计量,之后我们将更全面地讨论两者的联系。

历史上对欧拉评论的讨论是不友善的。托德亨特(1865,p. 238)写道,"欧拉对丹尼尔·伯努利的方法似乎反对错了地方;概率的特殊原则实际上是主观的部分,使概率乘积最大化的法则是由概率论所提出的。"悉宁(1972a,b)直率地陈述欧拉"误解了"伯努利,并认为他的推论是错的。皮尔逊(1978,pp. 268—269)形容欧拉的评论"相当偏题",并声称"在我看来,伯努利和欧拉在主观假设的前提下都得到了错误的结论,但欧拉比伯努利错得更严重"。是什么让欧拉得出了一个能引起巨大反响的方法?他是否真的忽略了独立事件概率连乘的基本准则?我将提出相反的意见,但我们首先需要更仔细地探讨一下伯努利论文的历史。

伯努利 1769 年的手稿

伯努利 1778 年的论文不是他关于这个主题的第一篇论著。据知,早在几年前他就已传播了一篇有关该主题的短文。1772 年他的侄子吉恩·伯努利三世(Jean Bernoulli III)在一篇天文学杂志的文章脚注中提到了丹尼尔在这个问题上"尚未发表的""一本小论文集"。拉普拉斯,在他 1774 年的一篇文章中(斯蒂格勒,1986b)也提到这个脚注,并补充道,他没有见到丹尼尔的研究报告。(吉恩三世的脚注和拉普拉斯的说明再现于斯蒂格勒著作,1978b。)在一篇直到 1785 年才出版的百科全书论文里(据推测写于 18 世纪 70 年代早期或中期),吉恩三世进行了更进一步的研究。他参考了丹尼尔 1769 年送给他的手稿,给出了论文所提方法的概述(伯努利,1785)。1785 年的这篇文章形成了后来托德亨

特(1865,pp.442—443)和悉宁(1972a)开展评论的基础,但托德亨特第一次指明了这两个版本之间的区别。虽然大家早就知道 1769 年的手稿还存于世(斯蒂格勒,1986a,p.110),但该手稿现存于巴塞尔大学档案馆里却不怎么为人所知。

伯努利 1769 年的拉丁文手稿表面上看与 1778 年的版本相似:它们拥有相同的标题,相同的第一句,一些相同的术语;手稿中都出现了半圆。但是对半圆的使用和伯努利从中导出结果的步骤明显不同。1769 年这个以真实值为中心的半圆被广泛描述为用以给出观测值、观测值出现的频数或某个观测值出现的概率,但它只被当作权重函数。采用几乎相同的方法,欧拉打算使用 $r^2 - (x-a)^2$ (伯努利的 $\sqrt{\{r^2-(x-a)^2\}}$ 的平方)来做出估计,而伯努利则选择与观测值加权平均数相吻合的值作为估计值,权数是他的半圆加权函数。它通过迭代法来计算估计值。他从均值开始,将半圆置于均值处(即以均值为圆心),确定各观测值的权重,计算出加权平均数,再将半圆移至新的位置(即以加权平均数为圆心);重复以上过程,直到加权平均数不再发生显著的变化。图 16.1 显示了伯努利自己描绘的开始两次的半圆迭代。

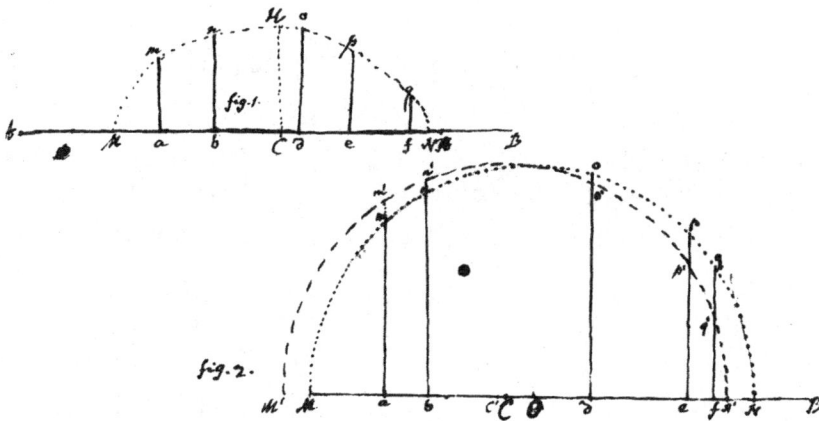

图 16.1　丹尼尔·伯努利手稿中用以描绘误差频数的半圆曲线,显示了其方法的开始两次的迭代过程,该方法利用曲线来得出观测值的加权平均数,其中权数取决于观测值与原先确定的平均数之间的距离。

伯努利 1769 年的算法,与使用加权函数 $r^2 - u^2$ 进行反复加权计算的、稳健的 M-估计完全一致(齐斯泰兹(Thisted),1986,pp.141,151)。我们可以把观测值的加权平均数当作估计值,但权重取决于观测值与期望得到的加权平均数之间的距离(因此在 230 年后,将加权平均数作为估计值的想法仍然是迭代计算唯一有用的方案）。它当今的吸引力主要归因于估计的稳定性，以及对极大或极小观测值的不敏感性。从概念上看，伯努利不能说是参与了稳健估计的研究——他的论文没有显示出稳健估计的现代概念。但从数学上看，他的估计与现代方法的区别仅仅在于他确定尺度因子 r 的非正式方式。欧拉的计算过程与伯努利 1769 年的计算过程相同，除了对加权函数 $r^2 - u^2$ 的使用，以及通过连分数而不是迭代计算来寻求结果。这种方法在现代的一种流行变形是图基的"双权"加权函数 $(r^2 - u^2)^2$。

具有讽刺意思的是，伯努利 1769 年的手稿——所考虑的依据表面上看似乎与 1778 年的论文一样，提出了一种无论观测值多少都可以很容易计算的估计方法；但他 1778 年的论文，尽管以相同的半圆为依据，但导出的估计却很难加以计算——哪怕只有三个观测值。显然，他对这个问题的再思考不是出于计算上的简便性考虑。并且，由于他在 1778 年的论文中没有对选择半圆显示出任何新的疑虑——恰恰是这个因素成为了其论文最受一些评论者质疑的部分，因此他根本没把它当作一回事。那么，是什么导致他对论文进行了根本性的修订？

基于手稿对 1778 年论文的再认识

伯努利 1769 年和 1778 年的论述存在着本质的差异。前者涉及对模糊、甚至模棱两可定义的数量进行概念理解的变化；后者显示伯努利对基于观测证据的概率的使用有了进一步的理解。前者关注的是曲线误差的解释，后者的重点是曲线的组合。

数学家们在智力上都是贪婪的。如果不需要额外成本就可以获得额外财富，他们就一定会抓住。如果可以无偿得到一个投入小于产出的结论，他们就会夺取。有一些人是永不知足的，所有的人都至少存在机会主义。不幸的是，实际上不可能所有的事情都是不需要代价的。数学和经济生活一样，也许都不存在免费的午餐，即使午餐的价格仅仅是解释时的谨慎。伯努利是足够贪婪的，包括当他的问题出现两种不同属性的混乱时，他利用这个不寻常机会的方式。这些问题有：（a）较大观测误差出现的频率理所当然地被认为小于较小的观测误差，因此描述观测频率或概率分布的曲线也被理所当然地认为从真实值的最高峰开始逐步递减；（b）因此，较不正确的观测值（即更远离真实值的观测值）用于估计的价值小于离真实值较近的观测值。伯努利屈服于明显的诱惑：他把价值或重要性等同于频率或概率，并让同一条曲线承担着同时描述这两者的责任。并且,即使这两种特性与曲线表现出来的定性形状正好一致,两者之间也没有必然的联系——在伯努利问题中它们的结果实际上是矛盾的。正如我们现在所知,按照伯努利对有界限误差密度的选择,极端观测值更容易被忽略,但它们比起那些更接近于中心值的观测值有更大的,而不是更小的推论价值。

这个在 1769 年就已很明显的困惑,到 1778 年都还未消失。在 1769 年他好几次提到观测的"值或概率",似乎这是同一回事。在 1778 年,他更多地从概率曲线的角度来强调该曲线,但伯努利始终认为该曲线随着与中心值距离的加大而下降,因为更有差异的观测值就相当于技术水平的下降;也就是说极端观测值出现的频率更低而又更无价值。越极端的观测值越具有价值的观点,无论在 1769 年还是 1778 年都会使伯努利感到吃惊,即使向他指出在他 1778 年的分析中已有这种端倪。

如果说伯努利对于半圆解释的犹豫不决在十年中仅有微小变化,那么是什么想法让他导出截然不同的计算过程? 关键在于 1769 年他只考虑用曲线分别描述各个观测值的特点(把每个观测值看作个体),这导致他强调"值"的那一面,将曲线看作一个加权函数。但是到了 1778 年,他已经开始关注如何将"观测值综合成一个整体(着重强调)来达到最大的概率度"。他不再将观测值看作个体,即先根据曲线所决定的"值"来赋予权重,再通过传统方法对观测值进行加权平均以获得综合值。相反,他想要让观测值之综合值的概率达到最大。首先给出与基于概率值加权的期望值相一致的估计值,然后再进行最大似然估计。考虑到"观测值的综合",他将概率连乘并最大化。当关注点分别是单个观测值的概率时,他只想到用他的所谓概率准则来进行综合——一个期望值或概率加权均值。

伯努利因此在 1778 年得到了一个重要的认识,一个对理论统计学发展至关重要的认识,那就是应该把数据当作整体来看待而不是简单地作为需要进行加权、舍弃或合并的个体。当他提出对于三个观测值,他的最大似然估计与简单算术平均(普通规则)有什么关系这个问题时,他进行了更进一步的研究并探索了这种方法的一种推论。他给出

$$x = \frac{a+b}{3} + \frac{2a^3 - 3a^2b - 3ab^2 + 2b^3}{27r^2}$$

作为"有用根"的近似值,x 是 A 的校正项——基于 $A, A+a, A+b$ 这三个观测值。公式中的第一项给出与算术平均一致的校正项,对于第二项伯努利给出的评论是:常规情况下,对于三个观测值,如果 $a < (1/2)b$ 则结果有点偏小,如果 $a > (1/2)b$,则结果有点偏大。因此,除非中间的观测值与两个极值之间大致等距离,否则不能应用。如果伯努利对此进行了更进一步的发展,他也许会意识

到这样的结果:条件 $a<(1/2)b$ 与 b 是一个极大观测值(相对于前面两个观测值而言)是相互一致的,如果在这种情况下算术平均数偏小,那是因为极大似然估计比简单平均更易于接近极端值。这就是说,极端值比其他两个观测值更具有影响力,因此由于它的极端,(极大似然估计)得出的推断值也更大而不是更小。但是他所关注的仅仅是展示他的方法与普通方法的差别,而没有分析暗含在极大似然法中的观测值的赋权。后者,这个更微妙的问题,似乎直到 20 世纪才被提出。

兰伯特? 拉格朗日? 抑或拉普拉斯?

是什么导致伯努利从 1769 年到 1778 年期间的观点的转变? 没有直接的证据,我们只能推测。一个可能性是,他在此期间回顾了兰伯特 1760 年的著作而受到启发。在该书出版时,伯努利一定读过它。瑞德莱特-德·格里夫(Radelet-de Grave)和斯科布(Scheuber)(1979, pp. 73—74)发表了伯努利给兰伯特的一封信,在信中他感谢兰伯特赠予副本,并承诺当他有空时"一定会给予最大的关注"。即使在当时伯努利没有被相关的段落所吸引,也有可能在他侄子吉恩三世在 1769 年收到兰伯特的手稿后回顾了该著作。吉恩三世那时在柏林,兰伯特也是。而且,吉恩三世在他 1772 年出版的天文学杂志的脚注上记载了对兰伯特某些关于平均方法研究成果的具体参考。然而,1760 年的兰伯特埋头于他的光度术的研究之中,吉恩三世在评论前述脚注中提到过的关于均值选择的仅有已知出版的论著和伯努利 1785 年的著作时,他对兰伯特仅有的参考是兰伯特 1765—1772 年期间的论著,而这些论著没有重复 1760 年的"最大似然"方法(悉宁,1971a;斯蒂格勒,1978b;哈尔德,1998, p.82)。

即使在当时显然不为人知晓,但兰伯特 1760 年的方法确实与这个问题有关。该方法基于多项式误差分布,并且明显有别于伯努利所陈述的或数学表达的分析方法。兰伯特的标记法十分麻烦并且是几何的,但把它翻译成现代分析符号将会使我想要表达的观点变得模糊。他假设误差是离散的,并在一条直线上排列画出了四个不同观测的度量,分别是点 P、Q、R 和 S,n 个观测值与 P 对应,m 与 Q 对应,l 与 R 对应,k 与 S 对应(见图 16.2)。他将这些值的概率描绘成垂直于水平线的线段,长度分别为 PN、QM、RL 和 SK,可将 $BNMLKD$ 连成一条光滑的曲线。点 C 是曲线的中心位置,代表待决定的真实值。兰伯特将选择 C 使得下式最大化

$$\frac{(n+m+l+k)!}{n!m!l!k!}PN^nQM^mRL^lSK^k,$$

这也等同于使 $PN^nQM^mRL^lSK^k$ 最大化。他说所要选择的 C 值就是"最有可能"的值。为了找到该点,他求 $n\log PN + m\log QM + l\log RL + k\log SK$ 的微分(译注:第三项原著误印为 $l\log RK$),使得

$$0 = \frac{nd(PN)}{PN} + \frac{md(QM)}{QM} + \frac{ld(RL)}{RL} + \frac{kd(SK)}{SK},$$

或者 $\dfrac{n}{\upsilon} + \dfrac{m}{\mu} + \dfrac{l}{\gamma} + \dfrac{k}{k} = 0$,

这里的分母表示曲线上 N、M、L 和 K 点的次切距,次切距在几何上等价于对数导数的倒数(兰伯特,1760,pp. 143—144;悉宁,1971a;哈尔德,1998,pp. 81—82)。

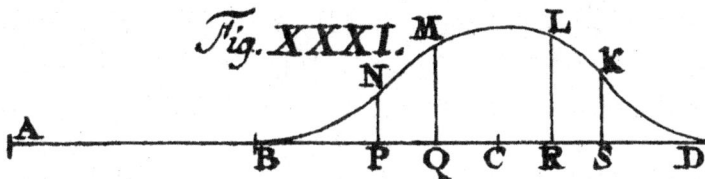

图 16.2　约翰·海因里希·兰伯特曲线,标出了作为点 P、Q、R 和 S 的观测值分布的多项式概率的图样,以真实值 C 为中心(兰伯特,1760;芝加哥大学图书馆专刊收藏部)

兰伯特的所有这些都意味着什么? 哈尔德的解释是他在寻找使似然函数 $f(P-C)^n \times f(Q-C)^m \times f(R-C)^l \times f(S-C)^k$ 最大化的值,其中 $f(x-C)$ 为曲线方程,以及对这个关于 C 的函数的对数求导。如果通过这种表达符号所表达的观点被接受,那么这种解释也将很难被拒绝。但是段落中没有证据表明兰伯特在这个问题上取得了如此多的进展或者是朝着这个方向发展。他显然在寻找一种完全通用的解,并且他没有对特定的曲线进行标记。如果他曾在脑海中想到,也许他会这么做。因此他没有机会确切地解释这些推导用来做什么,怎么具体地与 C 产生联系。他在一个案例中确实提过一种通解,这个案例只有两个观测值($m=l=1$)。这两个次切距在取最大值时将相等,他指出,根据对称性原理,其解就是两个观测值的算术平均数。但是这个方法并不通用,即使对于光滑的单峰曲线也不能可靠地给出极大似然估计。甚至两个观测值的算术平均数(取决于曲线和数据)可能是似然函数的局部最小值,例如对于柯西分布(第十八章)。

但是他还有什么其他意图? 在约瑟夫-路易斯·拉格朗日的论文集中有一

个诱人的线索,该论文集 1769—1771 年的部分曾在柏林学会上宣读,并于 1776 年出版(格里斯潘,1979;拉格朗日,1776)。拉格朗日当时与兰伯特是同事,当他没有提及兰伯特的时候,也在思考当观测值出现多项式分布时如何确定一个均值的问题,也在推测多项式概率服从一条曲线。和兰伯特一样,拉格朗日使数据的概率最大化,但与兰伯特又有所不同,拉格朗日使用了完整的分析标记,因此我们可以更精确地看到他脑海里所形成的是哪一种类型的极大似然估计。拉格朗日所要做的是不受概率限制而使多项式似然估计达到最大,然后将这些极大似然估计值(样本相对频率)代入方程式求期望值,以得到普通算术平均数作为"最有可能"的真实值。接着,拉格朗日在假定概率遵循各种特定曲线的情况下研究了这个均值的习性。由于拉格朗日与兰伯特在单个案例($m = l = 1$)上的结果一致——在那里兰伯特得到了一个明确的结果,这将暗示这样一种可能性,即兰伯特的解与拉格朗日的一样受到了令人好奇的限制。它能使数据的概率最大化,却不能在概率真正遵循特定曲线的情况下使真实的似然函数最大化(拉格朗日,1776;1868,pp. 200—201)。这种对多项式分布的限制对拉格朗日来讲是个陷阱,或许对兰伯特而言也是一样,但当伯努利 1778 年陷入其中时就不再是陷阱了。

伯努利的分析在其他方面也与兰伯特有很大不同。1760 年,兰伯特没有使用任何特定的误差分布曲线,伯努利却有。兰伯特对他的概率对数求导,伯努利却直接对密度乘积求导(虽然基于对数的运算似乎更简单)。此外,伯努利在 1778 年特别指出他的估计"导自于以前从未用过的原理",这么一个明确的优先声明表明他不太可能从侄子那里知道兰伯特的成果。即使当时的引证标准比较松散,做出一份让有识之人可能认为不真实的声明也是一件违反科学论文规范的犯罪。

然而,看起来他非常有可能看过拉格朗日的论文集:伯努利所提及的他的分析也包括抛物线密度,可能是说给拉格朗日听的——拉格朗日曾将其作为一种可能的误差分布,他的关于算术平均数分布的分析可以通过生成函数来进行(拉格朗日,1776;1868,p. 228;哈尔德,1998,p. 48)。伯努利也许很仔细地看过兰伯特的其他著作,这些著作显然没有讨论过极大似然问题。例如,1765 年兰伯特在一个天文学背景的研究中已经给出了一个半圆密度(见哈尔德,1998,p. 82),这或许会给伯努利以启发,尽管它的用途十分不一样,并且伯努利也不需要任何提示来想起这么一个普通的曲线。但是我相信伯努利要么没有看到兰伯特 1760 年论著的相关部分,要么没有想起该部分内容并不与他所研究的问题相联系,并且他如果看过拉格朗日 1776 年的论文,那么他会把它视作根本不同的方法(事实上也是如此)。

兰伯特 1760 年的著作似乎被所有的人遗忘了 200 多年之久——确实是每个人,除了兰伯特自己。在 1776 年致伽利略的一封信中,他引用了图 31(本书中图 16.2)作为反映出生性别比率的"概率度"的候选方法。[①] 但即使在那里,兰伯特都没有提及对曲线的可能应用。这并不是说兰伯特的著作肯定没有产生影响。据悉宁记载(1971a,p. 249),20 世纪 20 年代,加勒"说道,因此没有举出任何证据,高斯在阅读兰伯特的论著时想到了最小平方法。"这很容易让我们觉得好奇(也是没有直接证据)是否高斯在一边读着兰伯特的书(1760)、一边读着拉普拉斯的书(1774)(他所熟知的一本书)的同时,已经将标准正态曲线 $\varphi(x)$(来自于拉普拉斯)、兰伯特的曲线、哈尔德的 $f(x)$ 联系了起来。这或许立即产生了使误差平方和最小化这样一个标准。在兰伯特一般的例子中,他所使用的是以 $n,m,\cdots$ 为权数的加权误差平方和,但是如果没有联系关系(并且 $n=m=\cdots=1$),我们将会得到普通最小平方法。无论如何,在兰伯特的脑海里显然没有这样的计划,最小平方法还要再等另一个 45 年。

另一方面,在我看来,对伯努利 1778 年论文的再构思最可能产生潜在影响的是拉普拉斯 1774 年发表的一篇关于逆概率在估计中应用的论文,这篇论文发表在当时极具声望并被广泛传播的、法国科学院名为"各流派专家论文合辑"的科学杂志上。对该科学院来说伯努利是一名国外学者,据推测他应该看过这本杂志。拉普拉斯在这篇文章里没有讨论极大似然问题,所以伯努利能够对脑海中的拉普拉斯公平地做出优先权的声明。但是,拉普拉斯确实将所有观测值的综合看作一个整体,与伯努利一样将密度连乘在一起。与 1778 年的伯努利一样,拉普拉斯也只能处理三个观测值,尽管他的用以发现尺度参数和位置参数的基于一致性先验分布的事后中位数的方法,与伯努利有很大的区别(斯蒂格勒,1986b)。

关于欧拉的再思考

1769 年的手稿也对欧拉 1778 年的讨论提供了有趣的线索。肯德尔(1961)在他的评论里替欧拉辩解道,也许欧拉误解伯努利是由于他已经 71 岁了(但是欧拉比伯努利小 7 岁),或者由于他部分失明(但在数学领域欧拉一直都比任何人看得清楚)。手稿暗示另一种可能性,那就是欧拉事实上是正确的。

① 巴塞尔大学图书馆,手稿,705 卷,pp.193—194。

　　审视欧拉的讨论,需要在脑中形成几点。第一,尽管伯努利对半圆解释的重点发生了变化,但 1778 年的论文仍然坚持将它解释为反映狭义的观测值,其中(频率或概率)数值的下降仅仅表示(观测值)准确性的下降。事实上,在 1769 年和 1778 年伯努利都展开了他关于算术平均数并非都是最优"通用准则"的基本理论讨论,因为该种方法平等地对待每一个观测值,即赋予它们相同的权重。我们现在知道,平等地对待观测值是能够与它们不相等的可能性相一致的——高斯在 1809 年用正态分布进行了证明,以展示如何从概率中导出均值,甚至是所考虑的极大似然。拥有不均等的概率不会如伯努利所声明的那样排除算术均值。事实上,欧拉抓住了伯努利在他基本理论讨论中(甚至在 1778 年)所强调的关于"值"的解释,然后完全用他自己的术语进行了推理。他所用的词语是"拟合度"而不是概率,并且在那个背景下他对富有启发性的加权均值的发展是完全合乎情理的。

　　第二,即使认同将该曲线解释为概率曲线,也不能完全模拟数据产生机制。伯努利清楚地认识到观测值超出曲线界限的可能性,但是不清楚适合用什么来进行这种描述以及什么样的观测值大概应该被拒绝。欧拉聪明的例子显示了一个局外人如何可以取笑伯努利的似然函数。伯努利的极大似然方法不是完全明确具体的,它需要主观地决定 r 和主观地舍弃被认为不可能的极端观测值。事实上,欧拉是通过显示一个处于可行性边界的观测值如何能够破坏该方法在责备伯努利的这一点的。

　　第三,伯努利选择一个使数据概率最大的值的原则,事实上没有清晰地提供一个理论上解决估计问题的办法。现今世纪,现存的大量关于似然的文献(包括很多争议)证明,如果这些概念被置于贝叶斯分析框架以外进行讨论是捉摸不透的,而伯努利和欧拉都是在一个只有拉普拉斯被明确地放置在该框架内的时期进行写作的。在伯努利时代的概率框架内,最大似然乍看之下不是最优的方法;在那个历史背景下,它不是解决最优化问题的方法。正如费雪所认为,在频率推断方法中需要证明似然函数的最大化将会产生更准确的估计。提供这种证明成为了主要的研究议程,这种证明只有在普通情况下依据渐进理论才能满意地完成,事实上这些情况将会排除伯努利的半圆。从这个意义上说,欧拉的"这位著名的作者没有任何证明来支持他的最大化理论"的说法是绝对正确的。欧拉还显示了,在没有防护的情况下,最大化的函数将被一个落点恰好的观测值所破坏,并提供了这个位置一个替代估计值,欧拉在强大的数理统计学传统中行动着。

　　欧拉是否见过更早的手稿? 在 1766 年至 1783 年间他在圣彼得堡,但在这之前他一直在柏林(在那里吉恩·伯努利三世曾在 1769 年见过该手稿),并与欧洲数学家保持密切联系。如下这些事实——他提出的方法与伯努利1769曾经提出的方法非常接近，他的分析与伯努利早期著作中所采用的分析明显不同，以及它似乎是被当作新的方法提出来，说明欧拉没有见过（伯努利）更早的著作。这只能说，伟大的头脑有相似的思想。

结　论

综合在一起，伯努利论文的两个版本和欧拉的评论提供了18世纪晚期数理统计学发展的一瞥。我们看到伯努利努力想解决统计学中的一个基础性问题，将观测值综合成一个估计值。结合使用权重、数值和概率的模糊概念，没有充分区分它们以避免混乱，他首先强调权重/值，捏造了一个看似精巧的估计，创造出一种我们现在认作为早期计算 M-估计的数学演算法。他经过深思熟虑——究其原因我们只能猜测，他再一次去攻克该问题，并且这一次他强调概率，产生了我们现在称之为极大似然估计的早期版本。伯努利从没有完全消除两种解释——值和概率之间的紧张关系——他一直都在纠结。讽刺的是，他发现了这种紧张关系延伸出来的结果：1769 年的方法降低了更极端观测值的权重，1778 年的方法则强调了它们。欧拉的评论对伯努利第二篇论文不足的认识比许多后来的读者都要敏锐，他认为那只是现代完善概念的一个早期版本。欧拉重新强调数值，可推测为独立于伯努利提出了一种类似于伯努利第一个版本解法的方法。

伟大的数学家群体内部以及两两之间的对话，帮助我们认识到要构想出一个新的概念是多么困难。也许极大似然还称不上是个概念，只是 18 世纪后半世纪大家努力验证其早期注解的一个话题，但它的全面发展在之后的两百年就到来了。这个话题现代有很多变异，其中有一些是狂想曲，也有一些是不谐音，极大地丰富了统计的交响乐，并已走得很远，远远超出了早期的简单构造，但它们仍然可以被看作伯努利和欧拉早期注解的回声。

第十七章　高斯与最小平方法的发明

在现代统计分析中最小平方法好比汽车：尽管它存在局限，偶尔发生事故，还伴随着污染，但这个方法以及由此产生的大量变异、拓展和相关的方法支撑起了统计分析这座大厦，而且这些几乎被所有的人知晓和重视。不过历史上也一直存在一些争议，比如谁是统计学界的亨利·福特。阿德里安·玛丽·勒让德 1805 年公布了这种方法，美国人罗伯特·艾德里安在 1808 年年末或 1809 年年初发表了这种方法，卡尔·弗里德里希·高斯则在 1809 年发表了这种方法。勒让德似乎在 1805 年年初就发现了这种方法，艾德里安可能在勒让德 1805 年出版的书里"发现"了这种方法（斯蒂格勒，1977c，1978c），但是在 1809 年高斯草率地宣称他从 1795 年开始就一直在使用这种方法，科学史上其中一个最著名的优先权纠纷就此开始并持续着。R. L. 普拉基特（R. L. Plackett）（1972）对此已经进行了相关证据的呈现和归纳，他的工作非常娴熟，因此我们没有必要重复这个争议的细节了。我要做的是举出两个普拉基特没有考虑到的证据，根据他们的观点来尝试评价高斯的声明。

现存的证据

勒让德关于最小平方法优先权的声明非常直接：1805 年他利用一个处埋过的案例发表了该方法清晰的解释。由于高斯不能（也没有）要求更早地发表，因此他的情况只能依赖更多间接证据。为了证明高斯是这个方法的最早发现者，高斯或者站在他立场的虔诚信徒们给出了四个主要证据：(1)高斯在 1806 年和之后自己的言辞中提到他自 1795 年（或 1794 年，在后期复述这个故事时日期又有变动）就已经在使用这个方法。(2)高斯在标注于 1798 年 6 月 17 日的数学日记中，在不太显眼的地方写道："不同于拉普拉斯的微积分概率。"(3)高斯声称在 1805 年前他就已将该方法告诉一些天文学家，尤其是奥伯斯（Olbers）、林德纳（Lindenau）和冯·扎克（von Zach）。(4)1799 年出版的《地理星历概论》

中附有高斯的一封信,信里间接提到"我的方法":整封信的翻译(脚注来自编辑冯·扎克)和引自于普拉基特(1972)1800 年出版的一个修正注释为:

　　　请允许我指出 6 月《地理星历概论》的一个印刷错误。在引言的第 xxxv 页,万神殿和伊凡奥克斯之间的弧形估计,我们必须记作 76 145.74 而不是 76 545.74。总和是正确的,错误不可能出现在其他任何地方[*]。我在运用我的方法时发现了这个错误,在我给你的实例中[#],仅仅通过这四个实测弧形测定椭圆率,发现椭圆率为 1/150;在修正那个错误后我发现椭圆率为 1/187,整个四分仪有 2 565 006 个长度单位(也即没有考虑秘鲁的度数)。1/150 和 1/187 之间的差距在这个例子里的确不大,因为终点位置太接近了。

　　　　　　　　　　　　　　　　　高斯 1799 年 8 月 24 日于布伦瑞克
　　　[*] 印刷错误已被确认,从旁边的十进制数字也可以看出,2.668 68——冯·扎克
　　　[#] 这里重申一遍——冯·扎克

《地理星历概论》第 4 卷修正

　　　在同一处的第 378 页 3 行第 9 列,椭圆率 1/150 必定为 1/50。第 12 行,"1/150 和 1/187 之间的差距在这个例子里的确不大……"换成更容易理解的话来说应该如下:"由法国测量员发现的椭圆率 1/150(《地理星历概论》,引言第 4 卷,pp. xxxvii,42)和我发现的椭圆率 1/187,两者之间的差距在这个例子里的确不大"。

这四个证据[①]不是同等令人信服。第一个——高斯自己说他自 1795 年就在使用该方法——这由高斯非凡的数学才能可以得到支持,事实上他也不需要做出虚假声明。但是基于以下几点,他的声明仍然值得怀疑:这些是高斯后来的回忆,也许他容易自欺地夸大他早年的成果。对于高斯来说,最小平方这一

---

　　① 第 5 个证据的一些内容已经被引用过了(例如,曼信(P. Mansion),1906,艾森哈特,1968a);它是一些没有标明日期的断断续续的计算,在高斯的文章里发现,直到 1929 年才出版(见高斯,1929)。最近,雅克·杜卡(Jacques Dutka)(1996)略为详细地讨论过这些零碎的片段;由于它的不完整性,因此需要进行推测性的修复,并且它大概说的是最小平方法,但杜卡认为这支持了高斯的声明。

数学方法微不足道,即便他突然想到过这个方法,但在众多的方法中他可能忽略了。直到勒让德的书激起他的回忆并提出事后的事实上的优先权要求,高斯才意识到它的真正的重要意义。想法及时转变过来后,高斯自然地开始寻找确凿证据以证明自己更早拥有该方法并重视该方法。

作为第二个证据的 1798 年日记记录,能够很好地说明 1805 年之前这一日期,但这里也有缺陷。日记中的说法含糊不清,使得我们需要再依赖高斯之后的回忆录来寻求解释。日记本身只能说明他在 1798 年 6 月已经思考了概率的相关问题。

作为第三个声明——高斯说他在 1805 年前向其他天文学家解释过该方法,这也缺少同时代的确凿证据。天文学家奥伯斯在 1816 年的注脚里确实支持过高斯的声明,但只是发生在高斯反复提醒的 7 年之后(普拉基特,1972)。如果在勒让德国家的军队遭受到一次毁灭性击败后才出现的奥伯斯的勉强证词可以当作微弱的支持,那么其他的目击者呢? 林德纳和冯·扎克呢? 在 1800—1813 年间,冯·扎克编辑了一本天文学期刊《每月通讯》,该期刊主要由评论和书信组成。林德纳从 1807 年起帮助他管理《每月通讯》,正是在这份杂志中我发现了一些与争议直接相关的证据,即一些关于最小平方法的相关文献。第一,一篇标注于 1806 年 8 月署名林德纳的测地学评论详细地提及了最小平方法,该文甚至简短介绍了如何通过误差平方和求导数得到正规方程组。然而该文没有提及高斯,这个方法被记在勒让德的名下,该文引用了勒让德的著作《对彗星轨道测定的新方法》(包括书中出现该方法的页码)。最小平方法的名字甚至是用法语说的:"由勒让德提出的方法,他的方法使用最小平方法。"(林德纳,1806,p.138)稍稍过了一年后,1807 年 11 月的《每月通讯》刊出了两篇涉及最小平方法却没有署名的文章(据推测可能出自编辑之手)。两篇文章都提到这个方法是勒让德的,而且都用法语表示该方法的名称(冯·扎克或林德纳,1807,pp.428,455)。这两个例子中都没有提到高斯。这些参考文献的共同之处在于,它们都出现在勒让德出版之后和高斯发表之前的这段时间,都明确将该方法归因于勒让德。这些作者应该都知晓高斯之前的工作,而且书写时没有来自编辑方面的约束。他们根本就没有提及高斯,而不是找个机会注明高斯在 1905 年之前和他们有过私人交流。但这也不能最后证明高斯在 1805 年前确实没有与他们交流过该方法——也许他们受到科学规范的限制,即首次发表决定了优先权,也许他们太过于迟钝而没有理解高斯在告诉他们什么——但这不能作为支持高斯声明的证据。

子午线弧

我们接下来看最后一条证据,高斯使用"我的方法"计算的结果,该文发表于 1799 年。这些发表的结果提出了一个有趣的问题——原始数据使用最小平方方法可以导出同样的结果吗?幸运的是虽然被讨论的这本刊物非常罕见,但是仍然可以找到,因此我们可以重新获得高斯使用过的数据,见表 17.1。正如高斯指出的,数值 76 545.74 应该是 76 145.74。

这是度量衡学历史上一个著名的数据集,因为正是这些数据确定了第一个"米"。1973 年法国人决定以米为一个单位建立新的公制,一米相当于子午线四分仪的1/10 000 000,该子午线为从北极到赤道且平行于经过巴黎纬度线的距离。这些数据是在 1795 年大地测量中获得的,由从敦刻尔克到巴塞罗那弧形的四个分段组成。每个分段弧长的模数 S(1 模数＝2 突阿斯≈12.78 英尺)和纬度数(d)给定,弧形中点的纬度(L)也给定。

《地理星历概论》早期的引用表明,仅仅基于这些数据,高斯首先测定了地球的椭圆率为 1/50,在发现印刷错误后他重新计算发现椭圆率为 1/187,子午线四分仪的模数为 2 565 006。这时一个天真的想法产生了,利用最小平方方法来分析这些数据,会让我们对"高斯是否使用过最小平方方法"这个问题有一个明确的答案。但这种天真的想法是错误的,因为事情绝非如此简单,下面我打算对此加以说明。

表 17.1　法国弧线测度。数字 76 545.74 是个印刷错误,正确数字是 76 145.74。表中给出了穿过巴黎的子午线的四个连续部分,其长度都用模数 S 表示(1 个模数约等于 12.78 英尺),度数 d 表示纬度(由天文观测决定)。每段弧线中点的纬度 L 也已给出。

	模数 S	度数 d	中点 L
敦刻尔克到万神庙	62 472.59	2.189 10	49°56′30″
万神庙到伊凡奥克斯	76 545.74	2.668 68	47°30′46″
伊凡奥克斯到卡尔卡松	84 424.55	2.963 36	44°41′48″
卡尔卡松到巴塞罗那	52 749.48	1.852 66	42°17′20″
总计	275 792.36	9.673 80	

资料来源:《地理星历概论》(1799)4:xxxv。

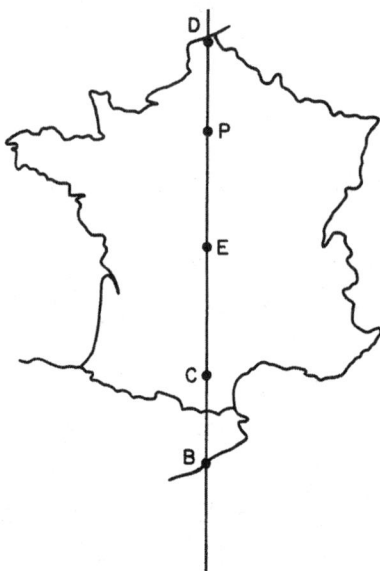

图 17.1   法国子午弧线,经过敦刻尔克(D),巴黎的万神庙(P),伊凡奥克斯(E),卡尔卡松(C),和巴塞罗那(B)。

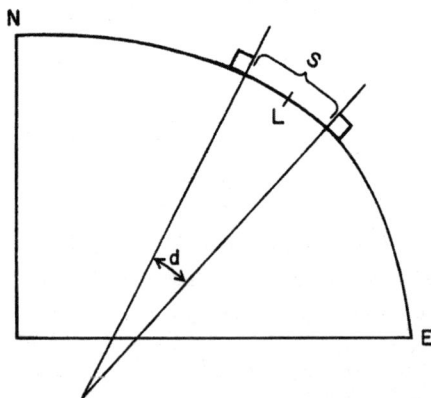

图 17.2   子午线四分仪,从赤道(E)到北极(N),图中弧线的纬度为 d 度,长度为 S 模数,中心纬度为 L。

问题在于弧线长度、纬度、椭圆率和子午线四分仪的关系不是线性的,有很多方法能将该问题转化为线性最小平方问题,椭圆率基本上都是奇异的(因此对于四舍五入的误差非常敏感,需采用精确计算的模型)。该问题的常用线性结构十分简单,比如博斯科维克(1755)、拉普拉斯(1780)、勒让德(1805)以及其他早期科学家都采用过。对于我们关心的短弧来说,如果地球是椭圆体的,一个很好的近似值为

　　(1) $a = z + y\sin^2 L$,

其中 $a = S/d$（每度的弧长模数），z＝赤道上 1 度弧的长度，y 是北极 1 度弧长超过赤道 1 度弧长的数值。类似关系式有

　　(2) $S = zd + yd\sin^2 L$,

　　(3) $S = zd + y\rho\sin d\sin^2 L$,（这里 $\rho = 180/\pi$,当 d 很小时 $d \approx \rho\sin d$)

　　(4) $a = D + c\cos 2L$（这里 $D = z + y/2$, $c = -y/2$,因为 $2\sin^2 L = 1 - \cos 2L$)

　　(5) $S = Dd + c\rho\sin d\cos 2L$。

如果从某个方程可以求出 z 和 y（或 D 和 c），比如将最小平方方法应用到表 17.1 中的数据，将 S 或 a 看作因变量，那么可以求得椭圆率为

　　(6) $1/$（椭圆率）$= 3z/y + 3/2 = -3D/2c$

　　子午线四分仪可以简单地表示纬度 45°时的纬线长度的 90 倍,即

　　(7) 子午线四分仪 $= 90(z + y/2) = 90D$

高斯测得 $1/$椭圆率$= 187$,四分子午线$= 2\ 565\ 006$,这相当于 $z = 28\ 271.456\ 5$, $y = 457.220\ 3$。

　　无论采用哪个公式,与将简单（未加权）最小平方方法应用到式(1) $a = z + y\sin^2 L$ 得出来的结果差别不大。

在这个例子中我们发现,使用(6)和(7)有

　　$z = 28\ 227.162\ 05$

　　$y = 541.263\ 935\ 3$

　　$1/$椭圆率$= 157.95$

　　子午线四分仪 $= 2\ 564\ 801.46$

如果使用印刷错误的数据,结果为

　　$z = 28\ 074.826\ 97$

　　$y = 906.790\ 131\ 4$

　　$1/$椭圆率$= 94.38$

　　子午线四分仪 $= 2\ 567\ 539.98$

这个结果和高斯得出的结果差异相当大,再尝试用加权最小平方方法（权重为 d^γ, $\gamma = \pm 0.5, \pm 1, \pm 2$）进行分析,我们仍然失败了:没有一种方法计算的子午线四分仪长度跟高斯的差额小于 200 模数（见表 17.2）。将 d 作为因变量的结论也是如此。讽刺的是,博斯科维克（R. Boscovich）的方法[①]得出的结果为 $1/$椭圆率$= 158$,与最小平方方法几乎一样。

————————————

　　① 1757 年稳健回归的先兆,该方法为误差绝对值之和最小,容易得到误差和为 0 的情况。见伊森哈特(1961),舍宁(1973),斯蒂格勒(1986a)。

  这有两种可能。或者是高斯将最小平方方法应用于关系式 $a = z + y\sin^2 L$ 并犯了个错误,也许是个四舍五入方面的错误,也许是个算术错误;或者高斯没有将最小平方方法用于 $a = z + y\sin^2 L$。第一个可能看起来不太会发生。高斯是个非常优秀的计算者,不可能在这么个短序列计算中出现如此大的错误。另外,我已经证实通过弗拉克 1794 年的对数表可以很容易得到精确结果,高斯很有可能用了该表格,因此无辜的四舍五入错误并非合理解释。我们还剩下一种可能:高斯没有将最小平方方法应用于 $a = z + y\sin^2 L$,也没有在这个问题上使用博斯科维克的方法。

表 17.2 与高斯结果对应的几个一阶展开式结果。注意到式(1)和(4)给出完全相同的结果,式(1)使用了 $\gamma = 1$ 的加权最小平方方法,结果与不使用加权最小平方方法的(2)(3)或(5)完全一样。近似式 $d \approx \rho\sin d$ 对这些弧线的结果来说几乎没有影响。

	子午线四分仪	1/椭圆率
高斯		
印刷错误的数据	—	50
正确数据	2 565 006	187
最小平方方法,(1)		
印刷错误的数据	2 567 540	94
正确的数据	2 564 801	158
加权(权数 d^γ)最小平方,		
使用(1)和正确数据		
$\gamma = -2$	2 564 749	165
$\gamma = -1$	2 564 786	162
$\gamma = -0.5$	2 564 798	160
$\gamma = 0$	2 564 801	158
$\gamma = 0.5$	2 564 793	155
$\gamma = 1$	2 564 771	151
$\gamma = 2$	2 564 698	141
博斯科维克的方法,(1)		
印刷错误的数据		77
正确的数据	2 564 803	158

高斯做了什么？我不能肯定地回答这个问题，但是我有一个推测，并有一些证据来支持这个推测。高斯主要是一位数学家，而不是一位统计学家；他全神贯注的是精确而不是近似计算。博斯科维克和拉普拉斯满足于一阶近似值 $a = z + y\sin^2 L$，高斯也许没有这么容易满足。博斯科维克和拉普拉斯也许已经知道用一阶近似值计算 S、d 和 L 的误差相当大，但是他们没有看到进一步深入研究的统计原因。精确性方面的重大改进是不太可能的；关于地球形状是椭圆形的假设本身就是近似的。高斯拥有非凡的分析和计算才能，可能没有回应这方面的召唤；22 岁的高斯缺乏拉普拉斯的实践经验，他回应了另一种驱动——一种推动数学分析进步的驱动，这方面他比其他人要做得好。因此如果高斯真的将最小平方方法应用于该问题，那么他似乎用的是二阶近似值。

不幸的是，我们考虑的关系越多，问题变得越困难。鲍迪奇（N. Bowditch）（1832）和贝塞尔（F. W. Bessel）（1837）使用了一个适合的二阶展开式，

(8) $S = xd + y\sin d\cos 2L + z\sin 2d\cos 4L$

这里 x、y 和 z 可以看作椭圆率与 1 度赤道弧长的非线性函数。我将提供两个理由来支持高斯也许将最小平方方法用于二阶展开式。第一，他之前发现的椭圆率和在印刷错误更改后计算的椭圆率之间的巨大差异表明，他使用了比一阶展开式更具弹性的公式，应该为博斯科维克的方法或者最小平方方法。第二，我将最小平方方法运用到二阶展开式，进行了多种尝试来确定子午线弧，对高斯的案例来说结果是令人鼓舞的。例如，对式(8)运用非加权的线性最小平方方法（因此忽略 x、y 和 z 的非线性限制），得到的子午线四分仪为2 565 012；再使用贝塞尔的方法（更多细节见斯蒂格勒，1981），根据非线性最小平方方法正好得到高斯的2 565 006。[①] 但不幸的是，我采用各种方法得到的结果，没有一种能够成功得到与高斯的子午线四分仪和椭圆率均相同的数值。

自从我发表了这个推测（斯蒂格勒，1981），一些有能力的分析人员开始尝试二阶展开式或其他简单最小平方方法来复制高斯的结果，但没人获得成功。事实上，吉尔斯坦（C. Z. Gilstein）和利默（E. E. Leamer）（1983）已经指出，无论使用何种权重，利用加权最小平方方法作用于一阶展开式是不可能得到高斯的结果的；塞尔明斯（A. Celmiņš）（1998）进一步证实，包括确切关系式和很多近似高阶展开式的各种最小平方方法均不能得到高斯的结果。我们似乎得到了一个不愉快的可能，也许在尝试高阶展开式时高斯犯了算术或代数的错误，这里出现此类错误的概率非常大。也许针对这个问题他使用了其他的方法——一个现代

① 其他方法距离这个数值较远，但是有趋势表明大部分都与高斯的2 565 006相差不超过 200 模数，因此比使用一阶展开式的数值更接近。

分析者还没有揭示的方法。我倾向于后一种可能性,我注意到至少 1799 年的刊物和接下来的分析,证实高斯那个时候掌握了协调不一致观测方程的一些方法。如果不是某种形式的最小平方法,那会是什么？神秘面纱仍然没有被揭开,除非或直到有人使用似最小平方法或非最小平方法来成功再现高斯的结果。看起来通过计算 1799 年的数据很难确定优先权问题。我们只剩下一个确凿证据——高斯的话,因为毫无疑问他是千年以来最伟大的数学家之一。

那么让我们承认,高斯后来的说明是相当准确的,在 1794 年到 1799 年间他确实想出了最小平方法,并且独立于勒让德和其他发现者。这里仍然存在着问题,他将该发现看得有多重要？答案一定是这样的:虽然高斯自己认为该方法很有用,但在 1805 年以前他没有将该方法的重要性与他人进行过成功的交流。也许在 1805 年以前他确实向奥伯斯、林德纳或冯·扎克提起过该方法,尽管有很多机会,但是他们都没有使用过该方法,表明他们没有理解这个信息。也许听者的过错大于说者,但是无论如何这个过错的结果是使我们增加了对勒让德 1805 年成功的钦佩。因为勒让德对该方法的解释具有直接的和广泛的效果——正如我们所看到的,它更加引起了至少一位天文学家(林德纳)的注意和理解——这些天文学家们先前对高斯的信息充耳不闻,并且有可能对高斯 1809 年说明该方法的方式和表述也产生了影响。

当高斯真正发表最小平方法时,他在概念和技术发展方面已远远超出了勒让德,因为他将该方法和概率结合起来并提供计算估计的运算法则。他的著作经常被讨论,最近参与讨论的人包括希尔(H. L. Seal)(1967)、伊森哈特(1968a)、戈德斯坦(1977, §§ 4.9, 4.10)、斯普罗特(Sprott)(1978)、悉宁(1979, 1993, 1994)、斯蒂格勒(1986a)、哈贝特(J. Chabert)(1989)、沃特豪斯(1990)、斯图尔特(G. W. Stewart)(1995a, b)和杜特卡(1996)。但是在找到有鉴赏力的读者之前,这方面的很多发展还得等待很久,而且往往与其他人的成果交织在一起,特别是拉普拉斯。高斯是那个年代最早发现该方法的数学家,但是勒让德使这个思想成为吸引数学公众注意力的形式。正如汽车不是由某一位天才生产的,最小平方法也是很多人的产物,包括至少两位独立的发现者。高斯也许正是这些人中的第一位,但他不是统计学界的亨利·福特。如果说只有一位科学家使得该方法变成了普通大众可以理解的方法,那便是勒让德。

第十八章　柯西与阿涅西箕舌线

我们通常称之为柯西密度或者精确公式为 $y = (a^2 + x^2)^{-1}$ 的曲线，出现在数学著作中已经超过 300 年了。该曲线首次出现在 17 世纪中期费马的著作中，随后牛顿、莱布尼茨、惠更斯、盖多·格兰迪（Guido Grandi）和玛利亚·阿涅西（Maria Agnesi）等学者都进行了研究。到了 19 世纪它获得了一个奇特的名字——"阿涅西箕舌线"，这个名字现在在字典和百科全书中仍然能经常看到。

尽管它的形式简单对称，但奇怪的是，在 1824 年以前柯西密度并没有作为可能的误差分布而出现。但当它终于真的出现时，它被当作其他一般定理的反例，正如现在它最常扮演的角色。作为推动数学更加严谨的因素的一部分，19 世纪柯西分布天然地出现在了统计学中，而且事实上被发现了两次。有趣的是，这两次发现的动机不一样，解释它重要性的方式也不同。第二次是由柯西发现的，是以争论的角色出现并且至今仍在争论的。实际应用中正则条件有多重要？大样本理论需要赋予多大的权重？

泊松和"柯西"分布

西蒙·D. 泊松（1781—1840）似乎是第一个注意到密度为 $\{\pi(1 + x^2)\}^{-1}$ 的概率分布具有一些特殊性质，并且能够产生统计学中一些被普遍接受结果的反例的人。泊松 1824 年的一篇论文试图对拉普拉斯的最小平方法进行澄清并稍做扩展。在 1810 年至 1811 年间，拉普拉斯提出了针对勒让德最小平方原理的大样本解释，即我们现在所谓的中心极限定理，认为既然最小平方法是处理正态分布误差的最好方法，那么至少对于大样本来说，它也是处理任何误差分布的最好方法。这是拉普拉斯成果的特色，在他的年代忽略了任何正则条件，只假设误差分布是对称的。

在评论拉普拉斯的成果时，泊松特别注意到密度函数：

$$f(x) = \frac{1}{\pi(1 + x^2)}$$

他指出如果均值由误差分布为 $f(x)$ 的 s 个观察值给出,那么随着 s 的增大,误差均值不会趋向于 0 或任何其他数字,无论 s 有多大都具有相同分布。泊松同时介绍了这个分布的特征函数,注意到当 s 很大时拉普拉斯特征函数展开式的第二项是不能被忽略的,因此拉普拉斯的证明是失效的。事实上,正如丘吉尔·艾森哈特(1974)指出的,似乎是柯西特征函数的简单形式导致泊松开始考虑这个特殊的重尾密度。

尽管泊松非常清楚地知道这个特殊例子可能会产生的困难,但他没有给予它必要的重视。他写道:"我们不会考虑这个特殊案例;关于奇点原因的讨论已经足够多了,实践中我们肯定不会遇到它。"(泊松,1824)

比安内梅和柯西

奥古斯丁·路易·柯西(1789—1857)和"柯西"分布产生联系源于一场数学争论,该争论几乎占据了 1853 年 7 月和 8 月间《法国科学院报告》的所有页数。争议起始于比安内梅(1796—1878)在 7 月第 4 期发表的一篇文章。在这篇文章里,比安内梅(1853a)研究了柯西 1835 年提出的插补法(见希尔,1967;格拉顿-吉尼思,1970,1972,海德和森尼特,1977,第 9 章),他认为柯西的方法与概率理论是相抵触的,因为一般它不能给出与最小平方方法相同的结果,因此不会得到像最小平方方法那样"可信的"或"有利的"效果。比安内梅写道,如果观察者们没有时间来检验这个问题而被类似于最小平方的柯西方法所蒙骗,那是很遗憾的,因此他做出了必要的分析。

柯西没有让比安内梅的阐述就这么毫无争论地过去。1853 年 7 月 18 日至 9 月 5 日之间,柯西(1853a—g)在《法国科学院报告》上发表了 7 篇关于这个问题的专题论文,比安内梅则发表了三个评论意见和一篇论文(1853b)作为回应。那时发表的一些论文中一些缺乏耐心的讨论,证实了争论的最后两位都深深地激怒了彼此。

争论的主要内容如下。柯西坚持两种方法确实不同,每种都有它的优点和缺点。但是更重要的是,他认为最小平方方法由于概率理论而拥有独一无二的优势是不真实的。为了证明这一点,柯西将特征函数发展为一种工具,并没有提及拉普拉斯对它们的广泛使用。结论显示虽然最小平方方法为正态分布误差提供了"最可能"的值,但其他情形并非如此。

他给出如下密度函数

$$f(\varepsilon) = \frac{k}{\pi} \frac{1}{1 + k^2 \varepsilon^2}$$

作为此类的一个可选情形,但是很少有人真正予以关注。柯西论证的原动力是最小平方法只对正态分布最合适;他更关心特征函数的严密处理和捍卫他的插值方法,而不是攻击拉普拉斯的证明。事实上他从没有真正暗示过 $f(\varepsilon)$ 带来的大样本麻烦,而仅仅将它当成众多例子中的一个,它包含双指数,并可以得到不同于最小平方法的线性估计值。

比安内梅答的答复认为,柯西实际上否认了拉普拉斯最重要的一些成果,柯西的论文一点也没有为他的主张辩护。比安内梅提出了一个笼统而非严密的论据,即对于大样本来说,最小平方法是任意偶损失函数的最佳线性估计;比安内梅接着说道,拉普拉斯隐含地假设二阶矩是有限的,或许他忽略了需要明确这个条件,因为他认为对测量仪器稍有了解的人进行测量时,误差是有界的且其矩是有限的,他觉得这是显而易见的。比安内梅的注意力尤其被柯西分布 $f(\varepsilon)$ 吸引,在评论它会产生大误差以及展现其百分点的一个简短表格后,他写道:"人们应该承认,像这样受概率准则影响的东西不会被一个普通工匠拿来推销。人们不知道要给这样建成的东西取什么名字。"

最后,比安内梅声称当拉普拉斯使用"无论怎样的函数"这个短语时,他一定意指那些至少在一定精度下可以测度的误差密度,不可能指的是像 $f(\varepsilon)$ 那样均值分布不随观察数目变化的函数。比安内梅指出,泊松早已唤起对 $f(\varepsilon)$ 的注意,但由于在实践中不会出现而不再考虑它,并且援引勒让德、高斯、拉普拉斯和贝塞尔这些权威作为肯定最小平方法的充足理由而不再提它。

这场辩论是短暂而积极的。柯西利用他非凡的分析才能捍卫了他的插值方法,证明了最小平方法对于线性估计不具有天然的垄断,拉普拉斯没有声称过垄断,但比安内梅认为必须捍卫这种垄断。有时柯西的论文看起来像模仿带有他名字的收敛定义一样:它们朝着目标彼此持续接近。另一方面,比安内梅站在维护拉普拉斯权威的立场来争辩,希望不要用正则条件来干涉他认为的实际真理。

不能说谁赢得了这场辩论,因为这是一场双方从未真正加入的争论。他们争论的假设前提不一样,两者都是对的:比安内梅主张最小平方法的大样本优越性,前提是除 $f(\varepsilon)$ 之外的全部线性估计量;柯西要求最小平方法是最好的,实际上是极大似然法,针对的是很多分布中仅仅一种分布的所有线性估计量。比安内梅已经回应过柯西未曾提及的、关于最小平方法在大样本中可能表现不好的批评;柯西没有坚决反对在有限样本中使用大样本理论。具有讽刺意义的是,柯西在这一系列文章的最后给出了中心极限定理的严格证明,许诺将在以后文章中探究它的统计含义。但柯西再也没有回头研究这个话题,也许是因为他发现自己正危险地接近对手的立场。海德和森尼特(1977,第 4 章)给出了该争议在数学细节上的讨论,森尼特(1998)总结了比安内梅最新的学术成就。

泊松肯定在柯西之前发现了柯西分布,然而他的发现不重要。柯西分布是 19 世纪引起大家关注数学精确性的一个征兆,并不是原因。几年之内拉普拉斯和高斯使统计学有了巨大的跨越。工作在不同数学环境里的后来者们,在他们更加仔细地检验以前的研究工作时——包括泊松和柯西的研究工作,一定会发现很多例外的情况。

或许柯西并不熟悉泊松 1824 年的论文,尽管很多同年代的人,包括英国的埃利斯(1844)和比安内梅(1839)已经详细地提到过泊松的例子。柯西作为泊松的对手,很可能在出版物上读过他的文章。柯西不是统计学家,他的文集达到 27 卷,而这七篇《法国科学院报告》的学术论文几乎是他统计学方面的全部论文。柯西既是拉普拉斯拥护者的争论者,又是拉普拉斯的扩充者和解释者,根据他拥有的各种优势,他应该已从非常不同的角度接近了与泊松相同的分布。

阿涅西箕舌线

"阿涅西箕舌线"的名字来源于玛丽亚·阿涅西(1718—1799),这是一位极有天赋的意大利数学家,1748 年她的一篇关于微积分和解析几何的长文发表在《分析讲义》上(崔西戴尔(C. Truesdell),1989)。她讨论了这个曲线及其一些数学特性,并称它为"la Versiera",意大利语意指"巫婆"或"女妖"。但是阿涅西不是第一个使用"Versiera"这个词语的人,盖多·格兰迪(1671—1743)在 1718 年已经使用过该术语,在说明一个来源于"seni versi",即正矢(译者注:即为函数 $1 - \cos\theta$)的曲线时,模仿拉丁单词"Versoria"而称之为"Versiera"(劳瑞(G. Loria),1930,pp.93—99)。然而一些人解释"Versoria"就是正矢,那时字典里唯一与"Versoria"相关的解释是"旋转或扭曲"。由于"Versiera"不是意大利语中的"Versoria",而是"avversario"的阴性词,有时用来表示恶魔,因此格兰迪也许在玩一个文字游戏。或者由于意大利单词"seno"是胸部的意思,与正弦一样,也许他综合考虑了其他问题。格兰迪对柯西密度的构建非常简单,可以轻松用来提高这个曲线现代素描的质量(图 18.1)。牛顿在 1718 年之前已经给出相同的图解,但是直到 1799 年才被印刷出版(怀特赛德,1967—1981,3:266—267)。

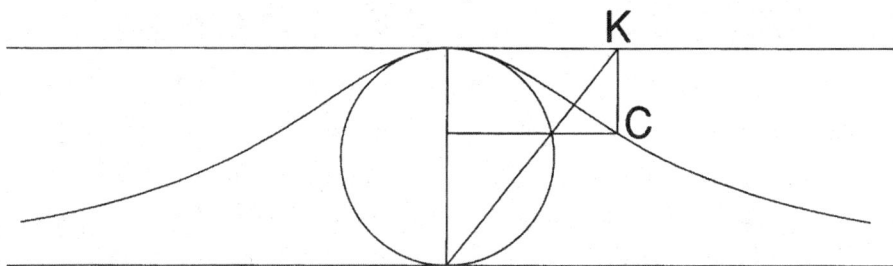

图 18.1　盖多·格兰迪 1718 年对该曲线的构建变成了柯西分布。当 *K* 从 $-\infty$ 变至 $+\infty$ 时,点 *C* 的变动轨迹描绘出该曲线,其中点 *C* 处的角度保持为直角(格兰迪,1718,p. 393)。

第十九章　卡尔·皮尔逊与自由度

　　1900年,卡尔·皮尔逊发明了卡方检验,并将其应用于频率曲线拟合优度的检测中,这是被广泛认可的事实。接着在1904年,他将其用途扩展到了列联表独立性的检验中。雷克萨斯、埃奇沃斯、高尔顿和威尔顿等人也对该检验的发展做出了贡献(见第六章和斯蒂格勒,1986a)。但是,最终使得该检验发展起来并得到广泛使用的人是皮尔逊。同样被广泛认可的事实还有,在诸如列联表独立性检验的实际应用中,皮尔逊对自由度的使用是错误的,而这种错误直到20世纪20年代才被罗纳德·A.费雪纠正过来。然而就如历史上大多数事件的发展一样,进一步的研究往往会得到更复杂的结果。本章将探讨皮尔逊如何在1913年利用所谓的"准独立"模型来处理被他称为"限制性的列联表"问题。在提出卡方检验后的十年里,皮尔逊对其认识稍稍有了些变化,而在费雪发表其修正公式5年以后,他的这种认识已经比美国一些学者的认识更加深入。

准独立

　　近几年准独立模型被证实在拟合各种交叉分类计数表格中十分有用,特别是对不完整的表格或包含了结构零的表格来说更是如此。科龙格(1986)对其概念与应用进行了非常好的回顾和总结。简而言之,如果一个计数矩形表格含有一个子集S,尽管该子集中的概率从整个表格来看并不独立,但是在该子集中这些概率表现出了独立的数学特征,那么该计数矩形表格则为准独立。用符号表示如下:

$p_{ij} = \alpha_i \beta_j$　　　　　　对于S中的所有单元(i,j)

对于完全多项式抽样的情况,或更一般地,

$m_{ij} = K\alpha_i \beta_j$　　　　　　对于S中的所有单元(i,j)

其中m_{ij}表示期望值,S表示单元集。如果S是所有单元的集合,则上述式子就是关于独立的定义,但是通常情况下,S只是表格中不包括结构零的部分或在一些应用中只是不包括对角线的部分。如果准独立模型对整个表格成立,则在满足所有单元均属于 S 的条件下,任意矩形子表的独立模型也成立。事实上,上述表述也说明了准独立的特点。

但是,准独立的现代史一般被公认为从 20 世纪 60 年代古德曼和柯西尼斯(H. Caussinus)的独立性研究著作(古德曼,1961,1965,1968;柯西尼斯,1962,1965,1966a—d)开始。尽管萨维奇(I. R. Savage)和道奇(K. W. Doutsch)(1960)在更早些的时候就运用了准独立模型来处理一种特殊情形下的问题(在该问题中,S 为表格中不包含对角线的部分),但是"准独立"这个名词是由古德曼在 1968 年提出的。而在这之前,他曾用术语"准完全流动表"来表示该模型的一个特例。柯西尼斯(1966c)也曾使用术语"准对称"来概括正方形表格。该模型确实拥有一段更早的鲜为人知的历史,这段历史包含了在费雪的著作之前对自由度的各种有趣的理解。

在卡尔·皮尔逊及其实验室成员 1913 年发表的研究报告中,他们提出了该模型并运用该模型精确地拟合了一类表格,特别是单元集 S 为三角形表格的情况。该著作的题目是"生育能力和社会价值的关系:一项合作研究",这是皮尔逊和他的助手在国家优生学法国高尔顿实验室发表的系列论文之一,这一系列的早期研究为关于遗传和环境(也即自然和养育)对人类进步的重要性问题的长期争论做出了贡献。该文有六位合著者:皮尔逊和五位助手,包括皮尔逊的长期助手埃塞尔·M. 埃尔顿和一位大学生海瑞德·J. 拉斯基(Harold J. Laski)——他之后成为了伦敦经济学院一位著名的马克思主义政治学家。论文集除了引言和结论外,其他部分作为独立的研究报告被指派给皮尔逊的五位助手(因此副标题为"一项合作研究"),我接下来要描述的研究可以在第五部分的脚注中找到(数据来源于兰开夏郡皇家艾伯特精神病院),该部分是以艾米·巴林顿(Amy Barrington)的著作为基础的。尽管如此,脚注的样式归因于皮尔逊的方法——他亲手准备了论文集,并且亲自监管各阶段的研究工作,我们几乎没有犯科学汇报机制中的马太效应的错误("凡富有者还要给予,让他充裕;凡贫穷者连仅有的也予以剥夺。"来源于默顿引用的圣·马太福音,1973,p. 445)。

一项合作研究

研究的目的是揭示"社会价值"与生育能力之间的关系。优生学家(特别是卡尔·皮尔逊)通常担心生育能力与低社会价值之间呈正向关系,即使在相对狭窄的社会阶层也是如此,而根据他们已经证明了的低社会价值的继承性,这种正相关会导致国家人口发展的快速恶化。他们试图通过观察工薪阶层的工资及其与家庭规模之间的关系来证实这个假设,以工资来衡量个人的社会价值。皮尔逊引证的一项研究(伯查尔(E. V. Birchall),1910)涉及了这一点,并发现其结果与所预期的相关关系相反,皮尔逊认为该研究结果虚假而不予认可:因为该研究没有对年龄进行修正,而我们可以预期一个人的工资与家庭规模都会随年龄的增加而增加,至少在中年以前是这样。皮尔逊想要通过观察父亲工资与家庭规模之间的局部联系来修正这一不足,并且将父亲的年龄与其他可能的影响因素视为常量。不出所料,符合所需详细程度的数据一般是无法获得的,皮尔逊不得不使用因其他目的而收集的数据来勉强进行单独的分析。

　　皮尔逊获得数据的一个来源是兰开夏郡皇家艾伯特精神病院。这些数据描述了精神病院近 3000 位病人的家庭和家族的详情,用当时的术语来说这些病人就是"低能者"。这些数据给了皮尔逊想要的足够详细的信息,但是存在一个潜在的问题,那就是结果因选择性而具有偏差。在工资与生育能力之间的关系上,拥有至少一个低能者的家庭与整个群体非常不同。巴林顿沿着皮尔逊的方向继续研究,他进行了各种各样的检验来探究这个问题是否严重,即数据中是否有证据表明低能儿会影响家庭规模而导致结果异常。其中有一种检验是考察家庭总规模与低能者在家庭中出生次序之间的关系,该检验利用了包括 1144 个男性低能者的家庭数据。数据见表 19.1。

　　作为一个交叉分类计数表,表 19.1 显然不是通常情况下皮尔逊进行卡方检验时所用到的表格形式——简单地检验家庭总人数与低能儿在家庭中出生次序的独立性,只会恢复因出生次序不可能超过家庭总人数这一事实而造成的虚假关系。皮尔逊意识到了这点,并找到了一个代替的分析方法,该分析方法等价于用一个准独立模型来拟合表格中的数据,并将表中的非零单元当成集合 S。他的方法——他描述为在他的实验室里更常用的方法,在其研究报告第 40 页和第 42 页的长幅脚注中进行了概述。下面是相关的部分:

　　　　最后我们考察了低能者在家庭中的次序与家庭总人数之间的关系。显然家庭总人数必然总是大于或等于低能者的次序,于是相关表的对角线被删除;如果我们继续使用积矩法来研究,那么它们之间确实存在着某种关系,但这种相关性将是或者说肯定是完全虚假的。这种表格经常会出现并基于很多原因而相当重要。最近在实验室里人们使用下面的方法来对它们进行处理:变量 x 大于等于变量 y,构建一个边栏总次数与该表格相同的表格,使得 y 总是小于或等于 x,但令表格内的数值按照"分开"①的原则进行分布,也就是说完全随机分布。这个可以做到。我们现在有两个表格,一个是实际表格,另一个是拥有相同边际频数的表格,表中 x 和 y 在满足 y 小于或等于 x 的条件下完全随机分布;该表被称为独立概率表。现在假设它为理论上的表格,并对其进行抽样以获取观测表格,接着利用 χ^2 和 P 来计算从独立概率表中抽样得到观测结果的概率值。如果单元数像这个案例中一样非常大,超出了潘林·埃尔德顿(Pallin W. Elderton)表格计算 χ^2 和 P 值的范围,则特别需要计算概率 P。这个步骤由朱莉娅·贝尔(Julia Bell)小姐完成,她计算得到 $P=0.94$,也就是说观测结果是独立概率表中的一个随机样本的概率实际上很大。因此我们有理由推测家庭总人数与低能者在家庭中的次序没有关系。因此,第一个出生或第二个出生的低能者稍微多一些这个事实,不受我们选择家庭总人数步骤的影响。至少包含一个低能者的家庭不能作为一个公平的样本来检验工资与家庭规模之间的关系这一点,理所当然地受到争议。我们认为将其作为样本不会影响结论的真实性,因为就经济阶层而言,这是一个包括了从赤贫者到小康手工业者、职员和小店店主家庭的很合理的样本(埃尔德顿等人,1913,pp.40,42)。

表 19.1　家庭总人数与低能者次序交叉表,男性,皇家艾伯特精神病院

人数	低能者在家庭中的次序															总计
	1	2	3	4	5	6	7	8	9	10	11	12	13	14	15	
1	110															110
2	37	43														80
3	50	38	40													128
4	44	42	33.5	23.5												143
5	45	32	16	20	27											140
6	31	29	17	23	19	17										136
7	24	20	25	17	15	12	13									126
8	9	14	11.5	8.5	8	12	7.5	18.5								89
9	10	7.5	7.5	7	9.5	7.5	3	11	12							75

①　原文为 urndrawing,似应为 undrawing。

续　表

人数	低能者在家庭中的次序															总计
	1	2	3	4	5	6	7	8	9	10	11	12	13	14	15	
10	2	5	4	2	10	5	3	7	5	4						47
11	3	3	1	1	1	5	1	8	4	2	3					32
12	2	1		2			3	3		2	2	4				21
13											2	2.5	1.5			6
14				1			2						1	1		5
15											1			1	2	4
16																0
17												2				2
总计	367	234.5	155.5	104	91.5	58.5	30.5	49.5	22	8	10	6.5	2.5	2	2	1144

来源:埃尔德顿等。(1913),p.72,表LX
注:小数是由于有双胞胎的原因

作为一项统计分析,除了皮尔逊似乎将 P 值解释为零假设成立的概率这部分陈述外,整篇文章的绝大部分都是表达清楚且令人信服的。然而,作为步骤的描述这段是不够的——以皮尔逊的声望,"这个可以做"也许会让人相信,但几乎没有任何启发意义。所给的粗略描述听上去像是还不成熟的自助法,其中唯一的一张随机计数表是用来将数据进行对比的。但研究报告又包括了一张拟合值表(见表 19.2),这可以让我们比较精确地判断皮尔逊究竟做了什么;两年后《生物统计》中对一个类似表格处理过程的更详细的描述,也可以让我们对这个判断更加确定。皮尔逊所做的就是利用准独立模型对数据进行拟合,再通过卡方检验来检测拟合度,并得到了拟合度很好的结论。我们现在发现,他用来计算拟合值的算法为我们给出了极大似然估计法。然而我们也发现,皮尔逊采用的检验方法使用了错误的自由度,没有将单元的个数减去待估参数的个数。但是如果使用了正确的自由度结论还是一样。

表 19.2　家庭总人数和低能者次序交叉表,男性,皇家艾伯特精神病院:独立概率表

人数	低能者在家庭中的次序															总计
	1	2	3	4	5	6	7	8	9	10	11	12	13	14	15	
1	110															110
2	41.8	38.2														80
3	48.6	44.3	35.1													128

续　表

人数	低能者在家庭中的次序															总计
	1	2	3	4	5	6	7	8	9	10	11	12	13	14	15	
4	44	40	31.7	27.3												143
5	34.9	31.9	25.3	21.8	26.1											140
6	29.1	26.6	21	18.2	21.7	19.4										136
7	24.3	22.1	17.5	15.2	18.1	16.2	12.6									126
8	13.4	12.3	9.7	8.4	10	8.9	7	19.3								89
9	9.7	8.9	7.1	6.1	7.3	6.5	5.1	14.1	10.2							75
10	5.6	5.1	4.05	3.5	4.15	3.75	2.9	8.05	5.9	4						47
11	3.1	2.9	2.3	2	2.3	2.1	1.6	4.5	3.3	2.3	5.6					32
12	1.5	1.7	1.2	1	1.2	1	0.9	2.4	1.7	1.1	2.9	4.3				21
13—17	1	0.5	0.55	0.5	0.65	0.55	0.4	1.15	0.9	0.6	1.5	2.2	2.5	2	2	17
总计	367	234.5	155.5	104	91.5	58.5	30.5	49.5	22	8		6.5	2.5	2	2	1144

来源:埃尔德顿等(1913),p.72,表 LXI

注:小数是由于有双胞胎的原因

表 19.3　家庭总人数与低能者次序交叉表:使用皮尔逊算法对表 19.2 计算的结果

人数	低能者在家庭中的次序															总计
	1	2	3	4	5	6	7	8	9	10	11	12	13	14	15	
1	110															110
2	41.83	38.17														80
3	48.57	44.32	35.10													128
4	43.87	40.03	31.71	27.39												143
5	34.96	31.9	25.26	21.82	26.06											140
6	29.11	26.56	21.04	18.17	21.71	19.4										136
7	24.27	22.14	17.54	15.15	18.09	16.18	12.62									126
8	13.42	12.25	9.7	8.38	10.01	8.95	6.98	19.32								89
9	9.77	8.91	7.06	6.1	7.28	6.51	5.08	14.06	10.25							75
10	5.6	5.11	4.04	3.5	4.18	3.73	2.91	8.06	5.87	4						47
11	3.14	2.87	2.27	1.96	2.34	2.09	1.63	4.52	3.3	2.25	5.61					32
12	1.64	1.49	1.19	1.02	1.22	1.09	0.85	2.36	1.72	1.17	2.92	4.33				21
13—17	0.82	0.75	0.59	0.51	0.61	0.55	0.43	1.18	0.86	0.58	1.47	2.17	2.5	2	2	17
总计	367	234.5	155.5	104	91.5	58.5	30.5	49.5	22	8	10	6.5	2.5	2	2	1144

皮尔逊的分析主旨可以从拟合值表中推断得到。由于第 13—17 行频数很低,在合并这几行后,皮尔逊用准独立模型对这些数据进行了拟合。在拟合过程中,他使用了一种很适合处理这种形式表格的简单算法。该算法表述如下:

　　　　从左上角的条目开始——如果边际总量一致,那该步骤必须不变。从对应的列和中减去该条目的值。移到第 2 行——将该行总和(即 80)按第 1 列和第 2 列修正后的列和(367—110＝257 和 234.5)按比例分配到在这一行的第 1 列和第 2 列中去,得出 41.8 和 38.2。从对应的列和中减去这些数并移到第 3 行。将该行的总和(即 128)按第 1、2、3 列修正后的列和(367—110—41.8＝215.2 和 234.5—38.2＝196.3)按比例分配到各列中去,得到 48.6,44.3 和 35.1。以这种形式计算到最后一行。

表 19.3 为按这种算法再次计算得出的拟合值,小数点后保留两位。

韦特的指纹

　　我们可以看到重新计算后的表格 19.3 与表格 19.2 中的值非常接近,存在轻微差异的原因在于皮尔逊采用了不同的四舍五入法来保证四舍五入后表格的边际总和与原数据表格的边际总和行列都相等,这一点读者可自行验证。这里所描述的皮尔逊计算拟合值时所用的算法确实像我们现在所注意到的,为适当的多项式抽样模型下的预期数值给出了极大似然估计值。这一点已经被韦特(H. Waite)1915 年发表在《生物统计》中的论文所证实。韦特一直致力于研究不同样式指纹之间的联系,他设计了一种计数表格来记录 2000 个右手手指的指纹,并以手指指纹为螺纹或者小圈的数目进行交叉分类,见表 19.4。该表与表 19.1 的形式相同,韦特称它为“受限制的偶然性表格”。他解释道,“通常情况下以计算偶然性为目的用以发现独立概率数(即在独立假设下的拟合值)的方法,对这些表格是不适用的。我所采用的是皮尔逊教授所建议的方法”(韦特,1915,p.434)。韦特继续用详细的数学术语来描述该方法的使用过程,该过程正与上文所概述的算法一致。韦特设法利用皮尔逊的排列法来使得拟合值与原数据的边际总和完全相同。(用极大似然法估计三角形表格的详细公式,见古德曼,1979。)

　　在韦特的指纹案例中(不同于皮尔逊家庭规模数据的案例),准独立假设似乎是无意义的——更中肯的假设应该是右手手指指纹(为螺纹,小圈,其他)的数目表现为一个三项式分布。该假设可以进行检验且基于表 19.4 的数据被完全拒绝。古德曼(1968,p. 1115;1984,p. 285)指出超几何分布的三变量推广"事实上会产生更多关于这些数据的有趣发现"。但是,我们需要指出的是韦特对于检验并不感兴趣,他一直寻求一种与皮尔逊偶然性系数类似的方法来度量螺纹与圆圈之间的相关性。在皮尔逊之后,韦特利用与准独立相对应的拟合值来计算表 19.4 中非零单元的卡方值作为它们两者之间关系的测度,最后得到 $\chi^2 = 399.82$。偶然性系数为

$$C = \sqrt{\frac{\chi^2/n}{1+\chi^2/n}}$$

$$= \sqrt{\frac{399.82/2000}{1+399.82/2000}} = 0.408\,2$$

这可以被解释为对偏离准独立程度的测度,在很大程度上类似于以相关系数来测度背离连续双变量正态数据的独立性程度。事实上,皮尔逊(1904)已经证明对于一个按双变量正态分布的分组频数分布的大计数表格来说,C^2 接近于 ρ^2,即分布的相关系数的平方。

表 19.4　2000 个右手手指指纹中螺纹与小圈的关联表,其中每个手指指纹可以分为小圈、螺纹或者其他。准独立假设条件下对应的韦特拟合值在圆括号中给出。

螺纹	小圈						总数
	0	1	2	3	4	5	
0	78 (200.6)	144 (167.4)	204 (166.6)	211 (150.3)	179 (131.1)	45 (45)	861
1	106 (122.2)	153 (101.9)	126 (101.4)	80 (91.6)	32 (79.9)		497
2	130 (85.5)	92 (71.4)	55 (71.0)	15 (64.1)			292
3	125 (63.8)	38 (53.2)	7 (53)				170
4	104 (70.9)	26 (59.1)					130
5	50 (50)						50
总数	593	453	392	306	211	45	2000

来源:韦特(1915),p. 435

自由度

讨论这个时期历史记录中的"自由度"时,需要小心谨慎,因为这个名字和概念直到 1922 年才被提出。卡尔·皮尔逊在 1900 年已经按照相关的多元正态分布导出了卡方检验,它被认为是有特殊概率的多元分布的近似值。到了 1904 年他已将其用法从对分布的拟合检验扩展到了对偶然性表格的分析,从试图回答"这些数据是正态的吗?""掷骰子的游戏是公平的吗?"或者"这些轮盘是公平的吗?"这些问题,转向回答"这些因子是独立的吗?"这样的问题(皮尔逊,1900,1904;普莱克特,1983)。他是按照设置条件,以现在我们称之为自由度为 $n-1$ 的卡方分布来进行有效的检验的,其中 n 为单元个数。他当时一点都没有意识到根据数据来估计单元概率时对自由度进行调整的必要性。直到 1922 年费雪为了完成他以理论统计学为基础的权威论文,在学习、理解似然函数的过程中,作为副产品而发现了这一点。皮尔逊在计算自由度时的"错误"是一个时代性的错误,至少在 1922 年以前是这样的,因为在整个与统计学有关的领域,这个概念还未被发现,而对该检验的使用掩盖了这个事实。皮尔逊不可能在 1913 年正确或错误地计算"自由度",因为作为一个统计概念它还没被发明出来。然而,当我们带着这个问题来看皮尔逊 1913 年的著作时却十分有趣。从这些作品中可以看出那时他是如何看待这个问题的,也可以看出自 1990 年以来他对其理解是如何变化的。

在分析家庭总规模与低能者在家庭中的次序之间的关系时,皮尔逊在准独立的假设条件下正确地计算出了拟合值。如果使用他得到的拟合值(表 19.2)来计算卡方值,我们会得到 $\chi^2 = 71.33$;如果使用再次计算得到的值(表 19.3),我们会得到 $\chi^2 = 71.718$。两个表中都有 93 个非零拟合值。皮尔逊当时在处理完整的小型或中等矩形表格时,先计算出 χ^2,然后以埃尔德顿(埃尔德顿,1901)计算出来的表格为参考将该值与其进行对比。这些表格的录入是以单元数目 n 为基础的,从某种意义上来说等价于自由度为 $n-1$。然而,在应用中皮尔逊没有说明 χ^2 的值,他解释道,茱莉亚·贝尔小姐计算的 P 值为 0.94。

考虑到 14 个行参数和 12 个列参数的定量限制,改进的现代分析将采用自由度为 $93-12-14-1=66$。这将得到(使用 $\chi^2 = 71.718$)P 值为 0.29 的结论。但是,如果我们假设皮尔逊使用他平时所用的计算过程,使用的自由度比拟合值非零的单元个数少一个(即 92)我们将会得到 P 值为 0.945(χ^2 为

71.33)或 0.941(χ^2 为 71.718 的结论），与贝尔小姐的值都相符。因此，我们似乎可以发现另一种情况，是皮尔逊在编制 χ^2 表时忽略了对参数估计进行补偿的必要。然而就某种程度而言，他已经走到了费雪 1922 年文章的一半：他已经意识到有必要对来自于单元为结构性零这个条件的强烈限制进行补偿。但是，当使用相同数据的表格来估计拟合的参数时，他没有意识到需要考虑隐藏的限制。因此，尽管从 1900 年到 1915 年皮尔逊对卡方限制的影响有了进一步的理解，但这种进步只是他意识到了单元项目极度限制所造成的困难。

有趣的是，虽然皮尔逊在进行拟合度检验时对对角线以上的缺失单元做出了校正，但在用 C 来估计潜在的关系时如何把限制考虑在内，他仍然感到有些焦虑。正如古德曼(1968,p.1112;1984,p.282)提到的，韦特两年后发表的文章包括了这样一段注释："目前，在求解诸如我们所用到的这种表格的列联相关系数时，没有对单元数目做出修正，对于应该怎样修正也没有做出评价。"(韦特,1915,p.434)所谓的修正指的是什么？

皮尔逊这个时期的一些著作为回答这个问题提供了一些线索，他甚至对无限制矩形表格自由度的各方面问题都做出了正确的评价。1911 年，皮尔逊在一个经典的拟合优度案例中对他的系数 C 进行了修正，没有对估计参数进行考虑。对于 k 个种类，他没有简单地通过 χ^2/n 来计算 C，而是从 χ^2 中减去$(k-1)$作为"修正"(皮尔逊,1911e)。这个修正相当于在无关联的假设下将 χ^2 的均值修正为 0 一样。在 1913 年发表的论文里，皮尔逊进一步改进了它，提出了对 $r \times c$ 表格的修正。这引起了艾琳·玛格尼洛(Eileen Magnello)(1998,p.83)的注意。在那个例子中，他从 χ^2 中减去$(r-1)(c-1)$作为"单元个数的修正"(皮尔逊,1913,p.130;皮尔逊和海伦,1913,pp.216—217)。这个修正也会在无关联的假设下将 χ^2 的均值修正为 0，它表明皮尔逊在偶然性表格独立性零假设的条件下计算了 χ^2 的均值，虽然没有这个算法的详细描述。但是这个修正对于关联系数只能偶尔使用。他转变了均值但没有改变参考分布。他在检验关联的存在，或确定系数的标准差（将会在检验独立性中使用到）时，没有对系数进行修正，而是又回到了之前的错误，即相当于使用了错误的自由度（例如，安德鲁·W. 杨(Andrew W. Yong)和皮尔逊,1915—1917,pp.227—228,或皮尔逊,1915,p.376）。

他也曾在卡方检验中找到了自己的方法来修正自由度。1911 年，在对一个行总和固定的 $2 \times s$ 表格进行同质性检验时，他重新思考了这个问题并根据两行数据比例的差异定义了一个 χ^2 统计量，他还正确地参考了埃尔德顿自由度为 $s-1$ 的表格(皮尔逊,1911d)。对于两个具有固定边际总和 N 与 N'、频数为 f_i 与 f'_i 的样本，即第一个样本：f_1　　　　f_2　　$\cdots$　　　　f_p　　$\cdots$　　　　f_s　　N

第二个样本：f'_1　　　f'_2　　$\cdots$　　　f'_p　　$\cdots$　　　f'_s　　N'

　　他根据相对频数的差异建立了卡方统计量，对 $(f_p/N - f'_p/N')^2$ 进行求和，除以综合变差 $(f_p + f'_p)/NN'$。五年后他对此稍微进行了概括（皮尔逊，1916）。但是在任何文章中他都没有注意到他得出的 χ^2 统计量在代数上与独立性检验的统计量是一致的，因此他没有意识到对不同表格项目使用同一统计量所产生的不一致性。

　　虽然在简单情况下因忽略对估计参数的补偿而造成的困难，早在 1915 年就被格林伍德和尤尔发现了，但他们仅指出了原因，而修正分析直到 1922 年才被费雪提出（后又被尤尔扩展），后来也只在 2×2 这种简单表格中应用（格林伍德和尤尔，1915；费雪，1922b；尤尔，1922）。即使那样，这个新发现仍不容易被接受（皮尔逊确实从未完全接受；见博克斯，1978，pp.84—88），这是问题的微妙之处。相反，即便他对费雪的著作完全了解（皮尔逊，1922，1923，1934），皮尔逊明确认为应该根据边际总和是否固定而采用不同的自由度。对于一系列边际总和固定的 2×2 表格，皮尔逊会遵循他 1911 年的方法并使用自由度 1 或他那时所表达的 $n' = 2$（皮尔逊，1923）。作为回应，费雪讽刺地说道，"皮尔逊教授既然已经承认格林伍德和尤尔关于伤寒症和霍乱的表格（接种疫苗的——没有接种疫苗的，发作的——没有发作的）通过取 $n' = 2$ 而被正确处理。想必同样的规则也适用于其他的疾病"（费雪，1923）。但是对于没有边际总和固定的情况，皮尔逊坚决反对费雪的将自由度降为 1 的建议："我认为这种观点是完全错误的，作者在《皇家统计学会期刊》上对其进行广泛的传播没有对统计科学做出任何贡献。"（皮尔逊，1922）对于这种表格，除了这番评论和 1913 年在计算偶然性系数时对均值的修正，皮尔逊没有进行更进一步的研究。（见斯蒂芬·芬伯格（Stephen E. Fienberg），1980，关于费雪工作和后继争论的讨论；艾森哈特，1981，关于皮尔逊工作的总结）关于准独立此类模型的自由度的正确计算，仅始于二十世纪 60 年代；见古德曼（1968）。

一个备选分析

　　皮尔逊表 19.1 的数据可以被重新排列，以允许对另一个不同的准独立模型进行拟合：只要从家庭中最后低能者而不是第一个低能者开始来测度"在家庭中的次序"，这就相当于将对角线上以及对角线以下所有行的次序倒过来。

如果我们认为拥有一个低能孩子会对未来的家庭计划有影响,那么从这个角度来看,这些数据是合理的。举个例子,如果低能孩子的父母总是在生下低能孩子后不再打算生育,那么所有的低能者都将是家庭中的最后一个小孩,进而所有项目都将出现在第一列。在这种情况下,使用准独立模型对这种重新排列后的表格数据进行拟合,其预期效果要比对皮尔逊表 19.1 拟合得更好。但事实上,拟合效果明显更差:在给定 $P<0.01$、自由度为 66 的情况下,$\chi^2 = 97.46$。皮尔逊的分析似乎抓住了他数据集的基本信息,也即除了低能孩子的次序对家庭未来计划的影响非常小,且这种影响本身与家庭规模大小无关以外,低能孩子的次序也与家庭规模大小无关。也就是说,如果已知家庭人口数至少为 5(比如说),则对家庭中低能者次序(条件是少于或等于 5)的概率评定不受更多家庭规模信息的影响。

J.亚瑟·哈里斯与皮尔逊系数的"局限性"

皮尔逊关于"受限的"偶然性表格的处理方法,在韦特文章面世 12 年后,在一次有时被误导引用为皮尔逊关于这个问题的仅有评论的交流中,重新受到了关注,导致了人们对皮尔逊理解这个问题的不适当评价。推动这个交流产生的原因已无从查证。J.亚瑟·哈里斯在 1906 年左右曾是皮尔逊实验室的一位助手,随后他回到美国,到 1927 年他已经成为了明尼苏达州大学的植物学教授。1927 年和 1929 年,哈里斯和他的合作者们发表了两篇论文,引起了人们对他们所说的什么是皮尔逊偶然性系数"局限性"的关注(哈里斯和阿兰·特雷洛尔(Alan E. Treloar),1927;哈里斯和图,1929)。文章的性质更多的是警示而不是批评;他们指出对某些类型的表格,简单随意地使用皮尔逊的卡方检验和相关系数会产生误导性的结果。首先,哈里斯和澳大利亚生物统计学家阿兰·E.特雷洛尔使用表 19.5 的数据说明了他们的观点,他们通过冗长的计算过程来说明如果在分析时忽略了表格的结构,那么统计的灾难就会接踵而至。奇怪的是,他们似乎没有看到计算这些数据的相关系数同样地可笑。在他关于这些数据的最初出版物里,哈里斯(1914)充满喜悦地做着这些事,并自鸣得意于因回归结果近乎线性而显示出其过程的合理性。1927 年,在证明偶然性系数计算错误的过程中,哈里斯和特雷洛尔似乎很为两个系数的不一致所困扰。1929 年,哈里斯和图重新回到这个问题,并使用了一个类型稍有不同的例子(表 19.6),但基本信息相同——使用卡方检验或偶然性的相关系数而没有考虑表格结构,可能是一个严重的错误。

表 19.5　28 554 颗紫荆荚成形胚株数与成熟种子数关系数据表

种子数	成形胚珠数								总数
	1	2	3	4	5	6	7	8	
8	0	0	0	0	0	0	0	5	5
7	0	0	0	0	0	0	232	10	242
6	0	0	0	0	0	1806	261	6	2073
5	0	0	0	0	3955	1787	180	10	5932
4	0	0	0	4582	3630	1064	88	4	9368
3	0	0	1407	3536	1691	444	42	0	7120
2	0	281	837	1264	620	142	21	1	3166
1	7	67	190	236	100	46	2		648
总数	7	348	2434	9618	9996	5289	826	36	28 554

来源:哈里斯和特雷洛尔(1927);哈里斯第一版本(1914),表格 V。

　　要说对统计方法论的贡献,这些论文是很少的。这些警示性的注释是对的(虽然推理部分有些似是而非),但在当时,这些信息是有价值的,特别是对于统计初学者来说。建议的解决方法多半就是对表格中非零部分简单拟合的频数进行含糊、临时的再分配。举个例子,对于表 19.5 的数据,哈里斯和特雷洛尔建议在单纯的独立假设条件下进行拟合,再将对角线下的拟合数据通过简单修改比例或在行内修改比例而重新分配至表格的剩余部分。没有哪一种建议会给出与原始表格一致的边际。

　　对于表 19.6 的数据,哈里斯和图提出了一种类似的临时修改比例法,或者采用特雷洛尔的建议,先将表格分为两个不相重叠的子表(例如,通过置换行和列等)并且对两个表格分别拟合独立模型,再用得出的拟合值来计算原始表格的联合卡方值,他们得出的结果为 7.490 5。这第二种建议相当于对原表格进行准独立模型拟合。关于自由度的问题可以通过对皮尔逊方法进行赞许式的描述来处理,并且将联合自由度 16 看成是 2×4 和 2×5 两个子表的自由度(分别为) $2 \times 4 - 1 = 7$ 与 $2 \times 5 - 1 = 9$ 之和。他们确实提到这"不同于"费雪的结论(1922b),因为按费雪的方法,这些数字应该是 $(2-1) \times (4-1) = 3$ 和 $(2-1) \times (5-1) = 4$,联合自由度为 7。显然,尽管登载费雪观点的刊物已经到达明尼苏达州,但其影响力并未在那个地方显现出来。

表 19.6 非对称半径系数与铃木细胞合成物之间的关系。缺失项为结构性零。非对称系数从左到右是整数集(11,11,11),(11,10,10),(11,10,9),(11,9,9),(11,9,8),(11,8,8),(11,9,7),(11,8,7),(10,6,6)的标准差,$\alpha=0.471\,4,\beta=0.816\,5,\gamma=1.247\,2,\delta=1.699\,7$。

细胞合成物	非对称系数									总数
	0	α	β	2α	γ	3α	2β	δ	4α	
3偶数0奇数	462	—	—	130	—	—	2	—	1	595
2偶数1奇数	—	614	138	—	21	14	—	1		788
1偶数2奇数	—	443	95	—	22	8	—	5		573
0偶数3奇数	103	—	—	35	—	—	1	—	0	139
总数	565	1057	233	165	43	22	3	6	1	2095

来源:哈里斯和图(1929);哈里斯第一版(1910),表 XLI。

卡尔·皮尔逊的回复

从皮尔逊 1913—1915 年的文章可以明显看出,哈里斯的警示性注释对皮尔逊来说应该不是什么新闻。它们也确实不是。在《美国统计学会期刊》1930年那一卷,有一篇皮尔逊评价哈里斯两篇文章的短文。它以"友好"的语气开始,以典型的皮尔逊风格显示了他与哈里斯曾经的交情:"我斗胆地认为我的朋友哈里斯教授忽略了偶然性的本质。"对皮尔逊来说,所谓的"计算卡方时忽略了表格的结构"明显是荒谬的,因此对他来说该警示性注释是没有必要的。皮尔逊对哈里斯建议的方法,甚至这里提到的关于相关系数的使用,没有引起足够的重视("我不认为这些方法确实适用")。皮尔逊对哈里斯和图和表 19.6 的数据进行了详细的讨论,这些数据事实上是 20 年前由哈里斯第一次发表在《生物统计》上的,那时他只是简单地计算了相关系数(哈里斯,1910,pp. 492,pp. 503)。在分析该表时,皮尔逊将它当作一个包含两个独立部分的整体表格来看待,而不是当作两个截然不同的表格。他没有提到——似乎是没有注意到——除了四舍五入以外,他的方法与哈里斯和图采用的、特雷洛尔所建议的方法是一致的。就像对待表 19.5 一样,皮尔逊把韦特(1915)的数据及其关于指纹相关性的分析当作"完全一样的案例"而引用,他还提到"在惠斯特纸牌游戏中,玩家手中同花色牌数目之间的相关性也同样会出现这种受限制的表格"。最后,皮尔逊说道:"我对这个注释的辩解必然是,表格存在着如同哈里斯教授注意到的一样的一些争议,这在许多年前就被认识到了,我不认为它们对偶然性方法的使用形成了真正的局限。"

在皮尔逊的文章之后,《期刊》的编辑、哈里斯、特雷洛尔和玛丽安·怀尔德(Marion Wilder)马上一起回复了皮尔逊。回复非常有礼貌,感谢皮尔逊提到了韦特以及对真正的基础性问题所做的慷慨陈词。他们委婉地指出皮尔逊对表 19.6 所使用的方法本质上与哈里斯和图使用的、特雷洛尔建议的方法相一致。他们基于一个非常奇怪的表面理由否认了韦特对表 19.5 的处理方法与他们相一致——"韦特在计算 x 与 y 之间的表面相关性时要求任何情况下都满足 $x+y \leqslant 5$,我们则要求任何情况下都满足 $y \leqslant x$。"回复的打印稿被送给了皮尔逊,他加上了两段附录来说明他认为没有必要改动他的信件,并解释说尽管当时他手头没有哈里斯和特雷洛尔(1927)的文章,但他仍然坚持"条件 $x+y \leqslant 5$ 与 $y \leqslant x$ 的数学性质是一样的,也就是说在这两种情况下单元内容不合适的区域都受限于一条直线"。这次交流以一段令人伤心的注解为结尾,编辑最后说道"由于哈里斯教授过早地逝世,他终将无法对附录做出回答"。

结　论

皮尔逊 1913—1915 年的论著,不是探究用准独立模型去模拟不完整的偶然性表格的一般处理方法。他已清晰地表明自己可以对一种特殊结构的表格进行处理,并且还发明了一种灵巧且正确的拟合算法。然而,这种算法仅限于这类表格的应用。直到 40 年后才有人提出对有缺项表格通用的拟合方法(杰弗里·沃森(Geoffrey S. Watson),1956)。但是,尽管皮尔逊没有意识到对参数估计所导致的限制进行补偿的必要性,却已意识到对表格单元项目的限制进行弥补的必要性。当然,在费雪对概念进行阐述并介绍自由度之前,他已经写得很好了。哈里斯在 20 世纪 20 年代后期的文章中,没有就这个问题增加新的成果,他只是把皮尔逊脚注里晦涩的方法论引入了稍微广泛些的读者群中。皮尔逊的成果对古德曼和 20 世纪 60 年代后的其他研究者对该问题的后续(也更为复杂)研究几乎没有什么影响。皮尔逊与哈里斯交流的文章以及韦特的文章,被科西尼斯(1965,1966d)和古德曼(1968)所引用,其中古德曼对这些方法进行了评论,并重新对数据进行了分析(1968)。其中一些数据在以后的文献中经常被引用为例证,例如表 19.6 被芬伯格(1972)、哈伯曼(S. J. Haberman)(1974,p. 230)、伊冯·毕夏普(Yvonne M. M. Bishop)、芬伯格和保罗·赫兰德(Paul

W. Holland)(1975,p. 184)所引用,表 19.4 被普莱克特(1974,p. 22)所引用。
尽管皮尔逊这些早期的成果没有引起同时代人长久的关注,但它们是这位 20
世纪统计学之父智慧的象征。对皮尔逊这个时期的论著的解读,有助于我们了
解他与其他人是如何逐步理解自由度这个问题的。

V. 对标准的提问

第二十章　统计与标准

　　图 20.1 摘自 1535 年出版于法兰克福的一本书中的木版画,这本关于测量研究的书的作者是雅各布·科贝尔(Jacob Köbel),书名为《几何》。这幅图片展示的情景是,当人们离开教堂时,通过测量其中 16 个人的脚长来确定出一根长度为 16 英尺的木棒。这张图片蕴含了丰富多彩的统计思想。

图 20.1　1535 年,科贝尔关于如何确定一根长度为 16 英尺木棒的描述

　　首先,它展示了抽取样本的一幕。该样本的选择带有一定的巧合——我们推测这 16 个人是在碰巧要离开教堂的时候被聚集在了一起。即使我们把从教堂出来的人群作为总体,这也不是一个真正意义上的随机样本,而且在这个选择中也并没有一个明确的标准来确定样本大小。但是,这个例子看起来满足了我们今天

所定义的随机样本的大部分要求。事实上,如果选择在某方面存在偏误,例如,只选择个头最矮的男士,那么基于这种选择确定的木棒长度并不可信。

其次,图片展示了将不同测量方法结合起来的某种特定的定量分析方法的早期应用。将 16 个人的脚长加总起来测量一根木棒的长度显然相当于把木棍长度定义为这 16 个人脚长的算数平均值乘以 16。这个过程揭示了人们已经意识到误差补偿的益处,即用 16 个人的脚长加总来测量一根木棒,比简单地将一个人(不管这个人是怎样抽选出来的)的脚长乘以 16 更为可信。

再次,图片显示出已经存在对于充分性和可交换性这两个高级统计学概念的初步认识。图片中并没有特别关注排队的顺序,说明排序是无关紧要的(即人的位置是可以互换的)。另外,不管顺序如何,计算出的总和是不变的。因此,假设总体充分大,那么通过这种方法测量出的木棒的长度只取决于从总体中抽取出的个体的情况。

最后,这幅图片说明了在社会接受某个标准的过程中,统计思想所起的作用。在这个例子中,"长度"这个标准具有权威性,可以用来测量人们的土地、牧场以及合同的履行情况。

16 世纪 30 年代,以上图片展示的多种统计概念和社会标准一起出现的例子并非个例,而这也不是最早出现的同类例子。人们通常将概率和统计的起源与赌博、保险和公开的死亡记录联系起来。这些联系都有很好的理由,但是缺乏必然的逻辑关系。赌博问题后来吸引了一些非常优秀的数学家的注意,但是在 17 世纪 50 年代之前的多个世纪中,经验证明概率论在赌博问题的发展过程中并非必要。同样,尽管组合数学源于最早的计数和早期的代数,但是赌博对概率论的发展也不是必要的。而标准和统计之间的历史关联变得越来越紧密了;在某些关键阶段,它们已经在本质上联系起来了,一个对另一个从逻辑上来说都是必要的。

什么是"标准"? 根据《牛津英语词典》(第二版)中的解释,"标准"的第一种含义是"军人或者海军少尉",这个用法可追溯到 1138 年的"标准战役";"标准"的第二种含义是度量衡的标准,该含义的起源"有些含糊",但很可能是第一种含义的比喻用法。尽管我们很容易联想到,早期在全国范围内关于采用何种"测量"标准而进行的争论是第二种含义的起源,但由于这两种含义可能比《牛津英语词典》所记载的出处还要早很多,因此他们的起源和关联已淹没在了历史的长河之中。经过长时间的发展,关于长度、重量、体积、金属纯度、速度以及其他方面的数量标准在基本上没有太大争议的情况下建立起来了。统计学在这段历史中发挥了很重要的作用。

对统计学家而言,统计和标准之间经常存在的这种本质上的联系是显而易见的,但是尽管如此,仍然存在一些问题。为什么标准的制定必然要求助于统计方法呢？为什么一般情况下不能只是简单地随意设定一个标准？历史上，统计中有没有一些领域没有涉及标准？另外，在统计的准则下，标准应如何确定？

数量标准：目标和限度

度量衡的数值标准可以大体描述为两种类型：目标和限度。第一种类型是用作比较的基础、目标、目的、理想或基准等。这种类型包括度量衡的常见单位，如克、米，以及物理常数，例如光速。另一种类型是允许量的标准，是一个不可逾越的限度，例如效果的最低标准。这种类型的标准有时可能高得无法达到，有时也可能低得荒唐可笑。

这两种类型的标准有以下共同点。第一，他们首要的应用都是为了比较。有时，我们将现值与标准比较；有时，我们将标准作为度量单位，这样就可以分别比较我们要测量的不同物体。第二，标准必须要有一定的持久性。我们不会将暂时的准则视为真正的标准；一个真正有用的标准，必须永远都是适用的，或者至少在相当长的时间内适用。但是就像大部分人所知道的那样，永久并不意味着永不改变。即使自然常数也会以一种与通常观念相矛盾的方式发生改变。

有时候，标准的改变是由于深层次的统计上的原因（我稍后会举例说明），但也可能是由测量问题引发的。1968 年，统计学家杰克·尤登（W. Jack Youden）在名为"持久价值"的演讲中展示了由于试验技术的变化，最基本的"常数"（天文单位和光速）是怎样随时间变化的，从而精彩地论证了常规实验室内测试的必要性。在他展示的关于天文单位的 15 次测量结果（见表 20.1）中，没有一次观测值是落入之前估计的取值范围内的！光速的情形也是如此，见图 20.2（尤登，1972；1994，p.94）。当然，问题在于使用了过于简单的误差模型；另外，基于样本内变异的误差估计也是一部分原因，但这通常不是最主要的原因（艾森哈特，1968b）。

表 20.1　报告中的天文单位（地球到太阳的平均距离）的不同数值

序号	测量者和年份	以百万英里计的天文单位	实验者的估计区间
1	Newcomb, 1895	93.28	93.20—93.35
2	Hinks, 1901	92.83	92.79—92.87
3	Noteboom, 1921	92.91	92.90—92.92
4	Spencer Jones, 1928	92.87	92.82—92.91
5	Spencer Jones, 1931	93	92.99—93.01

序号	测量者和年份	以百万英里计的天文单位	实验者的估计区间
6	Witt,1933	92.91	92.9—92.92
7	Adams,1941	92.84	92.77—92.92
8	Brouwer,1950	92.977	92.945—93.008
9	Rabe,1950	92.914 8	92.910 7—92.919 0
10	Millstone Hill,1958	92.874	92.873—92.875
11	Jodrell Bank,1959	92.876	92.871—92.882
12	S. T. L. ,1960	92.925 1	92.916 6—92.933 5
13	Jodrell Bank,1961	92.960	92.958—92.962
14	Cal. Tech. ,1961	92.956	92.955—92.957
15	Soviets,1961	92.813	92.810—92.816

来源:尤登(1994)。

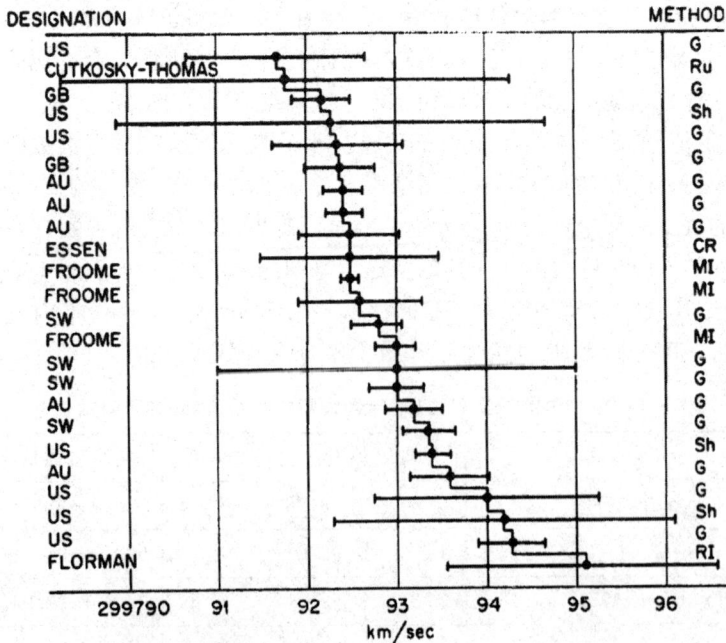

图 20.2　光速的测量值及相应误差(摘自尤登,1972,源于麦克尼什,1962)

我们可能更熟悉关于标准限度的改变。基于很多原因，我们所接受（至少能够容忍）的标准在不断地演变。在《资本论》一书中，卡尔·马克思（Karl Marx）记录了关于身高标准变化的历史数据（见表 20.2）。马克思引用这个例子作为身高稳步下降的证据，以支撑他提出的关于工业化对人类健康产生影响的观点。显然，马克思的解释并不是唯一可能的原因；至少还有另外一个合理的解释：由工业化推动的经济增长为人们提供了越来越多的选择，劳动力供需状况的改变导致了兵力短缺，从而放宽了征兵标准。"标准"应该具有持久性，却不是真正意义上的"常数"。

表 20.2　征兵要求的最低身高，法国和萨克森

年份	身高
1780	178cm
1789	165cm
1818	157cm
1852	156cm
1862	155cm

来源：摘自马克思（1906），1：264，引用自冯·李比希（1863），1：117—118

铸币和抽样

统计方法和标准的概念一经产生，它们之间的关系就立刻存在了。在古代甚至更早的时候，人们就已经在使用度量衡标准了。现在有一些关于埃及人、希腊人和罗马人当时使用的度量单位的研究，以及关于史前时代"巨石码"存在性的推测调查（弗林德斯·皮特里（W. M. Flinders Petrie），1877；威尔弗雷德·艾里（Wilfred Airy），1920a，b；大马·肯德尔（David Kendal），1974；彼得·弗里曼（Peter R. Freeman），1976）。但是，所有这些事例中，没有一项是有关度量是如何确定（如何定义和使用）的详细记录，因此我们不能从统计的观点来进行评价。尽管如此，根据铸币事件，我们至少可以将统计与标准之间的关系追溯到 12 世纪中叶的伦敦铸币厂。这个例子我们会在随后的章节中详细讨论，此处只做简单介绍。

1066 年，诺曼征服英国，在随后的一个世纪里，货币体系在英国发生了演变，伦敦铸币厂作为一个独立的铸币厂，开始把国王、贵族和从贸易中得到的金

块铸造成金币。显然,这就需要对金块进行数量和纯度的检查。即使在"大宪章"之前的一个世纪里,单凭国王的力量也不足以决定硬币的价值。铸币厂对国王提供的金块进行检验;而由于铸币厂独立于君主,为了避免铸币厂对金块私自占有和偷窃,国王和贵族也要对所铸金币进行检验。

早在 1150 年,英国就已经建立起了一套对铸币厂铸造的硬币进行年度检查的体系。我们可以考虑一下该检验都需要些什么:它应该包括一个标准以及相应的统计方法。标准被用来作为比较,并以此鉴别一个新铸造出来的硬币是否符合规定。作为纯度的标准,我们需要把一块金条保存在安全的地方以做参考。对于统计方法的需要是基于以下两个原因:铸币的数量极多,逐一测量每个硬币的质量是十分困难的;纯度的检验具有破坏性,对每一枚硬币都进行检验是不可能的。

因此抽样是绝对必要的。早期的文献没有关于样本是如何抽取的详细记录,但是我们认为不同利益群体(而且他们互不信任)不会接受一个明显有偏的样本,而且文献中的记录也支持这一点。在硬币检验中,不仅产生了抽样的统计方法,而且还记录有另外两种方法。一种是平均值法。为了避免硬币误差对其质量的影响,我们对硬币做加总处理(像科贝尔英尺一样),比如一次称 100枚——实质上,这是用被检验硬币的平均质量来与标准比较。当然,从实验设计的角度来看,这是非常巧妙的——加总处理的测量误差只有 1 个而不是 100个。另外一种被应用的统计方法是允许误差的存在。由于铸币技术的不完善,自然而然地,我们允许硬币质量在一个范围内存在误差。如果硬币太轻,那么贵族遭到了欺骗,进而会影响货币的流通;如果硬币太重,那么大一些的硬币就势必会被挑选出来被熔化和重新铸造,其中的利润就到了商人手中。不管哪一种情形,都是不允许的。合同中明确指定的这种误差称为"修正",因为铸币厂会对超出范围的硬币进行修正。

我再来强调一下这个例子的重点。这里用了两种标准类型,一种是目标类型,一种是限度类型:称重标准和容忍标准(修正标准)。没有相应的统计方法的标准是无用的;同样地,如果不是需要一定的标准,统计方法也不会产生。这是不是说所有的统计方法都是在需要它们的时候作为历史必然出现的呢?不是。因为在对铸币厂铸造的硬币进行年度检查时还有一个很有趣的地方,即有些统计方法由于统计理论的缺失而没有产生。在早期,贵族确实有关于抽样、加总和波动范围的概念,但是他们不知道如何把这些概念结合起来。实际上,他们先定义每一枚硬币质量可允许的波动范围,然后通过相乘推算出加总处理可允许的波动范围。用现代的说法,就是已知一个硬币的可允许的波动范围,

通过乘以 n，而不是 $\sqrt{n}$，来获得 n 个硬币的可允许的波动范围。这是因为当时还没有相应的 $\sqrt{n}$ 的理论。事实上，该理论是 1730 年棣莫弗发现其在二项式中的应用以后，才被运用到统计中的。这种算法使得总和的波动区间过大，以至于有些可寻的证据表明，铸币厂的老板们可以通过适度减轻金币的质量（但加总测量时其总和的质量仍在可允许的波动范围内）来谋取更多的利益。英国人验证了法国人确实是这么做的（第 21 章），而我怀疑法国人对英国人也持有同样的看法。

最小平方法与测地学

我们接下来看一个年代较近的例子——最小平方法（艾森哈特，1964；斯蒂格勒，1986a）。我们在第十七章已经讨论了最小平方法的发明，但是在该处我们并没有强调该方法是专门为了解决一个有关标准的问题而产生的。18 世纪 90 年代，在法国大革命的余波下，法国人决定制定新的度量衡体系——米制。米制标准的基本单位是米，而米的定义来自子午线四分仪的长度，即沿地球表面从北极到赤道的距离，定义为 10 000 000 米。从"纯客观"的角度讲，法国人认为不是任何一个子午线四分仪都可以作为标准，实际上只有通过巴黎天文台的子午线四分仪才可以作为标准。该项工作首先是派小组去测量通过巴黎的这条弧线的一部分，最终是由巴黎的数学家来完成计算的，包括处理观察数据、确定弧线的椭圆率并找到标准"米"。

在这项工作的研究过程中，最主要的事情是数学家勒让德发明了最小平方法。绝大多数的历史记载都强调天文学在最小平方法发展中的作用，勒让德也确实是在一本关于彗星轨道的书中发表了这一发现，但实际上是标准"米"的制定过程启发了他对最小平方法的灵感。即使是在 1805 年关于彗星的书中，唯一提到的一个关于最小平方法的实际例子（实际上也是在之后若干年内唯一公布的例子）也是勒让德关于法国子午线弧数据的分析（勒让德，1805，pp. 76—80）。大家更为熟知的事实是，卡尔·弗里德里希·高斯几乎在同一时间独立地提出了最小平方法，而且我们已知的他的最早的计算也是关于该子午线弧的计算（第 17 章）。

因此，最小平方法的发现应归功于标准的制定。没有法国人对米的长度的需求，就没有当时最小平方法的出现。可能这种说法有些夸张，那么我想反过来说是合适的：米的制定引出了相应的统计方法，进而导致了最小平方法的提出。这就如同在最小平方法提出的半个世纪之前,博斯科维克在对另一条子午线弧进行测量时提出了最小离差方法(艾森哈特,1961;斯蒂格勒,1986a)。法国人意识到了精确测量的需要、现有方法不断完善的需要,以及无论何时最有用的统计方法对最好的统计思想的需要。标准问题促进了统计方法的出现,而通过统计,"米"的标准被制定出来。但是我们应该停下来想一想还缺少了什么。1805 年,勒让德给出了最小平方法的表达式,但却没有提到对其准确性进行测度的方法。

事实上,在勒让德的最小平方法中并没有出现概率。直到四年之后,在高斯出版的著作中才出现了概率:正态分布、标准误差的系数和加权分析。对此作何解释? 是不是如某些历史记载的那样,这是因为高斯是一位比勒让德更伟大的数学家呢? 我冒昧地给出一个不同的解释。原因很简单:勒让德的基本任务是通过与问题有关的观测数据的最精确分析来确定一个单一的标准——米。他基于与"法国"弧线相关的"法国"数据以寻求最精确的"法国"度量单位——米,因此他没有使用其他国家的数据——即使这些数据可能会为我们提供关于圆周率甚至"米"更准确的参考。实际上,对不确定性进行评估可能会不利于他的任务。如果勒让德双手持着木棍来到拿破仑面前宣布说:"陛下! 我们已经找到了'米',它的长度介于这两根木棍长度之间!"你能想象拿破仑的反应吗?

相反,在高斯发表最小平方法之前,他最感兴趣的问题就是天文学,而不确定性是天文学的重要组成部分。由此我们可以得到推论:基本标准制定的问题(两种类型中的第一种)可能会促进统计创造力高度的提升,但是,对基本物理常数的精确测定以及与之有关不确定性的度量并非易事,并且承认不确定性的存在在某些程度上会降低物理"常数"的持久性。

我们有大量的历史证据来支持这个推论。前段时间我致力于对现代估计量作用在古代数据集上的效果做历史回顾(斯蒂格勒,1977b)。我轻而易举地就从天文学家那里找到了例子,但当我试图在从化学家们确定分子质量的早期尝试中寻找时,结果却让我大吃一惊。无一例外,最好的工作也仅仅是给出了大量实验的细节描述,并且只报告了最理想的实验结果,除了最后一两位小数,这些结果都是有误导性的。

关系的性质

我之前提到,在统计学的一些领域,统计创新是由标准驱动的,而其中一个领域(常数不确定性的度量)却并非如此。类似的例子还有吗? 有。19 世纪在社会和生物科学中发展起来的整个统计关联测度领域,就与标准的研究没有明显的关系,当然其他的例子还有很多。这并不是说,统计中存在某一领域不适应现代的标准分析,而是说确实有一些领域,它的起源和成熟并不是在标准的推动下形成的。

因此,统计的历史并不等同于标准的历史。那么,他们的历史联系又是如何形成的呢?统计思考方式的改变决定着"标准"定义的不断变化,这一现象也许会给我们一些思路。

长度标准的演变是大家所熟知的。1805 年,"米"是一个简单的长度单位,它是由法国——乃至世界上最好的科学家基于土地的测量确定的。1890 年,"米"是放置在巴黎的一根金属条,光速就是依据测量好的距离而确定的,角度测量也来源于这根金属条——这根金属条是距离的标准,也间接地成为其他所有度量的标准。1894 年,"米"已不再是最基本的标准,光的波长取代了这个位置,而且金属条也以光的形式进行测量。180 年里,发生了关于标准的革命——从土地,到金属条,再到光。到底发生了什么呢?

这有另一个标准改变的例子,在某些方面是司空见惯的,但在某些方面却又很少见。目前,价格指数本质上是这样的:给定一种商品或者一篮子商品(这个过程充满了各种概念上和实际上的困难),那么这种商品或者一篮子商品的价格就被确定了。这个价格会随着时间而变化。这种商品(或者一篮子商品)就是标准;价格是暂时的,随着世界的改变而改变,也许每天都在变化。但也并不总是这样。现在考虑一个三个多世纪以前的例子。

1665 年,伦敦正在遭受最后一次大瘟疫。统计的作用在这次瘟疫中得以体现,即每周公布的死亡数目清单。这种清单主要是将死者按照地区和死因进行分类。这些清单是为了满足公众的好奇心并提供预警,但同时它也为活着的人提供一些更积极的信息——出生统计和价格指数。当时的价格指数与现在有些许不同。它给出了每周一便士可以买到的面包数量。1665 年 4 月,在伦敦爆发大瘟疫之前,一便士可以买 10 盎司的小麦面包;到了同年 9 月——当时一周之内有 7000 多个生命死于这次瘟疫,面包的价格小幅上涨了 5％——一便士只能买 9.5 盎司的面包了。1665 年,一便士是标准,而可以买到的面包数量是随时间变化的,这正好与我们现在的情况相反,这正如在过去的一个世纪里,米和光速的位置反过来了一样。我们认为是基于统计方面的考虑引起了这种转变。

原理很简单。标准是用作比较的,而最可靠、最固定、最确定的数量被用作最好的标准。1805 年,土地是最确定的标准,因此对土地的测度产生了"米"的标准。到了 1890 年,人们已经知道土地存在太多的变动,已经不适合继续维持标准了,取而代之的金属棒则更易理解,也更确定。到了 1984 年,比起可能会膨胀、收缩和分裂的金属条，人们认为光具有更好的性质，因此，产生了又一次变革。在当今的经济中，农业生产中的问题比 17 世纪时稳定多了，并且便士(用于购买物品)也进行了很好的细分。1665 年，便士的变化范围不大，只有很少的几种币值，是标准的自然选择使它发生了改变。在这两种情形下，标准的选择都是以统计为基础的：不管是何种用途的标准，它都应该是在不断地选择发展中变得更易测量和使用。这就是统计与标准存在历史关系的原因：要成为标准，就要达到标准的相对和绝对准确性的基本要求，而统计对于这种准确性的评估以及对评估条件的理解都是必要的。

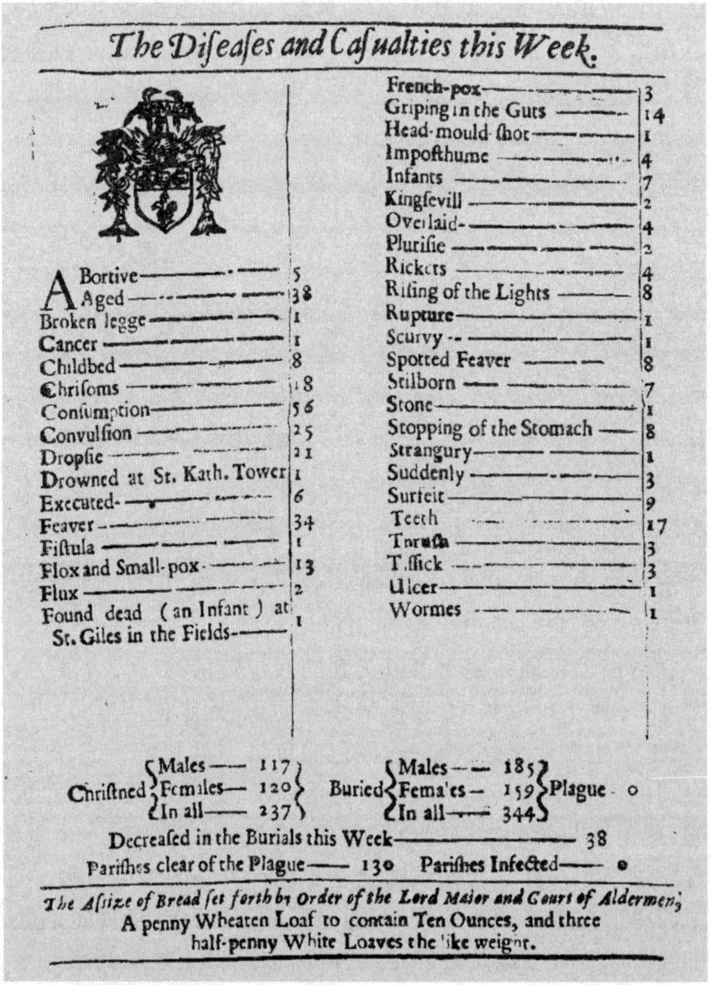

The Diſeaſes and Caſualties this Week.

Abortive	5	French-pox	3
Aged	38	Griping in the Guts	14
Broken legge	1	Head-mould ſhot	1
Cancer	1	Impoſthume	4
Childbed	8	Infants	7
Chriſoms	18	Kingſevill	2
Conſumption	56	Overlaid	4
Convulſion	25	Pluriſie	2
Dropſie	21	Rickets	4
Drowned at St. Kath. Tower	1	Riſing of the Lights	8
Executed	6	Rupture	1
Feaver	34	Scurvy	1
Fiſtula	1	Spotted Feaver	8
Flox and Small-pox	13	Stilborn	7
Flux	2	Stone	1
Found dead (an Infant) at St. Giles in the Fields	1	Stopping of the Stomach	8
		Strangury	1
		Suddenly	3
		Surfeit	9
		Teeth	17
		Thruſh	3
		Tiſick	3
		Ulcer	1
		Wormes	1

Chriſtned { Males — 117, Females — 120, In all — 237 } Buried { Males — 185, Females — 159, In all — 344 } Plague — 0

Decreaſed in the Burials this Week — 38

Pariſhes clear of the Plague — 130 Pariſhes Infected — 0

The Aſſize of Bread ſet forth by Order of the Lord Maior and Court of Aldermen,
A penny Wheaten Loaf to contain Ten Ounces, and three half-penny White Loaves the like weight.

图 20.3　1665 年的两张死亡数目清单，一张是大瘟疫在伦敦蔓延之前的一周：4 月 11—18 日，另一张是处在瘟疫肆虐顶峰时的一周：9 月 12—19 日。摘自格朗特(1665)。

统计标准

有关统计和标准关系的另一方面是，在过去，对"统计标准"普遍理解的缺失阻碍了统计学科的发展。对此，我将给出两个历史上的事例（这两个事例在斯蒂格勒，1986a 中有更为详细的讨论）。雅各布·伯努利和托马斯·贝叶斯的著作均是在他们逝世后才出版的，一些历史学家对此进行了解释。理由是这样的：他们没有足够的时间来完成发表。我不同意这种说法。他们两个都具有一流的聪明才智（至少我们现在是这样认为的），在去世前就已经完成了著作，而且这些在他们去世后出版的著作被认为是杰作。我认为，他们两个之所以没能及时出版是出于相同的原因——缺少一个参考标准来衡量距离"确定"多近就可认为是"足够好"了。简言之，他们缺少一个与被普遍接受的 5％ 的显著性水平作用相同的准则——这是我们所说的第二种类型的标准，即不确定性容忍度的标准。伯努利证明了一个奇妙的逼近定理，当他想尝试实际例子的时候，他推测要证明这个千分之一的概率需要做25 000次以上的试验，例如，关于下雨概率的例子。这个数字大得不能让人接受，并且普通公众每天会毫无根据地做大量推论。是因为伯努利的分析太不完善，还是因为他对误差范围的要求太过苛刻？对于第一个问题，他不能做出回答，而基于公众感受的对第二个问题的回答我们也无从得知。

同样，由于缺少可以接受的不确定性水平，贝叶斯在数学分析中也遇到了棘手的问题。他试图界定不完整的 β 积分，以便计算事件发生的后验概率，最终他以 0.15 作为界限。这个差距——以准确值为中心的接近 1/6 的范围内——可以接受吗？他的分析还可以改进吗？他所面临的困境跟伯努利非常相似。

我推测，如果这些先驱者当时有一个被广泛接受的准确性标准作为基准，那么他们不仅会坚持自己的分析（贝叶斯？）或者对自己的研究成果充满信心并将其出版（伯努利？），而且一旦出版，人们将会更快地接受他们的研究成果。然而，这种假设是没有意义的；他们所遭遇的困境是必然存在的。他们为设立可接受的不确定性标准做了开创性的工作。如果没有他们从这些分析中得到的丰富的经验，也就不会产生标准。如果没有这些先驱者们在这两个多世纪以来的工作，在通过经验减少不确定性的过程中，我们就不会有屡遭非议的 5％ 的显著性水平，也不会有任何其他能被广泛理解的、对于什么能够发生（或者什么不可能发生）的定量描述。

正态标准

也许关于统计标准最极致、最有趣的一个例子,就是统计对象本身也是统计标准,并且该标准有一些有趣的结论。当今,正态曲线是最为熟知的统计对象。作为"钟形曲线",它被众多的书名采用并且通过各种书评得到了不断的改进。二十多年来,威廉·克鲁斯卡尔和我一直在研究该曲线,尤其是着眼于其名字的演变过程(第 22 章)。

高尔顿写到这条曲线时说,如果希腊人当时知道这条曲线,那么他们必定会将这条曲线神化。这种特别的关注并不奇怪,因为这条曲线现在已经成为了统计分析的标准。实际上,我们在 1838 年就发现了它,50 年后它才有了自己的正式名称,奥古斯塔斯·德·摩根建议称它为"标准分布"。"正态"和"标准"这两个词语,均传达出在某种程度上存在矛盾的信息——它们都可以理解为"平常"或者"完美"的意思,而且这两种意思通常同时存在。

该曲线的重要地位,主要是技术方面的原因:根据中心极限定理,该曲线及其参数决定着变异和不确定性的表达方式。这样,由正态分布可以得到其他标准,特别是那两个容易混淆的统计术语:标准误和标准差。在某种程度上,我们认为这并不科学——一个科学家怎能接受在常规过程中误差作为其必然的一部分,并将其作为一个"标准"?但是,我们能意识到误差和偏离常态的普遍存在,这本身就是最科学的。事实上,1893 年,卡尔·皮尔逊在其手稿中将"标准分歧"改为"标准偏差"(只改动了一个词),这种修改说明我们的测度本质上更注重的是一种"标准",而不是"偏差"。

即使是在现代统计应用中,"标准正态分布"这个名称也被认为几乎是多余的。就像我们所遇到的标准,即使是物理常数,也随着时间而变化。同样地,标准正态分布的表述也发生了多次改变。从棣莫弗到卡尔·皮尔逊,所提到的曲线形式如下:

$$f(x) = \frac{1}{\sqrt{\pi}} e^{-x^2}$$

皮尔逊之后,出现了一种新曲线替代了以上曲线,尽管它也表现出一些问题而且很可能在将来并不适用。实际上,多年来一直努力想要说服学生:皮尔逊的"标准正态曲线"

$$f(x) = \frac{1}{\sqrt{2\pi}} e^{-x^2/2}$$

没有那么令人生畏。但这都没能成功,主要是由于该曲线中符号排列太过混乱。这里,我提出了一个近似替代(斯蒂格勒,1983):

$$f(x) = e^{-\pi x^2}$$

这是一个正态曲线(方差为 $1/2\pi$),它不需要正态化的常数,不需要平方根符号,也不需要没有实际意义的数字"2"。它还有其他很多良好的性质(例如,它的四分位数接近 $\pm 1/4$)。

表 20.3　新标准正态形式的优点

密度函数 $f(x)$	$f(x) = e^{-\pi x^2}$	$f(x) = \dfrac{1}{\sqrt{2\pi}} e^{-x^2/2}$
$f(0)$	1	$\dfrac{1}{\sqrt{2\pi}} = 0.398\ 94$
四分位数(近似值)	$\dfrac{1}{4}$	0.675
平均偏差	$\dfrac{1}{\pi}$	$\dfrac{\sqrt{2}}{\pi}$
$\sqrt{n} \times$ 样本中位数的标准偏差	$\dfrac{1}{2}$	$\sqrt{\dfrac{\pi}{2}}$

来源:斯蒂格斯(1983)

　　今天,这条曲线非常流行,但是之前却没有[1],这是为什么呢? 跟其他标准的选择一样,这也有一个很好的原因。使用时,它处理起来非常困难,因此在实际应用中的准确性也欠缺,这主要是因为它是以 $\sum (X_i - \overline{X})^2 / [2\pi(n-1)]$ 平方根的形式而非 $\sum (X_i - \overline{X})^2 / (n-1)$ 平方根的形式来测度偏差,这就增加了统计学家的负担。皮尔逊在选择标准时,显示出了他的聪明过人之处。他意识到,如果将重点放在常规计算阶段,那么准确性是最重要的,即使要以"理论"上的简洁性为代价。描述曲线时书写符号的简便性总是第二位的,直到计算标准差的复杂性和准确性不再成为问题。

　　尽管我们现在已经自然而然地采用正态曲线作为数据分布的标准,但令人惊讶的是,这个接受过程经历了相当长的时间。1875 年发表了一篇标题吸引眼球的文章——"曝光政府机构行动"(泰勒(Tylor),1875)。尽管这篇文章的内

----

　　① 我在研究安德斯·哈尔德(Anders Hald)时发现,在 1873 年,当时丹麦统计学家西克(T. N. Thiele)(1873) 已经在其理论研究中使用了此曲线,但是这种曲线仍然没有流行起来。

容与其标题没有任何关系（其实是一篇关于地质侵蚀的文章），但其内容仍具有非凡的意义。这篇文章的作者——泰勒，采用正态曲线作为地质标准（他称之为"二项曲线或剥蚀曲线"），并将现实中存在的山丘外形轮廓的缺失视为侵蚀的表现——"剥蚀"（见图 20.4）。也许可以找到一种观点来解释这个似乎荒谬的过程，但当时泰勒并没有给出观点。

FIG.19

MOUNT TABOR

FROM A PHOTO

at present ; and they would, and might, give an irrigation to the desert of Egypt, which would be of immense agricultural value, by causing an earlier and larger overflow of the Nile.　The opposite is also true, that rivers joined at the same slope traverse with greater velocity.　If the rivers of the Rhine Delta were joined so as to have one mouth, the Rhine would have a deep navigable mouth, and the stream, by its velocity, would always keep 22 feet of water at the bar.

　　Fig. 20 is a diagram, the outline of which is a true binomial curve. This curve is shown in dotted line on Fig. 19, Mount Tabor, a type of a certain class of hills.*

　　Another common form is also shown in Fig. 21 ; the hills assume the fish-back outline, the water-shed dividing the hill into unequal parts.

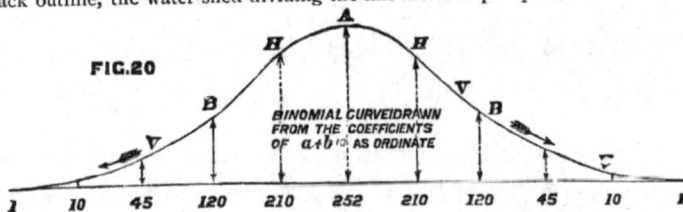

FIG.20

BINOMIAL CURVE DRAWN FROM THE COEFFICIENTS OF $a+b^{10}$ AS ORDINATE

1　10　45　120　210　252　210　120　45　10　1

图 20.4　1875 年，泰勒将正态曲线作为"剥蚀曲线"，即将此曲线作为没有被侵蚀的山丘形状的标准。

　　还有一个例子，1869 年，著名的瑞典统计学家巴尔肯，作为国家代表参加在海牙举办的国际统计大会。在会议上，他做了一个关于方法论的令人匪夷所思的演讲，该演讲即使在今天看来也是非常令人震惊的（阿尔·巴尔肯（Al R. Balchen），1869）。巴尔肯用一个实际例子解释了平均数的用法。他给出了 1851—1855 年瑞典的月出生数据（图 20.5），以占全年百分比的形式表示。比如，

Période 1851—1855.

Janvier	8.796 pCt.	Juillet	7.548 pCt.
Février	8.792 ″	Août	7.570 ″
Mars	8.666 ″	Septembre . . .	9.250 ″
Avril	8.318 ″	Octobre	8.566 ″
Mai	8.034 ″	Novembre . . .	8.242 ″
Juin	7.736 ″	Décembre . . .	8.482 ″

Moyenne: 8.33 pCt.

Déduite d'un grand nombre d'observations, cette moyenne peut être regardée comme suffisamment dégagée de toute influence des causes accidentelles. On voit que les fluctuations varient entre des limites excessivement étroites. Reste à rechercher si elle représente une valeur moyenne réellement existante.

Si en prenant le nombre 8.33 pour unité de mesure, on construit successivement d'après la même échelle, les différences consécutives de ce nombre avec les autres, et qu'on les range selon leur grandeur et leur place respective du côté positif ou négatif de la médiane donnée, on obtient une courbe de la forme que voici :

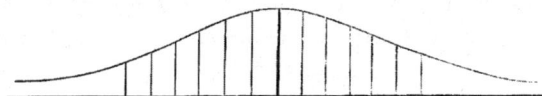

La forme régulière et symétrique de cette courbe est une preuve suffisante qu'il existe ici réellement une valeur moyenne proprement dite.

Période 1856 à 1866.

1856 =	— 211995	1862 =	— 28360
1857 =	— 164739	1863 =	+ 34559
1858 =	+ 127037	1864 =	+ 326364
1859 =	+ 543330	1865 =	+ 171033
1860 =	+ 582267	1866 =	+ 109636
1861 =	+ 462375		

Moyenne: + 177407.

En suivant la même méthode de construction, nous obtenons la représentation graphique suivante des fluctuations.

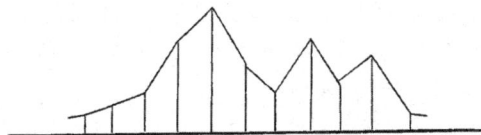

La forme irrégulière et bizarre prouve à l'évidence qu'il ne peut être question d'une valeur moyenne.

图 20.5　巴尔肯(1869)利用 12 个值的分布得到的正态曲线,以此对取平均值无用的观点进行荒谬的解释,并且他荒谬地认为,当一个时间序列不遵循同一条正态曲线时,不应该取平均值。

一年当中,一月份出生的百分比为 8.796%,二月份出生的百分比为 8.792%,等等。他计算出平均出生百分比为 8.33%。巴尔肯以下的结论,必定是历史上最有所保留的陈述之一:"从大量的观测数据来看,平均值可以认为不受任何其他随机因素的影响。"显然,由于一年之中 12 个月的出生百分比加起来是 100%,即使所有新生儿都在一月份出生,其平均值也必定为 100/12=8.33%!为了证明该均值的意义,他认为这些值围绕均值呈正态曲线分布。但他是使用何种方法利用这 12 个百分数来构建曲线的,现在仍不得而知。

但是,如果你认为巴尔肯的无知只体现于此,那么你就错了。他继续从出生统计转到贸易统计,给出了 1856—1866 年瑞典各省份的出口和进口差额及其平均值。然而,他却认为这个平均数没有意义。为什么呢?因为当该时间序列被绘制出来时,它"形状怪异",并不是一条漂亮的对称正态曲线!当然,现在我们知道如果它真的服从正态曲线分布,才是奇怪的。看到这样的例子是令人欣慰的,就像我们今天也会经常犯错一样,事物总是在不断的犯错中得到改善。

结　论

通过对标准的历史追溯,我们发现,统计的发展是一个非常复杂且相互作用的过程,而不仅仅是一个简单的连续过程。在不同的时期,社会对标准有着不同的准确性需求。为了实现这一目标,人们提出了不同的统计方法——抽样、算数平均值、最小偏差和最小平方方法。如果我们对不同的方法进行比较,或者将方法应用到科学(尤其是早期的天文学)当中,就会发现不确定性的测量是非常必要的。但是,对于标准准确性的要求使得承认测量中存在不确定性变得异常困难。然而,我们需要关于不确定性的标准,即什么是可接受的,什么是可实际达到的。而且不确定性的表述本身涉及标准的另一个层级,即关于统计自身其统计术语的标准:标准误差曲线、标准偏差,以及图表和计算标准。

统计的早期发展不局限于标准的研究,它还涉及其他一些学科。科学问题——更一般地说,意识到我们知识的缺陷——激励了统计的不断发展。社会问题亦是如此。同样地,承认社会问题中存在不确定性是科学的,并对统计的发展起到了极大的促进作用。但是,在统计早期历史的重要时刻,发挥决定性作用的依然是标准问题:例如,目标标准和限度标准,作为待确定的数量目标的标准,作为测量过程中变化限度的标准,以及为达到目标我们所拥有的知识限度的标准。

第二十一章　铸币检验试验

　　显著性最优检验的建立是 20 世纪统计理论的重要创新之一，罗纳德·费雪（Ronald Fisher）进行了早期的开创性研究（包括 20 世纪 20 年代基于概率的显著性检验研究），其后，沃尔特·斯图尔特（Walter Shewhart）（1924 年提出控制图理论），以及耶日·奈曼（Jerzy Neyman）和埃贡·皮尔逊（Egon Pearson）（1933 年提出奈曼-皮尔逊 Neyman-Pearson 引理）都发挥了关键作用。然而，作为显著性检验理论的基础，一些概念具有更悠久的历史。统计检验最早出现于抽样检查的实际工作中，被赋予一个神秘的名字——"铸币检验试验"，这个工作在 1980 年奈曼遇到皮尔逊之前，已经延续了 750 多年。铸币检验试验是伦敦皇家铸币厂的一个古老的仪式，尽管几世纪以来其参与者的动机在发生变化，但人所共知的目的就是检验铸币厂所铸的硬币是否满足国王的要求。通过详细描述这个在 1870 年以前举行试验的程序，也许可以很好地解释这个仪式以及它奇怪名字的由来。

　　铸币检验试验是为了检测铸币厂产品质量，抽样检验是最后的步骤——主要针对金币和银币。一段时期，一枚硬币将可能在铸币厂生产的每个流程被抽取，即每生产 15 磅金币和每生产 60 磅银币就要抽取一枚硬币，并将这枚硬币放入铸币检验箱中。在铸造之前，国王检测黄金的"试盘"被安全地存放在威斯敏斯特教堂的三重上锁的宝物室的盒子中，又被称为"圣体容器"，以便日后作为铸币质量控制的参照标准。"Pyx"一词，19 世纪中叶以前拼写为"pix"或"pixe"，该词源于希腊语，意即一个盒子。在早期（1400 年之前），教会文学中，圣体容器是盛圣餐面包的容器。目前（1598 年以后）使用这个词指代造币厂保险箱，这可能源于威斯敏斯特教堂供神所用的盒子。

　　铸币检验试验通常为每三至四年进行一次，但也有不规则的时期，或者更为频繁，每年举行，届时将召集金匠行会会员成立评审委员会（即众所周知的金匠之谜评审团，是由独立商人组成的商会）。在试验时，铸币检验箱将被打开，含量将被计算、称重，并进行检测。然后，将检测结果与铸币厂契约规定的标准进行比对。在 1851 年以前，铸币厂不是政府机构的组成部分，而是通过与官方签订合同或契约进行经营,契约规定了允许误差的范围,被称为"公差",在规定的范围内高于和低于标准值是允许的。含量取决于贵金属的类型及被检测的货币面额。检测活动圆满完成后,将举行一个庆祝晚宴。

关于古代的铸币检验试验的典礼有完整的记载。奇泽姆(英国,1866)认为,试验可以追溯到亨利二世的统治时期,即 1154 年至 1189 年。但是,克雷格(1953)认为,如此早的起源是不可能的,他认为 1179 年财政大臣进行铸币检查旨在更好地确定税收贡献的价值,而不是检验铸币工人的生产标准。此外,1179 年前铸币检验试验信息主要来源于理查德·菲茨·尼尔(Richard Fitz Neal)的《对话》(或菲茨·奈杰尔(Fitz Nigel),伊利·奈杰尔(Ely Nigel)的儿子),它著于 1176 年至 1179 年,仅仅通过存在错误或修改的后期抄本而被公众了解。不管怎样,一次公开的试验曾在 1248 年举行,并且所有的学者都认为从 1279 年爱德华一世发布公告规定应遵循的程序开始,铸币检验试验得到了确认。程序的许多细节在随后的几世纪里已经被改变,但基本的约定没有改变:自爱德华一世时代开始,直至当代,仪式仍然是由一个独立的评审委员会监督铸币检验箱中货币的选择以评判货币铸造是否符合标准。

然而,试验的目的也发生了一些变化。试验最初设计是为了国王可以持续检查铸币中贵金属锭的使用情况,以保证对独立运营的铸币厂商的贵金属供应。例如,如果一个铸币包含过多的黄金,国王将不能得到他所期望的货币的价值,超重货币的收藏者可以融化铸币,退还给造币厂并获得一定收益。如果铸币质量过轻,货币将受到质疑并不断恶化,贬值的收益将被铸币厂获得。

铸币检验试验的目的是保持货币铸造标准,以确保任何货币贬值都将根据君主的意图来进行。因此,如果试验结果显示铸币中的黄金量过少,铸币厂相关负责人,需要向国王偿还差额,包括自上次试验后所涵盖的全部铸币。这就是"允许误差范围"的缘由,最初意味着必须予以纠正的数量,后来逐渐演变为指代不必予以纠正而可以容忍的数量。

在后来的几年中,特别是自 1851 年后,铸币厂重新被确定为国库的一个分支,试验的次要目的变成了主要目的,也就是现代铸币检验的主要动机是提高公众对货币的信心。因此,铸币检验评审团的决议在早期是没有公布的,而在 1870 年成为众议院报告的一部分。铸币检验试验并不是新铸造货币所必需的唯一检验,铸币厂还需要进行经常性检查,甚至早期国王的试金者所进行的检查也是常规的。的确,铸币检验的选择只能在铸币通过由国王试金者进行的铸币检测之后来进行,通过自己来检查。然而,这次检验是唯一由独立的评审委员会组织的铸币检查。

统计学家眼中的铸币检验

从统计学家的视角来看,铸币检验是一个关于维持质量的抽样检验方法的极好的例子。事实上,这些程序大约沿用了 8 个世纪,它确实是最古老的程序之一。人们一般认为,罗马铸币可能受到某种形式的检查,但我并不能找到相关记录的任何文献资料。在标准教科书中,问题可以进行正规的论证,简化为一个假设检验问题。铸币厂契约设立一个标准作为一个简单的零假设,官方担心高于或低于标准出现偏差,因此需要进行双边检验。由于评审委员会检查所有铸币是不经济的(由于是一种破坏性检验,也不可能全部进行),因此,必须进行抽样检验。由于货币铸造是一个持续的过程,必须实施某种取样和检测程序。抽样程序必须进行修改,检测之间的时间间隔必须确定,检验统计量和置信区间必须确定。

当然,所有这些考虑都会产生问题。受到现代统计概念和技术的影响,古老的检验程序或铸币检验是否会面临挑战?抽样如何进行?实际中使用什么检验?如何设置允许误差范围(或容忍度)?所做的检测是否合适?随着时间推移,现存的相关文件记录不能被设计用于回答这些问题,导致详细的调查无法实现。然而,这些问题的一些信息是可以获得的,我们应充分发掘利用这些信息。

抽样流程

如何进行铸币检验试验的硬币选择?所做的抽样是随机的吗?由于试验中并不是所有硬币都被检测(或早期的称重),如何从铸币检验箱中抽选铸币以备检验?由于各种情形下的精确流程没有被记录下来,这些问题是难以回答的。事实上,我们无法给出上述选择流程的一个数学上的精确描述,因为随机抽样是个现代提出的概念,即便是非随机抽样方案也要以随机抽样概念为前提。

关于铸币检验的官方文件记录了铸币检验所选取的货币数量,但是没有说明选择是如何进行的。爱德华二世(Edward II)统治时期的第十八年,即 1345 年,当时铸币厂契约对铸币厂看守人有如下描述:

　　每 100 镑重的银币和每 5 磅重的金币中分别抽取一枚,保存在有两个钥匙的箱子中,用两个盖印密封,其中,一个钥匙保存在国王的代理人手中,另一个钥匙保存在铸币厂主人手中(罗杰斯·吕丁(Rogers Ruding),1840,p. 70)。

类似地,非正规信息的陈述从其他王朝保存下来,直到现代。例如,1817 铸币厂契约指出:

　　作为整笔款项的一部分,上述款项在进入流通领域进行使用之前,应放入一个盒子中……(也就是说)每个流程将重量不超过 15 磅的黄金分成两份,其中一份放入铸币检验箱,另一份用于铸币检验(英国,1866,p. 30)。

这里所指铸币厂 Pyx 检测是室内检测。检测程序的实施比较频繁,没有铸币检验试验那么正式(英国,1866)。

　　一个天真的观点是假设合格的铸币已经通过铸币厂的各种检验,被认为适宜流通,它们必须在临时抽检中无法区分,因此,选择必须是有效且随机的。这在近期的案例中是合理的,但并不总是真实的。例如,克雷格(1953,p. 104)指出,在 1534 年的铸币检验试验中,评审员的报告指出,硬币在重量上是足够的,这将使从较重的铸币上切下碎片是有利可图的。此外,在 17 世纪中叶,超重硬币被铸币厂赋予绰号——"再次归来的基尼(英国旧时金币名)",因为它们将返回铸币厂被熔化,并以一定的收益被再次铸造,然后交给流通商户(克雷格,1953,p. 212)。然而,这表明有偏选择是可能的,它仍然使我们在黑暗中决定铸币选择以这种方式进行是否有效和现实可行。

　　无论现实是何种情形,在 19 世纪公认的选择或多或少是随机的。1815 年《绅士》杂志关于 1814 年铸币检验试验的报道,认为铸币箱中的硬币是为了试验而事先随机抽取的(R.,1815)。1892 年《钱伯斯》杂志描述:每次抽取的铸币都被赋予了相同的权重(未落款,1892)。

　　在 19 世纪众议院的报告中,铸币厂官方看待铸币抽选的方式出现了进步的曙光。1866 年,当时的首席财政大臣奇泽姆(H. W. Chisholm),后来的数学家格雷斯·奇泽姆(Grace Chisholm)的父亲,建议减少检验铸币的数量,并写道:"因此,事实表明:完全无须将这么多的铸币放入铸币检验箱中,在铸币厂一天的生产量中随机抽取一枚硬币加以检验是足够的。每天分配一个名额,然后,将这枚硬币放入铸币检验箱中"(英国,1866,p. 7)。奇泽姆的建议是以这样的事实为基础的,即大约 200 枚检验铸币中只有一枚被仔细检查,而不是对合适的抽样比例进行数学分析。另一方面,奇泽姆将检验铸币描述为熔化的"标本"(英国,1866,p.20)。

然后,出现这种现象,即所有党派都认为选举是不公平的,即使各方视为公正的选择,即使这可以在现代意义上通过数学随机性得到证明。关于抽样方法的进一步信息可以在 1837 年向众议院特别委员会提交的关于铸币检验的证词中获得。莫里森(J. M. Morrison)当时任铸币厂副厂主,并且在他 47 年的职业生涯中有 34 年担任了这一职位。特别委员会的委员质疑他操控铸币检验,尤其是关于评估铸币成色检验的抽样比率,于是发生了以下交流:

> 问:每件都进行检验吗?
> 答(莫里森):全部都要进行称重和检测,它们按照一定的数量进行熔化,熔化成金条或金锭,再从每一块上切下一部分给化验师进行检验,以保证每一块都是整体均匀的一部分。
> 问:这种实验中,一些部分是否会存在瑕疵?
> 答:检验铸币被放在大堆中进行混合,然后进行随机抽取。
> 问:这仅仅代表一种平均水平,而其中的一些部分是否仍会存在瑕疵?
> 答:我不确定瑕疵是如何发生的,一些严重残次的部分可能会存在瑕疵,但化验师会应对和处理这些风险。
> 问:并不是每个单件都能进行检测,但是,总体中一定数量的部分将被抽取、熔化,并进行一般性的检验?
> 答:是的。
> 问:假如熔化流程被不正确操作,是否会影响随后检验的结果?
> 答:当然它有可能被不正确操作,但我们可以确定实验师是一个技术精湛的人,我们都期望在同一时间看到它们以正确的方式熔化(英国,1937)。

在莫里森早期的证词中,他对试验中的铸币选择做了如下描述:"监督人员从袋子中取出铸币,然后给他和国王的实验师两块货币铸件,还有一块用于公开的检验。"(英国,1837)莫里森后来的证词表明,这样假设似乎没有不合理之处,至少在 18 世纪初,选择或多或少存在盲目的成分,没有对铸件部件进行更加深入的研究。

关于这一点,在尚存的约 1280 年的手稿中可以进一步发现英国传统具有较强持续性的证据。手稿对实验师检测的铸币选择做了如下描述:

当铸币厂主管将铸造好的准备就绪的便士带到检验地点,比如铸币厂,他必须把便士都放在用帆布覆盖的计数器上。然后,用帆布将便士翻过来。随后,当便士翻过来后,用手进行充分混合,由转换器从堆中间抽取出一定数量的铸币,朝着一个方向或另一方向转九或十次,直至抽取 6 磅重的铸币。然后,他必须把铸币分成四堆,以便使它们充分混合。(尼古拉斯·奥雷姆(Nicholas Oresme),c. 1280,1956,p. 91)

在悠久的历史中,铸币检验试验不断发生变化。爱德华三世和伊丽莎白一世的契约规定,检验应每三个月举行一次,尽管这些规定并不是长期适用。1870年硬币法案,涵盖了对铸币检验的法定认可,指出检验应每年举行一次。然而,在铸币检验的悠久历史中,检验的时间安排更加具有偶然性。有时采用固定的抽样变化调整,当铸币检验箱不能容纳更多货币的时候,开始进行铸币检验。有时出于政治动机国王要求进行铸币检验。但是,往往检验的举行与铸币厂管理者的变化出现巧合。大约在 1800 年,一个新的铸币厂管理者需要发行一项20000 英镑的债券,但是在他离开铸币厂之前,债券始终没有发行,直到成功地完成了铸币检验之后。

检验和偏差

正如我们已经看到的,在用于检验的硬币选择中似乎出现一些随机性的假象。对此我们能使用该示例吗?使用关于过程的完整性评估需要了解大不列颠铸币厂古代货币的真实情况。尽管没有相关记录,但有足够的信息支持初步的判断。简言之,1870 年以前,检验以这种方式进行,以便对铸币厂更加有利,更可能获得支持。国王的议员提出更好的概率理论,要求铸币厂契约添加更严格的检验条款。

最早期的时候,检验包括对铸币检验箱中的铸币进行三方面测量,用表格记录测量结果,包括个数、重量、成色。表格检验结果的填写是一个正式的文件手续,是检验判断的基础。从最早的时候,铸币厂主在重量和成色上允许存在一定范围的偏差或公差。吕丁(1840,p. 69)记录了可以追溯到爱德华一世统治时期,即 1272 年至 1307 年间的偏差。偏差的幅度几个世纪以来变化不大,仅在 1815 年出现大幅减少。最早试验的过程细节并没有完全公开,但很显然货币将被检验以考察其是否在偏差范围之内。如果它们在偏差范围内,铸币厂主将被要求向国王赔偿任何隐含的赤字;如果它们在范围之外,铸币厂主的未来将充满疑问和不确定性。大约 1280 年的一篇论文写道,"铸币厂主将生活在国王的怜悯之中或者与之相伴"(奥雷姆,c. 1280(1956),p. 80)。

1345 年铸币厂契约规定,"铸币检验箱每三个月就在国王委员会、监督人、铸币厂主管的监督下,在他们面前现场检验。如果铸币被发现是好的、在控制范围内的,铸币厂主可继续履行职责;否则,铸币厂主将赔偿国王的损失。"(吕丁,1840,p. 70)显然,大约在 1550 年以后,在偏差范围内赔付赤字损失通常是不必要的,但会抵扣足额薪金的发放(英国,1848,p. 41)。

奇怪的是,在早期铸币检验试验的相当长历史中,只有两次有记录的铸币偏差不符合规定的事例(都在 1550 年以前)。如果从后期的角度来看,我们将看到这为什么发生,在那里有关于检验过程更详细的说明。到 1799 年,试验程序已经形成了系列,基本上与莫里森在其 1837 年证词中的描述保持一致。下面我将描述 1799 年所做的铸币检验是如何进行的。(吕丁,1840,pp. 75—76)。

打开铸币检验箱,计算金币数量。在超过四年的时间内,检验箱中已经累积了 10 748 枚三种面额的金币,面值 8914 英镑 13s 6d。它们的总重量是 190 磅 9 盎司 8 载重吨(英国金衡制,24 克=1 载重吨,20 载重吨=1 盎司,12 盎司=1 磅,从而 5760 克=1 磅)。根据现行标准,它们的总重量应该是 190 英镑 9 盎司 9 载重吨 15 克,因此它们赤字 1 载重吨 15 克。然而,1799 年,铸币重量的偏差为 1 英镑 30 盎司 18 载重吨,它们被很好地控制在偏差范围内。检测试验的描述不太完美,但它是基于用火进行试验的,检测了 59 枚总面值为 46 英镑 14s 6d 的货币样本,并与铸币厂人员切割的铸币样本的检测结果进行比对。

决定检验结果的关键,以及铸币厂长远发展成功的关键,是基于给定重量的黄金来计算偏差的方式。契约规定,偏差应为 1 克拉的 1/6 或每磅 40 克。官方规定,以每磅为单位确定偏差(所有的货币被合并在一起),意味着偏差随着总量规模的变化而呈现出线性变化规律,从而与硬币数量呈线性变化。偏差不会按照检验铸币的数量的平方根而变化,正如现代统计理论所表明的那样,因此,被测试的货币数量越多,所做实验的严密性要求越低。根据中心极限定理,这确保了没有哪位细致谨慎的铸币厂主能够超越偏差范围。

为了证实铸币厂主的行为是非常安全的说法,我们需要了解他所在时代金币重量分布的更多信息。唯一可能的证据是,1848 年应众议院下议院特别委员会的要求,铸币厂开展了一项研究。到 1848 年,铸币技术得到了改进,误差降低到了每克拉黄金的 1/20,或每磅黄金 12 克,但结果仍仅是部分信息。应委员会的要求,一个英格兰银行的记账员称了 10 000 枚金币。他对于实验的描述,在我所见的描述铸币检验的文献中,最早使用了随机这个术语,尽管它不应从现代的眼光和技术的层面上来理解。

我做了这个试验,随机地从我所能发现的最接近标准的交付铸币中抽取 4 袋,每袋 1 000 枚铸币;抽取 3 袋重量不足的铸币;抽币 3 袋重量超标的铸币。10 袋共计 10 000 枚铸币。(英国,1848,p.218)

他的抽样方法是有缺陷的,因为这看来不可能是真正的分层随机抽样。我们也没有被告知三种类型的袋子出现的相对频率。然而,从他的数据来看(按照袋子以分组形式给出,见表 21.1),显然,袋之间分布的变化不足以大到使结果无效。他发现,10 000 个硬币中有 454 个高于或低于以每磅为基础计算的对单个硬币的法定允许误差。为了取整(即四舍五入),他取为硬币重量的 5%。附带提及,分组数据的概率图显示没有明显地背离正常值。实际上,那些图非常简单,预期的厚尾分布特征并不明显(尽管这可能被分组的粗糙所掩盖)。

因此,至少在这种情况下,允许误差可以这样确定,即新铸货币的代表性抽样中约 5% 超过允许误差,也就是说,如果所有货币是等面额的,允许误差将按照单个铸币的标准重量按比例确定,分布中有 5% 将超过它。有人怀疑 n 个硬币的样本总重量不超过单个硬币允许误差的 n 倍。如果抽样确实是随机的,单个硬币允许误差的 $\sqrt{n}$ 倍是更合适的标杆,代表性样本容量 n 通常超过 5 000。(在 1866 年铸币检验中包含了超过 45 000 个硬币。)假设是随机抽样,如果货币正在按照标准进行铸造,那么,允许误差所代表的临界值,有可能对应总重量标准差的 200 至 300 倍。

表 21.1　10 000 个硬币的重量,根据与标准值的偏离程度分类

$R = (12/5760) \times 123 = 0.256\ 25$,为单个硬币的允许误差。袋 1—4 接近标准值,袋 5—7 低于标准值,袋 8—10 高于标准值。

袋子编号	$< -R$	$-R \sim -0.2$	$-0.2 \sim -0.1$	$-0.1 \sim 0$	$0 \sim 0.1$	$0.1 \sim 0.2$	$0.2 \sim R$	$> R$	总计
1 和 2	34	57	172	630	597	366	116	28	2000
3	11	17	100	412	172	218	57	13	1000
4	20	22	135	350	184	222	50	17	1000
5	30	102	107	289	209	184	50	29	1000
6	32	27	267	210	236	144	56	28	1000
7	47	65	141	380	157	135	50	25	1000
8	11	21	110	215	361	156	71	55	1000
9	10	38	103	228	425	140	36	20	1000
10	14	13	126	309	290	168	37	30	1000
总计	209	362	1261	3023	2631	1733	536	245	10 000

资料来源:根据英国(1848)资料整理所得,p.220。

这种情况给铸币厂主提供了相当大的回旋余地。也就是说,他可以使其产品低于合同中的生产标准,而没有超过允许误差的风险,从而将中间的差额收入囊中。早年要求厂主归还差值,可以避免这种情况,但后来的实际情况不一样了。有证据(英国,1848,p.41;1837)表明,在英国伊丽莎白时期工资较低,低于标准的铸币活动一直存在,甚至得到鼓励,作为对铸币厂主的一种间接报酬形式,同时也一直是法国铸币厂的稳定收入来源之一。(问题:法国是不是在铸币时将重量保持在误差范围内的最低重量呢?答:当然是这样的,他们以此获利。(英国,1837))但在后来英国的铸币厂似乎没有得到这种机会。也许铸币检验试验的最大作用在于避免了铸币厂公然滥用权力,以免发生丑闻,动摇公众对铸币的信心。

牛　顿

铸币厂最杰出的管理者是艾萨克·牛顿。1696年,牛顿进入了铸币厂,并从1699年至1727年他去世期间一直担任着铸币厂的负责人。很自然,有人会问,这个伟大的科学家是否在得到或未得到官方批准的情况下在其任职期间从铸币的允许误差中获利呢?现有证据似乎表明他并没有。牛顿的手稿显示他认真关注铸币产品的完整性,尤其强调要减少个体之间的差异性。他敏锐地意识到进口商可能通过重熔超重硬币来获得利润,因此在铸币的准确性上强制要求执行高标准(克雷格,1953,p.212;1946,p.37)。

如果他愿意的话,牛顿所掌握的统计理论足以让他利用这种误差吗?牛顿在著作中很少谈到概率论(悉宁,1971b),他在解释物理理论时会提到一些相关数据,他对这些数据的理解有时更多地受到先入为主的想法的影响,而非统计分析(韦斯特福尔,1973)。为了获得牛顿对样本均值的一些理解,我们查阅了他作为铸币厂负责人时撰写的一些著作,其中他对均值间距的估计是以一种概念性的方式表述出来的,这和铸币检验试验比较相似。

关键的内容出现在牛顿的最后著作——《古代三国年表修订》里面。这本著作是在牛顿死后的1728年追授出版的。此书是为卡罗琳公主准备的一个古代的历史年表,1725年在法国出版的一个未经授权的版本中已经注明这一点(曼纽尔,1963,第1章;莫尔,1934,第16章;皮尔逊,1928;韦斯特福尔,1980,pp.805—815)。通过对古代历史事件发生时间的考证,牛顿认为,以前的历史学家估计古代君王平均统治35到40年这个看法是错误的。通过借助于更准确记录的历史资料,牛顿估计了古代王朝的平均统治时间,当君王的数量比他们统治的时间记录得更精确时,这一数据反过来也可用于估计朝代的长度。他在著作中写道:"在一般的君王统治中,都是一个君王接着另外一个君王,每个君王大概统治 18 到 20 年;如果在某些时期,有的君王多统治了 5 到 6 年,那么在其他时期,其他君王的执政时间则短得多;统治 18 到 20 年是一个中间水平。而所罗门之后的 18 位君王一共统治了犹大王国 390 年,每个君王统治 22 年。"(牛顿,1728,p.52)

牛顿还列出了 11 个其他王国的数据,见表 21.2。根据这些数据,他重复他的论点,即"在一般情况下",一个君王的统治时间"大约是 18 到 20 年"(牛顿,1728,p.54)。牛顿从哪得到这个均值的区间估计呢? 他在文中三次重复提到"18 到 20 年",而只有一次说"中等水平"为 19 年,这就表明他得出的确实是一个均值的区间估计。牛顿并没有给出相关计算,但使用表 21.2 中第四列十二个平均统治时间计算总体均值,再加上或减去一个标准差,即 $\overline{X} \pm s / \sqrt{12}$,就像现在的物理学家所做的那样,就可以得出有意义的结果。通过这个计算公式,结果是 19.10±1.01。也可以用其他方法进行分析,(1)法国君王不应计算两次,因此消除该表的第 12 行;(2)使用第 4 列的实际均值,而不是牛顿得出的近似值;(3)根据君王的数量对第 4 列中的其余十一行进行加权计算,由对应的最大似然估计得出加权平均值的标准差。根据这种方法得到的结果是 19.03±1.01,与牛顿给出的结果非常相似。现在,关键的问题不是牛顿做过哪种计算,尽管他可能计算过第 4 列的平均值,但我们还是可以肯定他没有做过计算。关键的问题是,他根据某种特殊因素或仅仅根据直觉得出的区间估计是符合某些合理的因素的,也就是大约在 65% 的置信区间内。如果牛顿得出区间估计的方法和铸币检验试验中确定允许误差范围的方法基于相同原理,那么他的陈述是非常不寻常的。正如我们已经看到的,铸币检验试验设定的阈值对应于落入区间内的单个硬币的重量的某一比例(约 95%),这些阈值再应用到大批硬币的平均重量中。英格兰君王的统治时间,牛顿是容易获得的,比如说在 19±11 这样一个区间范围内,也就是说大约 65% 的英格兰君王的统治时间都在这个范围内。然而,牛顿知道要根据他对各个朝代的分析,给出一个适当的区间范围。牛顿也一定注意到了,19±1 只包含了一小部分的君王统治时间。可以说,牛顿至少已经大致直观地了解到,当变量增加的时候均值方差会出现下降。将这种理解应用到铸币检验试验中是完全在牛顿的能力范围之内的。

表 21.2 牛顿关于王朝统治时间长度的数据

王朝	君王数目	长度	平均统治时间（牛顿）	统治时间均值
犹大	18	390	22	21.67
以色列	15	259	$17\frac{1}{3}$	17.27
巴比伦	18	209	$11\frac{2}{3}$	11.61
伊朗（波斯）	10	208	21	20.80
叙利亚	16	244	$15\frac{1}{4}$	15.25
埃及	11	277	25	25.18
马其顿	8	138	$17\frac{1}{4}$	17.25
英国（1066—1714）	30	648	$21\frac{1}{2}$	21.60
法国（前 24 君王）	24	458	19	19.08
法国（中间 24 君王）	24	451	$18\frac{3}{4}$	18.79
法国（后 15 君王）	15	315	21	21.00
法国（全部）	63	1224	$19\frac{1}{2}$	19.43

资料来源：节选自牛顿(1728)，pp.52—53

牛顿长期担任铸币厂的负责人，由此免不了会出现一些流言蜚语。根据 1710 年的铸币检验试验结果，铸币厂的黄金铸币的重量轻于标准，但牛顿利用他的声望成功地进行了辩解，主要是指其中 1707 年检测的标准定得过于苛刻（克雷格，1953，p.216；1946，p.77；纽曼，1975）。作为铸币厂的负责人，牛顿是富有的。在 1695 年之前，牛顿的"经济状况已经相当勉强"（德·摩根，1840，p.200），但他去世时，留下了 32000 英镑的财产。Craig(1946，p.124)认为，这可能是牛顿通过每年 1500 英镑的工资和收益投资得到的积蓄。实际上，德·比利亚梅尔（1931，p.19—29）研究了牛顿详细的财政账目，尽管他投资失败损失了 4000 英镑，平时慷慨地给朋友和亲戚的钱也很多，但他还是积累了相当多的财富。因此，作为微积分的发明者，万有引力定律的发现者，牛顿可能会，也可能不会干涉铸币检验试验，但似乎没有理由相信，他会用这种知识优势非法谋取私利。

美国的情况

美国也早就进行了和铸币检验试验相似的实验，但是两者之间有一个有趣的差异。美国的宪法给予了联邦政府铸造钱币的权力，美国国会于 1792 年成立了美国铸币局。1792 年的法令规定,组成每枚硬币的各种金属的重量,不得低于每年国家终审法院首席法官、国家和国库秘书、总检察长同时在场的情况下进行的检验中的三枚硬币的重量。该法令在第 18 条进一步明确,检测结果必须符合给定的 144 项标准之一,否则美国铸币局官员"就会被认为不称职"(美国,1894,p.6)。因此,刚开始的时候美国的制度与英国比较相似。

　　然而,1837 年美国国会的另一条法令,使这个程序发生了微妙的变化。1837 年 1 月 18 日公布的法令的第 25 条,介绍了双公差系统。法令指出,如果一枚金币进行称重时,其误差的允许范围为 1/4 克,但是一千枚金币一起称重时,允许的误差只有 48 克,也就是一枚金币误差的 192 倍。该法令没有解释发生这种改变的原因,但与英国的制度相比,它大大降低了大量硬币一起称重时的误差范围。每年的检验变得更加严格,其水平已接近一个现代化的统计检验。

　　如果将 1837 年法令看作铸币厂负责人萨缪尔·穆尔(Samuel Moore)于 1833 年 12 月 2 日给美国国会的一份报告中提出的建议的一种回复,似乎是合情合理的。穆尔建议需要"修订铸币局发行的硬币重量和成色的允许误差范围的现有条文"(美国,1833—1834,p.7)。更具体地说,他指出,技术进步提高了铸造的精确度,因此可以缩小硬币重量的误差范围,特别是在过去每年的检测中"已发现偏差很小,……在重量上无论是超过或者不足,都在法定误差的 1/4 之内"(美国,1833—1834,p.8)。穆尔没有给出缩小误差的时间表,但他似乎早就考虑了双公差系统,他曾写道:"当对小批量的硬币进行单独检测时,产生误差是不可避免的,因为要达到极端的精确度需要花费大量与收益不成比例的精力和费用。但是,大量金币的平均重量应该是符合法律规定的。"(美国,1833—1834,p.8)

　　在随后的几年中,虽然保留了双公差系统,但误差的范围经常发生变化。1849 年在铸造硬币时推出了双鹰图案,新法案规定这种新硬币单件的误差为 1/2 克,一千个硬币一起称重的误差为 72 克。这是我所知道的通过概率的推算来检测硬币重量的先例。

　　在 1871 年在美国科学促进协会上宣读的一份报告中,通过美国海岸和大地调查,朱利叶斯·希尔加德(Julius. E. Hilgard)指出法律规定美国铸币局必须每年举行一次硬币重量检测,当时每天只保留一枚硬币。实际上,有 328 枚双鹰硬币需要检测,但法律只规定了一枚及一千枚硬币的误差范围。在讨论可能的严重处罚使得一千枚硬币的误差范围并不公正时,希尔加德写道:

　　　　根据概率论,随机误差与被测硬币数量的平方根成比例累积,一
　　枚硬币单独称重时的误差为 1/2 克,一千枚硬币同时称重时的误差应

该为 16 克。法律规定允许误差为 72 克,可见并没有完全应用概率论方法,但是更大的裕度被考虑到了,这无疑是适当的,也是必要的,因为法律并没有考虑不变的误差来源,这可能正是问题所在。(希尔加德,1872)

他接着建议以曲线 $y=n^x$ 的形式来拟合法定公差,经计算,$y=n^{0.17}$,从而得出 328 枚双鹰硬币的误差范围为 32 克。尽管选定的双鹰硬币重量的序列相关性无法估计,但是可以合理地假设他们为正,从而基本上验证希尔加德的结论。

总 结

显然,通过抽样检验的方法来进行质量控制已经存在了相当长的时间。数理统计似乎在早期的检验程序中并没有发挥作用,但现代概念的早期版本却是存在的。即使是在中世纪进行的铸币检验试验中也包括了检验样本,零假设(标准),拒绝或者接受的检验结果,检验统计量和置信区间(硬币总重量及允许误差)。这个问题本身带来一个损失方程,在经济条件下是很容易理解的。有人可能会说,这个问题在现实中是三个行动问题,对应地替代双方两个特点(贪婪和无能),在不同的行动中可能是适当的;但如果是这样的话,官方的特征值同样很少。

从目前的情况来看,我们可以在很多地方对铸币检验试验提出批评意见。比如抽样方案不够充分明确,很多误差源本来是可以消除的;允许误差与样本容量之间的线性关系,有效地将第一类错误发生的概率减少到零,几乎破坏了检验发现临近替代物的能力,因此为不同国家不同时期的铸币厂主提供了稳定可靠的收入。但尽管存在着这些缺点,我们也不能对铸币检验试验要求得过于苛刻。铸就公众对政府的信心是铸币的一个重要目标,为了不使铸币厂频繁卷入毫无根据的丑闻,发生第一类错误的概率较低是必然的。毫无疑问,即使一个简单的检验也会使铸币厂保持警觉。尽管在多年的铸币检验试验中,铸币厂已经感到他们的地位是安全的,但是铸币厂的负责人(牛顿可能是个例外)并不比政府官员对这个统计问题的数学意义理解得更多。

1800 年后产生了很多数理统计的想法,可是奇怪的是误差范围和样本大小之间关系的变化出现得特别晚。这可能是因为实验的政治作用发挥得很好,因此并没有要求对相关程序进行严格的复审。有趣的是,当这种变化在 19 世纪 30 年代确实在美国首先发生时,美国的数学发展得特别迟缓,数理统计还并不存在(斯蒂格勒,1978c)。从几个世纪的传统的束缚中解放出来,而不是 19 世纪发生的技术变革,给美国提供了一个充分的创新体系,弥补了美国在数学研究中可能存在的任何滞后。

在进行铸币检验试验时另一点需要提到的是:明显缺少对铸币重量方差的常规检验。在一定程度上,现有的检验提供了一个方差的检验;临界值并不依赖于样本的方差;当方差大大增加时,零假设被拒绝的几率增加。方差检验并没有被引入早期的检验中,这一事实证明了方差增加对经济的影响也没有平均值变动的影响大,而测量离差的想法还没有形成概念。曾经考虑过的检查方差的唯一方式是对单个硬币重量应用允许误差范围做出限定。例如,1663 年皇家手令已经对个别硬币的变化提出限制条件,但没有任何证据显示这包含在了货币检验试验中。本来这样一个过程是极为烦琐的,显然在 1870 年以前是不会在常规检测中用到的。1848 年,铸币厂副审计长作证说:“货币是由良好信誉的铸币者生产出来的……我的意见是,硬币重量均匀的程度是经过单枚硬币的误差范围所得到的”(英国,1848,p. 166)。

但是,如果统计检验的某些方面发展缓慢,检验的概貌确实会较早出现。铸币检验试验存在的长期性也证明了其重要性。英国的铸币检验试验和美国的年度检测委员会一直延续到了 1977 年。直到那一年,卡特总统认为没有必要,暂停了年度检测委员会。英国也于几年后紧随其后。现代检测所遵循的方法与过去几个世纪的方法有一定的区别,但这种区别很小。运用现代的规模和检测技术可以进行测试,但其在主要方面还是相同的。在美国,分别从先前选定的铸币袋中随机选择单个硬币进行重量测试。这种变化改善了早期试验,避免了硬币批量称重时选择不恰当的误差范围,与早期相比更有助于保证铸币的一致性。然而,它对平均重量的细微变化并没有起到保护作用,除非均值的变化伴随着方差的增加。毫无疑问,随着贵金属硬币使用的大大减少,自动投币机使用的增加做出了巨大的贡献,使得对于硬币一致性的要求超过了对总重量准确性的要求。

在英国现代的铸币检验试验中,对于金币分别就总重量和样品的单独重量进行称重,而对于其他硬币,仅对一批的总重量进行称重。英国在检测中提出了一个重大创新:那就是对白铜硬币的平均直径进行测量和比较,确定标准及误差范围。12 世纪的贵族们和 13 世纪的金匠们,都没有预见到 20 世纪会出现投币电话和自动售货机吧。

第二十二章　规范术语

"正常"（或"正态"）这个词在现代科学中很常见,比如现代新闻、教育、心理、体育、法律等所有需要说明范围或者表达判断的领域。这是一个非常有用的词,它既能传达出"通常""普通"的意思,又能表述"规范"或者"最优目标"的概念。如果该词加了引号,那么它可能表达的是截然相反的意思,要么含有讽刺的意味,要么就是特定用法,比如下面几个例子:

> 霍桑(Hawthorne)的"正常"爱好
> 罗得岛州,普罗威登斯(美联社)——据一位布朗大学的教授所言,小说家纳撒尼尔·霍桑有个"正常"的爱好,就是对女孩子的腿形感兴趣,并且喜欢与朋友们抽烟、喝酒。
> ——威斯康星州日报(11/28/76)

> 埃及声称,首次与以色列关系"正常"。
> ——合众国际社-芝加哥论坛报(10/28/81)

> 危地马拉发生了一场"普通"的政变。
> ——芝加哥论坛报社论(3/26/82)

呼吁将"正常"作为一个术语。因为该词是一个少见的多义词,可以表达两个几乎相反的意思。如果某事物被称作"正常的",那么它立刻就被归入"通常的""普通的""日常的"一类中,并且成为准则、模式和典范。曾经有一段时间,政治哲学中将日常的事务或者普通的人尊崇为典范;也有一段时间正常的状态却被视为平庸。在医学上,生理学通常兼有这两种意思,并且认为仅有两种可能性,常态和病态。托马斯·库恩提出的"常规科学"的概念,既是指科学家们日常的工作实践,又是指需要严格遵守的既定的科学范式(库恩,1962)。在统计上,"正常"一词至少有三种用法:一种是描述普通的状态;一种是表示遥不可及的理想状态；而第三种则是融合了前两种意思——充分接近"普通"，即数学意义上的"通常情况"，但仍然不能完全达到——也就是规范意义上近乎为目标的极限。

伊恩·哈金在 1990 年的著作《驯服偶然》中主要阐述了上述"普通"与"理想"的关系，以及"正常"与"异常"的差异在 19 世纪的欧洲思想史中的作用。哈金追溯了"正常"（或"正态"）在哲学、社会思想理论以及统计学中的概念性作用，特别强调了孔德、布鲁塞斯（F. J. V. Broussais）、迪尔凯姆（E. Durkheim）和高尔顿等人。哈金深刻的哲学分析对我们所强调的统计和教育的早期历史以及对其发展的详细讨论都是一个很好的补充。

正态分布

在科学上，多重发现已经成为一种规律（默顿，1973，p. 356），但是多个人分别独立地对同一科学事物使用了相同的术语则是个例外。然而，这种例外真的发生了，查尔斯·桑德尔·皮尔斯（1873）、弗朗西斯·高尔顿（1877）和威廉·莱克西斯（1877 年）均独立使用"正态"这个词来描述概率曲线

$$\varphi(x) = \frac{1}{\sqrt{2\pi}} e^{-x^2/2};$$

这种多重命名，即在三个国家不同的人用两种语言独立提出相同的命名是非同寻常的，当然也反映出 19 世纪 70 年代人们对一些概念的理解是很大范围内的同时演变，如人口、测量以及其相似性等概念[①]。

不可否认，"正态分布"并非上述曲线唯一的命名：由于卡尔·弗里德里希·高斯在 1809 年研究过该曲线，所以之后又有了"高斯分布"之说（但是高斯并未介绍该曲线；见第十四章对该曲线命名的介绍）。近几年，人们越来越倾向于"钟形曲线"的叫法（或者简称为"钟曲线"），伯纳德·布鲁（1996 年）已经将该命名追溯到如弗雷（E. Jouffret）（1872，p. 222；1875，p. 5）。实际上，如弗雷用"钟形曲面"指代二元正态密度。从技术上讲这很有意义：单变量曲线实际上和无数其他的单峰曲线一样都不是钟形的，甚至比其他曲线更不像钟形。但是二元曲面就是唯一有椭圆密度且有独立元的钟形曲面。"正态"并不是可以作为这个命名的唯一选择："标准"一词也有类似的意思，似乎也可以作为一个选择。

---

① 罗伯特·K. 默顿（1997）讨论了另一个术语上多重创新的例子，即从 1834 年开始出现的"科学家"一词。

其实,在 1838 年德·摩根就提出用"标准"这一叫法,他认为"将来可能会称作'误差设置标准法则'"(德·摩根,1838,p. 143),但是这一命名并未得到采用,甚至德·摩根在自己后来的著作中都没采用这一提法(德·摩根,1849)。

如今,"标准"这个名称只用于正态分布的一个特殊情况。"标准"正态分布的概率密度为之前给出的曲线 $\varphi(x)$,其期望为 0,标准差为 1。[①]("标准化"通常指将任意分布或数据转化成期望为 0,标准差为 1 的过程。因此标准化单位一词即指标准差单位。)随着时间的推移,"标准"正态分布的概念已经发生了变化。直到卡尔·皮尔逊时期(其在 1893 年引入了术语"标准差"),分布的标准化(虽然不这么说)才真正应用到正态分布 $(1/\sqrt{\pi})e^{-x^2}$,其标准差为 $1/\sqrt{2}$;见第 20 章。

相悖的声明与归属问题

专业术语很少是只反映表面现象的;它对人们接纳一个新想法起到了关键作用,或者至少它可以传递出有新想法出现的信息(克鲁斯卡尔,1978)。因此,对于提出一个术语的先后问题常常说法不一,甚至会遇到内容相悖的声明。实际上,"正态"一词的出处有多种说法。其中报道最为广泛的是皮尔逊早在 1893年的论文,并且之后在 1904—1906 年以及 1920 年的文章中,皮尔逊似乎都声称该术语是他的想法。

> ……我将该曲线命名为高斯-拉普拉斯曲线或正态曲线,这使得我们无须在两位伟大的天文学家和数学家的发现价值之间加以衡量。(1904—1906,p. 189)
>
> 多年前,我将高斯-拉普拉斯曲线称作正态曲线,虽然这个叫法避免了一个关于优先权的国际争论,但是却容易让人们误以为其他所有的概率分布都存在某种"异常"。(皮尔逊,1920)

皮尔逊的确在他最早出版的统计著作中提到"正态概率曲线"(皮尔逊,1893);在该书及其他早期的文献中,他都没有提及先前使用过该术语。有时候皮尔逊确实规范地记录了正态分布(皮尔逊,爱丽丝·李(Alice Lee),1903,p. 367),但是大部分时候都没有:

---

① 如果随机变量 X 满足分布 $\varphi(x)$,则分布族 $Y = \mu + \sigma X$ 为正态分布族(包括 $\sigma=0$ 时的奇异情况),其中 μ 为常数,σ 为非负常数。为语言上表述更方便,也可以说,如果 X 满足标准正态分布,且存在常数 μ 和 σ 使得上述等式成立,则 Y 满足正态分布。

我只能承认正态曲线(即拉普拉斯误差曲线)的出现是极为异常的现象。它粗略地近似于一个确定的分布;鉴于这个原因以及其简洁性,我们或许可以将它作为首选的近似估计,尤其是在理论研究中。(皮尔逊,1901,p.111)

关于该术语的出处问题,后来还有一些含糊不清的说法。一种说法是,迈斯特罗夫(L. E. Maistrov)(1974,p.148)认为这个术语是由亨利·庞加莱(Henri Poincaré)提出的(没有文献记录)。然而据我们所知,庞加莱最早使用"正态"这个词的是在1893—1894年准备及散发的讲义中,其中他说:

简单地说,如果概率值是由这样一个积分表示,则概率分布就是正态的。(庞加莱,1896,p.76)[1]

像皮尔逊一样,庞加莱在此次及之后提及正态分布时都没有提到先前使用过该术语。

第二种关于出处的说法出现在希尔茨的论文中(1973),他认为是弗朗西斯·高尔顿在1889年的《自然遗产》中首创了"正态"的说法。高尔顿的确在那本书中提到过该词,但是也没有提及有更早的使用。而进一步调查显示,大约1890年,所有关于该术语的使用都与更早期的使用有关,并且在皮尔逊、庞加莱和高尔顿三者中,只有高尔顿是在1889年之前独立提出该术语的。实际上,高尔顿独立提出"正态"可以追溯到1877年。

曲线的命名

曲线 $\varphi(x)$ 是逐步得到"正态分布"这个名字的。该曲线最早出现的时候是作为概率分布的,后来它与误差理论和最小平方法联系到一起,自始至终,人们都仅仅把 $\varphi(x)$ 作为一个数学对象来考虑(斯蒂格勒,1986a)。该曲线最初是作为二项式分布的近似分布(棣莫弗,1733,1738;皮尔逊,1920),后来又作为 β 分布的近似分布(Laplace,1774;Stigler,1986b),以及微分方程的解(高斯,1809;阿德里安(Adrain),1808),并且还出现在中心极限定理中(拉普拉斯,1810)。从逻辑上说,我们希望只有经过实证和理论研究证明,该分布(或无差别相似的分布)本身经常出现,而且在经常出现的各种分布中,这种不仅是最常见的,(为

---

[1] "简单地说,用这个积分表示概率值,则概率分布就是正态的。"在耶鲁大学图书馆收藏的欧文·费雪的论文中发现了一段1894年在巴黎印发的原始稿,其中的说法稍有不同:"当用此积分表示偏差时,则我们所说的概率是正态的。"

支持规范意义上的"正态")也是最有利或最理想的状态,才可以将这种分布命名为"正态分布"。到 19 世纪,人们才逐渐开始收集这类证据。

早在 1818 年,贝塞尔就发表了关于观测误差经验分布与曲线 $\varphi(x)$ 的比较研究(Stigler,1986a,pp. 202—204),但是直到 19 世纪中叶,人们还没有普遍将曲线 $\varphi(x)$ 作为测量分布的经验法则。在奥古斯塔斯·德·摩根的书信中我们发现了关于他们如何看待 $\varphi(x)$ 的一件趣事。我们知道,德·摩根在 1838 年就提出了"误差设置标准法则"的说法,所以他对 $\varphi(x)$ 并不陌生。但是,1849 年,大概在伦敦大学学院准备关于最小平方法讲义时,德·摩根咨询了英国首席天文学家。

1849 年 10 月 9 日,德·摩根写信给皇家御用天文学家乔治·B. 艾里(George B. Airy),向他询问了关于观测误差的分布问题。德·摩根注意了询问时的措辞,没有表达出自己的预先判断。

> 尊敬的先生:
>
> 请将您关于以下内容的全部所知相告与我。
>
> 在一个较好分类的大量观测中,T 是真实结果,α 很小,(如狄更斯所说)经验给人智慧[①],观测次数介于 T 与 $T+\alpha$ 之间,$T+\alpha$ 与 $T+2\alpha$ 之间,…,依次按照这样的步骤,差不多一个数量级——但一段时间之后,落入连续 α 区间的观测次数迅速减少。像这样,正负均有可能,我们认为向人射击可以证明是正当行为,以此支持存在正误差 OA 的可能性。误差曲线如图(见图 22.1)。假设现在您要为这样一个基本工作做一个图,请写下您的建议以及您将怎么画这个图的想法……
>
> 卡姆登街 7 号
>
> 奥古斯塔斯·德·摩根
>
> 1849 年 10 月 9 日

---

① 德·摩根引用了查尔斯·狄更斯的小说《大卫·科波菲尔》中米考伯小姐引用她父亲的话:"经验给人智慧——爸爸经常这么说"(见第 11 章)。1849 年 10 月德·摩根写这封信的时候正是这部小说第一版发表的阶段(连续每个月发表一部分),而第 11 章正好发表在第 4 部分,1849 年 8 月发行。巴特利特(1992,p. 470)提出,这句话出自一个话剧,是用拉丁语说的:"经验给人教训",引自塔西,《历史》,第五册,第 6 章,尽管塔西实际上说的是:"经验告诉我。"

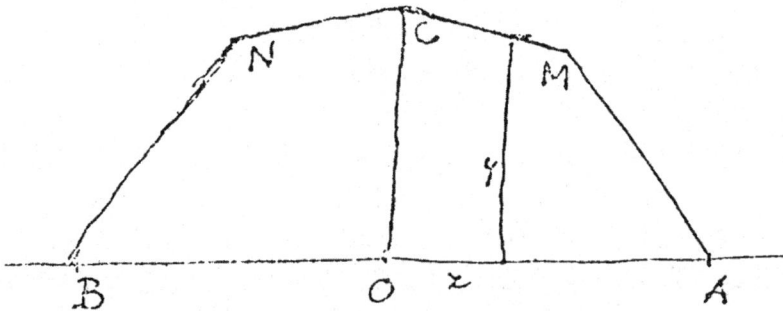

图 22.1　奥古斯塔斯·德·摩根关于一般误差曲线的草图手稿,出自 1849 年 10 月 9 日他写给艾里的信中。在曲线下方他写道:"$\int_{\alpha}^{\beta} y dx$ 为误差介于 α 和 β 间的概率。"

艾里是一位杰出的数学家,并且身为皇家天文台台长,他对分析观测数据有丰富的经验。他在第二天就回复了德·摩根:

格林尼治皇家天文台

1849 年 10 月 10 日

亲爱的先生:

　　关于观测值的概率曲线,我的观点如下。

　　我是一个崇尚定理、假说、公式以及一切纯粹智慧的人,这些智慧能使犯错误的人在实际观测中遇到障碍和困难时仍勇往直前。因此我将用一个公式构造理想的曲线,并且(为了显示我的无私)我推荐你去做我自己未曾做的事情,就是画出 e^{-a^2} 的图像。那样得出的结果与你想要的结果很相似,多出的两个尾部很像一个一缰四马工具末端的细鞭绳,然而差别在于马缰绳很重要,但多的两个尾部却是概率上不重要的……

乔治·B.艾里

艾里是一位以严谨闻名的台长,但当被问及他对所熟悉的关于分布的尾部与鞭绳之间的相似性时,他的回答似乎没有那么严谨。

那么"误差设置标准法则"是怎样发展到"正态"法则的呢?凯特勒(1844b,1846,1869,1870)提出大量的证据说明曲线 $\varphi(x)$ (或者是与 $\varphi(x)$ 无本质区别的二项分布;见斯蒂格勒,1986a,p. 207)在自然界中是普遍存在的,但是他没有称之为"正态",而是叫作"二项式曲线"(凯特勒,1870,p. 341)。更确切地说,凯特勒似乎经常将曲线 $\varphi(x)$ 看作普遍存在的，只有特殊异常的原因才会导致其产生偏差。曲线 $\varphi(x)$ 不仅仅是测量的通常分布，而且是（特殊情况除外）唯一的分布。凯特勒会将一个平均温度称作"正常温度"（凯特勒，1852），但是他没有对这些普遍存在的分布的实际差异性做出估计，因此也无法判断曲线 $\varphi(x)$ 为"正态"。说来也奇怪，"收敛到正态"的说法好像最初是出现在美国的著作中的。

最早的线索是在本杰明·皮尔斯 1852 年关于拒绝可疑观测值的标准的一篇论文中。拒绝"可疑"的测量当然是一种价值判断，一个远离某种可接受准则的选择，并且我们也非常期待一位讨论此话题的作者能使用"正态"一词。本杰明·皮尔斯恰恰就是这样的人。当误差较大，与它们产生于概率曲线 $\varphi(x)$ 的假设不一致时，本杰明·皮尔斯对此情况的判断准则进行了讨论。他写道："在几乎每个真实的观测值序列中，发现其中一些与其他值有很大的不同，这表明一些异常的误差来源没有在理论探讨中被考虑到。"（B. 皮尔斯，1852）。

据我们所知，对异常到正态做进一步补充研究的第一个人是皮尔斯的儿子，查尔斯·桑德斯·皮尔斯。在 1873 年发表的一篇报告中，查尔斯·桑德斯·皮尔斯提到 $\varphi(x)$ 是指"正态最小二次曲线"（皮尔斯，1873）。皮尔斯使用这个词仅仅是对"通常"或"普通"变一个说法，但是"正态"这个术语却吸引了他的父亲对其进行效仿。四年后，本杰明·皮尔斯再一次提出关于判断准则的讨论时，他写道：

> 在现有观测结果中大部分结果是正常的，并且服从基于最小平方法的常用误差准则，而很小的未知部分是异常的，且受一些模糊的误差源影响，为了划分正常和异常的观测结果，要确定最有可能的假说。
> （B. 皮尔斯，1878，1877 年 11 月）

查尔斯·肖特（Charles Schott）在评论皮尔士的文章时强调，较大的误差是由小的误差积累而成的，"就其本身而言，他们可以被视为正态（即使相当大）"（肖特，1878，1877 年 11 月）。

无独有偶，同样的使用方式也在欧洲流行起来。1877 年（前言中显示的日期是 1877 年 5 月）威廉·莱克西斯发表了《大规模现象理论》，文章中他用曲线 $\varphi(x)$ 来拟合人口死亡的年龄分布。他发现，对于较大年龄组，曲线拟合相当好，但是对于较低年龄组，实际死亡远超过曲线的拟合值。（在斯蒂格勒的文章中可以找到莱克西斯做的图，1986a，p. 224。）莱克西斯把超出拟合值的死亡称作"过早死亡"，称与拟合曲线 $\varphi(x)$ 一致的年轻人和老年人的死亡为"正常"死亡或"正常组"（莱克西斯,1877,p.45ff.）,对应于拟合曲线中心的年龄是"正常年龄"。1880 年在法国有类似的分析,用的术语是"正常组"和"正常年龄"（莱克西斯,1880）;1879 年佩罗索（L. Perozzo）用意大利文描述莱克西斯的著作时,也使用了"正常组"和"正常年龄"（佩罗索,1879）。尽管从"拟合组"到"拟合曲线"这种术语上的微小进步看似顺理成章,但是莱克西斯好像并未将曲线本身称为"正态"。大约在相同的时间,与皮尔斯和莱克西斯毫无关联的弗朗西斯·高尔顿正慢慢地在同样的"正态"道路上前进。

　　弗朗西斯·高尔顿关于曲线 $\varphi(x)$ 的所写、所思无人能及,19 世纪没有哪个学者能比高斯更相信其无所不在。他相信该曲线普遍存在,并且对于推动相关议题的讨论甚至超过了凯特勒。高尔顿在半个多世纪的时间内广泛讨论了此话题,并且给 $\varphi(x)$ 起了相当多的名字,从传统的（如"误差定律""指数分布""数学偏差定律"）到更有新意的（"统计恒性法则""exponic hillock""exponic mountain"）,当然,还有"正态定律"。在这个意义上,高尔顿最早使用"正态"一词是他于 1877 年 2 月在英国皇家协会宣讲的一篇论文,比莱克西斯的序言还早了四个月。在写"典型的遗传规律"时,高尔顿指出:"同类豌豆的后代的重量普遍偏离于自身平均重量",并且其分布类似于 $\varphi(x)$:"这完全是正态形状"（高尔顿,1877）。"正态"这个术语几乎是偶然出现在高尔顿的论文和著作中,它似乎只是"通常"或"普通"在说法上的变换,但是含义却更加贴切。

　　在高尔顿的著作中,如果说有一篇文章,其中"正态"从众多可替换的形容词中脱颖而出成为一个专有名词,并且从偶然使用变为专门使用,那应该就是 1885 年高尔顿在伦敦统计学会纪念文集中提交的那篇文章。文中写道:"我们发现,对于通过误差频率定律的先验推理算出的一系列值来说,观测值是'正态'变化的,那也就是说他们对于通常目的来说是充分精确的。"（高尔顿,1885）。也是在这篇文章中,高尔顿给 $\varphi(x)$ 的积分表加了一个表头:"误差分布正态曲线"。高尔顿 1889 年的著作《自然遗产》（尤其是第五章"正常变异"）对该术语做了进一步的宣传与肯定,可以合理地推测,卡尔·皮尔逊第一次接触"正态"一词,就是在 1889 年对《自然遗产》进行研究的时候（皮尔逊,1965;斯蒂格勒,1986a,p.303—304）。正如这个命名是高尔顿的想法一样,本应有至少一篇那个时期的文章以说明他已经开始使用"正态"这个名称,但的确一篇这样的文章都没有（高尔顿,1889b）。

　　1885 年之前,高尔顿阅读过莱克西斯的文章吗?他使用"正态"这个名字是受到莱克西斯提出的"正常组"的启发而产生的瞬间的潜意识（默顿,1973,p.402）,还是独立完成,即默顿的多重发现说?证据表明没有理由怀疑高尔顿将这个词从一个形容词提升到专有名词是他长期从事经验研究的结果,同时也

表明他越来越相信 $\varphi(x)$ 是"正常"状态:既可取(以同质人口的测量为证)又普遍。莱克西斯的研究在英国首次引起公众关注是由于 1885 年埃奇沃思在向统计学会宣读的论文中提到该研究。然而,埃奇沃思并没有在该论文中特别提到"正常组",并且由于高尔顿是在会议之前就提交了论文,所以埃奇沃思的文章不可能对高尔顿的论文准备工作产生任何影响。无论是在公开发表的著作中还是在未公开的信件中,我们都没有发现任何证据表明,高尔顿或任何其他英国统计学家在 1885 年的春天之前看到过莱克西斯的著作;事实上与高尔顿有频繁书信往来的约翰·维恩,也只在 1887 年才注意到莱克西斯的研究(维恩,1888,p. 441)。

用"正态"描述 $\varphi(x)$ 并没有在 1885 年之后就立即广泛普及开来。即使是高尔顿本人在后来也偶尔使用其他的术语(如"频率定理";高尔顿,1892,p. 28),但是他在 1885 年之后确实开始越来越多地使用"正态"一词。埃奇沃思使用了各种富有想象力且令人眼花缭乱的名字来描述 $\varphi(x)$(他通常首选"概率曲线"),我们也的确发现了他于 1887 年的记录,

> 如果我们被表面差异所欺骗……,并且工具曲线是正态概率曲线,而我们用中值代替算术平均值几乎没有损失。(埃奇沃思,1887a)

> 假设从每一枪中接连射出的子弹的偏差服从正态误差定律。(埃奇沃思,1887d,p. 30)

> ……敌人发射炮弹满足上述正态分布,登记标志本身排成一条概率曲线。(埃奇沃思,1887d,p. 54)

> ……该定律……不是正态对称误差定律。(埃奇沃思,1887d,p. 55)

在 1888 年的一篇文章中,埃奇沃思再一次转回到使用"正态":

> ……误差定律[已经多次使用]……与正态误差定律一致……正态波动规律……服从正态误差定律……严格遵守典型定律……误差定律[使用过更多次]……概率曲线(埃奇沃思,1888a)。

约翰·维恩在他的《机会逻辑》第三版中称 $\varphi(x)$ 为"指数定律"(1888,但序言的日期是 1887 年 12 月),但第二年春天他写道:"此离散定律非常接近大家

认为是二项式或指数定律的正态定律"(维恩,1889,p．146,1888 年 4 月 24)。

正如我们已经提到的,从卡尔·皮尔逊从事统计工作之初,他就采取"正态"的叫法,并且随着其影响力的扩大,这个叫法也开始广泛使用。在法国更多的应用统计学家使用这个命名(阿曼德·儒林(Armand Julin),1921;达尔穆瓦(Darmois),1928;卢西恩·马奇(Lucien March),1930),还有荷兰的卡普坦(A. C. Kapteyn)(1903)、丹麦的阿恩·费雪(Arne Fisher)(1923,p．198)、意大利的阿尔弗雷多·尼切福罗(Arfredo Niceforo)(1931)、中欧的伊曼纽尔·邱巴尔(Emanuel Czuber)(1921,虽然不是在早期的研究中),以及瑞典的 C. V. L. 沙利耶(C. V. L. Charlier)(1931)都在使用。令人惊讶的是,很多偏理论研究的法国概率学家首选德语的"高斯分布"(伯特兰德,1888;庞加莱,1896;劳伦特(H. Laurent),1908;埃米尔·波莱尔(Émile Borel),1909),也可以找到"拉普拉斯极限"的叫法(莫里斯·弗雷歇(Maurice Fréchet),哈布凡赫(Halbwachs),1924)。

在某些统计工作中,正态分布引起了一个情感顶峰,几乎成了神话。高尔顿有一段著名的颂词(表示高尔顿的同义词之一)开头是:"我几乎不知道还有什么表达能像"误差频率定律"那样让人对宇宙秩序的美好构成留下深刻的印象。如果希腊人和神灵早知道这个的话,这个定律会被他们加以人性化。它统治着宁静,并在狂野的混乱中忘我"(高尔顿,1889a,p.66)。

更近期的人物是已故的 W. J. 尤登,一位杰出的化学家和统计学家,他爱好排版印刷,喜欢在他的名片和其他地方(见沃利斯和罗伯茨,1956,p. 359;尤登,1994,p.55)印上如图 22.2 所示的文字图案。即使高尔顿和尤登的说法有些夸张,他们也都不可能误入歧途。而其他人却过度崇拜,单纯跟风;在 W. A. 普里德莫尔(W. A. Pridmore)的书评(1974)中可以看到对于这种崇拜的批评。

```
                    THE
                  NORMAL
                LAW OF ERROR
              STANDS OUT IN THE
            EXPERIENCE OF MANKIND
          AS ONE OF THE BROADEST
        GENERALIZATIONS OF NATURAL
      PHILOSOPHY ◆ IT SERVES AS THE
    GUIDING INSTRUMENT IN RESEARCHES
  IN THE PHYSICAL AND SOCIAL SCIENCES AND
 IN MEDICINE AGRICULTURE AND ENGINEERING ◆
   IT IS AN INDISPENSABLE TOOL FOR THE ANALYSIS AND THE
INTERPRETATION OF THE BASIC DATA OBTAINED BY OBSERVATION AND EXPERIMENT
```

图 22.2 尤登使用文本描述正态分布

法方程

在讨论最小平方法时，"法方程"（或者"正规方程"）是标准的表述。法方程是联立线性方程，方程的解是未知参数的最小平方估计。据我们所知，1822年，高斯在一篇说明文中提出了"法方程"一词；但是他没有对提出该表述的动机和意义做出任何解释。

为什么高斯使用"法方程"这个命名（原文是"normalgleichungen"）？有五种可能性但都不是主要原因。首先，最小平方方法几何上可理解为把观测向量正交投影到由一组生成向量所确定的流形上；通常用术语"去掉法向量"来描述。令生成向量为 x_1，x_2，…等，且为简单起见设它们为一个基。设 X 是第 i 列为 x_i 的矩阵，则 $X'b$ 是由诸 x_i 的线性组合形成的流形。最小平方方法就是估计从 Y 通过去掉在那个流形里的法向量所得的 $X'b$ 的函数 Y（观测向量）的期望。得出法向量方程的简单方法是取 x_i 和 $Y - X'b$ 的内积。由正交性，这些值必为零，得到关于 b 的一个解。自然称这些方程为"法方程"，因为它们给出了流形一个重要的法向量[①]。从而立即得到最小平方和处理流形法向量之间的关系——法向量最小化距离及其平方。

我们尽所能去查阅文献，但是困难在于高斯并没有对提出该术语的动机做出解释，或者给出任何其他原因。直到最近几次，在我们查阅的大量文献中发现有人提出了上述几何解释。经过了很长时间，该问题本身的几何解释才被记入有关最小平方法的文献中，特别是对出自正交投影的估计的解释，并且对于其进入文献的方式我们还没有找到令人满意的说法。如果说它是一个统计上的常识，那也只有四五十年的时间。1931 年，爱德华兹·戴明在使用这个术语的时候就清楚地认识到了其几何意义，虽然在当时以及 1943 年的著作中，他似乎更加注重通过方程形式来说明该名称："这些方程的确是法向量方程，即他们不仅是对称的，而且系数的二次形是正定的"（戴明，1943，p.58）。这种代数的使用在当时是很常见的，戴明引用马克西姆·博歇（Maxime Bôcher）的文章（1907，p.150）作为其来源。关于几何上的动机 1934 年莫里斯·巴特利特（Maurice Bartlett）曾给出更少的模棱两可的表述。

然而看起来，伟大的高斯一定是已经知道了这个几何公式。他解决了困难

[①]　要了解更为详细的基础几何计算，见赫尔（1980,1983）

得多的问题,如对曲面的研究,在关于微分几何的著作中他使用了"法线"这个术语。此外,当时的解析几何教科书中给出了二维和三维空间的正交投影公式,尽管与"垂直"相比"正交"一般不用作描述性词汇(例如,1942年1月6日高斯写给舒马赫(H. C. Schumacher)的信中)。德语中的"垂直"很少见;在比奥(J. B. Biot)的文章中可以看到(1817,p. 42)。即使在1873年,劳伦特解释最小平方法的几何意义时还使用了"垂直"一词(劳伦特,1873,p. 253)。范德瓦尔登合理的推测出高斯可能已经有了关于这个几何解释的较为成熟的想法(1977,pp. 86—87)。也可见伊沃·史奈德(Ivo Schneider)的文章(1981,pp. 3,4,171n. 29)。后来在1832年,高斯似乎确实对"范数"的数学意义很敏感,当时他将其用于复数,表示为$\|z\|$,(见高斯,1832,pp. 541—543)。牛津英语字典第二版,给出了最早对数学术语"范数"的引用,但牛津字典在该领域的记录并不完整。其中将"师范学校"一词追溯到"高等师范学校"的说法,而没有提及在维也纳有比这更早的使用,所以并不排除还有较早使用"范数"的情况。

其次,也许高斯只是将"法方程"作为"代表方程"一个变换的说法,指代能确定未知数的各种方程,即使是特别选定了代表集的。安德斯·哈尔德已向我们指出,在《天体运动理论》第174条中(高斯,1809),高斯两次提到了"法向量位置"(拉丁语)来表示从一组"明智而谨慎地"选出的观测位置计算而得的天体位置。被选择的集合应基于符合几何或机械直觉的主观标准,而非数学推导。就好像对一个点集合拟合一条直线,是通过主观选择纵坐标确定而横坐标值相对极端的两个点而确定的。这是一个合理但不严格的最佳选择。与1822年一样,这次高斯还是没有对"法"这个术语做出解释。

第三种可能性是我们提出来要否定的,即"法方程"的这种叫法源于最小平方法与正态分布之间的关系。这几乎是不可能的,因为正如我们已经了解的,"正态分布"这个术语直到19世纪70年代才被提出,是在"法方程"已经成为一个术语之后的一段时间。我们之前提到过,关于最小平方法的文献中对于最小平方法和正态分布之间关系的结论有些混乱。尽管二者有一些有趣的联系,但没有必然联系。

第四点是由于"法"的其他典型意义,即作为一个准则或目标。也许高斯指"法方程"是能得出好的结果或者能描述某种准则的方程。这让我们很惊讶,但是高斯却对此保持沉默,这也并非不可能。

第五点可能就是,对于这个术语高斯心中没有特殊的意思和含义,仅仅是为了方便而给出的口头上的叫法,就像可以称卖狗的"场所"为狗窝,而买家仅仅简单地沿用这个叫法。我们认为这是可能的,但还是有点奇怪,因为高斯对用词和命名都是很谨慎的;而且语言学是他众多兴趣中的一个(瓦尔多·邓宁顿(G. Waldo Dunnington),1955,pp. 237—238)。另一方面,在1801年高斯发表的《算术研究》中(1966 年英文版,p. 217),他在一段数论的上下文的脚注中提醒读者不要担心他对"正常"的双重用法:我们之所以选择正常与反常,是因为没有其他更合适的。我们只想提醒读者不必寻找这种用法与文章第 157 段之间的联系,因为根本没有任何联系。"

令人惊讶的是,在我们查阅的出版物中,很少有与"法方程"这个令人回味的术语有关的记录。但是当然也有一些文献与这个术语相关,例如,天文学家 J. R. 恩克(J. R. Enche)在对高斯工作的一个较有影响的阐述中就没有提到任何术语(1832—1834 年),但 1874 年天文学家 J. W. L. 格莱舍(J. W. L. Glaigher)在评论恩克的研究时借用了恩克提出的术语(p. 318),把那些方程称作"最终方程"。格莱舍说"有时也叫法方程,但是这个命名没有出现在恰当的地方。唯一与"最终"一词相悖的是恩克将由 $x, y, z, \cdots$ 直接确定的方程命名为'最后方程'。"[①]之后,在格莱舍接下来的论文中(1879—80, pp. 600—604; 1880—1881, p. 19),他放弃或忘记了自己认为"法"是不适当的观点,而且还使用了"法方程"的叫法,并且不加任何评论。具有讽刺意味的是,在格莱舍 1874 年的论文中(pp. 317—318),他给出了在三线性参数情况下最小平方法的几何解释,但他讨论的是椭球等高线的分布估计和椭圆轴可能的误差之间的关系,而不认为它们是从高维空间投影而成的。

奥拉·麦纳·利兰(Ora Miner Leland)的解释也用处不大(1921, p. 28):"这些所谓的法方程,在数量上与未知量个数相同,因此可以直接求解未知量。"当然,这样的方程组有很多;另外,只有正确的基数对于最小平方估计来说是不够的。

1958 年,休谟·雷斯福德(Hume F. Rainsford)的说法要稍好一些,但仍需要解释(p. 42),他认为:"法方程适用于线性方程组,其中方程与未知数的个数相同,并且系数关于对角线对称。"即:正确的基数加对称性。但是这还不够,因为还存在许多满足这些性质的线性方程组,但不能得出最小平方估计。一般情况下,互补幂等性就可以做到这点。

关于一个小小的术语的纠结体现了有些作者热衷于研究法方程中的个别方程,并给出这些方程与个别线性参数的特殊联系。因此,威廉·肖维纳认为,"之所以称之为'x 的法方程',是因为当其他变量都减少至零时,或者是当 x 为唯一未知量时,该方程能确定 x 的最可能的取值;其他的变量也是这样。"(1868, p. 512)

---

① "直接确定"在这里的意思源自三角方程组的简单解,该解是由高斯给出的特别程序得到的。顺便说一句,有些文本赞同"最终"一词,但在学术上没有参考恩克:T. 莱特(1884, p. 141),查尔斯 L. 克兰多尔(1902, p . 7; 1907, p. 219)。

如果"x 是唯一的未知数",则使得"最可能的值"的"残差平方和最小"的法方程只有一个,那么这个问题是没有多大意义的。否则,"减少至零"的意思就不明确了。如果其他线性参数假定为零,那么普遍引用的说法就是错误的。威廉·伍尔西·约翰逊(William Woolsey Johnson,1892,p.95)、曼斯菲尔德·梅里曼(Mansfield Merriman,1877,p.276)、西蒙·纽科姆(1906,p.71)也都犯了同样的错误。连高斯也差点犯错,见高斯在 1843 年 7 月 21 日写给舒马赫的书信(信 843)。

图 22.3 中的每一个点表示我们所找到的 1805 年至 1901 年关于讨论了最小平方理论的书或文章。这些点沿两条线分布:一条表示只使用"法方程"这一个术语的,另一条表示使用了其他命名或没有命名的。对该图的任何解释都是尝试性的,因为从梅里曼的清单(1877b)入手的文本抽样并不完善。而且并不是所有的使用都能清楚的划分:1832 至 1834 年,J. R. 恩克在柏林天文年鉴的文章是非常重要的,并成为 1888 年编制的恩克著作的核心部分。1888 年卷的编辑格里夫勒斯在增补的表格内容中三次提到了法方程。然而,当有人翻到引用页时,"Bedingungsgleichungen"(状态方程)一词才被发现。

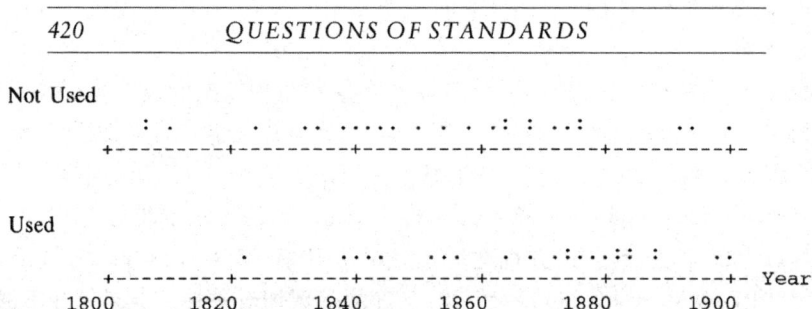

图 22.3　19 世纪 50 年代的著作中使用或不使用术语"法方程"的情况。高斯提出该术语所对应的点是下面一条线的最左边一个。注意到,没有使用术语"法方程"的著作序列点在 1876 年戛然而止;只在 1891 年又出现了不使用该术语的作品。这段时间正是"正态分布"被引入分布过程的时期。由于我们非正式的抽样,我们也不想对此做过多分析。

医学中的"正常状态"

"正常"一词在医学环境中经常使用,含义众多而且往往容易混淆。我们对医学中"正常状态"用法的简要回顾,特别是关于"正常"作为目标和作为一种常见情况之间的区别的讨论，是为了给本文重点讨论的"正常"在统计学上的应用提供一个参照。虽然对此还没有较为完整的研究，但至少有一位作家将这种常见的歧义追溯到柏拉图(荷马·史密斯(Homer W. Smith)，1947；埃利斯·班森(Ellis Benson)，1972)。我们将一直关注"是什么"与"应该是什么"之间的关系。乔治·萧伯纳(George Bernard Shaw)很好地阐释了这一问题，他给出了一个案例，说明"正常"意味着理想状态而不是日常状况。萧伯纳(1914，p. vii)写到一位眼科医生，"一天晚上他测试我的视力，然后告诉我他对'正常'的视力很不感兴趣。我想当然地以为这表示我与其他人一样，但他否认了这一说法，赶紧向我解释，从视力上讲我是一个特殊和非常幸运的人，'正常'的视力代表能够准确地看到事物的能力，仅约10%的人有正常的视力，而其余90%的人视力异常。"

　　"正常"在医学文献中的使用在许多方面容易受到分类的影响。首先，"正常"可能指一个点、数字或单位，例如，体温计上的小箭头；"正常"也可能是指一个范围或一些其他方面的分布，例如，30岁健康白人男性的正常收缩压介于(或应介于)110到145毫米汞柱之间。与大多数情况类似，这种区别不是很严格，因为正常体温很少被真的认为仅仅是一个点，在我们看体温计的时候记住的是一定的间隔(如果比较小的话)。年轻天真的父母有第一个孩子的时候可能过于从字面上看待那个箭头，但这种情况持续的时间不长。事实上，观测值分布之广是惊人的。例如，尤金·杜·布瓦(Eugene Du Bois，1948，p. 4)给出了艾维(A. L. Iry)对276个健康的医学学生的体温测量值，结果95%集中在中心对称($\bar{x}\pm2s$)的97.3°到98.9°F的区间内(分位数给出了几乎相同的区间)。当然不是每一个案例都有不确定的区间。也有取值为整数的情况，如有两个孩子的妇女的人口数就是一个例子。

　　第二个区别是涉及的种类。"正常"一词用于人常常表示健康，是一个规范性的概念。但是，"正常人"可能指某一类别的平均水平，可能有非常不同的含义。例如，正常的尿液(霍克(Philip B. Hawk)，1923)，正常的变态者(本杰明·卡尔普曼(Benjamin Karpman)，1954；表面过正常生活的变态者)，正常生病的孩子(简·凡·艾斯(Jan van Eyes)，1979，用于安慰病重的孩子和他们的家属)。"正常"可能是指可视为一个高斯随机变量的某种测量值的分布。通常这种用法是"大致正常"或"近似高斯"。

　　像正常体温或正常血压这样的概念是否存在歧义，关键要看对相应人群的限定。典型地，一个人从一个抽样框中得不到概率或者结构性样本，却能方便地得到测量值，比如说，1987年一家医院的胃肠诊所的病人，或是寿险公司客户的血压测量值。"正常"指的是样本对人群的正确反映，就像是"流行病学上可接受的正常人群样本"(艾布拉姆斯(M. E. Abrams)等,1969)。

第三个区别是把正常当作理想或目标,还是当作日常或一般情况。这是一个重要而难以界定的区别。难以界定是因为在许多(但不是所有)情况下,目标接近所观测的分布的中间。墨菲(E. A. Murphy)(1972)提出了"正常"的七个含义。丹尼尔·奥佛(Daniel Offer)和梅尔文·萨布兴(Melvin Sabshin)(1966, p. 97)提出了四种方法:正常是(1)健康,(2)乌托邦,(3)平均,(4)过程,在最后一种情况下时间以不同的方式被考虑进来,如表述为发展,演变,或进展。一些学者强调正常的日常意义,而另一些则强调正常的理想意义。例如,C. 达利·金(C. Daly King)(1945)认为正常应该是按照设计运作。然而,他的分析在描述设计时较薄弱。

类似乔治·萧伯纳前面引述的,一个相关的例子是成人有缺陷的牙齿数。正常(从目标意义上说)肯定是零,但从正常范围的意义上说,正常可能是五到二十。另一个例子是给编者(罗宾·莫厄尔(Robin Mower),1988)的一封信,与体形上的吸引力相关:"我也幻想在海边我的外表像参选世界小姐的佳丽们一样有吸引力。唉,像大多数人一样,我处于正常的、不完美的吸引力钟形曲线的下方(双关语意)"。也有人把能够带来最长预期寿命的某些特征值(例如体重或血压)视为正常(凯瑟(Ch. Kayser),1962, p. 457)。此处的正常和描述之间有明显差别,尤其是对血压测量值,许多医生认为理想血压大大低于典型的观测值(罗宾逊(S. C. Robinson)和布鲁瑟(M. Brucer),1939, pp. 413,438,440;罗宾逊(Robinson),1940;马斯特(A. M. Master),1950, p. 1467;批评见特雷洛尔(Treloar),1940,特别是托马斯·纳普(Thomas R. Knapp),1983)。所以,容易理解为什么会有越来越多的关于正常和诸如什么是健康、什么是疾病等相关问题的哲学导向的文献,例如,乔治·坎贵尔恩(Georges Canguilhem)(1978,1989),莱斯特·金(1954),墨菲(1972)和哈金(1990)。

精神医学在理解健康和疾病的概念以及正常的概念上尤为困难。一本精神医学方面的学术著作就叫作"正常状态"(奥佛和萨布兴,1966)。保罗·霍顿(Paul C. Horton,1971)对奥佛和萨布兴进行了有趣的批评,并且描述了一项关于"典型的正常人"的民意调查(对象是患有精神病的居民和患者)。

"正常"在医学上最常表示的是一个具有数值特征的区间,如体温、血压或体重。在实际的命名和结构上有很大变化,如"正常范围""分界点""标准范围"和"临床限制"都是典型的术语。这些命名上的变化没有真正解决这个概念本质的、也许是固有的歧义。这些术语产生的统计上的结构也千差万别。早在20世纪20年代,一个样本的整个范围往往被视为正常范围,而不考虑抽样程序,特别是样本的大小。通常情况下,将 $\bar{x} \pm \lambda s$ 作为正常范围,其中 λ 的取值从 0.2 到 3 不等,通过对数计算相当于排除了上下 2.5% 的样本点。有几位作者用到容忍区间,在我们看来这在医学环境中过于微妙,存在许多困难(如阿德林·阿尔伯特(Adelin Albert)和哈里斯,1987,p. 54—55)。

人们有时发现,无论在日常或目标意义上,正态(高斯)分布中正常的概念都会出现混淆不清的情况。例如克劳斯(R. O. Krause)等(1975,p. 321)写到,"如果实验结果位于正常范围的中心附近,那么认为测量的生物成分为'正常'通常不会有问题",其他例子见奥佛和萨布兴(1996,pp. 105—108)。

关于医学中正常状态的文献中,有许多论文拓宽了统计学的范围。在某种程度上,这些文献的历史概括了统计理论的发展历史,但滞后时间较长。特别是当谈到正常范围时,通常不涉及不健康的人,就像在显著性检验框架下忽略备择假设。还有一些合理乃至优秀的论述,讲到关于历史发展的更多细节。这些难能可贵的讨论包括梅因兰(D. Mainland)(1952)、奥德汉姆(P. D. Oldham)(1968)、L. R. 艾尔弗巴克(Elveback)等(1970)、墨菲(1972)、盖伦(R. S. Galen)和甘比诺(Gambino)(1975),和马丁(H. F. Martin)等(1975)。

在医学上,就像在统计中一样,联合考虑两个或两个以上的特征是非常重要的。当然,有关于联合分布的一些处理,以盖伦和甘比诺(1975),希利(M. J. R. Healy)(1979),阿尔伯特和哈里斯(1987)提出的较为知名,可以肯定,大多数医生在临床实践中至少隐含地使用了联合分布的想法(例如,在"正常"的读数中出现一个反常测试结果后不拉响医用警铃)。一个相关的观点是反对过早区分正常与异常。例如,艾尔弗巴克(1972)强烈主张报告估计的人群的分位数。

像在其他统计环境中一样,医学上也存在关于是否考虑协变量的广泛讨论。我们应该在什么程度上分层或调整(其中可能有很多含义),或对于年龄、性别、地域、种族等进行回归? 乔治·威廉姆斯(George Z. Williams)(1978)和伦纳德(J. V. Leonard)和韦斯特莱克(A. J. Westlake)(1978)等人认为在比较健康和疾病状态的某些特点时,应做重大调整或向下分层至单个病人。另一个极端是,一些人认为(马克·斯坦巴克(Steinbach),1964)应做最低程度的分层或调整。这主要取决于观测值内在的变化以及人群中不同个体之间的变化,而对人群的界定并不简单。

如果有许多固有的困难,也没有什么有效的解决办法,这是医学作者们无法逃避的事实,那么为什么医生们会对有数量特征的正常值有如此广泛的兴趣呢? 当然首要关注的是病人的诊断和治疗。奥德汉姆(1968,pp. 185—188)给出了另外两个理由:(a)正常值在公共健康分析中作为比较的标准是有用的，例如，某一特定行业的工人；（b）这一概念在澄清正常状态本身的性质时是有用的，从而有助于研究生物问题。"数据集经过筛选，以确保它们不包含有明显残疾的个体，可用于研究进化、遗传和一般的生物问题"（奥德·汉姆，1968，p. 188）。这些思想和传统的关于统计过程控制和行业分配原因的讨论非常相似。

　　然而，我们对这种方法持怀疑态度，部分是因为如果看得足够仔细的话，每个人都会有某种残疾。如果没有，此人可能是奇迹般健康的怪胎：这是一个悖论。沃德福林·达拉（L. Wallingford Darrah）（1939）认为，从精神病学上来讲，正常人即使存在也是极为罕见的。约翰·莱尔（A. John Ryle）（1947）有一个类似的讨论，代替上文的（b），他做了补充：通过寻找更极端的变化来拓展认识！也可参见坎贵尔恩（1978，pp. 166—167；1989，pp. 267—269）。事实上，蕾妮·福克斯（Renée Fox）（1977，p. 11）指出，我们社会上的几乎每个人都在某种程度上"有病"。她引用 I. K. 左拉（I. K. Zola）的论述："这些数据给出了疾病的一个意想不到的统计图景。现实情况可能是，在临床上被定义为有严重症状的疾病就是统计意义上的正常，这并非罕见或异常的现象。"

师范学校

　　"师范学校"一般是指教师培训学校[①]，这个词的历史相当复杂，正如"正常"在正态分布和其他科学环境中使用时存在许多歧义一样。

　　如果问及师范学校的历史，许多研究者首先会想到 l'Ecole 师范学校，其原型是由约瑟夫·拉卡纳尔（Joseph Lakanal）于 1794 年在巴黎创立的。在革命时期这所学校是作为一个教育的典范创建的；事实上，这一创造在很多方面都是第一次，当时被称为 Ecoles 第一师范学校，虽然其后并无第二所学校。拉普拉斯和拉格朗日就是该校的导师。拉普拉斯在这所学校授课时提出了他的关于概率的学术论文的早期版本，课程中没有以任何名义提及正态分布，然而其后续课程（1814）却因对正态密度的公式进行了口头描述而闻名于世（常数 e 是

----

　　① 我们遇到了下面几种不同的解释，有的是基于没有文献记载的、可能是想象的词源："师范学校是给教师提供教学规则的学校"（巴茨（Butts）and 克雷明（Cremin），1953，p. 286）；"师范学校培训老师教授正常儿童"（来自一段对话）；第二个含义在教授培训机构之后："另一个含义与特殊学校相对应（为贫困儿童开设的学校）"（布鲁克豪斯百科全书，1971，13：552）；"师范学校是其他教师培训学校的典范"，巴黎高等师范学校说（大英百科全书，百科简编，第 15 版，1985 年印）。

双曲对数为单位 1 的数字,一个肯定使非数学专业的听众困惑不解的解释)。最初的 Ecole 师范学校只存在了很短的时间,后于 1810 年被重建为 l'Ecole 高等师范学校(保罗·迪普伊(Paul Dupuy),1895;阿兰(E. Allain),1891;皮埃尔·金宁(Pierre Jeannin),1963)。"师范学校"这个术语其实可以追溯到 1765 年,第一所(据我们所知)被称为师范学校的学校实际于 1771 年在维也纳建立(詹姆斯·凡·合恩·梅尔顿(James van Horn Melton),1982,p. 385;1988,pp. 203—204)。它最初的校长,也是"师范(Normalschule)"这个名称的发明者,是约瑟夫·梅斯默(Joseph Messmer),后来他成为维也纳圣斯蒂芬城市学校的校长。

梅斯默认为师范学校应该首先是儿童的示范学校,是展示严格教育模式的典范。同时,它也应作为教师的培训机构,这是在学校较少、好教师较少,发展教育的压力越来越大的背景下提出的。两个强势的君主,普鲁士的弗雷德里克二世和奥地利的玛丽亚特里萨 1740 年上台以来,宗教和国家的竞争交织在一起,教育("但不是太多")被许多人视为力量的重要来源。

教师培训机构的建立有更早的历史。例如,在欧洲中部,早在 1695 年的斯德丁(Stettin)和 1696 年的哈雷(Halle)就有教师培训学校。他们通常被称为研讨班(例如,哈雷学校被称为教师研习班),虽然他们也交流实际的教学经验,但是他们通常不与儿童学校接触。18 世纪,两个密切相关的概念逐渐发展和明确,即(1)提供规范的示范学校;(2)相关的教师培训计划。这方面发展的一个重要人物是约翰·伊格纳茨·费尔比格尔(Johann Ignaz Felbiger)。在天主教教会的支持下费尔比格尔开始在西里西亚特别是萨冈镇附近,将这些想法变成现实(梅尔顿,1982;乌尔里希·克勤默(Ulrich Krömer);1966)。还有为青年教师开设的短期培训班,他们将(至少在原则上)返回他们的家园,以滚雪球般的方式传播这一发展。

看来费尔比格尔和梅斯默有过沟通。1768 年当梅斯默回应奥地利学校改革计划的官方要求时,建议为儿童建立师范或示范学校,并且与教师的培训机构建立联系。后来证明梅斯默不善管理,1744 年费尔比格尔接受玛丽亚·特蕾莎的邀请来到维也纳,承担了大量的教育责任,包括管理维也纳师范学校[1]。据推测梅斯默隐退了,他不是最后一个因工作能力不足而被要求从师范学校离开的人。

梅斯默提出"师范学校"的叫法是非常成功的。这一叫法迅速蔓延到欧洲

---

　　[1]　关于玛丽亚·特蕾莎(Maria Theresa)对统计学历史(包括国民管理统计、教育统计和人口统计)其他方面影响的描述,见扎克维奇(Zarkovich)(1990,pp. 22—24)。

的其他部分和其他语言国家,巴黎大革命后拉卡纳尔也采用了这个名称。那个时候,无论是否与儿童学校有关系,"师范学校"就是指教师的培训学校。显然,"师范"这个词的内涵有相当大的吸引力和力量,教师们没有将这个词用于儿童,认为它更适合成人。

但梅斯默从哪儿得到"师范"这个词的? 据我们所知,它之前没有被其他富有创新精神的教育工作者用过。示范学校的叫法早先确实有人用过,但是在梅斯默之后迅速被"师范学校"替代。当然"正常"这个词在非教育环境中早有使用。例如,在 1648 年签订的标志三十年战争结束的威斯特伐利亚(Westphalia)和约中,用"正常年"来描述早期的局势(主要是 1624 年 1 月 1 日),当时的状况被视为是正常和可持续的,恢复了已建立宗教和财产所有权的战前状态。另外,在公众健康方面,还有 1770 年的维也纳"医疗规范"。

我们不知道梅斯默为什么或怎么样采用了"正常"这样一个好词。一个合理的假设是,这个词在当时的书法中是一个有艺术性的词汇,因为梅斯默是一个著名的、有成就的书法家,而书法是非常重要的。事实上,梅斯默教过玛丽亚·特蕾莎法院的年轻贵族们学习书法和其他科目(见冯·赫尔弗特(von Helfert),1860,p. 133)。是不是可以推测,示范的书写可能被称为"规范"? 到目前为止,我们还没有发现任何证据支持这一假设。我们看过的关于书法的书很少使用"规范"或与其相关的词。如果有一个地方的短期书法学校,在那里"规范"是一个关键的词,那这个假设或许会成立,但我们还没有找到这样的学校。一个可能的来源是赫尔曼·道尔奇(Hermann Delitsch)的著作(1928,特别是 pp. 216,220,260,283)。

"师范学校"的名字很快传遍世界各地。到 1890 年美国大约有 175 所师范学校,甚至有几个镇由于师范学校的建立而兴起,也以"师范"命名(托马斯·格雷(Thomas J. Gray),1887,422 页;弗里曼·巴茨(R. Freeman Butts)和劳伦斯·克雷明(Lawrence A. Cremin),1953,p. 450)。流行用语和内涵的价值,都有 定的存在期限,至少在美国,二战结束后,"师范学校"听起来开始过时了。随着中学毕业生人数的增加和人们对更耀眼的名称的普遍期望,大多数师范学校都并入州立大学或学院体系。然而,巴黎高等师范学校仍保留其崇高的地位和传统,尽管它并没有培养很多的儿童教师。后来"师范学校"用得越来越少,可能部分是由于这个词过度使用,人们已经对它产生了厌倦。

公共意义上的正常状态

在这篇文章中,我们关注"正常"一词在统计、医学和教育术语中的应用。当然,这个词在科学、新闻和法律文献中,尤其是在公开讲话和公共政策领域也有与之平行的、相关的应用历史。例如,开始时引用的三个标题中有两个与外交事务相关。这些用法的发展之间毋庸置疑是相关的,猜测这种关系的根源是有趣的:"正态"在统计和其他科学术语的出现是否是其在公众讨论中使用越来越多的一种反映?抑或相反,科学中的使用促使人们在公开讨论中接受并重视这个词?所以与没有被社会和物理学家采用相比,"正态"被赋予了更精确的含义。我们相信,正如在相关性问题中经常发生的,上述两个方面不存在单向的因果关系,两个假设都成立而且彼此加强。

在某些情况下,公开讨论对用词有直接的影响。尽管卡尔·皮尔逊没有正式命名正态分布,但是他在传播使用该名称的过程中发挥了至关重要的作用,他选择这个词的理由是基于对 21 世纪头十年外交政策的关心;他试图通过使用外交上中性的"正常"一词,而不是"高斯(Gaussian)"或"拉普拉斯(Laplacian)"来缓解国际紧张局势。对统计上其他用法的外部影响相对没有那么直接,影响也更弱。高斯是一个杰出的数学家,但他关于天文和地球物理研究的工作与公路建设、铁路、航海等其他重要的公共事务交织在一起。这些可能不是高斯的主要目的,但他肯定知道数学在公共事务中的应用以及与之相关的讨论。有趣的是,我们对"正则方程(图 22.3)"接受情况的有限的统计研究表明,尽管高斯谱系非常著名,但是直到 19 世纪 70 年代才开始普及,同期正态分布的名称出现了。这表明存在某种联系,正如 Hacking 所写的,或许在数学中知名度的提高增加了社会学中这个词的使用。另一方面,"正常"在医学上的应用一直是随着公众接受程度发展的[1]。当前关于使得医学上正常的概念引起公众广泛关注的医疗体系引起了许多分析和争论,这些争论可以追溯到 1770 年的医疗规范。

虽然"师范学校"这个词本身已几乎绝迹,但是关于教师培训学校的讨论引起了当前公众巨大的关注。目前关于教育的讨论包含了许多内涵(平等化、智能化、家庭与学校的影响等),可视作"正常状态"的延伸,即使这个词已经不像

---

[1]　孔(Kong)等人(1986)做过医学上概率用语的相关研究。

过去那样发挥主导作用。

科学的"正态"对公共政策清晰度的影响有更多的不确定性。我们注意到，在外交政策上"正态"的使用早于在科学上的使用，至少可以追溯到 1648 年威斯特伐利亚（Westphalia）和约，这一事实可能会削弱这种影响。尽管如此，它受到关注（而不是几个近义词，如普通、平常、平凡或典型）的部分原因是它的含义更准确。我们需要看看报纸来支持这一观点，1994 年 10 月 18 日的《纽约时报》的一个头条是：

贝尔法斯特学习适应完全停火的正常状态

这个故事的内容是"正常状态悄悄到来"，就像不需要总是检查汽车底盘是否有爆炸物。没有哪个同义词能够表达同样的意思。

然而，语言的海洋是多变的。1920 年，沃伦·哈丁（Warren Harding）的演讲稿撰写人贾德森·韦利弗（Judson Welliver）呼吁"恢复正常"，引起了强烈的政治反响。1994 年，美国众议院议长（纽约时报，1994 年 11 月 10 日）被告知"'正常'这个词的使用，在政治上是不正确的。"心理分析师可以写，"我建议用'调整功能'这个词来澄清我们在任何文化中用'正常'表达的意思"（鲁本·法恩（Reuben Fine），1979）。这些用法的潮流也影响了统计上的使用，一代人反对使用这个词，因为正态的假定太简单，而后来人又设计出更巧妙的变换使得正态的假设成立，这是个数学上的自我实现。然而，"正常"一词由于它在日常和理想意义上的内涵给科学和公共讨论带来众多的含义，这使得它即使衰落也不会很久。"正常"的有效的使用已经持续了两个多世纪，未来还可能继续持续两个世纪。这种情况的实现看来是正常的。

参考文献

Abrams, M. E., et al. (1969). Oral glucose tolerance and related factors in a normal population sample. *British Medical Journal* 1: 595—598 (part 1).

Académie Royale des Sciences et Belles-Lettres de Bruxelles (1836). *Bulletins*, année 1832—1834 (Deuxième question pour le concours de 1833, p. 14; Deuxième question pour le concours de 1835, p. 59).

Adrain, Robert (1808). Research concerning the probabilities of the errors which happen in making observations, etc. *The Analyst; or Mathematical Museum* 1 (4): 93—109. Probably published 1809 (see Stigler 1978c); reprinted in Stigler 1980a, vol. 1.

Airy, George B., and Augustus De Morgan (1849). Correspondence, October 9 and 10, 1849. Royal Greenwich Observatory Archives (Herstmonceux Castle), section 2, RGOMS 998 (Pure Mathematics and Miscellaneous Science 1849 and 1850). The original of De Morgan's letter is at the University of London Library.

Airy, Wilfred (1920a). *On Ancient Trade Weights of the East*. London.

———(1920b). *On Arabic Glass Weights*. London.

Albert, Adelin, and Eugene Harris (1987). *Multivariate Interpretation of Clinical Laboratory Data*. New York: Dekker.

Aldrich, John (1987). Jevons as statistician: The role of probability. *The Manchester School* 55: 233—256.

Allain, E. (1891). *L'Oeuvre scolaire de la Révolution/1789—1802/É tudes critiques et documents inédits*. Paris: Firmin-Didot.

Armatte, Michel (1995). *Histoire du modèle linéaire*. Thèse de doctorat, É cole des Hautes É tudes en Sciences Sociales.

Ayres, Leonard P. (1927). The dilemma of the new statistics. *Journal of the American Statistical Association* 22: 1—8.

Balchen, Al. R. (1869). Théorie et méthodologie de la statistique. *Congrès International de Statistique à La Haye*, première partie: 46—53.

Barrington, Amy, and Karl Pearson, with the assistance of David Heron (1910). A *Preliminary Study of Extreme Alcoholism in Adults*. Eugenics Laboratory Memoirs XIV, University of London, Francis Galton Laboratory for National Eugenics. London: Dulau.

Bartlett, John (1992). *Familiar Quotations*, 16th ed. Edited by J. Kaplan. New York: Little, Brown.

Bartlett, Maurice (1934). The vector representation of a sample. *Proceedings of the Cambridge Philosophical Society* 30: 327—340.

Bateman, Bradley W. (1990). Keynes, induction, and econometrics. *History of Political Economy* 22: 359—379.

Beaver, D. (1976). Reflections on the natural history of eponymy and scientific law. *Social Studies of Science* 6: 89—98.

Bellhouse, David R. (1988). Probability in the sixteenth and seventeenth centuries: An analysis of Puritan casuistry. *International Statistical Review* 56: 63—74.

———(1989). A manuscript on chance written by John Arbuthnot. *International Statistical Review* 57: 249—259.

Bennett, J. H., ed. (1990). *Statistical Inference and Analysis: Selected Correspondence of R. A. Fisher*. Oxford: Clarendon Press.

Benson, Ellis (1972). The concept of the normal range. *Human Pathology* 3/2: 152—155.

Bernoulli, Daniel (1769). *Dijudicatio maxime probabilis plurium observationum discrepantium atque verisimillima inductio inde formanda*. Manuscript; Bernoulli MSS f. 299—305, University of Basel. English translation in Stigler (1997b).

———(1778). Dijudicatio maxime probabilis plurium observationum discrepantium atque verisimillima inductio inde formanda. *Acta Academiae Scientiarum Imperialis Petropolitanae* for 1777, pars prior, pp. 3—23. Reprinted in Bernoulli (1982). English translation in Kendall (1961), pp. 3—13, translation reprinted in Pearson and Kendall (1970), pp. 157—167.

———(1982). *Die Werke von Daniel Bernoulli: Band 2, Analysis,*

Wahrscheinlichkeitsrechnung. Basel: Birkhäuser.

Bernoulli, Jean III (1785). Milieu. *Encylopédie méthodique*; *mathématiques* 2: 404—409; figs. 2 and 3, plate I of Géométrie plates.

Bertrand, J. (1888). *Calcul des probabilités*. Paris: Gauthier-Villars.

Bessel, F. W. (1837). Bestimmung der Axen des elliptischen Rotationssphäroids, welches den vorhandenen Messungen von Meridianbögen der Erde am meisten entspricht. *Astronomische Nachrichten* 333. Translated in 1841 as Determination of the axes of the elliptic spheroid of revolution which most nearly corresponds with the existing measurements of arcs of the meridian. In *Scientific Memoirs*, edited by Richard Taylor, 2: 387—401.

Bienaymé, I. J. (1839). Effets de l'intérêt composé. *Société philomatique de Paris*, *extraits* 1839: 60—65.

——— (1853a). Remarques sur les différences qui distinguent l'interpolation de M. Cauchy de la méthode des moindres carrés et qui assurent la supériorité de cette méthode. *Comptes rendus de l'académie des sciences de Paris* 37: 5—13.

——— (1853b). Considérations à l'appui de la découverte de Laplace sur la loi de probabilité dans la méthode des moindres carrés. *Comptes rendus de l'académie des sciences de Paris* 37: 309—324.

Billard, Lynne (1997). A voyage of discovery. *Journal of the American Statistical Association* 92: 1—12.

Biot, J. B. (1817). *Versuch einer Analytischen Geometrie*. Nürnberg: Riegle and Wiessner. Translated into German by J. T. Ahrens.

Birchall, E. V. (1910). The Conditions of Distress. An Investigation of 4000 Birmingham Cases. *Economic Review* 20: 25—40.

Bishop, Yvonne M. M., Stephen E. Fienberg, and Paul W. Holland (1975). *Discrete Multivariate Analysis: Theory and Practice*. Cambridge, Mass.: MIT Press.

Black, R. D. Collison (1981). W. S. Jevons, 1835—82. In *Pioneers of Modern Economics in Britain*, edited by D. P. O'Brien and John R. Presley. London: Macmillan, chap. 1, pp. 1—35.

———, ed. (1972—1981). *Papers and Correspondence of William Stanley Jevons*, vols. 1—7. London: Macmillan, in association with the Royal Economic Society.

Bôcher, Maxime (1907). *Higher Algebra*. New York: Macmillan.

Bonar, James (1926). Memories of F. Y. Edgeworth. *Economic Journal* 36: 647—653.

Boncompagni, Baldassarre (1882). Intorno algi atti di nascita di morte di Pietro Simone Marchese di Laplace. *Bulletino di bibliografia e di storia delle scienze matematiche e fisiche* 15: 446—464.

Borel, Émile (1909). *Éléments de la théorie des probabilités*. Paris: Hermann.

Boring, Edwin G. (1961). The beginning and growth of measurement in psychology. In *Quantification*, edited by H. Woolf. Indianapolis: Bobbs-Merrill.

Bortkiewicz, L. von (1895). Kritische Betrachtungen zur theoretischen Statistik, II. *Jahrbücher für National ökonomie und Statistik* (3d ser.) 10: 321—360.

———— (1896). Kritische Betrachtungen zur theoretischen Statistik, III. *Jahrbücher für National ökonomie und Statistik* (3d ser.) 11: 671—705.

Bostaph, Samuel, and Yeung-Nan Shieh (1987). Jevons's demand curve. *History of Political Economy* 19.1:107—126.

Bowditch, N. (1832). *Mécanique céleste by the Marquis de La Place, Translated, with a commentary, by Nathaniel Bowditch*, vol. 2. (See translator's footnote, pp. 417—421.) Boston: Hilliard, Gray, Little, and Wilkins. Reprinted 1966, Bronx: Chelsea.

Bowley, Arthur L. (1901). *Elements of Statistics*. London: P. S. King, and later editions.

———— (1928). *F. Y. Edgeworth's Contributions to Mathematical Statistics*. London: Royal Statistical Society. Reprinted 1972, Clifton, N. J.: Augustus M. Kelley.

———— (1934). Francis Ysidro Edgeworth. *Econometrica* 2: 113—124.

Box, Joan Fisher (1978). *R. A. Fisher: The Life of a Scientist*. New York: Wiley.

Brown, Theodore M. (1981). Archibald Pitcairn. *Dictionary of Scientific Biography* 11: 1—3. Edited by C. C. Gillispie. New York: Charles Scribner's Sons.

Bru, Bernard (1996). La problème de l'efficacité du tir à l'école de Metz. *Mathématiques, informatique et sciences humaines* 34: 25—38.

Brugmans, Henri L. (1935). *Le séjour de Christian Huygens à Paris*. Paris: E. Oroz.

Buffon, Georges Le Clerc, Comte de (1735). [Solution de problèmes qui regardoient le jeu du franc carreau.] *Histoire de l'académie des sciences de Paris for* 1733, pp. 43—45.

———— (1777). Essai d'arithmétique morale. *Histoire naturelle, générale et particulière. Supplément* 4: 46—148.

Butts, R. Freeman, and Lawrence A. Cremin (1953). *A History of Education in American Culture*. New York: Henry Holt.

Bynum, W. F. (1984). Alcoholism and degeneration in nineteenth century European medicine and psychiatry. *British Journal of Addiction* 79: 59—70.

Byrom, John (1854—57). *The Private Journal and Literary Remains of John Byrom* (2 vols. of 2 parts each). Edited by Richard Parkinson. In *Remains Historical & Literary Connected with the Palatine Counties of Lancaster and Chester* (vols. 32, 34, 40, and 44). Manchester: Chetham Society.

Canguilhem, Georges (1978, 1989). *The Normal and the Pathological*. Translated by Carolyn R. Fawcett with Robert S. Cohen. D. Reidel: Boston; reprinted 1989, New York: Zone Books. For a review, see Roger Smith, *Annals of Science* 47 (1990): 199—201.

Cauchy, A. L. (1853a). Mémoire sur l'interpolation, ou remarques sur les remarques de M. Jules Bienaymé. *Comptes rendus de l'académie des sciences de Paris* 37, 64—68.

———— (1853b). Sur la nouvelle méthode d'interpolation comparée à la méthode des moindre carrés. *Comptes rendus de l'académie des sciences de Paris* 37: 100—109.

———— (1853c). Mémoire sur les coefficients limitateurs ou restrictéurs. *Comptes rendus de l'académie des sciences de Paris* 37: 150—162.

———— (1853d). Sur les résultats moyens d'observations de même nature, et sur les résultats les plus probables. *Comptes rendus de l'académie des sciences de Paris* 37: 198—206.

———— (1853e). Sur la probabilité des erreurs qui affectent des résultats moyens d'observations de même nature. *Comptes rendus de l'académie des sciences de Paris* 37: 264—272.

——— (1853f). Sur la plus grande erreur à craindre dans un resultat moyen, et sur le système de facteurs qui rend cette plus grande erreur un minimum. *Comptes rendus de l'académie des sciences de Paris* 37: 326—334.

——— (1853g). Memoire sur les résultats moyens d'un trés-grand nombre d'observations. *Comptes rendus de l'académie des sciences de Paris* 37: 381—385.

Caussinus, H. (1962). Sur un problème d'analyse de la corrélation de deux caractères qualitatifs. *Comptes rendus de l'académie des sciences de Paris* 255: 1688—1690.

——— (1965). Sur les tables de contingence tronquées. *Comptes rendus de l'académie des sciences de Paris* 261: 5303—5306.

——— (1966a). Remarques sur les problèmes d'estimation et de tests dans les tables de contingence tronquées. *Comptes rendus de l'académie des sciences de Paris* 262(A): 293—295.

———(1966b). Sur l'analyse de certaines tables de contingence. *Comptes rendus de l'académie des sciences de Paris* 263(A): 551—554.

——— (1966c). Sur la structure des tableaux de corrélation carrés. *Comptes rendus de l'académie des sciences de Paris* 263(A): 795—797.

——— (1966d). Contribution à l'analyse statistique des tableaux de corrélation.

Annales de la faculté des sciences de l'Université de Toulouse (*année* 1965) 29: 77—182.

Celmiņš, Aivars (1998). The method of Gauss in 1799. *Statistical Science* 13: 123—135.

The Century Dictionary (1904). Edited by W. D. Whitney and B. E. Smith. New York: Century Co.

Chabert, Jean—Luc (1989). Gauss et la méthode des moindres carrés. *Revue d'histoire des sciences* 42: 5—26.

Charlier, C. V. L. (1931). *Application de la théorie des probabilités à l'astronomie*. Paris: Gauthier-Villars.

Chauvenet, William (1868). *A Treatise on the Method of Least Squares*. Philadelphia: Lippincott.

——— (1891). *A Manual of Spherical and Practical Astronomy*, 5th ed. (2 vols.) Philadelphia: Lippincott.

Clogg, C. C. (1986). Quasi-independence. *Encyclopedia of Statistical Sciences* 7: 460—464. New York: Wiley.

Cohen, I. Bernard (1980). *The Newtonian Revolution*. Cambridge: Cambridge University Press.

Cole, Jonathan R., and Stephen Cole (1973). *Social Stratification in Science*. Chicago: University of Chicago Press.

Collard, A. (1926). Le centenaire de la création de l'observatoire royal de Bruxelles (1826-8 juin-1926). *Ciel et terre; Bulletin de la Société Belge d'Astronomie*, XLIIe année: 209—223.

Coolidge, Julian Lowell (1925). *An Introduction to Mathematical Probability*. Oxford: Oxford University Press.

Craig, Cecil C. (1978). Harry C. Carver, 1890—1977. *Annals of Statistics* 6: 1—4.

Craig, John (1699). *Theologiae Christianae principia mathematica*. London: Timothy Child. Reprinted with commentary by Daniel Titius in Leipzig in 1755; translated in Nash, 1991.

———— (1964). Craig's Rules of Historical Evidence. *History and Theory: Studies in the Philosophy of History* (Beiheft 4), pp. 1—31. A reprint of the Latin original of most of the material in Craig (1699) through the end of chap. 2, with facing English translation. For another translation, see Nash (1991).

Craig, John (1946). *Newton at the Mint*. Cambridge: Cambridge University Press.

———— (1953). *The Mint*. Cambridge: Cambridge University Press.

Crandall, Charles L. (1902). *Notes upon Least Squares and Geodesy*. Ithaca, N. Y.: Andrus & Church.

———— (1907). *Text-Book on Geodesy and Least Squares*. New York: John Wiley and Sons.

Creedy, John (1986a). On the King-Davenant 'law' of demand. *Scottish Journal of Political Economy* 33:193—212.

———— (1986b). *Edgeworth and the Development of Neoclassical Economics*. Oxford: Basil Blackwell.

Crofton, Morgan W. (1870). On the proof of the law of errors of observations. *Philosophical Transactions of the Royal Society of London* 160: 175—187.

———— (1885). Probability. *Encyclopaedia Britannica*. 9th ed.

Crow, James F. (1993). Francis Galton: Count and measure, measure and count. *Genetics* 135: 1—4.

Crowe, Lawson (1985). Alcohol and heredity: Theories about the effects of alcohol use on offspring. *Social Biology* 32: 146—161.

Cumberland, Richard (1672). *De legibus naturae disquisitio philosophica*. London: E. Flesher, for Nathaniel Hooke. Translated into English in 1750 as *A Philosophical Enquiry into the Laws of Nature*, translated by John Powers. Dublin: Samuel Powell.

Cunningham, Andrew (1981). Sydenham versus Newton: The Edinburgh Fever Dispute of the 1690s between Andrew Brown and Archibald Pitcairne. pp. 71—98 in *Theories of Fever from Antiquity to the Enlightenment*, edited by W. F. Bynum and V. Nutton, published as *Medical History*, supplement no. 1. London: Wellcome Institute.

The Current Index to Statistics. (Since 1975). Published annually by the American Statistical Association and the Institute of Mathematical Statistics.

Czuber, Emanuel (1921). *Die Statistischen Forschungsmethoden*. Vienna: L. W. Seidel.

Dale, Andrew I. (1988). On Bayes' Theorem and the Inverse Bernoulli Theorem. *Historia Mathematica* 15: 348—360.

———— (1991). *A History of Inverse Probability, From Thomas Bayes to Karl Pearson*. New York: Springer-Verlag.

Darmois, Georges (1928). *Statistique mathématique*. Paris: Octave Dion.

Darrah, L. Wallingford (1939). The difficulties of being "normal." *Journal of Nervous and Mental Disease* 90: 730—737.

Darwin, George H. (1877). On fallible measures of variable quantities, and on the treatment of meteorological observations. *Philosophical Magazine* (5th ser.) 4: 1—14.

Daston, Lorraine (1988). *Classical Probability in the Enlightenment*. Princeton: Princeton University Press.

David, F. N. (1962). *Games, Gods, and Gambling*. London: Griffin.

De Forest, E. L. (1873). On some methods of interpolation applicable to the graduation of irregular series, such as tables of mortality, &.c., &.c. *Annual Report of the Board of Regents of the Smithsonian Institution for*

1871, pp. 275—339.

———— (1874). Additions to a memoir on methods of interpolation applicable to the graduation of irregular series. *Annual Report of the Board of Regents of the Smithsonian Institution for* 1873, pp. 319—353.

———— (1876). *Interpolation and Adjustment of Series*. New Haven: Tuttle, Morehouse and Taylor.

———— (1877a,b). On adjustment formulas. *Analyst* 4: 79—86, 107—113.

De Moivre, Abraham (1730). *Miscellanea analytica*. London: Tonson and Watts.

———— (1733). *Approximatio ad summam terminorum binomii* $a + b^n$ *in seriem expansi*. Photographically reprinted in 1926 in *Isis* 8: 671—683.

———— (1738). *The Doctrine of Chances*. 2nd ed. London: Woodfall.

De Morgan, Augustus (1837). Craig, John. *Penny Cyclopedia* 8: 135—136.

———— (1838). *An Essay on Probabilities, and on Their Application to Life Contingencies and Insurance Offices*. London: Longman, Orme, Brown, Green & Longmans, and John Taylor.

———— (1840). Newton, Isaac. *Penny Cyclopedia* 16: 197—203.

———— (1849). *Theory of Probabilities*. (Article prepared for *Encyclopaedia Metropolitana* [1845] and subsequently issued separately.) London: John Joseph Griffin.

———— (1872). *A Budget of Paradoxes*. London: Longmans, Green. 2nd ed. (1915) (two volumes, edited by David Eugene Smith). Chicago: Open Court.

de Villamil, R. (1931). *Newton: The Man*. London: Knox.

Delitsch, Hermann (1928). *Geschichte der Abendländischen Schreibschriftformen*. Leipzig: Hiersemann.

Deming, W. Edwards (1931). The application of least squares. *Philosophical Magazine* 11: 146—158.

———— (1943). *The Adjustment of Data*. New York: John Wiley.

Desrosières, A. (1993). *La politique des grands nombres*. Paris: É ditions la Découverte.

———— (1998). *The Politics of Large Numbers*. Translated by Camille Naish. Cambridge, Mass. : Harvard University Press.

Dewey, John (1889). Galton's statistical methods. *Publications* [later *Journal*] *of the American Statistical Association* 7: 331—334. Quoted in Stigler

(1986a, p. 301), and at more length in Stigler (1988b).

Diamond, Marion, and Mervyn Stone (1981). Nightingale on Quetelet. I: The passionate statistician, II: The marginalia, III: Essay in memoriam. *Journal of the Royal Statistical Society*, Series A 144: 66—79, 176—213, 332—351.

Diderot, Denis (1749). *Lettre sur les aveugles*. Translated as "Letter on the Blind" in *Diderot's Early Philosophical Works*, edited by Margaret Jourdain. Chicago: Open Court, 1916, pp. 68—141.

Dormoy, E. (1874). Théorie mathématique des assurances sur la vie. *Journal des actuaires fran,cais* 3: 283—299, 432—461. Reprinted in Dormoy (1878, pp. 1—47).

——— (1878). *Théorie mathématique des assurances sur la vie*, tome 1 (of 2). Paris: Gauthier-Villars.

Du Bois, Eugene (1948). *Fever and the Regulation of Body Temperature*. Springfield, Ill. : Charles C. Thomas.

Dunnington, G. Waldo (1955). *Carl Friedrich Gauss, Titan of Science: A Study of His Life and Work*. New York: Hafner.

Dupuy, Paul (1895). L'É cole Normale de l'an III. In *Le centenaire de l'É cole Normale*, 1795—1895. Paris: Hachette.

Duren, P. (1989). *A Century of Mathematics*. Providence, R. I. : American Mathematical Society.

Dutka, Jacques (1996). On Gauss' priority in the discovery of the method of least squares. *Archive for History of Exact Sciences* 49: 355—370.

Ebbinghaus, Hermann (1885). *Über das Gedächtnis*, Translated as *Memory: A Contribution to Experimental Psychology*, trans. Henry A. Ruger and Clara E. Bussenius. New York: Teachers College, Columbia University, 1913. Reissued New York: Dover Press, 1964.

Edgeworth, C. Sneyd (1815). *Memoirs of the Abbé Edgeworth; containing his narrative of the last hours of Louis XVI*. London: Rowland Hunter.

Edgeworth, Francis Ysidro (1877). *New and Old Methods of Ethics, or "Physical Ethics" and "Methods of Ethics."* London: James Parker.

——— (1881). *Mathematical Psychics: An Essay on the Application of Mathematics to the Moral Sciences*. London: C. Kegan Paul. Reprinted 1967, New York: Augustus M. Kelley.

———— (1883a). The law of error. *Philosophical Magazine* (5th ser.) 16: 300—309.

———— (1883b). The method of least squares. *Philosophical Magazine* (fifth series) 16: 360—375.

————(1883c). On the method of ascertaining a change in the value of gold. *Journal of the [Royal] Statistical Society* 46: 714—718.

———— (1884). Review of *Investigations in Currency and Finance*, by W. S. Jevons. *Academy*, July 19, 1884: 38—39.

———— (1885a). Observations and statistics. An essay on the theory of errors of observation and the first principles of statistics. *Transactions of the Cambridge Philosophical Society* 14: 138—169. (Abstract in *Proceedings of the Cambridge Philosophical Society* 5: 310—312; corrigendum in *Proceedings of the Cambridge Philosophical Society* 6: 101—102.)

———— (1885b). Methods of statistics. *Jubilee Volume of the [Royal] Statistical Society*, pp. 181—217.

———— (1885c). On methods of ascertaining variations in the rate of births, deaths, and marriages. *Journal of the [Royal] Statistical Society* 48: 628—649. (Abstract in *Report of the B. A. A. S.* for 1885: 1165—1166.)

———— (1885d). Calculus of probabilities applied to psychical research, 1. *Proceedings of the Society for Psychical Research* 3: 190—208.

———— (1886a). Progressive means. *Journal of the [Royal] Statistical Society* 49: 469—475.

———— (1886b). The law of error and the elimination of chance. *Philosophical Magazine* (5th ser.) 21: 308—324.

———— (1886c). Problems in probabilities. *Philosophical Magazine* (5th ser.) 22: 371—384.

———— (1887a). The choice of means. *Philosophical Magazine* (5th ser.) 24: 268—271.

———— (1887b). The empirical proof of the law of error. *Philosophical Magazine* (5th ser.) 24: 330—342.

———— (1887c). On observations relating to several quantities. *Hermathena* 6: 279—285.

———— (1887d). *Metretike: or the Method of Measuring Probability and Utility*. London: Temple. Reprinted in Mirowski (1994).

———— (1888a). The mathematical theory of banking. *Journal of the Royal Statistical Society* 51: 113—127. Abstract in *Report of the B. A. A. S.* for 1886: 776—778.

———— (1888b). The value of authority tested by experiment. *Mind* 13: 146—148.

———— (1888c). The statistics of examinations. *Journal of the Royal Statistical Society* 51: 599—635. Abstract in *Report of the B. A. A. S.* for 1888: 763.

————(1888d). Some new methods of measuring variation in general price. *Journal of the Royal Statistical Society* 51: 346—368.

———— (1889). Review of *Natural Inheritance*, by F. Galton. *Nature* 39: 603—604.

———— (1890). The element of chance in competitive examinations. *Journal of the Royal Statistical Society* 53: 460—475, 644—663. Abstract in *Report of the B. A. A. S.* for 1890: 920.

———— (1892a). Correlated averages. *Philosophical Magazine* (5th ser.) 34: 190—204.

———— (1892b). The law of error and correlated averages. *Philosophical Magazine* (5th ser.) 34: 429—438, 518—526.

———— (1893). Exercises in the calculation of errors. *Philosophical Magazine* (5th ser.) 36: 98—111.

———— (1896a). Bemerkungenüber die Kritik meiner "Methoden der Statistik" von Dr. v. Bortkewitsch. *Jahrbücher für National ökonomie und Statistik* (3d ser.) 11:274—277.

———— (1896b). Eine Erwiderung. *Jahrbücher für National ökonomie und Statistik* (3d ser.) 12: 838—845.

———— (1898). Miscellaneous applications of the calculus of probabilities, contd. *Journal of the Royal Statistical Society* 61: 119—131.

———— (1905). The law of error. *Transactions of the Cambridge Philosophical Society* 20: 36—65, 113—141.

———— (1906). Index numbers. Article in R. H. Inglis Palgrave, ed. , *Dictionary of Political Economy* 2: 384—387. London: Macmillan.

———— (1908—1909). On the probable errors of frequency-constants. *Journal of the Royal Statistical Society* 71: 381—397, 499—512, 651—678; 72: 81—90.

———— (1909). On the application of the calculus of probabilities to statistics.

Bulletin de l'Institut Internationale de Statistique 18: 505—537.

——— (1925). *Papers Relating to Political Economy* (3 vols.). London: Royal Economic Society.

City of Edinburgh Charity Organisation Society (1906). *Report on the Physical Condition of Fourteen Hundred School Children in the City, Together with Some Account of Their Homes and Surroundings*. London: P. S. King.

Edwards, A. W. F. (1974). The history of likelihood. *International Statistical Review* 42: 9—15.

——— (1986). Is the reference in Hartley (1749) to Bayesian inference? *American Statistician* 40: 109—110.

——— (1987). *Pascal's Arithmetical Triangle*. London: Griffin, and New York: Oxford.

——— (1991). A note on Waring's Rule. *Historia Mathematica* 18: 177.

Eisenhart, Churchill (1961). Boscovich and the combination of observations. Chapter 9 (pp. 200—212) of *Roger Joseph Boscovich, S. J. , F. R. S. , 1711—1787, Studies of His Life and Work on the 250th Anniversary of His Birth*, edited by Lancelot Law Whyte. London: George Allen and Unwin. Reprinted in Kendall and Plackett (1977).

——— (1964). The Meaning of "Least" in Least Squares. *Journal of the Washington Academy of Sciences* 54(2): 24—33.

——— (1968a). Gauss, Carl Friedrich. *International Encyclopedia of the Social Sciences* 6: 74—81. New York: Macmillan and Free Press. Reprinted with additions in Kruskal and Tanur (1978, 1: 378—386).

——— (1968b). Expression of the uncertainties of final results. *Science* 160: 1201—1204.

——— (1974). The development of the concept of the best mean of a set of measurements from antiquity to the present day. 1971 A. S. A. Presidential Address (unpublished).

———(1981). Karl Pearson. *Dictionary of Scientific Biography* 10:447—473. Edited by Charles C. Gillispie. New York: Charles Scribner's Sons.

Eizat, Edward (1695a). *Apollo Mathematicus: or the Art of Curing Diseases by the Mathematicks, According to the Principles of Dr. Pitcairn*. The work is available in microfilm as part of the film of the Wing Collection,

Reel 210.

———— (1695b). *A Discourse of Certainty, Wherein You Have a Further Proof of the Power of the Mathematicks, and of the Profound Knowledge of A. P., M. D.* Separately paged appendix to Eizat (1695a).

Elder, Robert F. (1934). Review of *The Triumph of Mediocrity in Business* by Horace Secrist. *American Economic Review* 24: 121—122.

Elderton, Ethel M., with the assistance of Karl Pearson (1910). *A First Study of the Influence of Parental Alcoholism on the Physique and Ability of the Offspring.* 2nd ed. Eugenics Laboratory Memoirs X, University of London, Francis Galton Laboratory for National Eugenics. London: Dulau.

Elderton, Ethel M., Amy Barrington, H. Gertrude Jones, Edith M. M. De G. Lamotte, H. J. Laski, and Karl Pearson (1913). *On the Correlation of Fertility with Social Value. A Cooperative Study.* Eugenics Laboratory Memoirs XVIII, University of London, Francis Galton Laboratory for National Eugenics. London: Dulau.

Elderton, W. Palin (1901). Tables for testing the goodness of fit of theory to observation. *Biometrika* 1: 155—163; reprinted (1914) as Table XII in Karl Pearson, *Tables for Statisticians and Biometricians.* Cambridge: University Press.

Ellis, Robert Leslie (1844). On the method of least squares. *Transactions of the Cambridge Philosophical Society* 8: 204—219. Reprinted in Ellis (1863).

———— (1863). *The Mathematical and Other Writings of Robert Leslie Ellis, M. A.* Edited by William Walton. Cambridge: Deighton, Bell.

Elveback, L. R. (1972). A discussion of some estimation problems encountered in establishing "normal values." In *Clinically Oriented Documentation of Laboratory Data*, edited by E. R. Gabrieli. New York and London: Academic Press.

Elveback, L. R., et al. (1970). Health, normality, and the ghost of Gauss. *Journal of the American Medical Association* 211: 69—75.

Emerson, Roger L. (1988). Sir Robert Sibbald, Kt, the Royal Society of Scotland and the origins of the Scottish Enlightenment. *Annals of Science* 45: 41—72.

Encke, J. F. (1832—34). Über dieMethode der kleinsten Quadrate. Published in three parts in the *Berliner Astronomisches Jahrbuch für* 1834 (1832, pp. 249—312), *für* 1835 (1833, pp. 253—320), and *für* 1836 (1834, pp. 253—308).

———— (1888). *Gesammelte mathematische und astronomische Abhandlungen von J. F. Encke.* Edited by H. Gravelius. Berlin: Ferd. Dümmlers Verlagsbuchhandlung.

Encyclopædia Britannica (1911). Sydenham, Thomas. 11th ed. 26: 277—278.

Euler, Leonhard (1778). Observationes in praecedentem dissertationem illustr. Bernoulli. *Acta Academiae Scientiarum Imperialis Petropolitanae* for 1777, pars prior, pp. 24—33. Reprinted in Euler's *Opera omnia*, ser. 1, 7: 280—290. English translation in Kendall (1961, pp. 13—18). Translation reprinted in Pearson and Kendall (1970, pp. 167—172).

Fechner, Gustav Theodor (1860). *Elemente der Psychophysik*, 2 vols. Vol. 1 translated 1966 as *Elements of Psychophysics*, translated by Helmut E. Adler, edited by Davis H. Howes and Edwin G. Boring. New York: Holt, Rinehart & Winston.

Feldman, J., G. Lagneau, and B. Matalon (1991). *Moyenne, milieu, centre: Histoire et usages.* Paris: É ditions de l'É cole des Hautes É tudes en Sciences Sociales.

Fienberg, Stephen E. (1972). The analysis of incomplete multi-way contingency tables. *Biometrics* 28: 177—202.

———— (1980). Fisher's contributions to the analysis of categorical data. Pp. 75—84 in *R. A. Fisher: An Appreciation*, edited by S. E. Fienberg and D. V. Hinkley. New York: Springer-Verlag.

Fine, Reuben (1979). *A History of Psychoanalysis.* New York: Columbia University Press. (As quoted by Anthony Storr in the *New York Times Book Review*, August 5, 1979, p. 3.)

Fisher, Arne (1923). *The Mathematical Theory of Probabilities and Its Application to Frequency Curves and Statistical Methods.* 2nd ed. New York: Macmillan.

Fisher, Irving N. (1956). *My Father, Irving Fisher.* New York: Comet Press.

Fisher, Ronald A. (1912). On an absolute criterion for fitting frequency curves.

Messenger of Mathematics 41: 155—160; reprinted as Paper 1 in Fisher (1974).

————— (1922a). On the mathematical foundations of theoretical statistics. *Philosophical Transactions of the Royal Society of London* (A) 222: 309—368; reprinted as Paper 10 in Fisher (1950); reprinted as Paper 18 in Fisher (1974).

————— (1922b). On the interpretation of χ^2 from contingency tables and the calculation of *P*. *Journal of the Royal Statistical Society* 85: 87—94; reprinted as Paper 5 in Fisher (1950); reprinted as Paper 19 in Fisher (1974).

————— (1923). Statistical tests of agreement between observation and hypothesis. *Economica* 3: 139—147; reprinted as Paper 7 in Fisher (1950); reprinted as Paper 31 in Fisher (1974).

————— (1935). The logic of inductive inference. *Journal of the Royal Statistical Society* 98: 39—54; reprinted as Paper 26 in Fisher (1950); reprinted as Paper 124 in Fisher (1974).

————— (1950). *Contributions to Mathematical Statistics*. New York: Wiley.

————— (1974). *The Collected Papers of R. A. Fisher*. Edited by J. H. Bennett. Adelaide: University of Adelaide Press.

Forbes, J. S., and D. B. Dalladay (1958—59). Metallic impurities in the silver coinage trial plates (1279 to 1900). *Journal of the Institute of Metals* 87: 55—58.

Forrest, D. W. (1974). *Francis Galton: The Life and Work of a Victorian Genius*. New York: Taplinger.

Foster, Joseph (1892). *Alumni Oxonienses; 4, Early Series*. Oxford: Parker and Co.

Foster, Michael (1924). *Lectures on the History of Physiology during the Sixteenth, Seventeenth, and Eighteenth Centuries*. Cambridge: University Press.

Fox, Renée C. (1977). The medicalization and demedicalization of American society. *Daedalus* 106: 9—22.

Fréchet, Maurice, and Maurice Halbwachs (1924). *Le calcul des probabilités à portée de tous*. Paris: Dunod.

Freeman, Peter R. (1976). A Bayesian analysis of the megalithic yard (with discussion). *Journal of the Royal Statistical Society* (A) 139: 20—55.

Friedman, Milton (1992). Do old fallacies ever die? *Journal of Economic Literature* 30: 2129—2132.

Galen, R. S., and R. Gambino (1975). *Beyond Normality*. New York: Wiley.

Galton, Francis (1869). *Hereditary Genius: An Inquiry into Its Laws and Consequences*. London: Macmillan. 2nd ed., 1892.

——— (1877). Typical laws of heredity. *Nature* 15: 492—495, 512—514, 532—533. Also published in *Proceedings of the Royal Institution of Great Britain* 8: 282—301.

——— (1885). The application of a graphic method to fallible measures. *Jubilee Volume of the [Royal] Statistical Society*, pp. 262—265. Discussion, pp. 266—271.

——— (1886). Family likeness in stature. *Proceedings of the Royal Society of London* 40: 42—73.

——— (1888). Co-relations and their measurement, chiefly from anthropological data. *Proceedings of the Royal Society of London* 45: 135—145.

——— (1889a). *Natural Inheritance*. London: Macmillan.

——— (1889b). [Presidential address.] *Journal of the Anthropological Institute* 18: 401—419.

——— (1890). Dice for statistical experiments. *Nature* 42: 13—14.

——— (1892). *Finger Prints*. London: Macmillan.

——— (1893). *The Decipherment of Blurred Fingerprints*. London: Macmillan.

——— (1895). *Fingerprint Directories*. London: Macmillan. Galton Papers. Manuscript archive at University College London.

Gataker, Thomas (1619). *Of the Nature and Use of Lots; A Treatise Historicall and Theologicall*. London: Edward Griffin for William Bladen.

Gauss, Carl Friedrich (1801). *Disquisitiones arithmeticae*. Translated 1966 by A. A. Clarke. New Haven: Yale University Press.

——— (1809). *Theoria motus corporum coelestium*. Hamburg: Perthes et Besser. Translated 1857, as *Theory of Motion of the Heavenly Bodies Moving about the Sun in Conic Sections*, translated by C. H. Davis.

Boston: Little, Brown. Reprinted 1963, New York: Dover.

——— [Gauss, Herr Hofrath und Ritter (Carl Friedrich)] (1822). Anwendung der Wahrscheinlichkeitsrechnung auf eine Aufgabe der practischen Geometrie. *Astronomische Nachrichten*, vol. 1/6, cols. 81—86. Section 6, containing Gauss's paper, is dated as issued January 1822; the volume containing the collected parts is dated 1823.

——— (1832). Theoria residuorum biquadraticorum; commentatio secunda. *Commentationes societatis regiae scientiarum Gottingensis recentiores.* Vol. 2. Reprinted 1863 in *Carl Friedrich Gauss Werke* 2: 93—150. Göttingen: Königlichen Gesellschaft der Wissenschaften.

——— (1887). *Abhandlungen zur Methode der kleinsten Quadrate von Carl Friedrich Gauss.* Translated by A. Börsch and P. Simon. Reprinted 1964, Würzburg: Physica-Verlag.

——— (1929). Mittelpunktsgleichung nach Ulughbe in Zeittertien. *Carl Friedrich Gauss Werke* 12: 64—68. Berlin: Springer.

Gerardy, Theo (1969). *Nachträge zum Briefwechsel zwischen Carl Friedrich Gauss und Heinrich Christian Schumacher.* Göttingen: Niedersächsische Staats-und Universit ätsbibliothek.

Giffen, Robert (1879). On the fall of prices of commodities in recent years (with discussion). *Journal of the [Royal] Statistical Society* 42: 36—78.

Gilles, Donald A. (1987). Was Bayes a Bayesian? *Historia Mathematica* 14: 325—346.

Gillispie, Charles Coulston (1960). *The Edge of Objectivity.* Princeton: Princeton University Press.

——— (1979). Mémoires inédits ou anonymes de Laplace sur la théorie des erreurs, les polyn ômcs de Legendre, et la philosophie des probabilités. *Revue d'histoire des sciences* 32: 223—279.

Gilstein, C. Zachary, and Edward E. Leamer (1983). The set of weighted regression estimates. *Journal of the American Statistical Association* 78: 942—948.

Glaisher, J. W. L. (1874). On the solution of the equations in the method of least squares. *Monthly Notices of the Royal Astronomical Society* 34: 311—334.

——— (1879—80). On the method of least squares. *Monthly Notices of the*

Royal Astronomical Society 40: 600—613. There is also an addition at 41: 18—23 (1880—81).

Goldstine, Herman H. (1977). *A History of Numerical Analysis from the Sixteenth through the Nineteenth Century*. New York: Springer-Verlag.

Goodman, Leo A. (1961). Statistical methods for the Mover-Stayer model. *Journal of the American Statistical Association* 56: 841—868.

——— (1965). On the statistical analysis of mobility tables. *American Journal of Sociology* 70: 564—585.

——— (1968). The analysis of cross-classified data: Independence, quasiindependence, and interactions in contingency tables with or without missing entries (R. A. Fisher memorial lecture). *Journal of the American Statistical Association* 63: 1091—1131; reprinted as Appendix A, pp. 261—301, of Goodman (1984).

——— (1979). On quasi-independence in triangular contingency tables. *Biometrics* 35: 651—655.

——— (1984). *The Analysis of Cross-Classified Data Having Ordered Categories*. Cambridge, Mass.: Harvard University Press.

Gosset, William Sealy (1908a). The probable error of a mean. *Biometrika* 6: 1—24. Reprinted in Gosset (1942, pp. 11—34).

——— (1908b). Probable error of a correlation coefficient. *Biometrika* 6: 302—309. Reprinted in Gosset (1942, pp. 35—42).

——— (1942). *"Student's" Collected Papers*. Edited by E. S. Pearson and John Wishart. Cambridge: Cambridge University Press.

Gouraud, Charles (1848). *Histoire du calcul des probabilités depuis ses origines jusqu' à nos jours*. Paris: Durand.

Grandi, Guido (1718). Note al trattato del Galileo del moto naturale accellerato. In *Opere di Gallileo Galilei* 3: 393. Firenze.

Grattan-Guinness, Ivor (1970). *The Development of the Foundations of Mathematical Analysis from Euler to Riemann*. Cambridge, Mass.: MIT Press.

——— (1972). *Joseph Fourier, 1768—1830*. Cambridge, Mass.: MIT Press.

[Graunt, John] (1665). *London's Dreadful Visitation*. London: E. Cotes. A compilation of 1665 Bills of Mortality that some have attributed to Graunt.

Gray, Thomas J. (1887). Methods of instruction in the normal schools of the United States, *Proceedings of the National Education Association* 26: 472—480; discussion pp. 481—483.

Great Britain, House of Commons (1837). Report from the Select Committee of the House of Commons on the Royal Mint. In vol. 16 of *House Documents* for 1837.

—————— (1848). Report of the Commissioners appointed to inquire into the constitution, management, and expense of the Royal Mint. In vol. 28 of *House Documents* for 1849.

——————(1866). Copy of a Report to the Comptroller-General of the Exchequer upon the Trial of the Pyx, and coinage subjected to this public trial, dated the 10th day of February 1866, by Mr. H. W. Chisholm, Chief of the Exchequer. In vol. 40 of *House Documents* for 1866.

Greenwood, Major, and G. Udny Yule (1915). The Statistics of anti-typhoid and anti-cholera inoculations, and the interpretation of such statistics in general. *Proceedings of the Royal Society of Medicine*, Section of Epidemiology and State Medicine 8: 113—190; reprinted (1971) on pp. 171—248 of *Statistical Papers of George Udny Yule*, edited by Alan Stuart and Maurice G. Kendall. London: Griffin.

Grew, Nehemiah (1684). The description and use of the pores in the skin of the hands and the feet. *Philosophical Transactions of the Royal Society of London* 14 (no. 159): 566—567.

Gridgeman, N. T. (1960). Geometric probability and the number _. *Scripta Mathematica* 25: 183—195.

Grier, Brown (1982). George Hooper and the early theory of testimony. Manuscript.

Groenewegen, Peter (1995). *A Soaring Eagle: Alfred Marshall*, 1842—1924. London: Edward Elgar.

Grove, W. R. (1865). *The Correlation of Physical Forces* (4th ed.). As reprinted in *The Correlation and Conservation of Forces*, edited by E. L. Youmans. New York: D. Appleton & Co.

Guerrini, Anita (1985). James Keill, George Cheyne, and Newtonian physiology, 1690—1740. *Journal of the History of Biology* 18: 247—266.

——— (1986). The Tory Newtonians: Gregory, Pitcairne, and their circle. *Journal of British Studies* 25: 288—311.

——— (1987). Archibald Pitcairne and Newtonian medicine. *Medical History* 31: 70—83.

Haberman, S. J. (1974). *The Analysis of Frequency Data*. Chicago: University of Chicago Press.

Hacking, Ian (1975). *The Emergence of Probability*. Cambridge: Cambridge University Press.

——— (1990). *The Taming of Chance*. Cambridge: Cambridge University Press.

Halbwachs, Maurice (1912). *La Théorie de l'homme moyen, essai sur Quetelet et la statistique morale*. Paris: Alcan.

Hald, Anders (1990). *A History of Probability and Statistics and Their Applications before 1750*. New York: Wiley.

——— (1998). *A History of Mathematical Statistics from 1750 to 1930*. New York: Wiley.

Hall, Asaph (1873). On an experimental determination of_. *Messenger of Mathematics* 2: 113—114.

Hall, A. Rupert (1980). *Philosophers at War: The Quarrel between Newton and Leibniz*. Cambridge: University Press.

Hankins, F. H. (1908). *Adolphe Quetelet as Statistician*. New York: Columbia University Press.

Harris, J. Arthur (1910). On the selective elimination occurring during the development of the fruits of Staphylea. *Biometrika* 7: 452—504.

——— (1914). On the relationship between the number of ovules formed and the number of seeds developing in Cercis. *Bulletin of the Torrey Botanical Club* 41: 243—256.

Harris, J. Arthur, and Alan E. Treloar (1927). On a limitation in the applicability of the contingency coefficient. *Journal of the American Statistical Association* 22: 460—472.

Harris, J. Arthur, and C. Tu (1929). A second category of limitations in the applicability of the contingency coefficient. *Journal of the American Statistical Association* 24: 367—375.

Harris, John (1710). Combination. *Lexicon Technicum*, vol. 2. London:

Brown, Goodwin, Walthoe, Nicholson, Tooke, Midwinter, Atkins, and Ward.

Harrison, John (1978). *The Library of Isaac Newton*. Cambridge: Cambridge University Press.

Harrod, R. F. (1951). *The Life of John Maynard Keynes*. London: Macmillan.

Hartley, David (1749). *Observations on Man, His Frame, His Duty, and His Expectations*. London: Richardson.

Harvey, William (1628). *Exercitatio anatomica de motu cordis et sanguinis in animalibus*. Frankfurt: Fitzer. English translation (1970) with annotations by Chauncey D. Leake, 5th ed. Springfield, Ill.: Charles C. Thomas.

Hawk, Philip B. (1923). *Physiological Chemistry*. 8th ed. New York: Blakiston Division.

Healy, M. J. R. (1979). Does medical statistics exist? *BIAS* 6: 137—182.

Henry, E. R. (1900). *Classification and Uses of Finger Prints*. London: Routledge.

Hepburn, George (1695). *Tarrugo Unmasked, or, An Answer to a Late Pamphlet Intitled, Apollo Mathematicus. To Which Is Added by Doctor Pitcairne, The Theory of the Internal Diseases of the Eye Demonstrated Mathematically*. Edinburgh.

Heron, David (1910). *The Influence of Defective Physique and Unfavorable Home Environment on the Intelligence of School Children*. Eugenics Laboratory Memoirs VIII, University of London, Francis Galton Laboratory for National Eugenics. London: Dulau.

——— (1911). *Mental Defect, Mal-Nutrition, and Teacher's Appreciation of Intelligence: A Reply to Criticisms of the Memoir on 'The Influence of Defective Physique and Unfavorable Home Environment on the Intelligence of School Children.'* Questions of the Day and of the Fray no. II. London: Dulau.

Herr, David G. (1980). On the history of the use of geometry in the general linear model. *American Statistician* 34: 43—47.

——— (1983). Geometry in Statistics. In *Encyclopedia of Statistical Sciences* 3: 408—419, edited by Samuel Kotz and Norman L. Johnson.

Heyde, C. C., and Eugene Seneta (1972). The simple branching process, a turning point test and a fundamental inequality: A historical note on I. J. Bienaymé. *Biometrika* 59: 680—683.

——— (1977). *I. J. Bienaymé: Statistical Theory Anticipated*. New York: Springer-Verlag.

Hildreth, C. (1968). Francis Ysidro Edgeworth. In *International Encyclopaedia of the Social Sciences*, edited by David L. Sills. New York: Macmillan and Free Press.

Hilgard, Julius E. (1872). An application of an exponential function. *Proceedings of the American Association for the Advancement of Science*, 20th meeting, August 1871: 61—63.

Hilts, Victor (1973). Statistics and social science. Pp. 206—233 in *Foundations of Scientific Method: The Nineteenth Century*, edited by R. N. Giere and R. S. Westfall. Bloomington: Indiana University Press.

Hirschman, Albert O. (1970). *Exit, Voice, and Loyalty: Responses to Decline in Firms, Organizations, and States*. Cambridge, Mass.: Harvard University Press.

Holland, J. D. (1962). The Reverend Thomas Bayes, F. R. S. (1702—1761). *Journal of the Royal Statistical Society*, ser. A, 125: 451—461. (Includes a sample of Bayes's shorthand. In subsequent correspondence with C. Eisenhart, Holland has identified the shorthand as Elisha Coles's system.)

[Hooper, George] (1699). A calculation of the credibility of human testimony. *Philosophical Transactions of the Royal Society of London* 21: 359—365. Reprinted in *The Works of the Right Reverend Father in God, George Hooper, D. D., Late Bishop of Bath and Wells*. Oxford, 1757. 2nd ed., 1855.

Hoover, J. Edgar (1939). *Classification of Fingerprints*. Washington, D. C.: FBI.

Horgan, John (1992). D_2 or not D_2. *Scientific American* (April 1992), pp. 29—32.

Horsley, Victor, and Mary D. Sturge (1908). *Alcohol and the Human Body: An Introduction to the Study of the Subject, and a Contribution to National Health*. 2nd ed. (1st ed. 1907). London: Macmillan.

Horton, Paul C. (1971). Normality—Toward a meaningful construct.

Comprehensive Psychiatry 12: 54—66.

Hotelling, Harold (1931). The generalization of Student's ratio. *Annals of Mathematical Statistics* 2: 360—378.

——(1933). Review of *The Triumph of Mediocrity in Business* by Horace Secrist. *Journal of the American Statistical Association* 28: 463—465.

Howie, W. B. (1967). Sir Archibald Stevenson, his ancestry, and the riot in the College of Physicians at Edinburgh. *Medical History* 11: 269—284.

Hunter, Patti W. (1996). Drawing the boundaries: Mathematical statistics in 20thcentury America. *Historia Mathematica* 23: 7—30.

Huygens, Christian (1657, 1659). De ratiociniis in ludo aleae. Pp. 517—534 in Schooten (1657). Dutch version, Van Rekeningh in Spelen van Geluck, pp. 485—500 in Schooten (1659). Both reprinted, together with a French translation and later appendices (1920), in *Oeuvres complètes de Christiaan Huygens* 14: 49—179. The Hague: Nijhoff.

Hyslop, Theo. B. (1911). The influence of parental alcoholism on the physique and ability of offspring (with communications by A. P. Gould, G. S. Woodhead, T. S. Clouston, F. W. Mott, R. Jones, G. B. Price, E. C. Taylor, C. W. Saleeby, W. C. Sullivan, H. Campbell, T. C. Shaw, T. Neild, R. M. Leslie, G. E. Shuttleworth, M. Scharleib, A. E. Gregory, W. E. Edwards, and R. Hercod). *British Journal of Inebriety* 8: 175—215.

Irwin, J. O. (1978). Gosset, William Sealy. In Kruskal and Tanur (1978, 1: 409—413).

Jeannin, Pierre (1963). *École Normale Supérieure*. Chapter headed "Enfances." Paris: Office Fran,cais de Diffusion Artistique et Littéraire.

Jevons, W. Stanley (1863). A serious fall in the value of gold ascertained, and its social effects set forth. Chap. 2 in Jevons (1884).

—— (1864). Shakespeare literature. *Athenaeum*, March 2: 373—374.

—— (1865a). *The Coal Question*. London: Macmillan.

—— (1865b). The variation of prices, and the value of the currency since 1782. *Journal of the [Royal] Statistical Society* 28: 294—320, reprinted as chap. 3 in Jevons (1884).

—— (1868). On the condition of the metallic currency of the United Kingdom, with reference to the question of international coinage. *Journal of the [Royal] Statistical Society* 31: 426—464; reprinted as chap. 9 in

Jevons (1884).

———— (1869). The depreciation of gold. *Journal of the* [*Royal*] *Statistical Society* 32: 445—449; reprinted as chap. 4 in Jevons (1884).

———— (1871). *The Theory of Political Economy*. London: Macmillan.

———— (1874a). *The Principles of Science: A Treatise on Logic and Scientific Method*. London: Macmillan. Second edition (1877) reprinted 1958, New York: Dover Publications.

———— (1874b). The progress of the mathematical theory of political economy. *Transactions of the Manchester Statistical Society*, 1874—75, reprinted in his *Papers and Correspondence*, edited by R. D. Collison Black. London: Macmillan, 1981, 7: 75—85.

————(1881). Review of *Mathematical Psychics*, by F. Y. Edgeworth. *Mind* 6: 581—583.

———— (1884). *Investigations in Currency and Finance*. Edited by H. S. Foxwell. London: Macmillan. Reprinted 1964, Clifton, N. J.: Augustus M. Kelley. A second, differently paged edition published in London in 1909.

Johnson, William Woolsey (1892). *The Theory of Errors and the Method of Least Squares*. New York: Wiley.

Johnston, W. T., ed. (1979). *The Best of Our Owne: Letters of Archibald Pitcairne*, 1652—1713. Edinburgh: Saorsa.

Joiner, B. L., N. F. Laubscher, E. S. Brown, and B. Levy. (1970). *An Author and Permuted Title Index to Selected Statistical Journals*. National Bureau of Standards Special Publication 321. Washington, D. C.: U. S. Department of Commerce.

Jorland, Gérard (1987). The Saint Petersburg Paradox, 1713—1937. In Krüger, Daston, and Heidelberger (1987, I: 157—190).

Jouffret, E. (1872). É tude sur l'effet utile du tir. *Revue maritime et coloniale* 33: 205—246.

————(1875). *Sur la probabilité du tir des bouches à feu et la méthode des moindres carrés*. Paris: Ch. Tanera.

Julin, Armand (1921). *Principes de statistique théorique et appliquée*. Paris: Marcel Rivière.

Kapteyn, A. C. (1903). *Skew Frequency Curves in Biology and Statistics*. Groningen: P. Noordhoff.

Karpman, Benjamin (1954). *The Sexual Offender and His Offenses*. New York: Julian Press.

Kayser, Ch. (1962). Le maintien de l'équilibre pondéral. *Acta neurovegetativa* 24: 457—491.

Kendall, David G. (1974). Hunting quanta. *Philosophical Transactions of the Royal Sociey of London* (A) 276: 231—266.

Kendall, Maurice G. (1961). Daniel Bernoulli on maximum likelihood. *Biometrika* 48: 1—18. Reprinted in Pearson and Kendall (1970), pp. 155—172.

———— (1968). Francis Ysidro Edgeworth, 1845—1926. *Biometrika* 55: 269—275. Reprinted in Pearson and Kendall, 1970.

———— (1969). The early history of index numbers. *Review of the International Statistical Institute* 37: 1—12. Reprinted in Kendall and Plackett (1977).

Kendall, Maurice G. , and Robin L. Plackett (1977). *Studies in the History of Statistics and Probability*, vol. 2. London: Griffin.

Kevles, Daniel J. (1985). *In the Name of Eugenics: Genetics and the Uses of Human Heredity*. Berkeley: University of California Press.

Keynes, John Maynard (1910a). Review of *A First Study of the Influence of Parental Alcoholism on the Physique and Ability of the Offspring* by E. M. Elderton with the assistance of K. Pearson. *Journal of the Royal Statistical Society* 73: 769—773. Reprinted in Keynes (1983), pp. 189—195.

———— (1910b). Correspondence: Influence of parental alcoholism. *Journal of the Royal Statistical Society* 74: 114—121. Reprinted in Keynes (1983), pp. 196—205.

———— (1911). Correspondence: Influence of parental alcoholism. *Journal of the Royal Statistical Society* 74: 339—345. Reprinted in Keynes (1983), pp. 207—216.

———— (1921). *A Treatise on Probability*. London: Macmillan.

————(1933). F. Y. Edgeworth. In *Essays in Biography*. New York: Harcourt, Brace &Co. Frequently reprinted; originally published in the *Economic Journal* (1926) 36: 140—153.

———— (1971). *The Collected Writings of John Maynard Keynes*. Volume 15: *Activities* 1906—1914, *India and Cambridge*. Edited by Elizabeth

Johnson. London: Macmillan.

——— (1983). *The Collected Writings of John Maynard Keynes*. Volume 11: *Economic Articles and Correspondence*, *Academic*. Edited by Donald Moggridge. London: Macmillan.

Keynes Papers. Manuscript archive at King's College, Cambridge.

Kim, Jinbang (1991). Jevons's curve fitting: A reconstruction. Manuscript.

King, C. Daly (1945). The meaning of normal. *Yale Journal of Biology and Medicine* 17: 493—501.

King, Lester S. (1954). What is disease? *Philosophy of Science* 3: 193—203.

——— (1978). *The Philosophy of Medicine: The Early Eighteenth Century*. Cambridge, Mass. : Harvard University Press.

King, Willford I. (1912). *The Elements of Statistical Methods*. New York: Macmillan.

———(1930). The annals of mathematical statistics. *Annals of Mathematical Statistics* 1: 1—2.

———(1934). Review of *The Triumph of Mediocrity in Business* by Horace Secrist. *Journal of Political Economy* 42: 398—400.

Knapp, Thomas R. (1983). A methodological critique of the "ideal weight" concept. *Journal of the American Medical Association* 250: 506—510.

Kobbé, Gustav (1888). Behind the scenes of an opera-house. *Scribner's Magazine* 4: 435—454.

Köbel, Jacob (1535). *Geometrei*. Frankfurt.

Kolmogoroff[Kolmogorov],A. (1933). *Grundbegriffe der Wahrscheinlichkeitsrechnung*. Berlin: Julius Springer.

Kong, Augustine, G. Octo Barnett, Frederick Mosteller, and Cleo Youtz (1986). How medical professionals evaluate expressions of probability. *New England Journal of Medicine* 315: 740—744.

Krause, R. O. , et al. (1975). The impact of laboratory error on the normal range: A Bayesian model. *Clinical Chemistry* 21: 321—324.

Krömer, Ulrich (1966). *Johann Ignaz von Felbiger/Leben und Werk*. Freiburg: Herder.

Krüger, Lorenz, Lorraine J. Daston, and Michael Heidelberger, eds. (1987). *The Probabilistic Revolution*. 2 vols. Cambridge, Mass. : MIT Press.

Kruskal, William H. (1978). Formulas, numbers, words: Statistics in prose.

American Scholar 47: 223—229.

———— (1988). Miracles and statistics: The casual assumption of independence. *Journal of the American Statistical Association* 83: 929—940.

Kruskal, William H., and Judith M. Tanur (1978). *International Encyclopedia of Statistics.* 2 vols. Glencoe, Ill.: Free Press.

Kruskal, William, and Stephen M. Stigler (1997). Normative terminology: "Normal" in statistics and elsewhere. Chap. 5, pp. 85—111, in *Statistics and Public Policy*, edited by Bruce Spencer. Oxford: Oxford University Press.

Kuhn, Thomas S. (1961). The function of measurement in modern physical science. *Isis* 52: 161—190. Reprinted as chap. 8 of *The Essential Tension*. Chicago: University of Chicago Press, 1977.

Kuhn, Thomas S. (1962). *The Structure of Scientific Revolutions*. Chicago: University of Chicago Press.

Lagrange, Joseph-Louis (1776). Mémoire sur l'utilité de la méthode de prendre le milieu entre les résultats de plusieurs observations; dans lequel on examine les avantages de cette méthode par le calcul des probabilités, & ou l'on resoud differens problèmes relatifs à cette matière. *Miscellanea Taurinensia* 5: 167—232. Reprinted in Lagrange (1868), 2: 173—236.

———— (1868). *Oeuvres de Lagrange*, vol. 2. Paris: Gauthier-Villars.

Lambert, Johann Heinrich (1760). *Photometria, sive de mensura et gradibus luminis, colorum et umbrae.* Augsburg: Detleffsen.

———— (1765—1772). *Beyträge zum Gebrauche der Mathematik und deren Anwendung* (vols. 1—3, published 1765, 1770, 1772). Berlin: Verlage des Buchladens der Realschule. A summary of some of the work on the theory of errors in Vol. 1 was published in Berlin in *Journal littéraire dédié au Roi, par une société d'académiciens*, vol. 1 (1772), pp. 230—258, vol. 3 (1773), pp. 65—97, vol. 4 (1773), pp. 120—149.

Landau, David, and Paul F. Lazarsfeld (1968). Quetelet, Adolphe. *International Encyclopedia of the Social Sciences* 13: 247—257. Edited by David L. Sills. New York: Macmillan and Free Press.

Laplace, Pierre Simon (1774). Mémoire sur la probabilité des causes par les évènemens. *Mémoires de mathématique et de physique, presentés à l'Académie Royale des Sciences, par divers savans, & l ˆu dans ses assemblées* 6:

621—656. Translated in Stigler (1986b).

——— (1810). Mémoire sur les approximations des formules qui sont fonctions de très-grands nombres, et sur leur application aux probabilités. *Mémoires de la classe des sciences mathématiques et physiques de l'Institut de France*, année 1809, pp. 353—415, Supplément pp. 559—565.

——— (1814). *Essai philosophique sur les probabilités* (2nd ed.). Paris: Courcier. Sixth edition of 1840 translated and reprinted (1951) as *A Philosophical Essay on Probabilities*, New York: Dover; fifth edition of 1825 reprinted 1986 with notes by Bernard Bru, Paris: Christian Bourgois É diteur, translated by Andrew I. Dale (1995) as *Philosophical Essay on Probabilities*, New York: Springer-Verlag.

Larson, J. A. (1924). *Single Fingerprint System*. New York: D. Appleton.

Laurent, H. (1873). *Traité du calcul des probabilités*. Paris: Gauthier-Villars.

——— (1908). *Statistique mathématique*. Paris: Octave Dion.

Lazarsfeld, Paul F. (1961). Notes on the history of quantification in sociology— Trends, sources, and problems. In *Quantification*, edited by H. Woolf, pp. 147—203. Indianapolis: Bobbs-Merrill. Also in *Isis* 52: 277—333.

Lazzarini, M. (1901). Ricerche sopra una nuova espressione di soin funzione di solinumeri primi e sulla fattoriale di un numero. *Periodico di matematico* 2: 49—68.

——— (1902). Un'applicazione del calcolo della Probabilit ` a. *Periodico di matematico* 2: 140—143.

Le Cam, Lucien M. (1953). On some asymptotic properties of maximum likelihood estimates and related Bayes estimates. *University of California Publications in Statistics* 1: 277—330.

Legendre, Adrien Marie (1805). *Nouvelles méthodes pour la détermination des orbites des comètes*. Paris: Firmin Didot.

Leland, Ora Miner (1921). *Practical Least Squares*. New York: McGraw-Hill.

Lenman, Bruce (1980). *The Jacobite Risings in Britain*, 1689—1746. London: Eyre Methuen.

Leonard, J. V. , and A. J. Westlake (1978). The derivation of reference ranges adjusted for age, sex, and other variables. *Clinica Chimica Acta* 82: 271—279.

Lexis, Wilhelm (1876). Das Geschlechtsverhältnis der Geborenen und die Wahrscheinlichkeitsrechnung. *Jahrbücher für National ökonomie und Statistik* 27: 209—245.

—— (1877). *Theorie der Massenerscheinungen in der menschlichen Gesellschaft*. Freiburg: Wagner.

—— (1879). Ueber die Theorie der Stabilitat statistischer Reihen. *Jahrbücher für National ökonomie und Statistik* 32: 60—98.

—— (1880). Sur les moyennes normales appliquées aux mouvements de la population et sur la vie normale. *Annales de demographie internationale* 4: 481—497.

Liebig, J. von (1863). *Die Chemie in ihrer Anwendung auf Agrikultur und Physiologie*, 7th ed. , vol. 1.

Lindeboom, G. A. (1963). Pitcairne's Leyden interlude described from the documents. *Annals of Science* 19: 273—284.

Lindenau, B. A. von (1806). Ü ber den Gebrauch der Grademessungen zur Bestimmung der Gestalt der Erde. *Monatliche Correspondenz* 14: 113—158.

Lindenau, B. A. von, or F. X. von Zach (1807a). U¨ ber die Bestimmung des Radius einer Kugel, deren Oberfläche mit einem Ellipsoid von gegebenen Dimensionen die meiste Ahnlichkeit hat. *Monatliche Correspondenz* 16: 424—433.

—— (1807b). Review of *Traité de Géodésie* ⋯ par L. Puissant. *Monatliche Correspondenz* 16: 443—463.

Lombard, H. C. (1835). De l'influence des professions sur la durée de la vie. *Annales d'hygiène publique et de médecine légale* 14: 88—131.

Loria, G. (1930). *Curve piane speciali, algebriche e transcendenti*, vol. 1. Milano: Ulrico Hoepli.

Lottin, J. (1912). *Quetelet, statistician et sociologue*. Louvain: Institut Supérieur de Philosophie.

Lubbock, J. , and J. Drinkwater (1830). *On Probability*. London: Society for the Diffusion of Useful Knowledge.

M'Crie, Thomas, ed. (1842). *The Correspondence of the Rev. Robert Wodrow*.

Edinburgh: Wodrow Society.

Macaulay, Frederick R. (1938). *Some Theoretical Problems Suggested by the Movements of Interest Rates, Bond Yields, and Stock Prices in the United States since* 1856. New York: National Bureau of Economic Research.

MacKenzie, Donald A. (1981). *Statistics in Britain*, 1865—1930: *The Social Construction of Scientific Knowledge*. Edinburgh: Edinburgh University Press.

Madden, R. R. (1833). *The Infirmities of Genius, Illustrated by Referring the Anomalies in the Literary Character to the Habits and Constitutional Peculiarities of Men of Genius*. London: Saunders and Otley.

Magnello, M. Eileen (1998). Karl Pearson's mathematization of inheritance: From ancestral heredity to Mendelian genetics (1895—1909). *Annals of Science* 55: 35—94.

Mailly, É. (1875). *Essai sur la vie et les Ouvrages de L. -A. -J. Quetelet*. Bruxelles: Hayez.

Mainland, D. (1952). *Elementary Medical Statistics*. Philadelphia: W. B. Saunders.

Maistrov, L. E. (1974). *Probability Theory: A Historical Sketch*. New York: Academic Press.

Mansion, P. (1906). Sur la methode des moindre carrés dans le Nachlass de Gauss. *Annales soc. scientifique de Bruxelles* 30: 169—174.

Manuel, Frank E. (1963). *Isaac Newton: Historian*. Cambridge, Mass. : Harvard University Press.

March, Lucien (1930). *Les principes de la méthode statistique*. Paris: Félix Alcan.

Marshall, Alfred (1881). Review of *Mathematical Psychics*, by F. Y. Edgeworth. *Academy*, June 18, 1881: 457.

Martin, H. F. , et al. (1975). *Normal Values in Clinical Chemistry*. New York: Marcel Dekker.

Marx, Karl (1906). *Capital* (translated from the 3rd edition, revised according to the 4th edition), vol. 1, p. 264. Kerr: Chicago.

Maseres, Francis (1795). *The Doctrine of Permutations and Combinations, Being an Essential and Fundamental Part of the Doctrine of Chances*. (A republication of a portion of Jacob Bernoulli's *Ars conjectandi*, together with an English translation, along with Wallis [1685] and several other tracts.) London: B. and J. White.

Master, A. M., et al. (1950). The normal blood pressure range and its clinical implications. *Journal of the American Medical Association*, 143: 1464—1470.

Mays, W. (1962). Jevons's Conception of Scientific Method. *The Manchester School* 30 (3): 223—249.

Mazumdar, Pauline M. H. (1992). *Eugenics, Human Genetics, and Human Failings: The Eugenics Society, Its Sources and Its Critics in Britain*. London: Routledge.

McCann, Charles R., Jr., ed. (1996). *F. Y. Edgeworth: Writings in Probability, Statistics, and Economics*. 3 vols. Cheltenham: Edward Elgar.

McNish, A. G. (1962). The speed of light. *IRE Transactions on Instrumentation* [= *IEEE Transactions on Instrumentation and Measurement*], 1—11, nos. 3 and 4: 138—148.

Melton, James van Horn (1982). Pedagogues and princes: Reform absolutism, popular education, and the dialectics of authority in eighteenth century Prussia and Austria. Ph. D. dissertation. University of Chicago.

——— (1988). *Absolutism and the Eighteenth-Century Origins of Compulsory Education in Prussia and Austria*. Cambridge: Cambridge University Press.

Merriman, Mansfield (1877a). *Elements of the Method of Least Squares*. London: Macmillan.

——— (1877b). A list of writings related to the method of least squares, with historical and critical notes. *Transactions of the Connecticut Academy of Arts and Sciences* 4: 151—232.

Merton, Robert K. (1961). Singletons and multiples in science. *Proceedings of the American Philosophical Society* 105: 470—486. Reprinted in Merton (1973), pp. 343—370.

——— (1965). *On the Shoulders of Giants: A Shandean Postscript*. New York: Free Press.

——— (1967). *On Theoretical Sociology*. New York: Free Press.

——— (1973). *The Sociology of Science: Theoretical and Empirical Investigations*.

Edited and with an introduction by Norman W. Storer. Chicago: University of Chicago Press. Chapter 14, Priorities in Scientific Discovery, first published 1957. Chapter 20, The Matthew Effect in Science, first published 1968.

———— (1997). De-Gendering "Man of Science": The genesis and epicene character of the word *scientist*. In *Sociological Visions*, edited by Kai Erikson. New Haven: Yale University Press, pp. 225—253.

Mills, Frederick C. (1924). *Statistical Methods, Applied to Economics and Business*. New York: Henry Holt.

Mirowski, Philip, ed. (1994). *Edgeworth on Chance, Economic Hazard, and Statistics*. Lanham, Md. : Rowman & Littlefield.

Moggridge, Donald E. (1992). *Maynard Keynes, An Economist's Biography*. London: Routledge.

Morant, G. M. (1939). *A Bibliography of the Statistical and Other Writings of Karl Pearson*. Compiled with the assistance of B. L. Welch. Cambridge: University Press.

More, Lewis Trenchard (1934). *Isaac Newton: A Biography*. New York: Charles Scribner's Sons.

Morgan, Mary S. (1990). *The History of Econometric Ideas*. Cambridge: Cambridge University Press.

Mower, Robin (1988). "Plastic surgery." Letter to the editor, *New York Times*, 20 July, p. C8.

Muller, Mervin E. (1978). Random numbers. In Kruskal and Tanur (1978), 2: 839—847.

Murphy, E. A. (1972). The normal, and the perils of the sylleptic argument. *Perspectives in Biology and Medicine* (Summer).

Narasimhan, T. N. (1999). Fourier's heat conduction equation: History, influence, and connections. *Reviews of Geophysics* 37: 151—172.

Nash, Richard (1991). *John Craige's Mathematical Principles of Christian Theology*. The Journal of the History of Philosophy Monograph Series. Carbondale and Edwardsville, Ill. : Southern Illinois University Press.

National Research Council (1992). *DNA Technology in Forensic Science*. Washington, D. C. : National Academy Press.

———— (1996). *The Evaluation of Forensic DNA Evidence*. Washington, D.

C. ; National Academy Press.

Nesselroade, John, Stephen M. Stigler, and Paul Baltes (1980). Regression toward the mean and the study of change. *Psychological Bulletin* 87; 622—637.

Newcomb, Simon (1878). *Popular Astronomy*. New York; Harper &. Bros.

———— (1906). *A Compendium of Spherical Astronomy*. Reprinted, New York; Dover, 1960.

Newman, E. G. V. (1975). The gold metallurgy of Isaac Newton. Gold Bulletin 8; (3) 90—95.

Newman, Peter (1987). Edgeworth, Francis Ysidro. In *The New Palgrave*, edited by J. Eatwell, M. Milgate, and P. Newman, 2; 84—98. London; Macmillan.

Newton, Isaac (1728). *The Chronology of Ancient Kingdoms Amended*. London; Tonson, Osborn, and Longman.

Neyman, Jerzy, and Egon S. Pearson (1933). On the problem of the most efficient tests of statistical hypotheses. *Philosophical Transactions of the Royal Society of London* (ser. A) 24; 289—337.

Niceforo, Alfredo (1931). *Il metodo statistico*. New ed. Messinai Principato.

Offer, Daniel, and Melvin Sabshin (1966). *Normality; Theoretical and Clinical Concepts of Mental Health*. New York; Basic Books.

Oldham, P. D. (1968). *Measurement in Medicine*. Philadelphia; Lippincott.

Oresme, Nicholas (c. 1280 [1956]). *The De Moneta of Nicholas Oresme and English Mint Documents*. Translated by Charles Johnson. London; Thomas Nelson.

Pagel, Walter (1976). *New Light on William Harvey*. Basel; Karger.

Paget, Stephen (1919). *Sir Victor Horsley; A Study of His Life and Work*. London; Constable.

Parkyns, Sir Thomas, of Bunny (1727). *The Inn-Play; or, Cornish-hugg Wrestler. Digested in a Method Which Teacheth to Break All Holds, and Throw Most Falls Mathematically*. 3rd ed. London; Thomas Weekes.

Pascal, Blaise (1665). *Traité du triangle arithmétique*. Paris; Desprez. Reprinted in 1908 in *Oeuvres de Blaise Pascal*, edited by L. Brunschvicg and P. Boutroux, 3; 433—503. Paris; Hachette.

Patinkin, Don (1983). Multiple discoveries and the central message. *American*

Journal of Sociology 89: 306—323.

Pearson, Egon S. (1938). *Karl Pearson: An Appreciation of Some Aspects of His Life and Work*. Cambridge: Cambridge University Press.

———— (1965). Some incidents in the early history of biometry and statistics, 1890—94. *Biometrika* 52: 3—18. Reprinted in Pearson and Kendall (1970).

———— (1967). Some reflexions on continuity in the development of mathematical statistics, 1885—1920. *Biometrika* 54: 341—355. Reprinted in Pearson and Kendall (1970).

Pearson, Egon S., and Kendall, M. G., eds. (1970). *Studies in the History of Statistics and Probability*. London: Charles Griffin.

Pearson, Karl (1893). Asymmetrical frequency curves. *Nature* 48: 615—616.

———— (1900). On the criterion that a given system of deviations from the probable in the case of a correlated system of variables is such that it can be reasonably supposed to have arisen from random sampling. *Philosophical Magazine*, 5th series 50: 157—175; reprinted in *Karl Pearson's Early Statistical Papers*, Cambridge: Cambridge University Press, 1948, pp. 339—357.

———— (1901). On some applications of the theory of chance to racial differentiation. From the work of W. R. Macdonell, M. A., LL. D., and Cicely D. Fawcett, B. Sc. *Philosophical Magazine* (6th ser.) 1: 110—124.

———— (1904). Mathematical contributions to the theory of evolution. XIII. On the theory of contingency and its relation to association and normal correlation. *Drapers' Company Research Memoirs*. London: Dulau; reprinted in *Karl Pearson's Early Statistical Papers*, Cambridge: Cambridge University Press, 1948, pp. 443—475.

———— (1904—1906). Das Fehlergesetz und seine Verallgemeinerungen durch Fechner und Pearson. A Rejoinder. *Biometrika* 4: 169—212.

———— (1909). On a new method of determining correlation between a measured character A, and a character B, of which only the percentage of cases wherein B exceeds (or falls short of) a given intensity is recorded for each grade of A. *Biometrika* 7: 96—105.

———— (1910a). On a new method of determining correlation, when one variable is given by alternative and the other by multiple categories. *Biometrika* 7: 248—257.

——— (1910b). *Supplement to the Memoir Entitled: The Influence of Parental Alcoholism on the Physique and Ability of the Offspring; A Reply to the Cambridge Economists*. Questions of the Day and of the Fray no. I. London: Dulau.

——— (1911a). *An Attempt to Correct Some of the Misstatements Made by Sir Victor Horsley, F. R. S., F. R. C. S., and Mary D. Sturge, M. D., in Their Criticisms of the Galton Laboratory Memoir: 'A First Study of the Influence of Parental Alcoholism, &c.'* Questions of the Day and of the Fray no. III. London: Dulau.

——— (1911b). Diskussion und Erklärungen. Erwiderung auf die Notiz von Dr. Allersüber die Trinkerkinder. *Archiv für Rassen- und Gesellschaftsbiologie* 8: 377—378.

——— (1911c). Correspondence: Influence of parental alcoholism. *Journal of the Royal Statistical Society* 74: 221—229.

——— (1911d). On the probability that two independent distributions of frequency are really samples from the same population. *Biometrika* 8: 250—254.

——— (1911e). On a correction to be made to the correlation ratio _. *Biometrika* 8: 254—256.

——— (1913). On the measurement of the influence of "broad categories" on correlation. *Biometrika* 9: 116—139.

——— (1914—1930). *The Life, Letters, and Labours of Francis Galton*. 3 vols. in 4 parts. Cambridge: Cambridge University Press.

——— (1915). On a brief proof of the fundamental formula for testing goodness of fit of frequency distributions, and on the probable error of "P." *Philosophical Magazine* (6th ser.) 31: 369—378.

——— (1916). On the general theory of multiple contingency with special reference to partial contingency. *Biometrika* 11: 145—158.

———(1920). Notes on the history of correlation. *Biometrika* 13: 25—45. Reprinted in Pearson and Kendall (1970).

——— (1922). On the χ^2 test of goodness of fit. *Biometrika* 14: 186—191.

——— (1923). Further note on the χ^2 test of goodness of fit. *Biometrika* 14:

418.

—— (1924). Historical notes on the origin of the normal curve of errors. *Biometrika* 16: 402—404. See also letter in *Nature* (1926): 631.

—— (1928). Biometry and chronology, with appendix by C. F. Trustam. *Biometrika* 20A: 241—262, 424.

—— (1930). On the theory of contingency: I. Note on Professor J. Arthur Harris' papers on the limitation in the applicability of the contingency coefficient [with a reply by J. A. Harris, A. E. Treloar, and M. Wilder, and a postscript by Karl Pearson]. *Journal of the American Statistical Association* 25: 320—327. (Note: This is not included in Morant [1939].)

—— (1930). *The Life, Letters, and Labours of Francis Galton*, vol. IIIA. Cambridge: Cambridge University Press.

—— (1932). Experimental discussion of the χ^2, $P/$ test for goodness of fit. *Biometrika* 24: 351—381.

—— (1978). *The History of Statistics in the 17th and 18th Centuries, against the Changing Background of Intellectual, Scientific, and Religious Thought (Lectures from 1921—1933)*. Edited by E. S. Pearson. London: Charles W. Griffin.

Pearson, Karl, and Ethel M. Elderton (1910). *A Second Study of the Influence of Parental Alcoholism on the Physique and Ability of the Offspring: Being a Reply to Certain Medical Critics of the First Memoir and an Examination of the Rebutting Evidence Cited by Them*. Eugenics Laboratory Memoirs XIII, University of London, Francis Galton Laboratory for National Eugenics. London: Dulau.

Pearson, Karl, and David Heron (1913). On theories of association. *Biometrika* 9: 159—315.

Pearson, Karl, and Alice Lee (1903). On the laws of inheritance in man. I. Inheritance of physical characters. *Biometrika* 2: 357—462.

Pearson Papers. Manuscript archive at University College London.

Peirce, Benjamin (1852). Criterion for the rejection of doubtful observations. *Astronomical Journal* 2:161—163. Reprinted in Stigler (1980a), vol. 2.

Peirce, Benjamin (1878). On Peirce's criterion. *Proceedings of the American Academy of Arts and Sciences* 13: 348—349. Reprinted in Stigler (1980a), vol. 2.

Peirce, Charles S. (1873). On the theory of errors of observations. Appendix no. 21, pp. 200—224 and plate 27, of the *Report of the Superintendent of the U. S. Coast Survey for the Year Ending June* 1870. Reprinted in Stigler (1980a), vol. 2.

———(1890). Review of *Pure Logic, and Other Minor Works* by W. Stanley Jevons. *The Nation*, 51, no. 1305, p. 16.

——— (1957). *Essays in the Philosophy of Science*. Edited by V. Tomas. Indianapolis: Bobbs-Merrill.

Peirce, Charles S., and Joseph Jastrow (1885). On small differences of sensation. *Memoirs of the National Academy of Sciences for* 1884 3: 75—83. Reprinted in Stigler (1980a), vol. 2.

Perlman, Michael, and Michael J. Wichura (1975). Sharpening Buffon's needle. *American Statistician* 29: 157—163.

Perozzo, L. (1879). Distribuzione dei morti per età. *Annali di Statistica*, ser. 2, 5: 75—93.

Petrie, William Matthews Flinders (1877). *Inductive Metrology; or, The Recovery of Ancient Measures from the Monuments*. London: Saunders.

Pfanzagl, J., and Oscar B. Sheynin (1996). A forerunner of the *t*-distribution. *Biometrika* 83: 891—898.

Pigou, A. C. (1911). Alcoholism and heredity. *Westminster Gazette*, February 2, 1911.

——— (1912). *Wealth and Welfare*. London: Macmillan.

Pistorins, Herman Andrew (1801). *Notes and Additions to Dr. Hartley's Observations of Man... to Which Is Prefixed a Sketch of the Life and Character of Dr. Hartley*. 3rd ed. London: J. Johnson.

Pitcairne, Archibald (1688). *Solutio problematis de historicis, seu, inventoribus*. Edinburgh: Joannis Reid. (The translation in Pitcairne's *Works* occupies pp. 139—167 and differs from the original in that the discussion at the end is brought to the front, and a discussion on Gregory's mathematics is removed, replaced by extensive quotations from Hippocrates. Presumably the revision is Pitcairne's own, since in 1711 Pitcairne was finishing the preparation of his dissertations for publication; see the letter of October 16, 1711, from Robert Sibbald to Hans Sloane quoted at p. 67 of Emerson [1988, p. 67], and the January 6, 1711, letter from Pitcairne to Gray in Johnston [1979, p. 66]).

———— (1693). *Dissertatio de circulatione sanguinis per vasa minima.* Lugduni Batavorum. Translated as "A dissertation upon the circulation of the blood through the minutest vessels of the body" in Pitcairne (1727).

———— (1695). *De curatione febrium quæ per evacuationes instituitur.* Edinburgh. Translated as "A dissertation concerning the cure of fevers by evacuation" in Pitcairne (1727), pp. 192—211.

———— (1727). *The Whole Works of Dr Archibald Pitcairn, Published by Himself. Wherein Are Discovered, the True Foundation and Principles of the Art of Physic. With Cases and Observations upon most Distempers and Medicines. Done from the Latin Original by George Sewell, M. D. and J. T. Desaguliers, L. L. D. and F. R. S. With some Account of the Author.* 2nd ed. London: J. Pemberton and W. and J. Innys. 1st ed. , 1715.

———— (1972). *The Assembly,* a critical edition with introduction and notes by Terence Tobin. Lafayette, Ind. : Purdue University Studies. (Supposedly written in 1692; published in London in 1722.)

Plackett, Robin L. (1972). The discovery of the method of least squares. *Biometrika* 59: 239—251. Reprinted in Kendall and Plackett (1977).

———— (1974). *The Analysis of Categorical Data.* London: Griffin.

———— (1983). Karl Pearson and the chi-squared test. *International Statistical Review* 51: 59—72.

Poincaré, Henri (1896). *Calcul des probabilités. Le,cons professées pendant le deuxième semestre* 1893—1894. Paris: Gauthier-Villars.

Poisson, S. D. (1824). Sur la probabilité des résultats moyens des observations. *Connaissance des tems pour l'an* 1827, pp. 273—302.

Porter, Theodore M. (1986). *The Rise of Statistical Thinking.* Princeton: Princeton University Press.

Poynting, J. H. (1884). A comparison of the fluctuations in the price of wheat and in the cotton and silk imports into Great Britain (with discussion). *Journal of the [Royal] Statistical Society* 47: 34—65.

Pratt, John W. (1976). F. Y. Edgeworth and R. A. Fisher on the efficiency of maximum likelihood estimation. *Annals of Statistics* 4: 501—514.

Prestet, Jean (1675). *Elémens des mathématiques.* Paris: Pralard.

Price, G. Basil (1910). Alcoholism and childhood. *British Journal of Inebriety* 8: 67—77.

Price, L. L. (1926). Francis Ysidro Edgeworth. *Journal of the Royal Statistical Society* 89: 371—377.

Pridmore, W. A. (1974). Reviewof *Statistics in Small Doses*, by Winifred M. Castle. Edinburgh: Churchill Livingstone, 1972. *Journal of the Royal Statistical Society* (A) 137: 623—624.

Quetelet, Adolphe (1823). Draft of letter to Falck, written from Paris in late 1823. In the Archives de l'Observatoire Royal de Belgique (1824/010). Portions reprinted in Collard (1926) and inWellens-De Donder (1987). (I am grateful to P. Alexandre for furnishing me a copy of this letter.)

———— (1831a). Recherches sur la loi de la croissance de l'homme. *Nouveaux mémoires de l'Académie Royale des Sciences et Belles-Lettres de Bruxelles*, tome 7.

———— (1831b). Recherches sur le penchant au crime aux différens ages. *Nouveaux mémoires de l'Académie Royale des Sciences et Belles-Lettres de Bruxelles*, tome 7.

————(1835). *Sur l'homme et le développement de ses facultés, ou essai de physique sociale*. Paris: Bachelier.

————(1842). *A Treatise on Man and the Development of His Faculties*. Edinburgh: Chambers.

———— (1844a). Additions à la notice sur Alexis Bouvard. *Annuaire de l'Académie Royale des Sciences et Belles-Lettres de Bruxelles* (10ème année), pp. 111—132. Reprinted in Quetelet (1867).

———— (1844b). *Recherches statistiques*. Brussels: Hayez.

———— (1846). *Lettres à S. A. R. Le Duc Régnant de Saxe-Cobourg et Gotha, sur la theorie des probabilités, appliquée aux sciences morales et politiques*. Brussels: Hayez. Translated 1849 as *Letters Addressed to H. R. H. the Grand Duke of Saxe Coburg and Gotha, on the Theory of Probabilities as Applied to the Moral and Political Sciences*. London: Layton.

———— (1852). Sur quelques propriétés curieuses que présentent les résultats d'une serie d'observations, faites dans la vue de déterminer une constante, lorsque les chances de rencontrer des écarts en plus et en moins sont égales et independantés les unes des autres. *Bulletins de l'Académie Royale des Sciences, des Lettres et des Beaux-arts de Belgique* 19: 303—317.

——— (1867). *Sciences mathématiques et physiques au commencement du XIXe siècle*. Brussels: Muquardt.

——— (1869). *Physique sociale, ou Essai sur le développement des facultés de l'homme*. 2 vols. Brussels: Muquardt.

——— (1870). *Anthropométrie*. Brussels: Muquardt.

R. (1815). Trial of the Pix. *The Gentleman's Magazine and Historical Chronicle* 85 (8, new ser.) (2): 207—208.

Radelet-de Grave, P. , and V. Scheuber (1979). *Correspondance entre Daniel Bernoulli et Jean-Henri Lambert*. Paris: Editions Ophrys.

Rainsford, Hume F. (1958). *Survey Adjustment and Least Squares*. New York: Frederick Ungar.

Ricardo, David (1951). Absolute value and exchangeable value, 1823, in P. Sraffa (ed.), *The Works and Correspondence of David Ricardo*, vol. 4: *Pamphlets and Papers*, 1815—1823. Cambridge: Cambridge University Press.

Richie, Robert Peel (1899). *The Early Days of the Royall Colledge of Phisitians, Edinburgh. The Extended Oration of the Harveian Society, Edinburgh, Delivered at the 114th Festival by the President*. Edinburgh: George P. Johnston.

Riedwyl, H. (1990). Rudolph Wolf's contribution to the Buffon needle problem (an early Monte Carlo experiment) and application of least squares. *American Statistician* 44: 138—139.

Riegel, Robert (1933). Review of *The Triumph of Mediocrity in Business* by Horace Secrist. *Annals of the American Academy of Political and Social Science* 170: 178—179.

Rigaud, S. P. (1841). *Correspondence of Scientific Men of the Seventeenth Century*. Vol. 1. Oxford: Oxford University Press.

Roberts, Francis (1694). An arithmetical paradox, concerning the chances of lotteries. *Philosophical Transactions of the Royal Society of London for 1693* (published 1694), 17: 677—681.

Robinet, André (1967). É crits faussement attribués à Malebranche. *Oeuvres de Malebranche*, 20: 317—319. Edited by A. Robinet. Paris: Vrin.

Robinson, Austin (1968). Pigou, Arthur Cecil. *International Encyclopedia of the Social Sciences* 12: 90—97.

Robinson, S. C. (1940). Hypotension: The ideal normal blood pressure. *New England Journal of Medicine* 223: 407—416.

Robinson, S. C., and M. Brucer (1939). Range of normal blood pressure: Statistical and clinical study of 11,383 persons. *Archives of Internal Medicine* 64: 409—444.

Robinson, Selby (1933). An experiment regarding the _2 test. *Annals of Mathematical Statistics* 4: 285—287.

Ross, I. C., and John W. Tukey (1975). *Index to Statistics and Probability: Permuted Titles.* 2 vols. Los Altos, Calif. : R & D Press.

Ruding, Rogers (1840). *Annals of the Coinage of Great Britain and Its Dependencies.* 3d ed. London: John Hearne (especially pp. 69—77 of vol. 1).

Ruffner, James A. (1977). *Eponyms Dictionaries Index: A Reference Guide to Persons, Both Real and Imaginary, and the Terms Derived from Their Names.* Detroit: Gale Research Press.

Ryle, John A. (1947). The meaning of normal. *Concepts of Medicine.* Edited by Brandon Lush. New York: Pergamon Press.

Saleeby, C. W. (1910). Professor Karl Pearson on alcoholism and offspring. *British Journal of Inebriety* 8: 53—66.

Samuelson, Paul A. (1966). *The Collected Scientific Papers of Paul A. Samuelson.* Edited by J. E. Stiglitz. Vol. 2. Cambridge, Mass. : MIT Press.

Sarton, George (1935). Preface to Volume 23 of *Isis* (Quetelet). *Isis* 23: 6—24.

Saunderson, N. (1740). *The Elements of Algebra.* Cambridge: Cambridge University Press.

Savage, I. R., and K. W. Deutsch (1960). A statistical model of the gross analysis of transaction flows. *Econometrica* 28: 551—572.

Schaaf, William L. (1981). The palpable arithmetic of Nicholas Saunderson. *Journal of Recreational Mathematics* 14: 1—3.

Schabas, Margaret (1990). *A World Ruled by Number.* Princeton: Princeton University Press.

Schaffer, Simon (1989). The Glorious Revolution and medicine in Britain and the Netherlands. *Notes and Records of the Royal Society of London* 43: 167—190.

Schneider, Ivo (1981). Die Arbeiten von Gauss im Rahmen der Wahrscheinlichkeitsrechnung: Methode der kleinsten Quadrate und Versicherungswesen. Pp. 143—172 in *Carl Friedrich Gauss* (1777—1855), edited by Ivo Schneider. Munich: Minerva.

Schooten, Frans van (1657). *Exercitationum Mathematicarum*. Leiden: Johannis Elsevirii.

———— (1659). *Mathematische Oeffeningen*. Amsterdam: Gerrit van Goedesbergh. (Dutch version of Schooten [1657].)

Schott, Charles (1878). On Peirce's criterion [remarks]. *Proceedings of the American Academy of Arts and Sciences* 13: 350—351. Reprinted in Stigler (1980a), vol. 2.

Schweber, S. S. (1977). The origin of the *Origin* revisited. *Journal of the History of Biology* 10: 229—316.

Scotland Yard (1904). *Memorandum on the Working of the Finger Print System of Identification*. London: HMSO.

Scott, W. R. (1951). *Fingerprint Mechanics*. Springfield, Ill. : C. C. Thomas.

Seal, H. L. (1967). The historical development of the Gauss linear model. *Biometrika* 54: 1—24. Reprinted in E. S. Pearson and M. G. Kendall (1970).

Searle, G. R. (1976). *Eugenics and Politics in Britain*, 1900—1914 (vol. 3 of *Science in History*, edited by G. L'E. Turner). Leyden: Noordhoff.

Secrist, Horace (1917). *An Introduction to Statistical Methods*. New York: Macmillan.

———— (1933). *The Triumph of Mediocrity in Business*. Evanston, Ill. : Bureau of Business Research, Northwestern University.

Secrist, Horace, Harold Hotelling, and M. C. Rorty (1934). Open letters I. *Journal of the American Statistical Association* 29: 196—200.

Seneta, Eugene (1998). I. J. Bienaymé (1796—1878): Criticality, inequality, and internationalization. *International Statistical Review* 66: 291—301.

Shaw, George Bernard (1914). *Plays: Pleasant and Unpleasant*. New York:

Brentano's.

Sher, Kenneth J. (1991). *Children of Alcoholics: A Critical Appraisal of Theory and Research*. Chicago: University of Chicago Press.

Sheynin, Oscar B. (1971a). J. H. Lambert's work on probability. *Archive for History of Exact Sciences* 7: 244—256.

———(1971b). Newton and the classical theory of probability. *Archive for History of Exact Sciences* 7: 217—43.

———(1972a). On the mathematical treatment of observations by L. Euler. *Archive for History of Exact Sciences* 9: 45—56.

——— (1972b). Daniel Bernoulli's work on probability. *RETE* 1: 273—300. Reprinted in Kendall and Plackett (1977).

———(1973). R. J. Boscovich's work on probability. *Archive for History of Exact Sciences* 9: 306—324.

——— (1979). C. F. Gauss and the theory of errors. *Archive for History of Exact Sciences* 20: 21—72.

——— (1983). Corrections and short notes on my papers. *Archive for History of Exact Sciences* 28: 171—195.

——— (1986). A. Quetelet as a statistician. *Archive for History of Exact Sciences* 36: 281—325.

———(1993). On the history of the principle of least squares. *Archive for History of Exact Sciences* 46: 39—54.

———(1994). C. F. Gauss and geodetic observations. *Archive for History of Exact Sciences* 46: 253—283.

Sills, David L., and Robert K. Merton, eds. (1991). *Social Science Quotations*. New York: Macmillan. Also published as volume 19 of *International Encyclopedia of the Social Sciences*. New York: Macmillan, 1991.

Singer, Bernard (1979). *Distribution-Free Methods for Nonparametric Problems: A Classified and Selected Bibliography*. Leicester: British Psychological Society. Also published in the *British Journal of Mathematical and Statistical Psychology*, 1979, vol. 32.

Skidelsky, Robert (1983). *John Maynard Keynes*. Vol. 1: Hopes Betrayed, 1883—1920. London: Macmillan.

Smith, Homer W. (1947). Plato and Clementine. *New York Academy of*

Medicine 23: 352—377.

Smith,Walter L. (1978). Harold Hotelling, 1895—1973. *Annals of Statistics* 6: 1173—1183.

Sprott, D. A. (1978). Gauss's contributions to statistics. *Historia Mathematica* 5: 183—203.

Steinbach, Marc (1964). The normal in cardiovascular diseases. *Lancet* 2: 1116—1118.

Stewart, G. W. (1995a). Gauss, statistics, and Gaussian elimination. *Journal of Computational and Graphical Statistics* 4: 1—11.

——— (1995b). Afterword. In *Theory of the Combination of Observations Least Subject to Errors*, by C. F. Gauss, translated by G. W. Stewart, pp. 207—241. Philadelphia: SIAM.

Stigler, George J. (1941). *Production and Distribution Theories: The Formative Period*. New York: Macmillan. Reprinted 1968, New York: Agathon Press; 1994, New Brunswick, NJ: Transaction Publishers.

——— (1947). Notes on the history of the Giffen Paradox. *Journal of Political Economy* 55: 152—156. Reprinted as Chapter 14 of *Essays in the History of Economics*, George J. Stigler. Chicago: University of Chicago Press, 1965.

——— (1954). The early history of empirical studies of consumer behavior. *Journal of Political Economy* 62: 95—113. Reprinted in G. J. Stigler (1965).

——— (1965). *Essays in the History of Economics*. Chicago: University of Chicago Press.

——— (1966). *The Theory of Price*. 3d ed. New York: Macmillan.

Stigler, Stephen M. (1973a). Laplace, Fisher, and the discovery of the concept of sufficiency. *Biometrika* 60: 439—445. Reprinted in Kendall and Plackett (1977).

——— (1973b). Simon Newcomb, Percy Daniell, and the history of robust estimation, 1885—1920. *Journal of the American Statistical Association* 68: 872—879. Reprinted in Kendall and Plackett (1977).

——— (1974). Cauchy and the Witch of Agnesi: An historical note on the Cauchy distribution. *Biometrika* 61: 375—380.

———(1975). Napoleonic statistics: The work of Laplace. *Biometrika* 62:

503—517.

———(1977a). Eight centuries of sampling inspection: The trial of the pyx. *Journal of the American Statistical Association* 72: 493—500.

——— (1977b). Do robust estimators work with *real* data? *Annals of Statistics* (with discussion) 5: 1055—1098.

——— (1977c). An attack on Gauss, published by Legendre in 1820. *Historia Mathematica* 4: 31—35.

——— (1978a). Francis Ysidro Edgeworth, statistician (with discussion). *Journal of the Royal Statistical Society* (ser. A), 141: 287—322. Reprinted 1992 (without discussion) in *Alfred Marshall* (1842—1924) *and Francis Edgeworth* (1845—1926), edited by Mark Blaug, no. 29 in Series Pioneers of Economics, Elgar Reference Collection, Aldershot.

——— (1978b). Laplace's early work: Chronology and citations. *Isis* 69: 234—254.

——— (1978c). Mathematical statistics in the early states. *Annals of Statistics* 6: 239—265. Reprinted in Stigler (1980, vol. 1), and in Duren et al. (1989, vol. 3).

——— (1979). Psychological functions and regression effect. *Science* 206: 1430.

——— ed. (1980a). *American Contributions to Mathematical Statistics in the Nineteenth Century*. 2 vols. New York: Arno Press.

——— (1980b). Stigler's law of eponymy. *Transactions of the New York Academy of Sciences*, ser. 2, 39: 147—158 (Merton festschrift volume, edited by T. Gieryn).

——— (1980c). R. H. Smith, a Victorian interested in robustness. *Biometrika* 67: 217—221.

———(1981). Gauss and the invention of least squares. *Annals of Statistics* 9: 465—474.

——— (1982a). A modest proposal: A new standard for the normal. *American Statistician* 36 (2): 137—138.

——— (1982b). Jevons as statistician. *The Manchester School* 50: 354—365.

——— (1982c). Thomas Bayes's Bayesian inference. *Journal of the Royal Statistical Society* (ser. A), 145: 250—258.

——— (1983). Who discovered Bayes's theorem? *American Statistician* 37: 290—296.

——— (1986a). *The History of Statistics: The Measurement of Uncertainty before* 1900. Cambridge, Mass.: Harvard University Press.

——— (1986b). Laplace's 1774 memoir on inverse probability. *Statistical Science* 1: 359—378.

——— (1986c). John Craig and the probability of history: From the death of Christ to the birth of Laplace. *Journal of the American Statistical Association* 81: 879—887.

——— (1988a). The dark ages of probability in England: The seventeenth century work of Richard Cumberland and Thomas Strode. *International Statistical Review* 56: 75—88.

———(1988b). A look backward on the occasion of the Centenary of JASA. *Journal of the American Statistical Association* 83: 583—587.

——— (1989a). Francis Galton's account of the invention of correlation. *Statistical Science* 4: 73—86.

——— (1989b). The role of probability models in statistical inference in Nineteenth Century Europe. *Proceedings of the 47th session of the ISI*, Paris, August. Published in *Bulletin of the International Statistical Institute*, vol. 53, book 1: 157—162.

——— (1991). Stochastic simulation in the nineteenth century. *Statistical Science* 6: 89—97.

——— (1992a). Apollo Mathematicus: A story of resistance to quantification in the seventeenth century. *Proceedings of the American Philosophical Society* 136(1): 93—126.

——— (1992b). A historical view of statistical concepts in psychology and educational research. *American Journal of Education* 101: 60—70.

——— (1992c). Karl Pearson and quasi-independence. *Biometrika* 79: 563—575.

——— (1994). Jevons on the King-Davenant law of demand: A simple resolution of a historical puzzle. *History of Political Economy* 26: 185—191.

——— (1995a). Galton and identification by fingerprints. *Genetics* 140: 857—860.

——— (1995b). Review of 'Edgeworth on Chance, Economic Hazard, & Statistics,' edited by P. Mirowski. *Journal of the American Statistical Association* 90: 803—804.

—— (1996a). The history of statistics in 1933. *Statistical Science* 11: 244—252.

—— (1996b). Statistics and the question of standards. *Journal of Research of the National Institute of Standards and Technology* 101: 779—789.

—— (1997a). Adolphe Quetelet: Statistician, scientist, builder of intellectual institutions. In *Actualité et universalité de la pensée scientifique d'Adolphe Quetelet*, *Actes du Colloque organisé à l'occasion du bicentenaire de sa naissance*, *Palais des Académies*, 24—25 octobre 1996. *Mémoire de la classe des sciences de l'Académie Royale de Belgique*, 3e série, 8: 47—61.

—— (1997b). Daniel Bernoulli, Leonhard Euler, and maximum likelihood. In *Festschrift for Lucien LeCam*, edited by D. Pollard, E. Torgersen, and G. Yang. New York: Springer-Verlag, pp. 345—367.

—— (1997c). Regression towards the mean, historically considered. *Statistical Methods in Medical Research* 6: 103—114.

Streissguth, Ann P., Fred L. Bookstein, Paul D. Sampson, and Helen M. Barr (1993). *The Enduring Effects of Prenatal Alcohol Exposure on Child Development*. Ann Arbor: University of Michigan Press.

Strode, Thomas (1678). *A Short Treatise of the Combinations*, *Elections*, *Permutations*& *Composition of Quantities*. *Illustrated by Several Examples*, *with a New Speculation of the Differences of the Powers of Numbers*. London: W. Godbid for Enoch Wyer.

—— (1688). *A New and Easie Method to the Art of Dyalling*. London: Taylor and Newborough.

Strong, T. B., ed. (1906). *Lectures on the Method of Science*. Oxford: Clarendon Press.

Sydserf, Thomas (1668). *Tarugo's Wiles: or, The Coffee-House. A Comedy*. London: Henry Herringman.

Tacitus, Cornelius (c. 100 a. d.). *The Histories*. Published 1931 with facing English translation by Clifford H. Moore as part of the Loeb Classical Library. Cambridge, Mass. : Harvard University Press.

Taylor, E. G. R. (1954). *The Mathematical Practitioners of Tudor and Stuart England*. Cambridge: Cambridge University Press.

—— (1966). *The Mathematical Practitioners of Hanoverian England*,

1714—1840. Cambridge: Cambridge University Press.

Teichroew, Daniel (1965). A history of distribution sampling prior to the era of the computer and its relevance to simulation. *Journal of the American Statistical Association* 60: 27—49.

Thiele, T. N. (1873). Om en Tilnaermelsesformel. *Tidsskrift for Mathematik* 3: 22—31.

Thisted, Ronald A. (1986). *Elements of Statistical Computing: Numerical Computation*. London: Chapman Hall.

Thorndike, R. L. (1942). Regression fallacies in the matched groups experiment. *Psychometrika* 7: 85—102.

Thorwald, Jürgen (1965). *The Marks of Cain*. London: Thames and Hudson.

Tian-Se, A. (1978). Chinese interest in right-angled triangles. *Historia Mathematica* 5: 253—266.

Tiles, Mary (1993). The Normal and pathological: The concept of a scientific medicine. *British Journal of the Philosophy of Science* 44: 729—742.

Todhunter, Isaac (1865). *A History of the Mathematical Theory of Probability from the Time of Pascal to That of Laplace*. London: Macmillan. Reprinted 1949, 1965, New York: Chelsea.

Tornier, Erhard (1933). Grundlagen der Wahrscheinlichkeitsrechnung. *Acta Mathematica* 60: 239—380.

Treloar, Alan E. (1940). Normal blood pressure. *Archives Internal Medicine* 66: 848—850.

Trigg, W. B. (1938). The correspondence of Dr. David Hartley and Rev. John Lister. *Transactions of the Halifax Antiquarian Society* 8: 230—278.

Truesdell, Clifford (1989). Maria Gaetana Agnesi. *Archive for History of Exact Sciences* 40: 113—142.

Turnbull, H. W. , ed. (1961). *The correspondence of Isaac Newton*, volume 3 (1688—1694). Cambridge: University Press.

Turner, J. Horsfall, comp. (1883). *Biographia Halifaxiensis, or, Halifax Families and Worthies*, vol. 1. Bingley: T. Harrison.

Twain, Mark (1883). *Life on the Mississippi*. Boston: James R. Osgood.

Tylor, A. (1875). Action of denuding agencies. *Geological Magazine* (decade II) 2: 433—476.

United States, Laws, Statutes (1894). *Coinage Laws of the United States,*

1792 *to* 1894. 4th ed. Revised and corrected to August 1, 1894. Washington, D. C. : U. S. Government Printing Office.

United States, Public Documents (1833—34). Report of the Director of the Mint. Document no. 8 in *Executive Documents*, vol. 1, 23rd Congress, 1st session, 1833—34, U. S. serials vol. 254.

[Unsigned] (1892). Trial of the Pyx. *Chambers's Journal* 69: 454—455.

Van Boxmeer, H. (1994). *De la creation de l'Observatoire Royal de Belgique et de ses premiers instruments*. Brussels: Observatoire Royal de Belgique.

van derWaerden, B. (1977). Über dieMethode der kleinsten Quadrate. *Nachrichten der Akademie der Wissenschaften in Göttingen*, *Math. - Phys. Klasse*, pp. 75—87.

van Eys, Jan (1979). *The Normally Sick Child*. Baltimore: University Park Press.

Venn, John (1888). *Logic of Chance*. 3rd ed. London: Macmillan.

——— (1889). Cambridge anthropometry. *Journal of the Anthropological Institute* 18: 140—154.

Vermij, Rienk H. , and Jan A. van Maanen (1992). An unpublished autograph by Christiaan Huygens: His letter to David Gregory of 19 January 1694. *Annals of Science* 49: 507—523.

vonHelfert, Joseph Alexander Freiherrn (1860). *DieGrü ndung derÖ sterreichischen Volksschule durch Maria Theresia*. Prague: Tempskh. Volume 1 of a series of historical works under the editorship of von Helfert.

Waite, H. (1915). Association of finger-prints. *Biometrika* 10: 421—478.

Wald, Abraham (1949). Note on the consistency of the maximum likelihood estimate. *Annals of Mathematical Statistics* 20: 595—601.

Walker, Helen M. (1929). *Studies in the History of Statistical Method*. Baltimore: Williams and Wilkins. Reprinted, New York: Arno Press, 1975.

Wallis, John (1656). *Arithmetica Infinitorum*. Oxford: Tho. Robinson.

——— (1685). *A Discourse of Combinations*, *Alterations*, *and Aliquot Parts*. London: Richard Davis. Reprinted in Maseres (1795).

Wallis, Peter John (1976). *An Index of British Mathematicians*, *Part 2*, 1701—1760. Newcastle-upon-Tyne: University of Newcastle upon Tyne.

Wallis, W. Allen, and Harry Roberts (1956). *Statistics: A New Approach*.

Glencoe, Ill. : Free Press.

Waring, Edward (1785). *Meditationes analyticæ*. Cambridge: J. Archdeacon.

Warner, Rebecca H. , and Henry L. Rosett (1975). The effects of drinking on offspring: An historical survey of the American and British literature. *Journal of Studies on Alcohol* 36: 1395—1420.

Waterhouse, W. C. (1990). Gauss's first argument for least squares. *Archive for History of Exact Sciences* 41: 41—52.

Watson, Geoffrey S. (1956). Missing and "mixed-up" frequencies in contingency tables. *Biometrics* 12: 47—50.

Wehde, A. , and J. N. Beffel (1924). *Finger-Prints Can Be Forged*. Chicago: Tremonia.

Welch, B. L. (1958). "Student" and small sample theory. *Journal of the American Statistical Association* 53: 777—788.

Wellens-De Donder, Liliane (1966). Inventaire de la correspondance d'Adolphe Quetelet déposée à l'Académie royale de Belgique. *Mémoires Académie Royale de Belgique*, classe des sciences. Tome 32, fascicule 2.

——— (1987). Le premier rapport d'Adolphe Quetelet sur la création d'un observatoire dans les provinces méditionales du royaume des Pays-Bas. *Academiae Analecta*, Jaargang 49: 117—130.

Westfall, Richard S. (1973). Newton and the fudge factor. *Science* 179: 751—758.

——— (1980). *Never at Rest: A Biography of Isaac Newton*. Cambridge: Cambridge University Press.

Whewell, William (1850). Mathematical exposition of some doctrines of political economy. Second memoir, *Transactions of the Cambridge Philosophical Society*. Reprinted in 1968 in *On the Mathematical Exposition of Some Doctrines of Political Economy* by Gregg International, and in 1971 in *Mathematical Exposition of Some Doctrines of Political Economy*. New York: Augustus M. Kelley.

——— (1862). *Six Lectures on Political Economy*. London.

Whitaker, John K. , ed. (1996). *The Correspondence of Alfred Marshall, Economist*. Vol. 3: *Towards the Close*, 1903—1924. Cambridge: Cambridge University Press.

White, Michael V. (1989). Why are there no supply and demand curves in

Jevons? *History of Political Economy* 21. 3:425—456.

Whiteside, D. T. (1961). Patterns of mathematical thought in the later seventeenth century. *Archive for History of Exact Sciences* 1: 179—388.

————, ed. (1967—1981). *The Mathematical Papers of Isaac Newton*. 8 vols. Cambridge: Cambridge University Press. Volume 3 (1670—1673) published 1969; Volume 7 (1691—1695) published 1976.

Wicksteed, Philip H. (1889). On certain passages in Jevons's theory of political economy. *Quarterly Journal of Economics* 3: 293—314. Reprinted in *Common Sense of Political Economy*, edited by L. Robbins, 2: 734—754. London: George Routledge, 1933.

Williams, George Z. , et al. (1978). Individual character of variation in time-series studies of healthy people II. Differences in values for clinical chemical analytes in serum among demographic groups, by age and sex. *Clinical Chemistry* 24: 313—320.

Wilton, George Wilton (1938). *Fingerprints: History, Law, and Romance*. London: William Hodge.

Wood, Anthonyà (1721). *Athenae Oxonienses*, 2, 2nd ed. London: Knaplock, Midwinter, Tonson. 1st ed. , 1691—92; some later editions edited by Philip Bliss.

Woodgate, M. V. (1945). *The Abbé Edgeworth* (1745—1807). Dublin: Browne and Nolan.

Wright, T. W. (1884). *A Treatise on the Adjustment of Observations with Applications to Geodetic Work and Other Measures of Precision*. New York: Van Nostrand.

Youden, W. J. (1972). Enduring values. *Technometrics* 14: 1—11.

———— (1994). *Experimentation and Measurement* (NBS Special Publication 672). Washington, D. C. : U. S. Department of Commerce.

Young, Andrew W. , and Karl Pearson (1915—1917). On the probable error of a coefficient of contingency without approximation. *Biometrika* 11: 215—230.

Yule, G. Udny (1906). On the influence of bias and of personal equation in statistics of ill-defined qualities. *Journal of the Anthropological Institution* 36: 325—381.

———— (1910a). Review of *The Influence of Defective Physique and Unfavorable*

Home Environment on the Intelligence of School Children, by David Heron. Journal of the Royal Statistical Society 73: 547—551.

——— (1910b). Review of *The Influence of Defective Physique and Unfavorable Home Environment on the Intelligence of School Children*, by David Heron. *School Hygiene: A Monthly Review for Educationists and Doctors* 1: 473—476.

———(1911). *An Introduction to the Theory of Statistics*. London: Charles Griffin. Many later editions.

——— (1915). Crop production and price: A note on Gregory King's law. *Journal of the Royal Statistical Society* 78: 296—298.

——— (1922). On the application of the _2 method to association and contingency tables with experimental illustration. *Journal of the Royal Statistical Society* 85: 95—104.

———(1926). Why do we sometimes get nonsense-correlations between time series? *Journal of the Royal Statistical Society* 89: 1—96.

Zarkovich, Slobodan (1990). The beginning of statistics in Yugoslavia. *International Statistical Review* 58: 19—28.

翻译后记

李金昌

组织翻译斯蒂文·M.斯蒂格勒的 *Statistics on the Table：The History of Statistical Concepts and Methods*，始于 2012 年 3 月。此前，国家统计局鲜祖德总统计师建议我组织人员把它翻译成中文。

我们接受了这个任务，但压力是巨大的。因为这本书所涉及的内容是如此之专、人物事件是如此之多、细节是如此之详，生怕凭我们的学识水平与语言能力不能准确地理解和表达作者的本意，从而不能保持本书原有的光彩。因此整个翻译过程可谓"小心翼翼"，而实际的困难也确实超出了事先的想象。经过两年的翻译与校对，中文版终于呈现给大家了，尽管我们已经很努力，但纰漏与错误在所难免，恳请大家批评指正。

本书的翻译工作由鲜祖德主持并担任主审，由李金昌、潘璠等翻译。浙江大学的李周嘉，浙江工商大学的章琳云、王智楠、杨宝成、田东旭、宋滨、倪苹、马丹丹、谭圆、李杨参加了本书的翻译工作，王镇、吴鑑洪、徐蔼婷、陈振龙、洪兴建等参加了本书的校对工作，另外，李佩谨、刘波等参与了相关的基础性工作。国家统计局统计科学研究所的许亦频、周晶、冯蕾、施凤丹、李伟、于洋、谷彬等也承担了本书部分章节的翻译和校对工作。

衷心感谢所有为本书翻译、校对与出版付出了辛勤劳动的人！

2014 年 3 月于杭州